"绿十字"安全基础建设新知丛书

安全事故调查处理知识

"'绿十字'安全基础建设新知丛书"编委会编

中国劳动社会保障出版社

图书在版编目(CIP)数据

安全事故调查处理知识/《“绿十字”安全基础建设新知丛书》编委会编. —北京：中国劳动社会保障出版社，2014

（“绿十字”安全基础建设新知丛书）

ISBN 978-7-5167-1005-0

Ⅰ.①安…　Ⅱ.①绿…　Ⅲ.①安全事故-调查-基本知识②安全事故-事故处理-基本知识　Ⅳ.①X928

中国版本图书馆 CIP 数据核字(2014)第 075681 号

中国劳动社会保障出版社出版发行

（北京市惠新东街 1 号　邮政编码：100029）

*

三河市华骏印务包装有限公司印刷装订　新华书店经销

787 毫米×1092 毫米　16 开本　19.5 印张　378 千字

2014 年 4 月第 1 版　　2014 年 4 月第 1 次印刷

定价：48.00 元

读者服务部电话：（010）64929211/64921644/84643933

发行部电话：（010）64961894

出版社网址：http://www.class.com.cn

编 委 会

内容提要

在企业安全管理中，对安全事故的调查处理是一项重要内容，通过事故调查，查清事故原因，吸取事故教训，及时整改事故隐患，采取安全防范措施，并且用事故案例教育干部和职工，从而增强他们的安全意识，提高警惕性，预防类似事故的重复发生。

本书比较详细、全面地介绍了事故概念与事故分类、事故致因理论、事故调查程序与事故分析、事故调查处理相关规定等，还进一步详细介绍了生产安全事故报告和调查处理知识、特种设备事故报告和调查处理知识、火灾事故报告和调查处理知识、道路交通事故报告和调查处理知识，以及煤矿事故报告和调查处理知识。对于企业来讲，生产安全事故、特种设备事故、火灾事故、道路交通事故都是经常发生或者遇到的事故。了解相关知识、相关规定、相关调查处理程序、相关事故案例，对企业会有切实的帮助。本书是各类企业开展安全生产教育培训的重要参考读物，也是各类企业安全管理的必备图书。本书既可以用于企业开展安全生产培训，也可以作为班组安全生产活动的读物。

前　言

党中央、国务院高度重视安全生产工作，确立了安全发展理念和“安全第一、预防为主、综合治理”的方针，采取一系列重大举措加强安全生产工作，目前，以《安全生产法》为基础的安全生产法律法规体系不断完善，以“关爱生命、关注安全”为主旨的安全文化建设不断深入，安全生产形势也在不断好转，事故起数、重特大事故起数连续几年持续下降。

“十二五”时期，是全面建设小康社会的重要战略机遇期，是深化改革、扩大开放、加快转变经济发展方式的攻坚阶段，也是实现安全生产状况根本好转的关键时期。安全生产工作既要解决长期积累的深层次、结构性和区域性问题，又要积极应对新情况、新挑战，任务十分艰巨。随着经济发展和社会进步，全社会对安全生产的期望不断提高，广大从业人员安全健康观念不断增强，对加强安全监管、改善作业环境、保障职工安全健康权益等方面的要求越来越高。

2003—2013 年十年间，国务院先后发布了许多重要的安全生产法律法规，国家安全监管总局也制定了一系列安全生产监管规章，开始逐渐形成比较完善的安全生产法律法规体系。企业也迫切需要按照国家安全监管总局制定的安全生产“十二五”规划和工作部署，按照新的法律法规、部门规章的精神和实际需要的新知识丛书。

由于这些变化，我们在 2003 年出版的“‘绿十字’安全生产教育培训丛书”的基础上，根据新的法律法规、部门规章组织编写了“‘绿十字’安全基础建设新知丛书”，以满足企业在安全管理、安全教育、技术培训方面的要求。

本套丛书内容全面、重点突出，主要分为四个部分，即安全管理知识、安全培训知识、通用技术知识、行业安全知识。在这套丛书中，介绍了新的相关法律法规知识、企业安全管理知识、班组安全管理知识、行业安全知识和通用技术知识。读者对象主要为安全生产监管人员、企业管理人员、企业班组长和员工。

本套丛书的编写人员除安全生产方面的专家外，还有许多来自企业，其中大部分人对企业的各项工作十分熟悉，有着切身的感受，从选材、叙述、语言文字等方面更加注重班组的实际需要。

在企业安全生产工作中，人是起决定作用的关键因素，企业安全生产工作都需要具体人员来贯彻落实，企业的生产、技术、经营等活动也需要人员来实现。因此，加强人员的安全培训，实际上就是在保障企业的安全。安全生产是人们共同的追求与期盼，是国家经济发展的需要，也是企业发展的需要。

“‘绿十字’安全基础建设新知丛书”编委会

2014 年 1 月

目　录

第一章 事故调查分析与处理知识

事故的发生发展可以分为三个阶段，即孕育阶段、生长阶段和损失阶段，各阶段具有各自不同的特点，同时，这三个阶段又是相互联系的。事故调查是事故发生之后所做的工作。事故调查的目的主要有三点：一是查清事故的发生原因，包括直接原因、间接原因和基本原因。二是确定事故的性质和责任，确定事故是属于非责任事故还是责任事故，确定有关人员的主要责任（管理、技术和法律责任）。三是提出预防类似事故发生的技术措施、管理措施，从而促进安全管理水平和人员操作技能的提高，进而更好地保障生产安全。了解相关事故调查、事故分析、事故处理方面的知识，对于做好安全生产管理工作有很大的帮助。

第一节 事故概念与事故分类

从科学研究的角度来看，事故是一个比较复杂的概念，但是如果从企业安全管理的角度来看，事故则是一个比较简单、清晰的概念，那就是“出事了”。事故发生后，特别是人员伤亡事故发生后，除了人员伤亡之外，一般还伴随设备损坏，有的重大伤亡事故还可能导致停产，造成严重的经济损失。因此，深刻认识事故的特点、事故的基本特征，深刻认识事故自身特有的属性，对指导人们认识事故、了解事故和预防事故有积极的作用。

一、对事故定义、事故特性的认识

1. 事故的不同定义

事故是安全科学领域研究的一个基本范畴，中外学者对此进行了诸多论述，并根据各自的理解给出了不同的定义，分别从不同角度反映了事故的本质属性，具有代表性的事故定义主要有以下三个：

定义 1：“事故是非计划的、失去控制的事件。”

定义 2：“事故从本质上讲，是在一定条件下可能发生，也可能不发生的随机事件。”

定义 3：“事故是在与自然界的斗争和进行生产劳动的过程中，人们受到科学知识和技术的限制，当前还不能有效防止，或在科学技术综合应用方面的知识贫乏或协调不足，能预防却没能防止而发生的与意愿相违，并导致物质损失或人的身心伤害或二者并有的偶然现象。”

从这些定义中，总结出事故的共有特征为：

(1) 事故可能造成人身伤害或物质损失。

(2) 事故是可预防的，或不可预防的，后者是针对目前科学技术水平无法预防的事故。

(3) 事故具有偶然性。

(4) 事故的出现是非计划的、违背人的意愿的。

以上定义仅说明了事故发生的偶然性，而没有明确说明事故发生的必然性。另外，事故本身没有随机性，只是事故后果具有随机性。

根据上述事故的三种定义，在结合事故共性与生产系统本身特点的基础上确定了具体生产过程中事故的定义，即生产事故是指在生产活动中，由于人们受到科学知识和技术力量的限制，或者由于认识上的局限，有的还不能防止，或能防止但未有效控制而出现的违背人们意愿的具有现象上偶然性、本质上必然性的事件序列。事故的发生，从结果上看具有随机性，即事故的发生可能迫使生产系统暂时或较长时间或永远中断运行，也可能伴随人员伤亡、财产损失和环境破坏，或者其中两者或三者同时出现。这一定义从内涵到外延对事故都给出了明确的标准。

简而言之，事故是在以人为主体的系统中，在为了实现某一意图而采取行动的过程中，突然发生的与人的希望和意志相反的事件。事故迫使人们必须依照一定的规则来设计、安排生产进程和生活方式。

事故是一项非预谋性的事件，在本质上具有如下内在性质：

(1) 事故本质没有随机性，事故后果具有随机性，并具有统计规律。

(2) 事故的发生是必然性的结果，绝不能仅仅用偶然性去解释事故，用偶然性解释只能使人产生侥幸心理，看不到事故发生的本质原因。

(3) 事故具有平稳性，即相似性，对事故进行本质上的原因分析，就能对同类事故进行预防。

2. 生产安全事故的定义与特点

生产安全事故是指生产经营单位在生产经营活动（包括与生产经营有关的活动）中突然发生的，伤害人身安全和健康，或者损坏设备设施，或者造成经济损失的，导致原生产经营活动（包括与生产经营活动有关的活动）暂时中止或永远终止的意外事件。

生产安全事故的基本特点包括以下五个方面：

(1) 事故主体的特定性。仅限于生产经营单位在从事生产经营活动中发生的事故。从事生产经营活动的单位主要包括工矿商贸领域的公司、企业、合伙人、个体户等生产经营单元。

（2）事故地域的延展性。生产安全事故发生的地域范围是不固定的，但又是限定在有限范围内的。

（3）事故的破坏性。生产安全事故对人员或生产经营单位造成了一定的损害，造成了人员伤亡（包括急性中毒）或者给生产经营单位造成了直接经济损失，影响了生产经营活动的正常开展，产生了严重的影响。

（4）事故的突发性。生产安全事故是短时间内突然发生的，不同于在某种危害因素长期影响下发生的其他损害事件，如职业病。

（5）事故的过失性。生产安全事故主要是人的过失行为造成的事故，同洪水、泥石流等不可抗力造成的灾害有本质的区别，如因违章作业、冒险作业等导致的生产安全事故。工作环境不良、设备隐患等原因造成的生产安全事故也应归为过失行为。生产经营单位负责人员在本单位安全生产管理工作中存在过失行为，没有及时纠正、排除不良作业因素，放任不良因素继续存在致使发生事故，也是过失行为。

3. 事故的基本特性

大量的事故调查、统计、分析表明，事故有其自身的基本特性。掌握和研究这些特性，对于指导人们认识事故、了解事故和预防事故具有重要意义。

事故的基本特性主要表现在以下几个方面：

（1）普遍性。自然界中充满着各种各样的危险，人类的生产、生活过程中也总是伴随着危险。所以，发生事故的可能性普遍存在。危险是客观存在的，在不同的生产、生活过程中，危险性各不相同，事故发生的可能性也就存在着差异。

（2）随机性。事故发生的时间、地点、形式、规模和事故后果的严重程度都是不确定的。何时、何地、发生何种事故，其后果如何，都很难预测，从而给事故的预防带来一定困难。但是，在一定的范围内，事故的随机性遵循数理统计规律，即在大量事故统计资料的基础上，可以找出事故发生的规律，预测事故发生的概率。因此，事故统计分析对制定正确的预防措施具有重要作用。

（3）必然性。危险是客观存在的，而且是绝对的。因此，人们在生产、生活过程中必然会发生事故，只不过事故发生的概率、人员伤亡和财产损失不同而已。人们采取措施预防事故，只能延长事故发生的时间间隔，降低事故发生的概率，而不能杜绝事故。

（4）因果相关性。事故是由系统中相互联系、相互制约的多种因素共同作用的结果。导致事故的原因多种多样。总体上，事故原因可分为人的不安全行为、物的不安全状态、环境的不良刺激作用。从逻辑上又可分为直接原因和间接原因等。这些原因在系统中相互作用、相互影响，在一定的条件下发生突变，即酿成事故。通过事故调查分析，探求事故发生的因果关系，搞清事故发生的直接原因、间接原因和主要原因，对预防事故发生具有积极作用。

（5）突变性。系统由安全状态转化为事故状态实际上是一种突变现象。因此，制定事故预案，加强应急救援训练，提高作业人员的应急反应能力和应急救援水平，对减少人员伤亡和财产损失尤为重要。

（6）潜伏性。事故的发生具有突变性，但在事故发生之前存在一个量变过程，即系统内部相关参数的渐变过程，所以事故具有潜伏性。一个系统可能长时间没有发生事故，但这并非就意味着该系统是安全的，因为它可能潜伏着事故隐患。这种系统在事故发生之前所处的状态不稳定，为了达到系统的稳定状态，系统要素在不断发生变化。当某一触发因素出现时，即可发生事故。事故的潜伏性往往会使人们产生麻痹思想，从而酿成重大恶性事故。

（7）危害性。事故往往造成一定的财产损失或人员伤亡，严重者会制约企业的发展，给社会稳定带来不良影响。因此，人们面对危险，能全力抗争而追求安全。

（8）可预防性。尽管事故的发生是必然的，但我们可以通过采取控制措施来预防事故发生或者延长事故发生的时间间隔。充分认识事故的这一特性，对防止事故发生有促进作用。通过事故调查，探求事故发生的原因和规律，采取预防事故的措施，可降低事故发生的概率。

二、事故的分类

事故规模有大有小，从事故调查与处理、事故预防等方面看，必须对事故进行必要的分类。事故的分类既是理论研究问题，又是特定的法律问题。事故的分类方法很多，从不同的角度可以有不同的分类。

1. 按事故形成的因素分类

按事故形成的因素分类，事故可以分为责任事故和非责任事故。

（1）责任事故。责任事故是指人们在生产、建设工作中不执行有关安全法规，违反规章制度（包括领导人员违章指挥和职工违章作业）而发生的事故。

（2）非责任事故。非责任事故又分为以下三种：一是自然事故（也称自然灾害）。在目前的科技条件下，各种自然灾害如地震、海啸、暴风、洪水等都是不可防止发生的天灾。但要尽可能地早期预测预报，把灾害降到最低限度内。二是技术事故。这类事故是因当时科学技术水平的限制，人们认识不足，技术条件尚不成熟而造成的事故。三是意外事故。这类事故是指突然发生，出乎意料，来不及处理而造成的事故。

据统计，绝大部分事故属于责任事故，非责任事故只占很小一部分。

2. 按事故伤害的对象分类

按事故伤害的对象分类，事故可分为伤亡事故和非伤亡事故。

（1）伤亡事故。伤亡事故是指企业职工在生产劳动过程中，发生人身伤害、急性中毒等突然使人体组织受到损伤或某些器官失去正常机能，致使负伤机体立即中断工作，甚至终止生命的事故。

（2）非伤亡事故。非伤亡事故是指企业在生产活动中，由于生产技术管理不善、个别职工违章、设备缺陷及自然因素等原因，造成的生产中断、设备损坏等，但是无人员伤亡的事故。

3. 按事故伤害严重程度分类

按事故伤害严重程度分类，伤亡事故分为轻伤、重伤、死亡三种情况。

（1）轻伤事故。是指只有轻伤的事故。按照 GB 6441—1986《企业职工伤亡事故国家分类标准》规定：轻伤是指负伤后，损失工作日低于 105 日的失能伤害。

（2）重伤事故。是指有重伤无死亡的事故。按照 GB 6441—1986《企业职工伤亡事故国家分类标准》规定：重伤是指负伤后，相当于表定损失工作日等于和超过 105 日的失能伤害。

（3）死亡事故。重大伤亡事故，指一次死亡 1～2 人的事故；特大伤亡事故，指一次死亡 3 人以上（含 3 人）的事故。

4. 按事故等级分类

根据生产安全事故造成的人员伤亡或者直接经济损失，事故一般分为以下等级：

（1）特别重大事故。是指造成 30 人以上死亡，或者 100 人以上重伤（包括急性工业中毒，下同），或者 1 亿元以上直接经济损失的事故。

（2）重大事故。是指造成 10 人以上 30 人以下死亡，或者 50 人以上 100 人以下重伤，或者 5 000 万元以上 1 亿元以下直接经济损失的事故。

（3）较大事故。是指造成 3 人以上 10 人以下死亡，或者 10 人以上 50 人以下重伤，或者 1 000 万元以上 5 000 万元以下直接经济损失的事故。

（4）一般事故。是指造成 3 人以下死亡，或者 10 人以下重伤，或者 1 000 万元以下直接经济损失的事故。

5. 按事故发生的领域或行业分类

按事故发生的领域或行业划分，事故可分为工矿企业事故、火灾事故、道路交通事故、铁路运输事故、水上交通事故、航空飞行事故、农业机械事故、渔业船舶事故和其他事故，共九类。

6. 按事故伤亡原因分类

按事故伤亡原因分类，事故可分为以下几类：

（1）物体打击。物体打击是指由失控物体的惯性力造成的人身伤亡事故。本类事故包括落下物、飞来物、滚石、崩块等造成的伤害，不包括因机械设备、车辆、起重机械、坍塌、爆炸等引起的物体打击。

（2）车辆伤害。车辆伤害是指企业内由机动车辆引起的机械伤害事故。机动车辆包括：汽车类（载重汽车、货卸汽车、大客车、小汽车、客货两用汽车、内燃叉车等）、电瓶车类（平板电瓶车、电瓶叉车等）、拖拉机类（方向盘式拖拉机、手扶拖拉机、操纵杆式拖拉机等）、有轨车类（有轨电车、电瓶机车等）、施工设施（挖掘机、推土机、电铲等）。凡在上述机动车辆的行驶中，发生挤、压、坠落、撞车或倾覆等事故，发生行驶中上下车事故，发生因搭乘矿车或放飞车事故，发生车辆运输摘挂钩事故、跑车事故等均属本类事故，不包括起重设备提升、牵引车辆和车辆停驶时发生的事故。

（3）机械伤害。机械伤害是指机械设备与工具引起的绞、辗、碰、割、戳、切等伤害，适用于工件或刀具飞出伤人、切屑伤人、被设备的转动机构缠住等造成的伤害，已列入其他项事故类别的机械设备造成的机械伤害除外，如车辆、起重设备、锅炉和压力容器等设备。

（4）起重伤害。起重伤害是指从事起重作业时引起的机械伤害事故，适用于统计各种起重作业引起的伤害。起重作业包括桥式起重机、龙门起重机、门座起重机、塔式起重机、悬臂起重机、桅杆起重机、铁路起重机、汽车吊、电动葫芦、千斤顶等作业。例如，起重作业时，脱钩砸人、钢丝绳断裂抽人、移动吊物撞人、钢丝绳刮人、滑车碰人等伤害，包括起重设备在使用和安装过程中的倾翻事故及提升设备过卷、蹲罐等事故。不适用于下列伤害的统计：触电；检修时，制动失灵引起的伤害；上下驾驶室失误引发的坠落或跌倒。

（5）触电。触电是指电流流经人体，造成生理伤害的事故，用于统计触电、雷击伤害事故。例如，人体接触带电设备、裸露导体或临时线，接触绝缘破损外壳带电的手持电动工具；起重作业时，设备误触高压线或感应带电体；触电坠落；电烧伤等事故。

（6）淹溺。淹溺是指大量的水经口、鼻进入人体肺部，造成呼吸道阻塞或发生急性缺氧而窒息死亡的事故，用于统计船舶、排筏、设施在航行与停泊作业时发生的落水事故。“设施”是指水上、水下各种浮动或者固定的建筑、装置、电缆和固定平台。“作业”是指在水域及其岸线进行装卸、勘探、开采、测量、建筑、疏浚、爆破、打捞、捕捞、养殖、潜水、流放木材、排除故障，以及科学实验和其他水上、水下施工。淹溺还包括高处坠落淹溺，但是不包括矿山、井下透水淹溺。

（7）灼烫。灼烫是指火焰烧伤、高温物体烫伤、化学灼伤（酸、碱、盐、有机物引起的体内外灼伤）、物理灼伤（光、放射性物质引起的体内外灼伤），不包括电灼伤和火灾引起的烧伤。

（8）火灾。火灾是指在时间和空间上失去控制的燃烧所造成的灾害。这里指的是造成人身伤亡的企业火灾事故。根据国家标准和国际标准，按物质燃烧特征把火灾分为A、B、C、D四类。A类火灾，是指固体物质（一般具有有机物性质）火灾，通常在燃烧时能产生灼热的余烬，如木材、棉、麻、毛、纸张等引起的火灾。B类火灾，是指液体火灾和可熔化的固体物质火灾，如汽油、煤油、柴油、原油、甲醇、乙醇、沥青、石蜡等引起的火灾。C类火灾，是指气体火灾，如煤气、天然气、甲烷、乙烷等引起的火灾。D类火灾，是指金属火灾，如钾、钠、镁、钛、锂、铝镁合金等引起的火灾。

需要注意的是，这里所说的火灾事故，是指企业火灾事故，不适用于非企业原因造成的火灾事故，如居民家中失火蔓延到企业的火灾，安全生产监督管理部门不统计这种火灾。

（9）高处坠落。高处坠落是指因人体所具有的危险重力势能引起的伤害事故，适用于在脚手架、平台、陡壁等高于地面的施工作业场合；同时也适用因地面作业踏空失足坠入洞、坑、沟、升降口、漏斗等情况，但不包括以其他事故类别作为诱发条件的坠落事故，如触电坠落事故。

（10）坍塌。坍塌是指建筑物、构筑物、堆置物倒塌，以及土石塌方引起的事故。适用于因设计或施工不合理造成的倒塌，以及土方、沙石、煤等发生的塌陷事故，如建筑物倒塌，脚手架倒塌，挖掘沟坑、洞时土石的塌方等事故，不适用于矿山冒顶片帮事故，或因爆炸、爆破引起的坍塌事故。

（11）冒顶片帮。冒顶是指顶板失控而自行冒落的现象。片帮是指矿井作业面和巷道侧壁在矿山压力作用下变形、破坏而脱落的现象。两者常同时发生人身伤亡事故，统称为冒顶片帮。适用于矿山、地下开采、掘井及其他坑道作业发生的坍塌事故。

（12）透水。透水是指矿山、地下开采或其他坑道作业时，意外水源带来的伤亡事故。适用于井巷与含水岩层、地下含水带、溶洞或与被淹巷道和地面水域相通时，涌水成灾；不适用于地面水害事故。

（13）放炮。放炮是指施工时，放炮作业造成的伤亡事故。适用于各种爆破作业，如采石、采矿、采煤、开山、修路、拆除建筑物等工程进行放炮作业引起的伤亡事故。

（14）火药爆炸。火药爆炸是指火药与炸药生产过程中发生的爆炸事故。适用于火药与炸药生产过程中，如配料、运输、储藏、加工过程中，由于震动、明火、摩擦、静电作用，或因炸药的热分解作用，以及储藏时间过长或存药过多，发生的化学性爆炸事故；熔炼金属时，废料处理不净，因残存火药或炸药引起的伤亡事故等。

(15) 瓦斯爆炸。瓦斯爆炸，是指可燃气体瓦斯、煤尘与空气混合形成了浓度达到爆炸极限的混合物，接触明火时，引起的化学爆炸事故。主要适用于煤矿，同时也适用于空气不流通及瓦斯、煤尘积聚的场合。

矿井瓦斯，是指在矿床或煤炭生成过程中所伴生的气体产物的总称，其主要成分是甲烷、二氧化碳和氮，有时出现小量的氢、二氧化硫及其他碳氢化合物。矿井生产中，瓦斯又是矿井内有害气体的统称。煤矿井下普遍存在危险性最大的甲烷。甲烷在井下空气中达到一定浓度遇火源可燃烧或爆炸，甲烷的爆炸下限为5%（体积分数），上限为16%（体积分数）。如其可燃气体有煤尘混入时，可使爆炸极限扩大，即可降低下限和升高上限。还因瓦斯浓度增大，可使井下空气中的氧含量相对减小，当氧含量减小到一定程度时，会造成人员窒息。

(16) 锅炉爆炸。锅炉爆炸是指锅炉发生的物理爆炸事故。适用于使用工作压力大于0.7 MPa、以水为介质的蒸汽锅炉。但不适用于铁路机车、船舶上的蒸汽锅炉，以及列车电站和船舶电站的蒸汽锅炉。

(17) 容器爆炸。容器爆炸是指压力容器超压而发生的爆炸。压力容器爆炸包括压力容器破裂引起的气体爆炸。压力容器内盛装的可燃性液化气，因为化学反应失控，或环境温度过高等原因，压力容器的工作压力超过了设计容许的压力，导致压力容器发生物理性破裂。这种破裂对作业环境和作业人员都会产生很大的危害，尤其压力容器逸散出的大量高压液化气体立即蒸发，然后与周围的空气混合形成爆炸性气体混合物，其浓度达到一定程度时，遇到火源就会产生化学爆炸，通常也称为容器二次爆炸。以上两种情况都统计为容器爆炸事故，适用于盛装容器、换热容器、分离容器、气瓶、气桶、槽车等容器爆炸事故。

(18) 其他爆炸。其他爆炸事故是指凡不属于火药爆炸、瓦斯爆炸、锅炉爆炸、容器爆炸的爆炸事故。下列爆炸都属于此类事故：①可燃性气体与空气混合形成的爆燃性气体混合物引起的爆炸。可燃性气体包括煤气、乙炔、氢气、液化石油气等。②可燃性蒸气与空气混合形成爆燃性气体混合物引起的爆炸，如汽油、苯蒸气等。③可燃性粉尘与空气混合形成的爆燃性气体混合物引起的爆炸，如铝粉、镁粉、锌粉、有机玻璃粉、聚乙烯塑料粉、面粉、谷物淀粉、煤尘、木粉，以及可燃生纤维，如麻纤维、棉纤维、醋酸纤维、腈纶纤维、涤纶纤维、维纶纤维等粉尘爆炸事故。④间接形成的可燃性气体与空气混合，或者可燃性蒸气与空气混合，如可燃固体、自燃物品，受热、水、氧化剂的作用而迅速反应，分解出可燃性气体和蒸气与空气混合形成爆燃气体，遇火源爆炸的事故。另外，炉膛爆炸、钢水包爆炸、亚麻尘爆炸等，均为其他爆炸。

(19) 中毒和窒息。中毒和窒息是指在生产条件下，有毒物进入人体引起危及生命的急性中毒以及在缺氧条件下发生的窒息事故。适用于有毒物经呼吸道和皮肤、消化道进入人体引起的急性中毒和窒息事故，也包括在废弃的坑道、竖井、涵洞及地下管道等不通风的地方工作，因为缺乏氧气，发生晕倒，甚至死亡的事故。但是，不适用于病理变化导致的中毒和窒息事故，也不适用于慢性中毒的职业病导致的死亡。

（20）其他伤害。不属于前面各项的伤亡事故均列为其他伤害，如扭伤、跌伤、冻伤、动物咬伤、钉子扎伤等。

第二节　事故致因理论

事故致因理论，是探索事故发生及预防规律，阐明事故发生机理，防止事故发生的理论。事故致因理论对人们认识事故的本质，指导事故调查、事故分析、事故预防、事故责任者的确认有重要作用。事故致因理论从多个角度对工业事故发生的原因进行了广泛而细致的分析，提供了理论基础和必要的方法。

一、人因事故模型理论

1. 人因事故模型理论的基本观点

人因事故模型理论主要是从人的因素研究事故致因的理论。在导致事故的各种因素中，人的因素具有重要的作用。正如轨迹交叉理论所指出的，尽管事故是由于人的不安全行为和物的不安全状态共同造成的，但起主导作用的始终是人的因素，因为物是人创造的，环境是人能够改变的，整个人、物、环境系统都是由人管理的。所以，在研究事故致因理论时，必须对人的因素进行深入的研究。这就出现了事故致因理论的另一个分支：人因事故模型理论。

2. 威格里沃思对人因事故模型理论的见解

威格里沃思对人因事故模型有着深刻的认识。威格里沃思认为，人在从事某种活动时，会接受来自系统和外界的各种刺激（信息），凭视觉、听觉、触觉、嗅觉等感受这些刺激，通过大脑判断系统是否正常，并做出适当反应：或正确处理，不发生失误，没有危险发生；或发生失误，使系统不能正常运行，轻则造成系统故障，发生无伤害事故，重则造成能量的意外释放，波及人就会发生伤亡事故。这取决于机会因素，即发生伤亡事故的概率。而这种伤亡事故和无伤害事故又给人以强烈的刺激，促使人们对原来的错误行为进行反思，使其树立安全观念，增强安全意识，主动地去掌握安全知识、安全技能，以驾驭系统，提高其安全性。

从这种事故模型出发防止伤亡事故，需要把握这样几个要点：

一是要预先熟悉并掌握来自系统及外界的各种刺激，能够正确辨识系统存在的各种危险因素，例如，声、光、温度、压力、颜色、烟雾等都意味着什么；什么样的信息表示系统正常，什么样的信息表示系统不正常；系统发生过什么事故，是什么原因造成的，事故前有哪些征兆等。这要求行为者有熟练的危险因素辨识能力，特别是对行为者无刺激，或刺激力很弱的危险因素，要使其刺激作用加强，使其能够为行为者所辨识。

二是熟练掌握对各种刺激做出正确反应的能力，防止失误发生。因为事故从发现苗头到发生以至结束，时间往往很短，如果没有熟练的，以至形成条件反射的反应能力，事故来不及控制就已经发生了，这就要求行为者具备很强的事故紧急处理能力。因此，企业除了要进行必要的安全知识、安全技能培训外，还应经常进行紧急反事故演练，把操作过程中可能出现的各种事故情况都纳入演练内容，使操作者牢记，遇到什么情况应当如何处理，怎样才能把事故消灭在萌芽状态。这样就可以避免不必要的事故损失。例如，压力容器超压时的紧急卸压，初期着火时的紧急灭火，毒气泄漏时的紧急处理，中毒、窒息、触电情况发生时的急救等。如果事先能够熟悉这些情况，许多事故发生时就不会束手无策，许多事故就不会产生那么严重的后果。

三是对于因危险辨识失误、反应错误而不可避免地发展为可能造成人员伤亡的危险因素，则应当从工艺技术、设备结构上考虑防止事故的最后一道防线，如连锁、紧急开关、自动灭火、触电保安等。同时注重工艺改造、设备更新等，使事故朝无伤亡的方向发展。

3. 瑟利对人因事故模型理论的见解

瑟利对人因事故模型做了深入的研究，并将人因事故模型进一步具体化。瑟利根据人因事故模型，把事故过程分为两个阶段：第一阶段是人会不会面临危险，第二阶段是危险会不会造成伤害、损失。

人在某一环境中从事某种活动，可能会有各种危险因素，这些危险因素有各种表现形式，如声、光、温度、压力等信息。这些信息，有的是显在的，可以发现，构成“危险的警告”；有的是潜在的，不能发现，不能构成“危险的警告”，于是，“危险出现”，使人“面临危险”。当警告发出，人的感觉器官接收了警告信号，则进入了“警告的知觉”。但也可能因种种原因，人体并未接收这种信号，就没有“警告的知觉”，人又进入“面临危险”的状态。当人知道警告时，还要认识警告是什么意思（“警告的认识”），知道如何排除或避免危险（“回避的认识”），下决心采取措施避免危险（“回避的决心”），而且也有回避危险的能力（“回避的能力”），然后才会有“无危险”的后果。其中任何一个过程被否定，都会使人“面临危险”。这一系列过程描述的是人的活动会不会面临危险，也就是隐患会不会发生和继续存在。

根据这种事故模型，防止事故，一是要防止"危险出现"，二是当"面临危险"时，使其不发展为"伤害、损失"事故。为此，首先要使危险可知，即能发出"危险的警告"，特别是那些不易被发现的潜在危险。例如，反应器内部压力过高，外面是看不到的，压力表的显示，就可以给人以警告。其次，要使人知道发出的警告。例如，压力表显示是无声无光的，人的注意力是有限的，如果辅之以压力报警器，就可以使人知道警告。再次，要使人能够确认警告的内容是什么。例如，采用不同形式的声、光信号标明什么是超压报警，什么是其他报警。再其次，要使人明确，采取什么措施可以避免危险，防止危险发展为伤亡事故。例如，操作者应当知道，当压力上升，接近超压时，应立即停止投料，中止反应，加大冷却水流量；超压时应及时撤料等。这就要求操作工熟练掌握操作技能，特别是要具备在紧急状态下的处理能力。最后，要采取各种措施，提高操作者的责任意识和安全意识，精心操作，及时采取恰当措施，避免事故的发生。

严格地讲，人因事故模型属于安全行为科学研究的范畴，因为仅限于对人的因素的研究，不是对事故的系统研究。

二、轨迹交叉理论

1. 轨迹交叉理论的基本观点

轨迹交叉理论将事故的发生发展过程描述为：基本原因→间接原因→直接原因→事故→伤害。从事故发展运动的角度，这样的过程被形容为事故致因因素导致事故的运动轨迹，具体包括人的因素运动轨迹和物的因素运动轨迹。

就一般情况而言，由于企业管理上的缺欠，如领导对安全工作不重视，各级干部对安全不负责任，安全规章制度不健全，职工缺乏必要的安全教育和培训等，职工就有可能产生不安全行为（违章指挥、违章操作等人为过失）；或者对机械设备缺乏维护、检修，以及安全设备、设施不足，建筑设施、作业环境不符合安全要求等，以致形成不安全状态，进而孕育了事故的起因物，产生施害物。当采取不安全行为的行为人与因不安全状态而产生的施害物发生时间、空间的运动轨迹交叉时，就必然会发生事故。

值得注意的是，人与物两种因素又互为因果，有时物的不安全状态能导致人的不安全行为，而人的不安全行为也可能使物处于不安全状态。例如，噪声、粉尘、高温等恶劣的作业环境（不安全状态）会导致人的操作失误（不安全行为）增多；由于设计、制造、安装、检修或人为拆除安全装置（不安全行为），使设备缺少安全防护装置或失效（不安全状态）。如果考虑不安全行为和不安全状态两个系列的前置原因，又均非单纯的人的系列和物的系列，也就是说，在考察人的系列或物的系列时不能完全绝对化。

2. 轨迹交叉理论的指导作用

轨迹交叉理论也可以理解为：具有危害能量的物体的运动轨迹与人的运动轨迹，在某一时刻交叉就发生事故。按照轨迹交叉理论的观点，构成事故的要素为人的不安全行为、物的不安全状态和人与物的运动轨迹的交叉。但是，这种交叉也必须以有足以致害的能量转移为前提。从这一点考虑，轨迹交叉理论实际上是能量转移理论的扩展。当前世界各国之所以普遍采用这种事故致因理论，是因为它能更详细、更贴切地描述事故的成因，更具有实用性。

根据这种事故致因理论及其由此而产生的事故模型，可以分析伤亡事故的原因，探索事故的发生规律，提出防止事故的具体措施。

按照演绎分析的原则，可以从伤亡事故，即有不安全行为的与处于不安全状态下的物的时空交叉点，分别分析不安全行为和不安全状态的形成过程。

（1）人的不安全行为。人的不安全行为可以从人的素质（包括先天素质和后天素质）中寻找原因。先天素质，如人的生理、心理、智力缺陷等；后天素质，如知识、技能、经验的不足，进而从教育、培训、规章制度、管理状况以及家庭、社会等方面分析影响安全的不良因素。

（2）物的不安全状态。物的方面可以从形成事故的反向顺序——“施害物→起因物→不安全状态”进行分析，从而查找物的更进一步的原因，如设备、机械的设计、制造、使用、维修、保养方面的缺陷及有害物质、有害因素的管理与控制问题。

3. 控制人的不安全行为的措施

从轨迹交叉理论出发，防止事故的根本出路就是避免两者的轨迹交叉，其中控制人的不安全行为十分重要。人的不安全行为在事故形成的原因中占重要位置，同时，人的行为又是最难控制的因素。人的失误概率比任何机械、电气、电子元件的故障概率都要大得多。因为人的失误是多方面原因造成的，例如，作业时间的紧迫程度，作业环境的条件好坏，作业的危险状况，个人的心理、生理素质以及家庭、社会等因素。因此，要从多方面入手来解决人的不安全行为的问题。行为科学认为，只有通过采取各种手段和措施，提高操作者发现、认识危险的能力，明确危险的后果，促使其形成安全动机，掌握避免危险、防止事故的技能，才会有安全行为，并使其逐渐养成安全习惯。人机工程学的观点是：为劳动者创造安全、舒适的工作条件，是可以避免事故、提高工效的。

概括起来，控制人的不安全行为的措施主要有：

（1）职业适应性选择。选择合格的职工以适应职业的要求。由于工作的类型不同，对职工的要求也不同。尤其是职业禁忌证应加倍注意。在进行招工和作业人员的配备时，应根据工作的要求认真考虑职工素质，特别是特殊工种应严格把关，避免因生理、心理素质的欠缺而发生工作失误。

（2）创造良好的工作环境。良好的工作环境，首先是良好的人际关系，积极向上的集体精神。创造融洽和谐的同事关系、上下级关系，使工作集体具有凝聚力，这样才能使职工心情舒畅地工作，积极主动地相互配合。为此，企业要实行民主管理，使职工参与管理。另外，要关心职工生活，解决实际困难，做好职工家属的工作，形成重视安全的社会风气，以社会环境促进工作环境的改善。良好的工作环境还应包括尽一切努力消除工作环境中的有害因素，使机械、设备、环境适合人的工作，使人适应工作环境。这就要按照人机工程的设计原则进行机械、设备、环境以及劳动负荷、劳动姿势、劳动方法的设计。

（3）加强教育与培训，提高职工的安全素质。实践证明，事故与职工的文化素质、专业技能和安全知识密切相关。因此，企业招工应根据我国普及教育的发展情况，提出对文化程度的具体要求，而且要对在职职工进行系统的继续教育，使他们进一步掌握必要的文化知识和专业知识。在许多事故的原因中，职工的知识贫乏或无知占有相当比例，这是值得注意的严重问题。特别是对职工的安全教育和训练，如入厂三级教育、特种作业人员教育、中层以上干部教育、全员教育、班组长教育、资格认证等安全教育制度，必须坚持进行并提高其有效性，使广大职工提高安全素质，减少不安全行为。这是一项根本性措施。

（4）健全管理体制，严格管理制度。加强安全管理是有效控制不安全行为的有力措施，加强管理必须有健全的组织、完善的制度并严格贯彻执行。企业安全不仅是安全部门的事，而且也是企业全体职工的事。

4. 控制物的不安全状态的措施

控制物的不安全状态主要从设计、制（建）造、使用、维修等方面消除不安全因素，创造本质安全条件。

工程设计包括工艺设计、产品设计和建筑设计等。工艺设计应考虑尽量排除或减小一切有毒、有害、易燃、易爆等不安全因素对人体的影响。产品设计应充分考虑产品的可靠性和安全性。建筑设计除根据工艺要求考虑建筑物本身的基础、结构的强度和稳定性及内装修的合理性以外，还要考虑生产和人员在安全方面的特殊要求。总之，工程设计要满足人机工程的设计要求和其他安全要求。制（建）造必须严格按照设计要求，使用合格的材料和工艺技术，在严格的技术监督下，经过认真负责的质量检验才能投入使用。特别是新建、扩建、改建项目及新工艺、新产品、新技术应用必须经过“三同时”验收。

使用应严格按照设计规定的要求精心操作，避免出现物的不安全状态。特别要反对超负荷运转和任意拆除安全装置、设施等不良行为。

维护和检修是保障机械设备正常运转的重要环节。因此，应坚持日常维护、检修制度，把物的不安全状态消灭在萌芽状态，减少因机械设备缺陷引发的事故。

三、能量转移理论

1. 能量转移理论的基本观点

能量转移理论的基本观点是：人类的生活和生产活动都离不开能源，能量在受控情况下可以做有用功、制造产品或提供服务；一旦失控，能量就会做破坏功，转移到人，就造成人员伤亡，转移到物，就造成财产损失。

能量转移理论是1961年由吉布森（Gibson）提出，1966年由哈登（Haddon）进一步引申而形成的。该理论的原始出发点是人身伤亡事故。他们认为，“生物体（人）受伤害的原因只能是某种能量的转移”，并提出了伤害分类的方法。哈登将伤害分为两类：第一类伤害是由于施加了超过局部或全身性损伤阈的能量引起的，第二类是由于影响了局部的或全身性能量交换引起的。

在一定条件下，某种形式的能量能否产生伤害，造成人员伤亡事故，取决于人体接触能量的大小，接触的时间和频率，能量的集中程度以及屏障设置的完善程度和时间的早晚。

依据能量转移理论的观点，具有能量的物质（或物体）和受害对象在同一空间范围内，由于能量未按人们希望的途径转移，而是与受害对象发生接触，这就造成了事故。

2. 能量转移理论的启示意义

能量转移理论给出的事故三要素为：失控的能量、能量转移途径和受害对象。我们可以以此为据，辨识危险源，选择控制措施，减少事故危害。

能量的失控转移是造成事故的根本原因。因此，可以认为一切有足够能量存在的地方和能够引起人体内部能量交换紊乱的因素，都是危险源。例如，机械的运转部位、传动部位，电的输送过程，高处的重物，高处作业的位置，锅炉压力容器，有毒有害物质，缺氧的环境，强声，强光，高温，低温等都是危险源。进行系统危险性辨识，首先要找出系统的哪个部位存在哪种形式的能，有多少，能引起哪种危害。例如，家用热水器使用的城市管道煤气中含有一定浓度的CO，有引起中毒的化学能；煤气燃烧产生热能，同时又具有着火爆炸的化学能，又由于煤气燃烧消耗空气，还会造成人体缺氧窒息。

同样，我们也可以根据事故的三要素分别采取预防措施。下述10种措施，（1）～（3）为控制能量的措施，（4）～（6）为控制转移途径的措施，（7）～（10）为保护受害对象的措施。

（1）限制能量。例如，在危险物料的周转、储存方面，规定合理的限量，油漆作业的领料量限制、火药及爆炸物的加工量的限制，对特别危险的装置，如锅炉的高压汽包应设计得尽量小等。另外，也可以安装防止能量积累的设备和元件，如熔丝、断路器就是在电路超负荷时起保护作用，温度自动调节器可以调节温度，使系统不致发生热能的积累。

（2）用较安全的能源代替危险性大的能源。如用水力采煤代替爆破，用 CO_2 灭火剂代替卤代烷灭火剂，用安全电压代替较高电压等。

（3）防止能量逸散。采用防护材料，使有可能逸散的能量保存在有限的空间内，如把放射性物质储存在铅容器内，电器设备和线路采用良好的绝缘材料，防止触电。另外，在登高作业中使用安全带，可以防止势能转化为动能，造成摔伤。

（4）在能量转移途径上设置隔离、屏障。如防护罩、防火门、喷淋灭火隔火装置、排尘装置等。

（5）延缓或减弱能量的释放。对于不能排除或阻隔能量转移的情况，可采用能量转移的缓冲措施，如压力容器和锅炉上加装爆破板和安全阀，使爆破（炸）受到定向控制和缓冲；机械设备的减震器、消声器，使破坏性机械能、声能受到衰减和控制。

（6）开辟能量释放的途径，使能量转移不致损害人或物。如电器设备的接地、避雷针、炸药生产间的爆破墙、水库的泄洪闸等。

（7）保护能量转移的受害对象。当操作者必须在有能量转移危害的环境中作业时，可使用安全帽、面具、口罩、防护服、手套等个体防护用品。另外，建隔离操作间也属于对受害对象的保护。

（8）脱离能量转移的受害范围。如冲压作业和木工平刨作业，使用工具送料、取料，使手脱离危险区；搬运作业中以机械代替人工搬运，防止伤脚、伤手，以自动化代替机械操作，使人完全脱离危险区。

（9）提高能量转移的受害者的自我保护能力。如进行安全教育与训练，使操作者掌握安全操作和处理事故的技能。提高操作者识别危险、处理故障、紧急应变及撤离等防灾自救能力。

（10）防止能量转移造成的损失扩大。事故发生后应迅速切断可能造成伤害和损失的能量，正确组织快速的抢救和急救活动，提供一切必要的自救、抢救条件。如紧急冲浴设施、紧急避难设施，事故前进行受伤、中毒、触电等急救训练及紧急避难训练，事故后对受伤害者提供有效的医疗条件等，都是减小事故损失的必要措施。

3. 能量转移理论提示的事故本质

在进行事故调查分析时，应用能量转移理论，更能提示事故的本质。例如，事故调查所用的事故原点理论，事故原点的定义是：由事故隐患转化为事故的具有初始性突变特征的点，即事故的最初起点。这里所说的事故隐患，实际上是指接近于失控状态的具有能量的物质或物体。这个事故原点就是能量由接近于失控到完全失控的转换点。通过事故调查分析，确定了事故原点，就可以追查造成事故原点的原因是什么，即能量是如何接近失控的，从而提示事故的直接原因、间接原因、主要原因，确定事故责任者，并对其进行恰当的处理。同时，依据事故原因和能量转移理论提供的事故控制措施，选择事故控制方案，防止事故发生。找到事故原点，还可以从能量转移的方向确定二次事故，甚至最终事故结果是怎样发生的。因此，在事故调查中确定事故原点是至关重要的。这个事故原点的实质就是发生能量失控转移的最初起点。

在进行事故调查分析时，都采用从结果到原因的演绎分析方法。这时应用能量转移理论可以使分析思路更清晰，分析结果更系统、更全面，便于揭示事故的本质。一般来说，事故是由于能量失控、安全措施失效和受害者处于能量转移影响范围之内三种原因造成的，而这三种原因恰好就是能量转移论的事故三要素。据此，可以进一步探寻三者的深层次原因，最终达到全面系统分析事故的目的。

四、多米诺骨牌理论

1. 多米诺骨牌理论的基本观点

多米诺骨牌理论又可以简称为骨牌理论，最早是由海因利希提出的，所以，有的人又称其为海因利希理论。多米诺骨牌理论是指在一个存在内部联系的系统中，一个很小的初始能量就可能导致一连串的连锁反应。客观上，它是由点到面的一种运动过程，动作是一个接着一个地发生，直到完成最后的终点动作。事实上，多米诺骨牌在摆布时，静态积蓄能量，当起始点或系统中的某一位置受到激励时，将积蓄的能量释放，就引发一场灾难性的“雪崩”，一旦发生就不可阻挡，像流体一样迅速冲击整个系统。

对于多米诺骨牌理论，海因利希提出的五因素顺序为：M（人体本身）→P（按人的意志进行动作）→H（潜在的危险）→D（发生事故）→A（人体受到伤害）。海因利希把这五个因素比作五张骨牌。由于人体本身的缺欠（生理、心理、知识缺欠），则导致按人的意志进行错误的动作（管理、设计、制造、使用、维修错误），使机械设备等物体产生不安全状态，即潜在危险，这种危险在一定条件下就发展为事故，而这种事故如果涉及人体，就会形成伤亡事故。

2. 多米诺骨牌理论的启示意义

大量事故证明，这一理论是符合事故发生规律的。许多事故的发生，往往与企业的安全管理水平直接相关，安全管理严格的企业，很少发生严重违章的人身伤害事故，而安全管理松懈的企业，则容易发生严重违章事故。

多米诺骨牌理论中的不安全行为和不安全状态不是孤立的，它们是以前置两因素为基础的。如果没有社会环境和管理欠缺的背景，没有人为过失的前提，就没有不安全行为和不安全状态的产生。因此，要消除或大幅度减少不安全行为和不安全状态，必须从根本上解决社会环境和管理欠缺问题，消除产生不安全行为和不安全状态的社会条件。企业的安全问题表现在企业，根源在社会。要解决企业的安全问题，首先要解决社会的安全问题。只有全社会（包括政府和公众）在安全意识、安全观念、安全知识技能、安全行为、安全道德标准上都有大幅度提高，企业才能有一个良好的安全氛围，创造良好的安全生产环境。一个在社会上不能奉公守法，开车喝酒、骑车闯红灯、拆毁隔离网、横跨隔离墩的人，不可能成为遵章守纪的安全生产者。对一个在社会活动中要钱不要命的人，企业的规章制度又算什么？只有作为社会成员的企业职工在任何情况下都能自觉奉公守法、遵章守纪，才能在生产中随时注意安全，消除不安全状态，提高企业的整体安全素质。

多米诺骨牌理论实际上是轨迹交叉理论的进一步扩展，它在轨迹交叉理论的基础上，进一步挖掘了事故的社会根源。而能量转移理论则是事故致因的本质，没有能量转移就没有伤亡的结果，三者有着内在的联系。

五、系统安全理论

系统安全是指在系统生命周期内应用系统安全工程和系统安全管理方法，辨识系统中的危险源，并采取有效的控制措施使其危险性最小，从而使系统在规定的性能、时间和成本范围内达到最佳的安全程度。

系统安全是人们为解决复杂系统的安全性问题而开发、研究出来的安全理论、方法体系。系统安全的基本原则就是在一个新系统的构思阶段就必须考虑其安全性的问题，制订并执行安全工作规划（系统安全活动），并且把系统安全活动贯穿于整个系统生命周期，直到系统报废为止。

系统安全思想以及系统安全理论，产生于20世纪50年代以后。由于科学技术的进步，工业生产的一个显著特征就是设备、工艺及产品越来越复杂。这些复杂的系统往往由数以千万计的元素组成，元素之间由非常复杂的关系相连接，在被研究制造或使用过程中往往涉及高能量，系统中微小的差错就会导致灾难性的事故。大规模复杂系统安全性问题受到了人们的关注，于是出现了系统安全理论和方法。

按照系统安全的观点，世界上不存在绝对安全的事物，任何人类活动中都潜伏着危险因素。能够造成事故的潜在危险因素称作危险源，它们是一些物的故障、人的失误、不良的环境因素等。某种危险源造成人员伤害或物质损失的可能性称作危险性，它可以用危险度来度量。

在事故致因理论方面，系统安全理论强调通过改善物（硬件）的可靠性来提高系统的安全性，从而改变了以往人们只注重操作人员的不安全行为而忽略硬件故障在事故致因中的作用的传统观念。作为系统元素的人在发挥其功能时会发生失误，人的失误不仅包括了工人的不安全行为，而且涉及设计人员、管理人员等各类人员的失误，因而对人的因素的研究也较以前更深入了。

系统安全理论包括很多区别于传统安全理论的创新概念：

(1) 在事故致因理论方面，改变了人们只注重操作人员的不安全行为，而忽略硬件故障在事故致因中的作用的传统观念，开始考虑如何通过改善物的系统可靠性来提高复杂系统的安全性，从而避免事故。

(2) 没有任何一种事物是绝对安全的，任何事物中都潜伏着危险因素，通常所说的安全或危险只不过是一种主观的判断。

(3) 不可能根除一切危险源，可以减小来自现有危险源的危险性。宁可减小总的危险性而不是只彻底地消除几种选定的风险。

(4) 由于人的认识能力有限，有时不能完全认识危险源及其风险，即使认识了现有的危险源，随着生产技术的发展，新技术、新工艺、新材料和新能源的出现，又会产生新的危险源。由于受技术、资金、劳动力等因素的限制，对于认识了的危险源也不可能完全根除。由于不能全部根除危险源，只能把危险降低到可接受的程度，即可接受的危险。安全工作的目标就是控制危险源，努力把事故发生的概率降到最低，即使万一发生事故，也能把伤害和损失控制在较轻的程度上。

事故致因理论除了以上所介绍的以外，还有流行病学理论、扰动起源论、管理失误和风险树模型等，也开始受到人们的关注。事故致因理论是人们对事故研究的重要成果，它一方面对事故的预防有积极的作用和意义，另一方面对事故调查、事故分析也有积极的作用和意义，有利于在事故调查分析中理清思路，确认原因，明确责任。

第三节　事故调查程序与事故分析

事故调查处理程序，可以分为事故报告、事故现场救援保护、事故调查、事故分析、事故处理。其中，事故调查阶段包括事故现场勘查、资料收集、物证提取、证人证言、损失计算、技术鉴定等内容。事故分析阶段包括原因分析、事故定性、责任分析、整改措施、通报情况等。对事故的调查处理，是安全管理工作的一个重要环节，也是安全管理的一项重要内容。事故调查、事故处理、事故责任的追究，直接涉及当事人的切身利益，可以说是一项错综复杂的工作。因此，对于事故调查处理、责任追究，首先必须要保证事故调查程序的正确，实现法律化、制度化，做到程序严明，公平公正。

一、事故现场的范围与保护

1. 事故现场范围确认

事故现场是指发生事故的地点以及与事故发生原因、经过、结果有关联的一切处所。事故现场包括：

（1）事故发生的时空范围。每一起事故都有其发生的时间和空间，主要包括事故孕育、发展、发生、蔓延的整个过程。空间范围亦很广，不仅包括事故地点，还包括事故原点、事故原点及事故后果所涉及的场所。例如，触电事故现场不仅包括人触电的地点，还包括电源、线路、接地等部位。只有把与事故直接原因有关的所有场所、时间都视为事故现场范围进行勘查，才有可能对触电事故的直接原因有一个完整的认识，得出科学的结论。

（2）与事故有关的痕迹物证。凡是与事故原因和结果有关的，能证明事故原因和经过的痕迹物证都应包括在现场范围之内，分为原始现场和变动现场、主体现场和关联现场、真实现场和伪造现场、室内现场和室外现场等。

2. 事故现场的保护

事故现场保护，是指事故发生后，及时采取措施保持现场原状，使之免受变动或破坏，为调查人员进行现场勘查、搜集痕迹物证、确定事故性质创造有利的条件。其主要任务是根据事故现场的具体情况和周围环境，划定保护区范围，布置警戒，封锁现场，采取紧急救护和有效保护措施等，把现场变动降到最低限度。

事故现场保护的方法主要是：

（1）核实情况，迅速上报。对事故的基本情况进行初步询问与核实，一时难以辨明事故性质而又认为可疑的，都应立即向上级报告。

（2）采取紧急处置措施。紧急措施包括立即抢救伤员、抢险救灾、排除险情、疏散人员。在进行抢救时，对被救护人原来躺卧的地点、姿势以及各种痕迹物证分布的原始状况都应详细记载清楚，并防止现场中其他的痕迹物证遭到变动和破坏。搬抬时，对容易遗落的东西最好进行提取，并做好记录，这些东西可能会对分析推断事故原因和经过起到重要作用。在抢救伤员的同时，要尽量从他们口中了解事故有关情况。对于爆炸、火灾等事故现场，在弄清有无被围困人员和有无存放贵重财物、文件档案的情况后，要迅速采取措施，维持现场秩序。同时，组织群众扑灭火险，排除易燃易爆物品，救援被围困的人员，抢救财物，防止造成更大的灾害。在此过程中，应当尽量减小现场变动的程度，并应注意观察和记录抢救过程中发生的各种变动、变化情况。

（3）划定保护区范围，布置警戒。在条件有限的情况下，可以组织可靠的干部群众，在保护区周围设岗警戒，把事故现场封锁起来。可以设置人墙、障碍物，封锁交通路口等，劝退或撤离现场围观人员，禁止外人闯入现场保护区。事故发生后，不仅有各级领导、事故知情人、死者家属等在现场，而且还可能有新闻记者采访，所以应在现场附近选择合适地点设置现场接待站，妥善处置现场保护中的各项事务。对于要求进行现场采访的新闻记者，要热情接待，但在调查人员到达之前，不得擅自透露现场情况，更不准擅自准许其进入现场。

（4）排除障碍，恢复交通，控制事故责任人。对公路、铁路、水上、航空交通事故以及发生在繁华地区的事故，必须迅速采取有效措施，排除交通障碍，保证交通秩序的恢复，但应注意观察和记录变动前的情况。在保护事故现场的过程中，在事故原因比较明确的情况下，一定要将事故有关责任人控制住，让其协助组织事故处置和善后工作，并防止其逃跑、逃避责任，以免给事故调查和善后工作带来困难。

（5）收集反映，登记证人。在对事故现场实施妥善的保护措施之后，应抓紧一切时机，采取各种不同形式，向有关人员了解发生或发现事故的情况，了解谁是事故的知情人，以及事故发生或发现的经过情况等。同时要注意听取群众对于事故或者对于责任人情况的种种议论、猜测和反映。在事故发生后的初期，因为受到事故的影响，他们当中有的滞留在现场等待救援，有的在等待事故调查人员到达现场反映目睹的情况，也有的出于好奇想看看事情的结果等，很多人仍会留在事故现场或现场附近进行观察、议论。但是，随着现场紧张气氛的逐渐消失，他们又会因各种原因而陆续离开现场，这对查明事故原因、经过，排查事故责任人，发现调查线索，收集证据无疑会带来困难。因此，对于在保护现场过程中发现的事故现场目击者以及事故的其他知情人，要逐人登记姓名、职业、电话和住址等情况，有条件的还应将围观人用照相或摄像的方法拍摄下来。

（6）向上级报告现场保护及事故基本情况。在现场勘查人员到达现场后，现场保护人员应将了解和掌握的事故基本情况和现场保护情况主动如实地报告给到场的现场勘查人员。

（7）在现场勘查指挥员统一领导下，继续搞好现场保护工作，直至勘查完毕。特别需要指出的是，目前随着计算机技术的使用和普及，许多企业都大量采用计算机管理，因此，事故发生后，要及时封存相关电脑主机和监控录像，避免被人为恶意删除，这同样属于事故现场保护工作，有利于以后的事故调查分析工作。

3. 事故报告的内容

事故发生后，事故报告的内容主要有：

（1）事故发生的时间。包括事故发生或发现的时间、接受报案的时间、保护现场的时间等。

（2）事故的基本情况。主要指事故发生、发现的简要经过，伤者、发现人、报案人的姓名、住址、职业等。

（3）事故发生后的损失情况。主要指人员伤亡情况和财产损失情况。人员伤亡情况，主要指死亡人数、重伤和轻伤人数等。财产损失情况主要包括范围、数量、价值、抢救措施及效果等。

（4）有关现场保护的情况。包括现场保护前的情况和现场保护过程中采取的具体措施，以及现场保护前后现场发生变动、变化的情况，如哪些人进入过现场，到过现场的哪些地方，接触过哪些痕迹、物品等。

（5）事故知情人和责任人的情况。包括已知的事故的目睹人和其他知情人的姓名、职业、住址，事故单位负责人及事故现场负责人的情况等。

（6）保护现场人员的基本情况。主要是指参加现场保护人员的姓名、职业、职务、住址等情况。

在报告上述有关情况的同时，还要将在保护现场过程中发现的可疑的人与事，群众对事故的议论、反映，以及与案件有关线索情况，如线索内容，提供人姓名、职务、单位或住址等进行汇报；还要将发现的犯罪痕迹、物品指点给勘查人员过目，将收集到的有关物品和形成的各种记录移交给勘查人员。

二、事故现场勘查步骤与注意事项

1. 事故现场勘查的基本步骤

事故现场勘查，是指调查人员为了查明事故性质、经过及原因，利用现代科学技术手段，对与事故有关的地点、场所、物品、人身等进行的实地勘验、现场访问和分析研究的活动。

事故现场勘查的基本步骤为：

（1）准备工作。调查人员到达现场后，应迅速了解事故现场情况，弄清现场的先期处置和有关工作的进展情况。听取先期到达人员的汇报，在不足以对现场情况做出基本判断时，应当直接询问事故的发现报案人以进一步了解情况，巡视事故现场。根据相关规定，再邀请两名与事故无利害关系的勘查见证人，但是不宜邀请下列人员：在职的公安、司法人员；当事人、被害人及其近亲属；精神上、生理上有缺陷，不能辨别是非，不能正确表达的人；有犯罪嫌疑或因犯罪受过打击处理的人；未成年人；流动暂住人员。为保证现场勘查的质量，提高效率，应根据具体情况，合理分工，明确职责，保证重点，照顾全面，分清轻重缓急，互通情况，协调配合。

（2）现场访问。做好笔录工作，将访问对象的陈述内容用文字的形式固定下来。

（3）实地勘查。与现场访问密切配合，按照一定顺序、步骤和方法，有组织地进行。

根据事故具体情况，划定勘查范围，确定勘查顺序和勘查重点。同时，进行现场方位照相、录像，绘制现场图。然后沿着划定的临时通道进入现场，按照分工开始勘查。照相人员首先进行现场概貌照相和中心照相，固定现场；负责做勘查笔录和绘图的人员应跟随勘查人员，详细记录勘查情况，绘制草图；随着实地勘查的深入，对痕迹物证进行细目照相。

2. 事故现场勘查注意事项

在事故现场勘查中，判断勘查是否可以结束，需要注意以下事项：

（1）现场主要情况已经查明。即现场与事故相关的痕迹物证已经发现、固定和提取，其他有关调查的线索、证据已经收集，实地勘查现场中个别现象之间的矛盾、现场访问材料之间的矛盾已经基本澄清或得到正确解释等。如果某些次要的事实和情节经过多方努力暂未发现深入调查的线索，也可以结束勘查。对于重特大、复杂事故的现场，由于主客观条件的限制，一次勘验难以完成任务的，不能结束勘查，应视具体情况，把现场的全部、局部或留有痕迹的客体保留下来，并落实保护措施和责任人，以便再次勘查。

（2）继续调查的范围、重点和应采取的调查措施已经确定。

（3）法律手续已经完备。勘查结束后，应及时做好善后处理工作。撤销现场保护，重要物品向事故单位当面点清。运送有关痕迹物证，妥善包装，开具清单。

通常，事故的责任人其行为都具有违反规章制度这一特征。国家和有关行业统一颁布的规章制度，调查人员一般都较熟悉。但是，各地各单位根据自己生产实际制定的规章制度，或对特殊岗位制定的特殊规章制度，调查人员不可能都了解。所以，勘查人员还应重视了解、收集有助于查清事故原因的有关规章制度及其落实执行情况。和事故现场救援保护时一样，需要及时封存相关计算机主机，保留数字证据。

三、事故证据的收集与鉴定

1. 事故证据的概念

事故证据是指事故调查组依照法定程序收集的用于证明案件真实情况的一切事实。事故证据具有三个基本特征：

（1）证据的客观性。证据的客观性是指证据必须是客观存在的事实。

（2）证据的关联性。证据的关联性是指证据必须与待证的事实有内在的联系，这种内在联系具体表现为，证据应当是能够证明待证的事实的全部或一部分的客观事实。

（3）证据的合法性。证据的合法性是指证据的收集程序、收集方法符合法律的有关规定，证据还必须经过查证属实，做到真实可靠。如以利诱、欺诈、胁迫、暴力等不正当手段获取的材料等，因取证程序违法而不能作为证据使用。

2. 证据的种类

证据的种类，也称证据的法定种类。根据《行政诉讼法》第 31 条第 1 款的规定，证据分为以下八种法定种类：书证、物证、视听资料、证人证言、当事人的陈述、鉴定结论、勘验笔录、现场笔录。

3. 对证据的要求

（1）对书证的要求。书证是指以其记载的内容证明真实情况的文字资料，形成于事故发生之前或事故发生过程中，内容多种多样。在安全生产领域中主要使用的书证有：为违法行为而涂改伪造的安全生产许可证、资格证书，安全管理制度，安全操作规程等。《安全生产违法行为行政处罚办法》第 25 条规定："安全生产行政执法人员应当收集、调取与案件有关的原始凭证作为证据。调取原始凭证确有困难的，可以复制，复制件应当注明'经核对与原件无异'的字样和原始凭证存放的单位及其处所，并由出具证据的人员签名或者单位盖章。"

对书证的要求为：

①提供书证的原件，原本、正本和副本均属于书证的原件。提供原件确有困难的，可以提供与原件核对无误的复印件、照片、节录本。

②提供由有关部门保管的书证原件的复制件、影印件或者抄录件的，应当注明出处，经该部门核对无异后加盖其印章。

③提供报表、图纸、会计账册、专业技术资料、科技文献等书证的，应当附有说明材料。

④事故调查询问、陈述、谈话类笔录，应当有事故调查组成员、被询问人、陈述人、谈话人的签名或者盖章。

⑤法律、法规、司法解释和规章对书证的制作形式另有规定的，从其规定。

（2）对物证的要求。物证是指能够证明事故真实情况的物品和痕迹。物证是来源极其广泛的一种实物证据，主要有：违法行为直接侵害的客体物，实施违法行为的设备设施和使用的工具，实施违法行为时遗留的物品和痕迹，违法行为人为掩盖事实而毁灭、伪造和藏匿的物品，其他能够证明违法事实的物品和痕迹。

对物证的要求为：

①提供原物。提供原物确有困难的，可以提供与原物核对无误的复制件或者证明该物证的照片、录像等其他证据。

②原物为数量较多的种类物的，可提供其中的一部分。

（3）对视听资料的要求。视听资料是指可以重现的原始声音或录像等用作证明事故事实的材料。视听资料可以原原本本地记录当时的语言、声音、形象和人的活动、表情，把反映案件客观情况的资料固定和保存起来，不像证人证言那样容易受到人的记忆和表达能力的限制及主客观因素的影响。

对视听资料的要求：

①提供有关资料的原始载体。提供原始载体确有困难的，可以提供复制件。

②注明制作方法、制作时间、制作人和证明对象等。

③声音资料应当附有该声音内容的文字记录。

（4）证人证言的要求。证人证言是指证人就其了解的事故情况所做的陈述。证人证言一般是口头陈述，以证人证言笔录加以固定，经调查人员同意由证人亲笔书写的书面证词，也是证人证言。凡是知道事故情况的人都有作证的义务。

对证人证言的要求：

①写明证人的姓名、年龄、性别、职业、住址等基本情况。

②有证人的签名，不能签名的，应当以盖章等方式证明。

③注明出具日期。

④附有居民身份证复印件等证明证人身份的文件。

（5）当事人的陈述。当事人的陈述是指违法行为人就事故事实所做的交代、申辩材料。由于违法行为人对于自己是否实施了违法行为以及情节轻重比任何人都清楚，而调查核实的结果与其是否受到行政处罚或处罚轻重有着直接关系，决定了其陈述的重要性和复杂性。因此，调查人员对违法行为人的陈述要持慎重态度，无论真实的还是不真实的都应当重视，真实的陈述可以作为认定案情的直接证据，实事求是的申辩有助于调查人员全面了解事故情况，做出正确的定性和行政处罚；不真实的陈述和狡辩也可以使调查人员了解违法行为人的态度，作为处罚的一个依据。

（6）鉴定结论的要求。鉴定结论是指鉴定人运用专门知识或技能对案件承办人员不能解决的专门事项进行科学鉴定后所做出的结论。通常进行鉴定的主要有：笔迹鉴定、技术鉴定、检测检验报告等。笔迹鉴定的结论应由司法机关的专门人员制作，其他鉴定结论由安全生产监督管理部门委托或者聘请具有专业知识和技能并具有相应资质的单位制作。由于鉴定结论是某一方面的专业人员或机构就某一专门问题进行研究后做出的判断和认定，因此具有科学性、权威性、结论性的特点。同时，鉴定结论只是对安全生产违法行为中某些专门性和技术性问题做出的结论，对于其他法律性问题无权做出结论。

对鉴定结论的要求：

①应当载明委托人和委托鉴定的事项、向鉴定部门提交的相关材料、鉴定的依据和使用的科学技术手段、鉴定部门和鉴定人鉴定资格的说明，并应有鉴定人的签名和鉴定部门的盖章。

②通过分析获得的鉴定结论，应当说明分析过程。

（7）勘验笔录、现场笔录的要求。勘验笔录、现场笔录，是指调查人员依法对事故有关的场所、物品及其他证据材料当场进行勘验、检查时，对勘验、检查过程和情况所做的文字记录。《安全生产违法行为行政处罚办法》第 27 条规定："安全生产行政执法人员对与案件有关的物品、场所进行勘验检查时，应当通知当事人到场，制作勘验笔录，并由当事人核对无误后签名或者盖章。当事人拒绝到场的，可以邀请在场的其他人员作证，并在勘验笔录中注明；也可以采用录音、录像等方式记录有关物品、场所的情况后，再进行勘验检查。"

对勘验笔录、现场笔录的要求：

①应当载明时间、地点和事件等内容，并由执法人员和当事人签名。

②当事人拒绝签名或者不能签名的，应当注明原因。

③有其他人在现场的，可由其他人签名。

④法律、法规和规章对现场笔录的制作形式另有规定的，从其规定。

四、事故分析

1. 事故分析的概念

事故分析是事故管理的重要组成部分，它是在事故调查研究或科学实验的基础上对事故进行的科学分析。对于事故，如果只有情况和数据，没有科学的分析，就不能揭示事故的演变规律。事故分析的重点是事故所产生的问题或影响的大小，而不是描述事故本身的大小。事故分析包含两层含义：一是对已发生事故的分析，二是对相似条件下类似事故可能发生的预测。通过事故分析，可以查明事故发生的原因，弄清事故发生的经过和相关的人、物及管理状况，提出防止类似事故发生的方法及途径。事故分析的对象是具有特定条件的事件全体。

事故分析的作用有以下几点：

（1）能发现各行各业在各种工艺条件下发生事故的特点和规律。

（2）发现新的危险因素和管理缺陷。

（3）针对事故特点，研究有效的、有针对性的技术防范措施。

（4）可以从事故中引出新工艺、新技术等。

2. 事故形成的基本要素

根据系统论的观点，企业生产是在一定的环境条件下，通过管理、组织职工利用所需的物质条件（材料、机器、设备、设施等）进行作业的活动。在一定环境条件下的生产过程中，管理上的缺陷加上物的不安全状态即形成事故隐患，若存在人的不安全行为触发事故隐患，则会发生伤害事故。事故形成的四个条件可用集合公式表示为：

事故＝{环境的不安全条件，管理上的缺陷，物的不安全状态，人的不安全行为}。

在“人、管理、物、环境”系统中，各因素之间存在不同的关系。在四个因素中，人的因素处于中心位置，是主导因素；管理因素是关键；物的因素是根据；环境因素是条件。人、管理、物、环境四个因素是相互牵连的，就像一个正方形的构成一样，一边长的话，另三边也长，但起决定性作用的是管理。同时，任何一个事故都可以分成五个要素，即伤害或损失、事故或意外事件、加害物体、直接原因、间接原因。

事故调查分析的步骤基本上是按照上述五点顺序进行的，但是，实际所发生的事故过程则与上述顺序完全相反：首先是间接原因的存在，再由间接原因产生直接原因，又以加害物体作为媒介，导致事故的发生，最终造成人员的伤害和财产损失。

3. 事故原因的分析

事故原因就是危险因素转化为事故的激发条件和技术条件。危险因素转化为事故的技术条件，是指物质条件本身（性质、能量、感度）向事故转化的物理或化学变化。激发条件是指操作失误和外界条件促使危险因素转化为事故的作用。

事故原因（直接原因）可分为一次事故原因和二次事故原因。一个单元事故的事故原因只有一个，难以准确判断的事故原因最多不应超过三个。事故原因多了，只能说明事故的真正原因还没有找到。

查证事故原因的方法，一般有直观查证法、因果图示法、技术分析法三种：

（1）直观查证法。适用于情况比较简单的事故，凡能用定义法确定事故原点的事故，一般均可用直观查证法确定事故原因。

（2）因果图示法。即利用事故隐患转化为事故的因果关系来确定事故原因的方法。使用因果图示法，首先要尽可能地把事故原点处危险因素转化为事故的条件，再罗列出来，按因果关系做出因果图进行分析。

（3）技术分析法。对不能直观查证又做不出因果图的，可用技术分析法查证事故原因。技术分析法是根据事故原点的技术状态，并密切结合发生事故时的产品、工艺、操作、设备运行等情况，分析危险因素转化为事故的技术条件、管理缺陷以及外界条件对事故原点所起的激发作用，从中找出事故原因。

除了直观查证法、因果图示法、技术分析法之外，在事故调查中，还可以采取模拟试验的方法。模拟试验是检验事故原因准确性的定量标准。因此，在判定事故原因之后，可以根据事故的实际情况，确定是否需要进行模拟试验。在一些物证充分、事故原因明显、调查人员认识一致的条件下也可以不做模拟试验。

4. 事件链的建立与关键因素的分析

在事故原因分析中，要注意将现场勘查、询问和收集的相关证据按照事故发生的时间顺序绘制成事故链，事件链的绘制是还原事故的产生过程，进行事故原因分析的重点步骤。

例如，确定直接原因的时候，在汇总、归纳以往事故原因的基础上，可以列举导致事故的直接原因，包括操作人员是否遵守操作规程，设备与工具的使用，保护设施的实施，是否缺乏注意力或意识，保护系统，工具与设备，危害暴露，作业场所环境与布局。每一大类再细分为若干表现形式，如是否遵守操作规程，可以进一步细分为是否个人违章、是否集体违章、是否监管人员违章、是否未经许可操作设备、是否作业位置或姿势不正确等。将关键起因对应直接原因，便可找出直接原因。一个关键起因可能对应多项直接原因。

再如，确定间接原因，可以将间接原因分为多项类别，包括生理能力、身体状况、精神状态、心理压力、行为能力、技能水平、人员培训、管理与监督、承包商选择与监督、工程与设计、工作计划、采购和材料处理、工具和设备、政策标准和程序等。每一类别中又包含若干表现形式。由直接原因辨别间接原因，一项直接原因可能对应多项间接原因。

按照事故发生的时间顺序、工作（作业）过程组织事故链，使事故调查清晰明了，能及时发现缺失的证据链，并补充完整。第一，通过分析原因并进行整改，克服了治标不治本的缺点，能够比较清楚地认识同类事故，并避免类似事故再次发生。因为针对直接原因提出的整改措施，可有效防止同类事故在同一地点的再次发生；针对间接原因提出的整改措施可有效防止类似事故的发生。第二，有利于找出专业管理、过程控制和系统设计中存在的不足，并加以完善，以减少管理失误。第三，按照统一的标准确定事故原因，为事故责任的划分提供了依据。第四，通过对企业内部不同类型事故的原因分析，可实现事故信息共享，便于统计分析。

5. 事故的性质和责任分析

在事故原因查清以后，就要对事故的性质进行定性分析。事故性质一般分为政治事故、自然事故、责任事故三类。无论是什么性质的事故，都要对事故隐患的形成原因进行全面分析，从中体现出人的责任，以便真正吸取教训。在许多事故原因中，不但有操作者的责任，而且有组织者和指挥者的责任。只有分清责任，才能正确进行事故处理，吸取事故教训，制定防范措施，防止同类事故再次发生。

6. 查清事故原因的重要意义

通过事故现场勘查、事故原因分析，主要实现两个目的：一是通过事故分析，评估已知危险的严重程度，如果出现危险情况，需要尽快采取措施，从而避免更大的危险。二是通过事故分析，提高领导者与职工的认识，提高预防事故的能力，从而避免同类事故的再次发生。如果在事故调查、事故分析的过程中，粗心大意，不求甚解，那么不仅有可能扭曲事故真相，更有可能隐藏着极大的危险。因此，做好事故分析工作，对于查清事故原因具有重要的作用。如以下两个事例：

事例之一：某双氧水厂氧气充装站爆炸事故调查与处理

（1）事故经过与现场

1999 年 12 月 9 日，湖南省某双氧水厂刚刚完成了生产系统检修，于 11 时 40 分开车生产。12 时 10 分，双氧水车间氢气过滤器忽然冒出黑烟。经查是氢化釜内的触媒发生燃烧，当即该车间停车待修。这边检修尚未开始，远离此处 30 m 之外的氧气充装站于 15 时 25 分突然发生爆炸。正在作业的 2 名工人均被烧伤，其中一名职工的胸腹烧伤面积超过 49%。

充氧站的主要任务是把工厂生产出来的氧气经过压氧机抽吸、升压装入高压气瓶中，然后向外出售或自用。出事后现场一片狼藉，1 号压氧机分离瓶被炸开；从分离瓶出口到 1 号充氧操作阀、压力表、安全放空阀等全被炸烂；长 21 m 的高压铜管炸开 7 处，断口呈高温熔化状；现场的墙上有火焰喷烧的痕迹；距压氧机分离瓶爆炸处 6 m 的正面白墙下方还有一大摊来历不明的水……

根据当时现场附近人员的讲述，他们听到了两次爆炸声，间隔的时间很短，先是充氧室，然后是压氧机房；还看到爆炸时的红火光；首先从外面赶到现场的人，还注意到出事后的室内弥漫着“白雾”。

当时谁也没想过，发生在不同生产系统的这两次爆炸之间有什么联系。

（2）两组意见正相反

事故发生后，该厂先后来了两个事故调查组，面对同一个事故和完全相同的现场，得出两个完全相反的结论。

12 月 10 日来厂的事故调查组（以下简称“甲组”）一致认定，事故是“违章超压运行”所造成的“物理性爆炸”。他们要求工厂迅速恢复生产，“考虑到设备陈旧，工厂应适当降低系统压力”。

12 月 11 日来厂的另一个事故调查组（以下简称“乙组”）却提出：这很可能是一次“化学性爆炸”；工厂必须立即停止一切开车准备工作，着手查清事故的真正原因，排除隐患。

甲组的理由是爆炸发生在压氧机分离瓶出口与 1 号充氧阀之间，这正是工人操作部位，也是系统压力最高、承压能力较薄弱处。这里的操作人员曾有过超压充装，提高装瓶速度的做法。甲组的意见得到工厂上下绝大多数人的认同。

乙组的理由是充氧管线内的运行介质应是 99%以上的氧气。氧气是氧化剂，完全不同于氢气、甲烷、石油液化气等可燃性气体，它的超压爆炸是不会起火燃烧的，除非其中混入了可燃物质。再说超压爆炸在一个完全相通的容器或系统里，一旦有了排放口，压力得到释放，爆炸就会停止，不可能像这样在一根完全相通的高压铜管上一连炸出7个独立的大洞。

甲组认为，工厂出示的当天电解车间当班操作分析记录明明白白地写着：送气时间11时40分，氧气纯度99%，氢气纯度99.07%。一连3 h记录的数据完全一致。报表有分析人员签名，而且还有当班调度员、电解操作员姓名，报表填写格式完全符合规范。该厂有气体纯度分析监测装置，有详细制度，而且安排专人定时测定。出事当班分析记录完整无缺。气体纯度完全符合国家规定的质量标准。

乙组认为，根据出事当班调度员反映，充氧站原来是抽吸大氧气囊的气体（来自空分制氧车间），在15时20分，转换抽吸小氧气囊的气体（来自电解水车间）。转换之后5 min，爆炸就发生了。所以乙组仍提出了对充装的氧气纯度的怀疑。

（3）枯燥的数字胜过千言万语

当乙组得知，出事后系统尚未进行放空置换，仍然保持着事故之前的原状，于是要求工厂对系统各个部位的气体重新取样分析。工厂根据乙组的提议，终止厂内所有人员的工作，全部撤离厂区；取样气体分别送往附近两个化工企业做分析。很快，分析出来了，而且两个厂分析结果误差很小：

小气囊的剩余氧气纯度为70.6%；

氧气柜氧气纯度为70.0%；

氢气柜气样氢气纯度为88.0%。

这看起来十分枯燥的数字，却胜过了辩论的千言万语。谁也不用再说什么，大家明白：眼下全厂和该厂所在的整个镇区已处于千钧一发的危险中。生产区4个300 m^3的储气柜、数十只高压气瓶……全部充满了十分危险的爆炸性混合气体。一下敲打、一点火花、一次快速的阀门开闭，都会引起惊天动地的大爆炸！

所谓工人超压运行，完全是冤枉。爆炸就发生在他们打开阀门的那一瞬间。爆炸后室内的“白雾”，白墙下方来历不明的一大摊水，这都是氢氧混合大爆炸的产物。

（4）提心吊胆排除险情

已是20时多，全厂各个系统爆炸性混合气体安全放空迫在眉睫，刻不容缓。该厂首先派人把守进入厂区的各个通道、路口，严防有人进厂，同时动员工厂附近居民暂时撤离。

该厂立即成立了以主管技术的副厂长为首的三人排险小组，深入厂区排险作业。排险人员穿上防护服，使用铜质工具，工具的工作接触面上一律涂上不燃性润滑剂；排放气体尽可能慢速，只要维持少量的泄漏就行……经过努力，首先排除了对城镇人民群众威胁最大的4个300 m^3气柜气体，接着进行充气高压钢瓶的气体排放。

高压充气钢瓶的气体排放，是最让人担心的，它虽然不像气柜爆炸对城镇居民区危害之大，但对排险作业人员本身的安全最有威胁。比较其他容器，它处于高压状态，爆炸极限范围最大，引爆的能量最小，排放速度最难控制，稍有不慎，瓶毁人亡。因此绝对禁止碰撞敲打，要求尽量不搬动它们，先排放单独放置的钢瓶，后排放集中堆放的钢瓶。在开瓶阀放气时，用左手掌捂着钢瓶出口，右手一点一点地旋松开瓶阀。当手掌感到有气体出来时，右手立即停止工作。

该厂经过一个通宵的努力，终于安全地完成所有危险气体的排放，随后又进行了系统安全置换。

(5) 刨根问底追寻原因

对于这起事故的原因，大家不约而同把目光锁定在电解水车间的电解槽上。事发当时开了3台电解槽，就将这3台依次拆开检查。拆2号电解槽时，发现有个别小室隔膜布穿孔。小室隔膜穿孔，可导致氢氧混合。但1台电解槽有100个小室，个别小室穿孔，对气体纯度的影响不过1%。这次事故中，升温正常后送气到双氧水车间是11时40分，而氢化釜触媒燃烧是12时10分，这说明仅半个小时密闭的氢气系统中就已混进了大量的氧。可惜当时未找到根本原因，只是停车了事。如果当时细心一点，后面的爆炸事故就完全可以避免。

继续拆至3号槽，发现该槽内所有的电极板两面全部发黑。正常情况下，电极板只有负极一面发黑，这是因为吸附了钠离子的原因。而现在正极板也黑了，说明正极变成了负极。由此推断，电极板正、负极接反了。经现场检查证明，推断完全正确。随即检查4号槽，又发现同样的情况。原来检修后两台新改装的电解槽，正负电极装反了。这样本该出氧气的，出了氢气；本该出氢气的，出了氧气。这才是系统氢氧大混合的真正原因。

找到了原因，排除了重大隐患，12月13日上午，全厂顺利恢复了生产。

事例之二：对一起职工“违章作业”事故的分析

目前事故多，一讲原因却又大多是“由于工人违章作业”，而实际情况又是如何呢？某企业半年内发生了4起“工人违章作业”事故，但是经过逐一调查，发现其中3起是老板或管理人员违章指挥造成的。例如，有的是老板本人就在现场指挥，为了赶工期，不采取安全措施而导致工人重伤；有的是老板明知该工人既没有专业知识，也没有经过专业培训，而安排他焊补压力容器，结果在作业中容器爆炸；还有的是为了省钱，明知隐患严重却又不愿整改而出的事故等。

有这样一起工人违章操作导致的火灾爆炸事故，最引人深思。

(1) 事故原因的争议

2003年10月11日8时30分，某纺织厂一间仓库里，保管员吴某在发放化工原料亚氯酸钠时，由于铁桶内的原料已结块，吴某就用一根长铁管去捅碎。前面已捅了两次，原料仍不够称量。第三次又捅，这一次刚捅下去，桶里火星一闪引发明火，明火喷出桶口，迅速向四周扩散。吴某转身刚跑出仓库外，爆炸猛烈发生了，接二连三，仓库成了废墟，价值 38 万元的财产付之一炬。

之后，工厂的事故报告、上级主管部门的通报、当地的新闻媒体的报道、防火消防部门调查结论，一直到法院一审判决，都说是“由于工人违章，用铁棒敲击亚氯酸钠结块，引起爆炸……”可是工人不服：“用长铁管敲碎结块的亚氯酸钠，多年都是这样，过去也从没出现过这样的事故。如果说工人违章，那么违背了哪一章呢？你总得拿出个章程来听听。”的确，不仅工厂事先没有“禁止用铁棒敲碎其结块”的规定，就是亚氯酸钠产品安全使用说明书上也无此要求。

于是，有关部门为了验证事故原因，特地进行了模拟试验。

(2) 调查从模拟试验开始

模拟试验首先从亚氯酸钠引燃引爆试验开始。10 月 28 日上午，在工厂一块空坪中央的水泥台上摆着一小堆亚氯酸钠白色粉末，它与上次事故中的亚氯酸钠属同一个厂生产、同一品种、同一批进厂。一位身着制服的同志，用烧红的长铁丝，朝着粉末插去。开始动作很慢，小心翼翼。几番往来，不见动静。于是铁丝越烧越红，插得又猛又快，还是毫无反应。后来干脆燃起一把明火，向它烧去，它也没燃烧；走近仔细看，才发现有少量的熔化，放出些气体。这表明，亚氯酸钠本身并不燃烧。旁观的不少人惊讶了，两名现场证人也急着一再申明，他们前面讲的事故经过，完全是真实的。

查看《化学危险品实用手册》，书中讲道：“亚氯酸钠（$NaClO_2$），强氧化剂，白色晶体或结晶粉末，稍具吸湿性。纯的亚氨酸钠比较稳定……在 175℃时分解放出氧气。与有机物（可燃物质）混合，受摩擦、冲击时即发生爆炸。”试验结果符合上述结论。

(3) 事故发生的真正原因是不良环境

出事的仓库，是车间屋檐下的一个窄长的简易棚。上面盖着石棉瓦，四周是砖墙，就只有一个门，没有窗户，里面刚好一人高，中间横着一条水沟。在这 2 m 宽、7 m 长，又阴暗、潮湿、不通风的地方，竟塞进了总重超过 10 t、包括 16 个种类的化学原料。

一进门，右侧是 120 个甲酸空桶，大都没有盖或没盖好。甲酸是一种无色的挥发性液体，具有刺鼻的恶臭，可燃，爆炸极限范围在 18%～57%。与甲酸相距 2 m 的是约 5 t 的亚氨酸钠。亚氨酸钠是强氧化剂，虽然本身不燃烧，却能使通常情况下难燃的物质变得易燃，原来易燃的物质变得更易燃，甚至爆炸。因此，在任何一本化学品储存、使用书上，都有这样的警句：严禁氧化剂与可燃物质共储混放。

必须一提的是，在棚内右侧后方，是十几种化学品的混放区，那里存放着有比汽油更易燃的甲醛等，还有更强烈的氧化剂重铬酸钠等。可以说，在这不通风的仓库内，随着时间的推移，即使没有外来能量，化学品也极易自动引燃。

(4) 事故原因

在这次事故的半年之前，该厂另一个仓库保管员在称取亚氯酸钠时，由于磅秤上残留了硫化碱（一种易燃固体），相互一接触，立即着火，烧掉了十几千克的化工原料。

这件事引起工厂的高度重视，为存放亚氯酸钠修建了专库，并制定了仓库保管制度。但是他们忽视了更重要的一面，即应加强对可燃液体（甲酸、甲醛等）、易燃固体（硫化碱、石蜡等）的安全储存，应把它们分别放到通风、干燥的场所，严禁与氧化剂接触或同库存放。

令人惊讶的是，这个原本不够完整的措施，也只有一个月多一点的“寿命”。4 月下旬，工厂新购的领导专车要放进亚氯酸钠专库。领导又决定把亚氯酸钠搬出专库，挤进这次出事的仓库。这一举措，大大催化了事故的发生，而且成倍扩大了事故损失。

根据当事人反映，他们那天一进棚内就“感到浓浓的刺鼻气味”。他们长期接触甲酸，早已习惯了这种气味。此时如此强烈的感受，证明了棚内积存的甲酸蒸气已达到极高的浓度。当他们打开亚氯酸铁桶盖，甲酸蒸气逐渐进入桶内。当他们第三次捅料时，桶内甲酸蒸气浓度已达到其爆炸极限范围，在亚氯酸钠的氧化作用下，起火爆炸，并扩散到整个空间。同样，假如工人不用铁管捅击，那么他的其他动作，如物品摩擦、碰撞，仍可能引起同样的爆炸。这时灾难已难以避免了。

因此，导致这次事故的直接原因，是该厂忽视安全，把强氧化剂与可燃液体等混放储存。于是在第二审判中，法院采纳了模拟实验的技术鉴定，工人被判无罪释放。

五、事故处理与责任追究

1. 安全生产违法行为的刑事责任

刑事责任是指责任主体违反安全生产法律规定构成犯罪，由司法机关依照刑事法律给予刑罚的一种法律责任。《刑法》有关安全生产违法行为的罪名，主要是重大责任事故罪、重大劳动安全事故罪及消防责任事故罪等。

重大责任事故罪在我国 1979 年的《刑法》中就做了规定，以后随着《刑法》不断完善，还陆续增设了其他企业事故犯罪，具体有重大飞行事故罪、铁路运营安全事故罪、重大劳动安全事故罪、工程重大安全事故罪、教育设施重大安全事故罪等，其中最基本的当属重大责任事故罪。

从《刑法》的规定可以看出，重大责任事故罪是指工厂、矿山、林场、建筑企业或者其他企业、事业单位的职工，由于不服从管理、违反规章制度，或者强令工人违章冒险作业，因而发生的重大伤亡事故或者造成严重后果的行为。

重大责任事故罪的主观方面表现为过失、可以为疏忽大意的过失，即应当预见自己的行为可能发生危害社会的结果，因为疏忽大意而没有预见，由此导致危害社会的结果；也可以为过于自信的过失，即已经预见自己的行为可能发生危害社会的结果，因为轻信能够避免，由此导致危害社会结果的发生。对于违章行为，既可以是无意违反，也可以是明知故犯。

重大责任事故罪的客观方面表现为在生产和作业的过程中违反规章制度，不服从管理或者强令工人违章冒险作业，因而发生重大伤亡事故，造成严重后果的行为。违反规章制度是构成重大责任事故罪的前提。这里的规章制度仅指与安全生产相关的各项规定，包括国家颁布的与安全生产有关的法律、法规等规范性文件，行业或企业、事业单位及其上级管理机构制定的关于安全生产的各项规章制度以及经长期实践为职工所公认的安全操作惯例等。当发生重大责任事故而该企业没有关于安全操作的规程时，应以国家已颁布的相关法规及其上级主管部门的有关规章制度为准。

目前，造成重大责任事故接连发生的最根本的原因，是生产和管理人员的法制观念淡薄，安全意识不强，有法不依、有章不循。由于重大责任事故罪的主观方面表现为过失，是一种因违章行为而构成的业务过失，而事实上，在相当部分的企事业单位的生产经营过程中，生产工人或管理人员在不同程度上违反安全操作规程的现象较为常见，又因为并不是每次违章作业都会必然导致重大责任事故的发生，客观上确实也存在因侥幸而未造成重大责任事故的情况，不少人就逐渐养成了漠视安全规程的陋习。要使安全生产的状况得到彻底改变和好转，首要的任务是强化各级领导和全体职工的法制意识和安全意识，在工作中自觉遵守安全生产的各项规定和制度，做到有法必依、有章必循，把安全生产提高到一个新的高度来认识，养成严格按照安全操作规程进行作业的习惯。

对直接从事生产作业，特别是从事高劳动强度、高危险程度的采矿、冶金、建筑、电力等行业，包括从事电焊等特种作业的人员来说，不仅要接受与所从事的工种有关的安全培训和考核，在日常生产活动中做到自觉并严格遵守有关安全操作规程，而且要能坚决抵制本单位管理人员的违章指挥和命令。作为直接从事生产指挥的管理人员，在日常的生产活动中，不仅要注重企业的经济利益，更应遵章守法，杜绝不顾工人的安危，违章冒险指挥或强令工人进行违章操作。对企业的经营者来说，要以法律法规来约束规范生产经营行为，在制定安全生产规则、章程，加强安全生产教育的同时，要建立起避免重大责任事故发生的防范、预警机制，以确保企业的安全生产。坚持“安全第一、预防为主、综合治理”的安全生产方针，加强对安全生产的监督管理，落实安全生产责任制，避免重大安全事故的发生，切实保护国家财产和人民生命的安全。

2. 安全生产违法行为的行政处罚

行政处罚是指特定的行政机关或法定授权组织、行政委托组织依法对违反行政管理秩序尚未构成犯罪的个人或组织给予的行政制裁。《安全生产违法行为行政处罚办法》针对安全生产违法行为设定的行政处罚有以下几类：警告，罚款，责令改正，责令限期改正，责令停止违法行为，没收违法所得，责令停产停业整顿，责令停产停业，责令停止建设，责令停止施工，暂扣或者吊销有关许可证，暂停或者撤销有关职业资格、岗位证书，关闭，拘留，安全生产法律、行政法规规定的其他行政处罚。

3. 安全生产违法违纪行为的政纪处分

政纪处分，是指国家行政机关依法对其违法违纪的工作人员，依照法定权限和程序实施的一种惩戒措施。针对政纪处分，《安全生产领域违法违纪行为政纪处分暂行规定》做出了以下规定：

（1）有安全生产领域违法违纪行为的企业、事业单位，对其直接负责的主管人员和其他直接责任人员，以及有安全生产领域违法违纪行为的企业、事业单位工作人员中由国家行政机关任命的人员（以下统称有关责任人员），由监察机关或者任免机关按照管理权限，依法给予处分。

（2）国有企业及其工作人员有下列行为之一的，对有关责任人员给予警告、记过或者记大过处分；情节较重的，给予降级、撤职或者留用察看处分；情节严重的，给予开除处分：①未取得安全生产行政许可及相关证照或者不具备安全生产条件从事生产经营活动的；②弄虚作假，骗取安全生产相关证照的；③出借、出租、转让或者冒用安全生产相关证照的；④未按照有关规定保证安全生产所必需的资金投入，导致产生重大安全隐患的；⑤新建、改建、扩建工程项目的安全设施，不与主体工程同时设计、同时施工、同时投入生产和使用，或者未按规定审批、验收，擅自组织施工和生产的；⑥被依法责令停产停业整顿、吊销证照、关闭的生产经营单位，继续从事生产经营活动的。

（3）国有企业及其工作人员有下列行为之一，导致生产安全事故发生的，对有关责任人员给予警告、记过或者记大过处分；情节较重的，给予降级、撤职或者留用察看处分；情节严重的，给予开除处分：①对存在的重大安全隐患，未采取有效措施的；②违章指挥，强令工人违章冒险作业的；③未按规定进行安全生产教育和培训并经考核合格，允许从业人员上岗，致使违章作业的；④制造、销售、使用国家明令淘汰或者不符合国家标准的设施、设备、器材或者产品的；⑤超能力、超强度、超定员组织生产经营，拒不执行有关部门整改指令的；⑥拒绝执法人员进行现场检查或者在被检查时隐瞒事故隐患，不如实反映情况的；⑦有其他不履行或者不正确履行安全生产管理职责的。

（4）国有企业及其工作人员有下列行为之一的，对有关责任人员给予记过或者记大过处分；情节较重的，给予降级、撤职或者留用察看处分；情节严重的，给予开除处分：①对发生的生产安全事故瞒报、谎报或者拖延不报的；②组织或者参与破坏事故现场、出具伪证或者隐匿、转移、篡改、毁灭有关证据，阻挠事故调查处理的；③生产安全事故发生后，不及时组织抢救或者擅离职守的。生产安全事故发生后逃匿的，给予开除处分。

(5) 国有企业及其工作人员不执行或者不正确执行对事故责任人员做出的处理决定，或者擅自改变上级机关批复的对事故责任人员的处理意见的，对有关责任人员给予警告、记过或者记大过处分；情节较重的，给予降级、撤职或者留用察看处分；情节严重的，给予开除处分。

(6) 国有企业负责人及其配偶、子女及其配偶违反规定在煤矿等企业投资入股或者在安全生产领域经商办企业的，对由国家行政机关任命的人员给予警告、记过或者记大过处分；情节较重的，给予降级、撤职或者留用察看处分；情节严重的，给予开除处分。

4. 安全生产领域违法行为的党纪处分

党纪处分，是指党组织和党的纪检机关依照党纪处分条例的规定，对违纪的党员和党组织所适用的制裁方法。针对党纪处分，《安全生产领域违纪行为适用〈中国共产党纪律处分条例〉若干问题的解释》中做出了如下规定：

(1) 党组织负责人在安全生产领域有下列情形之一的，并给党、国家和人民利益以及公共财产造成较大损失的，依照《中国共产党纪律处分条例》第 128 条规定处理。对负有直接责任者，给予警告或者严重警告处分。造成重大损失的，对负有直接责任者，给予撤销党内职务、留党察看或者开除党籍处分；负有主要领导责任者，给予严重警告、撤销党内职务或者留党察看处分；负有重要领导责任者，给予警告、严重警告或者撤销党内职务处分；造成巨大损失或者恶劣影响的，对有关责任者，依照规定加重处分：①不执行党和国家安全生产方针政策和安全生产法律、法规、规章以及上级机关、主管部门有关安全生产的决定、命令、指示的；②制定或者采取与党和国家安全生产方针政策以及安全生产法律、法规、规章相抵触的规定或措施，造成不良后果或者经上级机关、有关部门指出仍不改正的。

(2) 国有企业（公司）和集体所有制企业（公司）的工作人员，违反安全生产作业方面的规定，并造成较大损失，有下列情形之一的，依照《中国共产党纪律处分条例》第 133 条规定处理。对负有直接责任者，给予严重警告或者撤销党内职务处分。造成重大损失的，对负有直接责任者，给予留党察看或者开除党籍处分；负有主要领导责任者，给予撤销党内职务或者留党察看处分；负有重要领导责任者，给予警告、严重警告或者撤销党内职务处分；造成巨大损失或者恶劣影响的，对有关责任者，依照规定加重处分：①对存在的重大安全隐患，未采取有效措施的；②违章指挥，强令工人冒险作业的；③未按规定进行安全生产教育和培训并经考核合格，允许从业人员上岗，致使违章作业的；④超能力、超强度、超定员组织生产经营，拒不执行有关部门整改指令的。其他企业（公司）的工作人员有上述规定情形的，依照上述规定酌情处理。

（3）国有企业（公司）和集体所有制企业（公司）的工作人员，违反有关安全生产行政许可的规定，有下列情形之一的，依照《中国共产党纪律处分条例》第133条规定处理。

（4）国有企业（公司）和集体所有制企业（公司）的工作人员，在安全生产、经营、管理等活动中有下列情形之一的，依照《中国共产党纪律处分条例》第133条规定处理。

（5）国家机关工作人员的配偶、子女及其配偶违反规定在安全生产领域经商办企业的，对该国家机关工作人员依照《中国共产党纪律处分条例》第77条规定处理：情节较轻的，给予警告或者严重警告处分；情节较重的，给予撤销党内职务或者留党察看处分；情节严重的，给予开除党籍处分。

国有企业领导人员的配偶、子女及其配偶违反规定在企业投资入股或者在安全生产领域经商办企业的，党员利用职务上的便利，为其亲友的经营活动谋取利益的，或违反有关规定兼职或者兼职取酬的，依照上述规定处理。

（6）承担安全评价、培训、认证、资质验证、设计、检测、检验等工作的机构，出具虚假报告等与事实不符的文件材料的，依照《中国共产党纪律处分条例》第110条规定处理，追究主要责任者和其他直接责任人员的责任：情节较轻的，给予警告或者严重警告处分；情节较重的，给予撤销党内职务或者留党察看处分；情节严重的，给予开除党籍处分。

5. 安全生产违法行为的民事责任

民事责任，是指责任主体违反安全生产法律规定造成民事损害，由人民法院依照民事法律强制其进行民事赔偿的一种法律责任。民事责任的追究是为了最大限度地维护当事人受到民事损害时享有获得民事赔偿的权利。《安全生产法》是我国安全生产法律、行政法规中唯一设定民事责任的法律，以下是针对民事责任的具体规定：

（1）生产经营单位将生产经营项目、场所、设备发包或者出租给不具备安全生产条件或者相应资质的单位或者个人的，导致发生生产安全事故给他人造成损害的，与承包方、承租方承担连带赔偿责任。

（2）生产经营单位发生生产安全事故造成人员伤亡、他人财产损失的，应当依法承担赔偿责任；拒不承担或者其负责人逃匿的，由人民法院依法强制执行。

生产安全事故的责任人未依法承担赔偿责任，经人民法院依法采取执行措施后，仍不能对受害人给予足额赔偿的，应当继续履行赔偿义务；受害人发现责任人有其他财产的，可以随时请求人民法院执行。

第四节 事故调查处理相关规定

目前，我国正处于工业化、城镇化快速发展进程中，处于生产安全事故易发多发的高峰期，一些重大、特大事故还不断发生，安全生产形势依然严峻。在事故调查处理工作中，对所发生的责任事故，必须坚持严格依法、从严惩处。对此，在《安全生产法》《职业病防治法》《刑法》《危险化学品安全管理条例》《国务院关于特大安全事故行政责任追究的规定》《关于进一步加强危害生产安全刑事案件审判工作的意见》《安全生产领域违法违纪行为政纪处分暂行规定》等法律法规中，都做出明确的规定。需要注意的是，对相关责任人的处理，要根据事故原因、后果大小、主体职责、过错大小等因素，综合考虑，正确划分责任，做到罪责相适应，严格落实法律面前人人平等的原则，确保处罚适用公正，确保处理效果良好。

一、《安全生产法》相关要点

2002 年 6 月 29 日，第九届全国人大常委会第二十八次会议通过《中华人民共和国安全生产法》，并自 2002 年 11 月 1 日起施行。制定《安全生产法》的目的，是为了加强安全生产监督管理，防止和减少生产安全事故，保障人民群众生命和财产安全，促进经济发展。

《安全生产法》分为七章九十七条，各章内容为：第一章总则，第二章生产经营单位的安全生产保障，第三章从业人员的权利和义务，第四章安全生产的监督管理，第五章生产安全事故的应急救援与调查处理，第六章法律责任，第七章附则。

《安全生产法》规定：在中华人民共和国领域内从事生产经营活动的单位（以下统称生产经营单位）的安全生产，适用本法；有关法律、行政法规对消防安全和道路交通安全、铁路交通安全、水上交通安全、民用航空安全另有规定的，适用其规定。

在《安全生产法》第五章生产安全事故的应急救援与调查处理中，对事故调查处理做了规定。

第七十条规定：生产经营单位发生生产安全事故后，事故现场有关人员应当立即报告本单位负责人。单位负责人接到事故报告后，应当迅速采取有效措施，组织抢救，防止事故扩大，减少人员伤亡和财产损失，并按照国家有关规定立即如实报告当地负有安全生产监督管理职责的部门，不得隐瞒不报、谎报或者拖延不报，不得故意破坏事故现场、毁灭有关证据。

第七十一条规定：负有安全生产监督管理职责的部门接到事故报告后，应当立即按照国家有关规定上报事故情况。负有安全生产监督管理职责的部门和有关地方人民政府对事故情况不得隐瞒不报、谎报或者拖延不报。

第七十二条规定：有关地方人民政府和负有安全生产监督管理职责的部门的负责人接到重大生产安全事故报告后，应当立即赶到事故现场，组织事故抢救。任何单位和个人都应当支持、配合事故抢救，并提供一切便利条件。

第七十三条规定：事故调查处理应当按照实事求是、尊重科学的原则，及时、准确地查清事故原因，查明事故性质和责任，总结事故教训，提出整改措施，并对事故责任者提出处理意见。

第七十四条规定：生产经营单位发生生产安全事故，经调查确定为责任事故的，除了应当查明事故单位的责任并依法予以追究外，还应当查明对安全生产的有关事项负有审查批准和监督职责的行政部门的责任，对有失职、渎职行为的，依照本法相关规定追究法律责任。

第七十五条规定：任何单位和个人不得阻挠和干涉对事故的依法调查处理。

第七十六条规定：县级以上地方各级人民政府负责安全生产监督管理的部门应当定期统计分析本行政区域内发生生产安全事故的情况，并定期向社会公布。

在第六章法律责任中，对违法行为的处罚做了规定。

第九十一条规定：生产经营单位主要负责人在本单位发生重大生产安全事故时，不立即组织抢救或者在事故调查处理期间擅离职守或者逃匿的，给予降职、撤职的处分，对逃匿的处十五日以下拘留；构成犯罪的，依照刑法有关规定追究刑事责任。

生产经营单位主要负责人对生产安全事故隐瞒不报、谎报或者拖延不报的，依照前款规定处罚。

第九十二条规定：有关地方人民政府、负有安全生产监督管理职责的部门，对生产安全事故隐瞒不报、谎报或者拖延不报的，对直接负责的主管人员和其他直接责任人员依法给予行政处分；构成犯罪的，依照刑法有关规定追究刑事责任。

第九十五条规定：生产经营单位发生生产安全事故造成人员伤亡、他人财产损失的，应当依法承担赔偿责任，拒不承担或者其负责人逃匿的，由人民法院依法强制执行。

生产安全事故的责任人未依法承担赔偿责任，经人民法院依法采取执行措施后，仍不能对受害人给予适额赔偿的，应当继续履行赔偿义务；受害人发现责任人有其他财产的，可以随时请求人民法院执行。

二、《职业病防治法》相关要点

2011 年 12 月 31 日，第十一届全国人民代表大会常务委员会第 24 次会议通过关于修改

《中华人民共和国职业病防治法》的决定，并自公布之日起施行。制定本法的目的，是根据宪法，为了预防、控制和消除职业病危害，防治职业病，保护劳动者健康及其相关权益，促进经济社会发展。

《职业病防治法》分为七章九十条，各章内容为：第一章总则，第二章前期预防，第三章劳动过程中的防护与管理，第四章职业病诊断与职业病病人保障，第五章监督检查，第六章法律责任，第七章附则。《职业病防治法》规定本法适用于中华人民共和国领域内的职业病防治活动。

第五章监督检查和第六章法律责任，对相关事项做了规定。

第六十五条规定：发生职业病危害事故或者有证据证明危害状态可能导致职业病危害事故发生时，安全生产监督管理部门可以采取下列临时控制措施。

（1）责令暂停导致职业病危害事故的作业。

（2）封存造成职业病危害事故或者可能导致职业病危害事故发生的材料和设备。

（3）组织控制职业病危害事故现场。

在职业病危害事故或者危害状态得到有效控制后，安全生产监督管理部门应当及时解除控制措施。

第六十七条规定：职业卫生监督执法人员依法执行职务时，被检查单位应当接受检查并予以支持配合，不得拒绝和阻碍。

第七十九条规定：用人单位违反本法规定，造成重大职业病危害事故或者其他严重后果，构成犯罪的，对直接负责的主管人员和其他直接责任人员，依法追究刑事责任。

第八十六条规定：违反本法规定，构成犯罪的，依法追究刑事责任。

三、《刑法》相关要点

《中华人民共和国刑法》是我国的一部重要法律，制定本法的目的，是根据宪法，结合我国同犯罪做斗争的具体经验及实际情况，惩罚犯罪，保护人民。刑法的任务是用刑罚同一切犯罪行为做斗争，以保卫国家安全，保卫人民民主专政的政权和社会主义制度，保护国有财产和劳动群众集体所有的财产，保护公民私人所有的财产，保护公民的人身权利、民主权利和其他权利，维护社会秩序、经济秩序，保障社会主义建设事业的顺利进行。

2011年2月25日，《刑法》经过新的修正，分为二编十五章，各章内容为：第一编总则，第一章刑法的任务、基本原则和适用范围，第二章犯罪，第三章刑罚，第四章刑罚的具体运用，第五章其他规定；第二编分则，第一章危害国家安全罪，第二章危害公共安全罪，第三章破坏社会主义市场经济秩序罪，第四章侵犯公民人身权利、民主权利罪，第五章侵犯财产罪，第六章妨害社会管理秩序罪，第七章危害国防利益罪，第八章贪污贿赂罪，

第九章渎职罪，第十章军人违反职责罪，附则。

在《刑法》中，对相关犯罪行为和处罚做了规定。

第十四条规定：明知自己的行为会发生危害社会的结果，并且希望或者放任这种结果发生，因而构成犯罪的，是故意犯罪。故意犯罪，应当负刑事责任。

第十五条规定：应当预见自己的行为可能发生危害社会的结果，因为疏忽大意而没有预见，或者已经预见而轻信能够避免，以致发生这种结果的，是过失犯罪。过失犯罪，法律有规定的才负刑事责任。

第一百三十一条规定：航空人员违反规章制度，致使发生重大飞行事故，造成严重后果的，处三年以下有期徒刑或者拘役；造成飞机坠毁或者人员死亡的，处三年以上七年以下有期徒刑。

第一百三十二条规定：铁路职工违反规章制度，致使发生铁路运营安全事故，造成严重后果的，处三年以下有期徒刑或者拘役；造成特别严重后果的，处三年以上七年以下有期徒刑。

第一百三十三条规定：违反交通运输管理法规，因而发生重大事故，致人重伤、死亡或者使公私财产遭受重大损失的，处三年以下有期徒刑或者拘役；交通运输肇事后逃逸或者有其他特别恶劣情节的，处三年以上七年以下有期徒刑；因逃逸致人死亡的，处七年以上有期徒刑。

在道路上驾驶机动车追逐竞驶，情节恶劣的，或者在道路上醉酒驾驶机动车的，处拘役，并处罚金。有前款行为，同时构成其他犯罪的，依照处罚较重的规定定罪处罚。

第一百三十四条规定：在生产、作业中违反有关安全管理的规定，因而发生重大伤亡事故或者造成其他严重后果的，处三年以下有期徒刑或者拘役；情节特别恶劣的，处三年以上七年以下有期徒刑。

强令他人违章冒险作业，因而发生重大伤亡事故或者造成其他严重后果的，处五年以下有期徒刑或者拘役；情节特别恶劣的，处五年以上有期徒刑。

第一百三十五条规定：安全生产设施或者安全生产条件不符合国家规定，因而发生重大伤亡事故或者造成其他严重后果的，对直接负责的主管人员和其他直接责任人员，处三年以下有期徒刑或者拘役；情节特别恶劣的，处三年以上七年以下有期徒刑。

举办大型群众性活动违反安全管理规定，因而发生重大伤亡事故或者造成其他严重后果的，对直接负责的主管人员和其他直接责任人员，处三年以下有期徒刑或者拘役；情节特别恶劣的，处三年以上七年以下有期徒刑。

第一百三十六条规定：违反爆炸性、易燃性、放射性、毒害性、腐蚀性物品的管理规定，在生产、储存、运输、使用中发生重大事故，造成严重后果的，处三年以下有期徒刑或者拘役；后果特别严重的，处三年以上七年以下有期徒刑。

第一百三十七条规定：建设单位、设计单位、施工单位、工程监理单位违反国家规定，降低工程质量标准，造成重大安全事故的，对直接责任人员，处五年以下有期徒刑或者拘役，并处罚金；后果特别严重的，处五年以上十年以下有期徒刑，并处罚金。

第一百三十九条规定：违反消防管理法规，经消防监督机构通知采取改正措施而拒绝执行，造成严重后果的，对直接责任人员，处三年以下有期徒刑或者拘役；后果特别严重的，处三年以上七年以下有期徒刑。

在安全事故发生后，负有报告职责的人员不报或者谎报事故情况，贻误事故抢救，情节严重的，处三年以下有期徒刑或者拘役；情节特别严重的，处三年以上七年以下有期徒刑。

第二百三十三条规定：过失致人死亡的，处三年以上七年以下有期徒刑；情节较轻的，处三年以下有期徒刑。本法另有规定的，依照规定。

第二百三十五条规定：过失伤害他人致人重伤的，处三年以下有期徒刑或者拘役。本法另有规定的，依照规定。

四、《危险化学品安全管理条例》相关要点

2011 年 3 月 2 日，国务院公布修订后的《危险化学品安全管理条例》（国务院令第 591 号），并自 2011 年 12 月 1 日起施行。制定本条例的目的，是加强危险化学品的安全管理，预防和减少危险化学品事故，保障人民群众生命财产安全，保护环境。

新修订的《危险化学品安全管理条例》分为八章一百零二条，各章内容为：第一章总则，第二章生产、储存安全，第三章使用安全，第四章经营安全，第五章运输安全，第六章危险化学品登记与事故应急救援，第七章法律责任，第八章附则。《危险化学品安全管理条例》规定危险化学品生产、储存、使用、经营和运输的安全管理，适用本条例。本条例所称危险化学品，是指具有毒害、腐蚀、爆炸、燃烧、助燃等性质，对人体、设施、环境具有危害的剧毒化学品和其他化学品。

第六章危险化学品登记与事故应急救援和第七章法律责任，对相关事项做了规定。

第七十一条规定：发生危险化学品事故，事故单位主要负责人应当立即按照本单位危险化学品应急预案组织救援，并向当地安全生产监督管理部门和环境保护、公安、卫生主管部门报告；道路运输、水路运输过程中发生危险化学品事故的，驾驶人员、船员或者押运人员还应当向事故发生地交通运输主管部门报告。

第七十二条规定：发生危险化学品事故，有关地方人民政府应当立即组织安全生产监督管理、环境保护、公安、卫生、交通运输等有关部门，按照本地区危险化学品事故应急预案组织实施救援，不得拖延、推诿。

有关地方人民政府及其有关部门应当按照下列规定，采取必要的应急处置措施，减少事故损失，防止事故蔓延、扩大。

(1) 立即组织营救和救治受害人员，疏散、撤离或者采取其他措施保护危害区域内的其他人员。

(2) 迅速控制危害源，测定危险化学品的性质、事故的危害区域及危害程度。

(3) 针对事故对人体、动植物、土壤、水源、大气造成的现实危害和可能产生的危害，迅速采取封闭、隔离、洗消等措施。

(4) 对危险化学品事故造成的环境污染和生态破坏状况进行监测、评估，并采取相应的环境污染治理和生态修复措施。

第七十三条规定：有关危险化学品单位应当为危险化学品事故应急救援提供技术指导和必要的协助。

第九十四条规定：危险化学品单位发生危险化学品事故，其主要负责人不立即组织救援或者不立即向有关部门报告的，依照《生产安全事故报告和调查处理条例》的规定处罚。

危险化学品单位发生危险化学品事故，造成他人人身伤害或者财产损失的，依法承担赔偿责任。

第九十五条规定：发生危险化学品事故，有关地方人民政府及其有关部门不立即组织实施救援，或者不采取必要的应急处置措施减少事故损失，防止事故蔓延、扩大的，对直接负责的主管人员和其他直接责任人员依法给予处分；构成犯罪的，依法追究刑事责任。

五、国务院《关于特大安全事故行政责任追究的规定》相关要点

2001 年 4 月 21 日，国务院公布《关于特大安全事故行政责任追究的规定》(国务院令第 302 号)，自公布之日起施行。

制定《关于特大安全事故行政责任追究的规定》的目的，是为了有效地防范特大安全事故的发生，严肃追究特大安全事故的行政责任，保障人民群众生命财产安全。本规定分为二十四条，对相关事项做了规定。

《关于特大安全事故行政责任追究的规定》主要内容如下：

◆地方人民政府主要领导人和政府有关部门正职负责人对下列特大安全事故的防范、发生，依照法律、行政法规和本规定的规定有失职、渎职情形或者负有领导责任的，依照本规定给予行政处分；构成玩忽职守罪或者其他罪的，依法追究刑事责任：

(1) 特大火灾事故。

(2) 特大交通安全事故。

(3) 特大建筑质量安全事故。

（4）民用爆炸物品和化学危险品特大安全事故。

（5）煤矿和其他矿山特大安全事故。

（6）锅炉、压力容器、压力管道和特种设备特大安全事故。

（7）其他特大安全事故。

地方人民政府和政府有关部门对特大安全事故的防范、发生直接负责的主管人员和其他直接责任人员，比照本规定给予行政处分；构成玩忽职守罪或者其他罪的，依法追究刑事责任。

特大安全事故肇事单位和个人的刑事处罚、行政处罚和民事责任，依照有关法律、法规和规章的规定执行。

◆地方各级人民政府及政府有关部门应当依照有关法律、法规和规章的规定，采取行政措施，对本地区实施安全监督管理，保障本地区人民群众生命财产安全，对本地区或者职责范围内防范特大安全事故的发生、特大安全事故发生后的迅速和妥善处理负责。

◆地方各级人民政府每个季度应当至少召开一次防范特大安全事故工作会议，由政府主要领导人或者政府主要领导人委托政府分管领导人召集有关部门正职负责人参加，分析、布置、督促、检查本地区防范特大安全事故的工作。会议应当做出决定并形成纪要，会议确定的各项防范措施必须严格实施。

◆市（地、州）、县（市、区）人民政府应当组织有关部门按照职责分工对本地区容易发生特大安全事故的单位、设施和场所安全事故的防范明确责任、采取措施，并组织有关部门对上述单位、设施和场所进行严格检查。

◆市（地、州）、县（市、区）人民政府必须制定本地区特大安全事故应急处理预案。本地区特大安全事故应急处理预案经政府主要领导人签署后，报上一级人民政府备案。

◆市（地、州）、县（市、区）人民政府应当组织有关部门对本规定第二条所列各类特大安全事故的隐患进行查处；发现特大安全事故隐患的，责令立即排除；特大安全事故隐患排除前或者排除过程中，无法保证安全的，责令暂时停产、停业或者停止使用。法律、行政法规对查处机关另有规定的，依照其规定。

◆市（地、州）、县（市、区）人民政府及其有关部门对本地区存在的特大安全事故隐患，超出其管辖或者职责范围的，应当立即向有管辖权或者负有职责的上级人民政府或者政府有关部门报告；情况紧急的，可以立即采取包括责令暂时停产、停业在内的紧急措施，同时报告；有关上级人民政府或者政府有关部门接到报告后，应当立即组织查处。

◆中小学校对学生进行劳动技能教育及组织学生参加公益劳动等社会实践活动，必须确保学生安全。严禁以任何形式、名义组织学生从事接触易燃、易爆、有毒、有害等危险品的劳动或者其他危险性劳动。严禁将学校场地出租作为从事易燃、易爆、有毒、有害等危险品的生产、经营场所。

中小学校违反前款规定的，按照学校隶属关系，对县（市、区）、乡（镇）人民政府主要领导人和县（市、区）人民政府教育行政部门正职负责人，根据情节轻重，给予记过、降级直至撤职的行政处分；构成玩忽职守罪或者其他罪的，依法追究刑事责任。

中小学校违反本条第一款规定的，对校长给予撤职的行政处分，对直接组织者给予开除公职的行政处分；构成非法制造爆炸物罪或者其他罪的，依法追究刑事责任。

◆依法对涉及安全生产事项负责行政审批（包括批准、核准、许可、注册、认证、颁发证照、竣工验收等，下同）的政府部门或者机构，必须严格依照法律、法规和规章规定的安全条件和程序进行审查；不符合法律、法规和规章规定的安全条件的，不得批准；不符合法律、法规和规章规定的安全条件，弄虚作假，骗取批准或者勾结串通行政审批工作人员取得批准的，负责行政审批的政府部门或者机构除必须立即撤销原批准外，应当对弄虚作假骗取批准或者勾结串通行政审批工作人员的当事人依法给予行政处罚；构成行贿罪或者其他罪的，依法追究刑事责任。

负责行政审批的政府部门或者机构违反前款规定，对不符合法律、法规和规章规定的安全条件予以批准的，对部门或者机构的正职负责人，根据情节轻重，给予降级、撤职直至开除公职的行政处分；与当事人勾结串通的，应当开除公职；构成受贿罪、玩忽职守罪或者其他罪的，依法追究刑事责任。

◆对依照本规定取得批准的单位和个人，负责行政审批的政府部门或者机构必须对其实施严格监督检查；发现其不再具备安全条件的，必须立即撤销原批准。

负责行政审批的政府部门或者机构违反前款规定，不对取得批准的单位和个人实施严格监督检查，或者发现其不再具备安全条件而不立即撤销原批准的，对部门或者机构的正职负责人，根据情节轻重，给予降级或者撤职的行政处分；构成受贿罪、玩忽职守罪或者其他罪的，依法追究刑事责任。

◆对未依法取得批准，擅自从事有关活动的，负责行政审批的政府部门或者机构发现或者接到举报后，应当立即予以查封、取缔，并依法给予行政处罚；属于经营单位的，由工商行政管理部门依法相应吊销营业执照。

负责行政审批的政府部门或者机构违反前款规定，对发现或者举报的未依法取得批准而擅自从事有关活动的，不予查封、取缔，不依法给予行政处罚，工商行政管理部门不予吊销营业执照的，对部门或者机构的正职负责人，根据情节轻重，给予降级或者撤职的行政处分；构成受贿罪、玩忽职守罪或者其他罪的，依法追究刑事责任。

◆市（地、州）、县（市、区）人民政府依照本规定应当履行职责而未履行，或者未按照规定的职责和程序履行，本地区发生特大安全事故的，对政府主要领导人，根据情节轻重，给予降级或者撤职的行政处分；构成玩忽职守罪的，依法追究刑事责任。

负责行政审批的政府部门或者机构、负责安全监督管理的政府有关部门，未依照本规定履行职责，发生特大安全事故的，对部门或者机构的正职负责人，根据情节轻重，给予撤职或者开除公职的行政处分；构成玩忽职守罪或者其他罪的，依法追究刑事责任。

◆发生特大安全事故，社会影响特别恶劣或者性质特别严重的，由国务院对负有领导责任的省长、自治区主席、直辖市市长和国务院有关部门正职负责人给予行政处分。

◆特大安全事故发生后，有关县（市、区）、市（地、州）和省、自治区、直辖市人民政府及政府有关部门应当按照国家规定的程序和时限立即上报，不得隐瞒不报、谎报或者拖延报告，并应当配合、协助事故调查，不得以任何方式阻碍、干涉事故调查。

特大安全事故发生后，有关地方人民政府及政府有关部门违反前款规定的，对政府主要领导人和政府部门正职负责人给予降级的行政处分。

◆特大安全事故发生后，有关地方人民政府应当迅速组织救助，有关部门应当服从指挥、调度，参加或者配合救助，将事故损失降到最低限度。

◆特大安全事故发生后，省、自治区、直辖市人民政府应当按照国家有关规定迅速、如实发布事故消息。

◆地方人民政府或者政府部门阻挠、干涉对特大安全事故有关责任人员追究行政责任的，对该地方人民政府主要领导人或者政府部门正职负责人，根据情节轻重，给予降级或者撤职的行政处分。

◆任何单位和个人均有权向有关地方人民政府或者政府部门报告特大安全事故隐患，有权向上级人民政府或者政府部门举报地方人民政府或者政府部门不履行安全监督管理职责或者不按照规定履行职责的情况。接到报告或者举报的有关人民政府或者政府部门，应当立即组织对事故隐患进行查处，或者对举报的不履行、不按照规定履行安全监督管理职责的情况进行调查处理。

◆监察机关依照行政监察法的规定，对地方各级人民政府和政府部门及其工作人员履行安全监督管理职责，实施监察。

◆对特大安全事故以外的其他安全事故的防范、发生追究行政责任的办法，由省、自治区、直辖市人民政府参照本规定制定。

六、《关于进一步加强危害生产安全刑事案件审判工作的意见》相关要点

2011 年 12 月 30 日，最高人民法院印发《关于进一步加强危害生产安全刑事案件审判工作的意见》的通知（法发〔2011〕20 号），《意见》指出：为依法惩治危害生产安全犯罪，促进全国安全生产形势持续稳定好转，保护人民群众生命财产安全，现就进一步加强危害生产安全刑事案件审判工作，制定如下意见。

1. 高度重视危害生产安全刑事案件审判工作

（1）充分发挥刑事审判职能作用，依法惩治危害生产安全犯罪，是人民法院为大局服务、为人民司法的必然要求。安全生产关系到人民群众生命财产安全，事关改革、发展和稳定的大局。当前，全国安全生产状况呈现总体稳定、持续好转的发展态势，但形势依然严峻，企业安全生产基础依然薄弱；非法、违法生产，忽视生产安全的现象仍然十分突出；重特大生产安全责任事故时有发生，个别地方和行业重特大责任事故上升。一些重特大生产安全责任事故举国关注，相关案件处理不好，不仅起不到应有的警示作用，不利于生产安全责任事故的防范，也损害党和国家形象，影响社会和谐稳定。各级人民法院要从政治和全局的高度，充分认识审理好危害生产安全刑事案件的重要意义，切实增强工作责任感，严格依法、积极稳妥地审理相关案件，进一步发挥刑事审判工作在创造良好安全生产环境、促进经济平稳较快发展方面的积极作用。

（2）采取有力措施解决存在的问题，切实加强危害生产安全刑事案件审判工作。近年来，各级人民法院依法审理危害生产安全刑事案件，一批严重危害生产安全的犯罪分子及相关职务犯罪分子受到法律制裁，对全国安全生产形势持续稳定好转发挥了积极促进作用。2010 年，监察部、国家安全生产监督管理总局会同最高人民法院等部门对部分省市重特大生产安全事故责任追究落实情况开展了专项检查。从检查的情况来看，审判工作总体情况是好的，但仍有个别案件在法律适用或者宽严相济刑事政策具体把握上存在问题，需要切实加强指导。各级人民法院要高度重视，确保相关案件审判工作取得良好的法律效果和社会效果。

2. 危害生产安全刑事案件审判工作的原则

（1）严格依法，从严惩处。对严重危害生产安全犯罪，尤其是相关职务犯罪，必须始终坚持严格依法、从严惩处。对于人民群众广泛关注、社会反映强烈的案件要及时审结，回应人民群众关切，维护社会和谐稳定。

（2）区分责任，均衡量刑。危害生产安全犯罪，往往涉案人员较多，犯罪主体复杂，既包括直接从事生产、作业的人员，也包括对生产、作业负有组织、指挥或者管理职责的负责人、管理人员、实际控制人、投资人等，有的还涉及国家机关工作人员渎职犯罪。对相关责任人的处理，要根据事故原因、危害后果、主体职责、过错大小等因素，综合考虑全案，正确划分责任，做到罪责刑相适应。

（3）主体平等，确保公正。审理危害生产安全刑事案件，对于所有责任主体，都必须严格落实法律面前人人平等的刑法原则，确保刑罚适用公正，确保裁判效果良好。

3. 正确确定责任

(1) 审理危害生产安全刑事案件，政府或相关职能部门依法对事故原因、损失大小、责任划分做出的调查认定，经庭审质证后，结合其他证据，可作为责任认定的依据。

(2) 认定相关人员是否违反有关安全管理规定，应当根据相关法律、行政法规，参照地方性法规、规章及国家标准、行业标准，必要时可参考公认的惯例和生产经营单位制定的安全生产规章制度、操作规程。

(3) 多个原因行为导致生产安全事故发生的，在区分直接原因与间接原因的同时，应当根据原因行为在引发事故中所具作用的大小，分清主要原因与次要原因，确认主要责任和次要责任，合理确定罪责。

一般情况下，对生产、作业负有组织、指挥或者管理职责的负责人、管理人员、实际控制人、投资人，违反有关安全生产管理规定，对重大生产安全事故的发生起决定性、关键性作用的，应当承担主要责任。

对于直接从事生产、作业的人员违反安全管理规定，发生重大生产安全事故的，要综合考虑行为人的从业资格、从业时间、接受安全生产教育培训情况、现场条件、是否受到他人强令作业、生产经营单位执行安全生产规章制度的情况等因素认定责任，不能将直接责任简单等同于主要责任。

对于负有安全生产管理、监督职责的工作人员，应根据其岗位职责、履职依据、履职时间等，综合考察工作职责、监管条件、履职能力、履职情况等，合理确定罪责。

4. 准确适用法律

(1) 严格把握危害生产安全犯罪与以其他危险方法危害公共安全罪的界限，不应将生产经营中违章违规的故意不加区别地视为对危害后果发生的故意。

(2) 以行贿方式逃避安全生产监督管理，或者非法、违法生产、作业，导致发生重大生产安全事故，构成数罪的，依照数罪并罚的规定处罚。

违反安全生产管理规定，非法采矿、破坏性采矿或排放、倾倒、处置有害物质严重污染环境，造成重大伤亡事故或者其他严重后果，同时构成危害生产安全犯罪和破坏环境资源保护犯罪的，依照数罪并罚的规定处罚。

(3) 安全事故发生后，负有报告职责的国家工作人员不报或者谎报事故情况，贻误事故抢救，情节严重，构成不报、谎报安全事故罪，同时构成职务犯罪或其他危害生产安全犯罪的，依照数罪并罚的规定处罚。

(4) 非矿山生产安全事故中，认定“直接负责的主管人员和其他直接责任人员”“负有报告职责的人员”的主体资格，认定构成“重大伤亡事故或者其他严重后果”“情节特别恶劣”，不报、谎报事故情况，贻误事故抢救，“情节严重”“情节特别严重”等，可参照最高人民法院、最高人民检察院《关于办理危害矿山生产安全刑事案件具体应用法律若干问题的解释》的相关规定。

5. 准确把握宽严相济的刑事政策

(1) 审理危害生产安全刑事案件，应综合考虑生产安全事故所造成的伤亡人数、经济损失、环境污染、社会影响、事故原因与被告人职责的关联程度、被告人主观过错大小、事故发生后被告人的施救表现、履行赔偿责任情况等，正确适用刑罚，确保裁判法律效果和社会效果相统一。

(2) 造成《关于办理危害矿山生产安全刑事案件具体应用法律若干问题的解释》第四条规定的“重大伤亡事故或者其他严重后果”，同时具有下列情形之一的，也可以认定为刑法第一百三十四条、第一百三十五条规定的“情节特别恶劣”：

①非法、违法生产的。

②无基本劳动安全设施或未向生产、作业人员提供必要的劳动防护用品，生产、作业人员劳动安全无保障的。

③曾因安全生产设施或者安全生产条件不符合国家规定，被监督管理部门处罚或责令改正，一年内再次违规生产致使发生重大生产安全事故的。

④关闭、故意破坏必要安全警示设备的。

⑤已发现事故隐患，未采取有效措施，导致发生重大事故的。

⑥事故发生后不积极抢救人员，或者毁灭、伪造、隐藏影响事故调查的证据，或者转移财产逃避责任的。

⑦其他特别恶劣的情节。

(3) 相关犯罪中，具有以下情形之一的，依法从重处罚：

①国家工作人员违反规定投资入股生产经营企业，构成危害生产安全犯罪的。

②贪污贿赂行为与事故发生存在关联性的。

③国家工作人员的职务犯罪与事故存在直接因果关系的。

④以行贿方式逃避安全生产监督管理，或者非法、违法生产、作业的。

⑤生产安全事故发生后，负有报告职责的国家工作人员不报或者谎报事故情况，贻误事故抢救，尚未构成不报、谎报安全事故罪的。

⑥事故发生后，采取转移、藏匿、毁灭遇难人员尸体，或者毁灭、伪造、隐藏影响事故调查的证据，或者转移财产，逃避责任的。

⑦曾因安全生产设施或者安全生产条件不符合国家规定，被监督管理部门处罚或责令改正，一年内再次违规生产致使发生重大生产安全事故的。

（4）对于事故发生后，积极施救，努力挽回事故损失，有效避免损失扩大；积极配合调查，赔偿受害人损失的，可依法从宽处罚。

6. 依法正确适用缓刑和减刑、假释

（1）对于危害后果较轻，在责任事故中不负主要责任，符合法律有关缓刑适用条件的，可以依法适用缓刑，但应注意根据案件具体情况，区别对待，严格控制，避免适用不当造成的负面影响。

（2）对于具有下列情形的被告人，原则上不适用缓刑：一是具有本意见第五点（2）（3）中所规定的情形的；二是数罪并罚的。

（3）宣告缓刑，可以根据犯罪情况，同时禁止犯罪分子在缓刑考验期限内从事与安全生产有关的特定活动。

（4）办理与危害生产安全犯罪相关的减刑、假释案件，要严格执行刑法、刑事诉讼法和有关司法解释规定。是否决定减刑、假释，既要看罪犯服刑期间的悔改表现，还要充分考虑原判认定的犯罪事实、性质、情节、社会危害程度等情况。

7. 加强组织领导，注意协调配合

（1）对于重大、敏感案件，合议庭成员要充分做好庭审前期准备工作，全面、客观掌握案情，确保案件开庭审理稳妥顺利、依法公正。

（2）审理危害生产安全刑事案件，涉及专业技术问题的，应有相关权威部门出具的咨询意见或者司法鉴定意见；可以依法邀请具有相关专业知识的人民陪审员参加合议庭。

（3）对于审判工作中发现的安全生产事故背后的渎职、贪污贿赂等违法犯罪线索，应当依法移送有关部门处理。对于情节轻微，免予刑事处罚的被告人，人民法院可建议有关部门依法给予行政处罚或纪律处分。

（4）被告人具有国家工作人员身份的，案件审结后，人民法院应当及时将生效的裁判文书送达行政监察机关和其他相关部门。

（5）对于造成重大伤亡后果的案件，要充分运用财产保全等法定措施，切实维护被害人依法获得赔偿的权利。对于被告人没有赔偿能力的案件，应当依靠地方党委和政府做好善后安抚工作。

（6）积极参与安全生产综合治理工作。对于审判中发现的安全生产管理方面的突出问题，应当发出司法建议，促使有关部门强化安全生产意识和制度建设，完善事故预防机制，杜绝同类事故发生。

（7）重视做好宣传工作。对于社会关注的典型案件，要重视做好审判情况的宣传报道，规范裁判信息的发布，及时回应社会的关切，充分发挥重大、典型案件的教育警示作用。

（8）各级人民法院要在依法履行审判职责的同时，及时总结审判经验，深入开展调查研究，推动审判工作水平不断提高。上级法院要以辖区内发生的重大生产安全责任事故案件为重点，加强对下级法院危害生产安全刑事案件审判工作的监督和指导，适时检查此类案件的审判情况，提出有针对性的指导意见。

七、《安全生产领域违法违纪行为政纪处分暂行规定》相关要点

《安全生产领域违法违纪行为政纪处分暂行规定》（监察部、国家安全生产监督管理总局令第 11 号），已经监察部 2006 年 10 月 30 日第 8 次部长办公会议、国家安全生产监督管理总局 2006 年 9 月 26 日第 23 次局长办公会议通过，自公布之日（2006 年 11 月 22 日）起施行。

《安全生产领域违法违纪行为政纪处分暂行规定》（以下简称《暂行规定》）分为二十一条，制定本规定的目的，是根据《中华人民共和国行政监察法》《中华人民共和国安全生产法》及其他有关法律法规，为了加强安全生产工作，惩处安全生产领域违法违纪行为，促进安全生产法律法规的贯彻实施，保障人民群众生命财产和公共财产安全。

◆国家行政机关及其公务员，企业、事业单位中由国家行政机关任命的人员有安全生产领域违法违纪行为，应当给予处分的，适用本规定。

◆有安全生产领域违法违纪行为的国家行政机关，对其直接负责的主管人员和其他直接责任人员，以及对有安全生产领域违法违纪行为的国家行政机关公务员（以下统称有关责任人员），由监察机关或者任免机关按照管理权限，依法给予处分。

有安全生产领域违法违纪行为的企业、事业单位，对其直接负责的主管人员和其他直接责任人员，以及对有安全生产领域违法违纪行为的企业、事业单位工作人员中由国家行政机关任命的人员（以下统称有关责任人员），由监察机关或者任免机关按照管理权限，依法给予处分。

◆国家行政机关及其公务员有下列行为之一的，对有关责任人员，给予警告、记过或者记大过处分；情节较重的，给予降级或者撤职处分；情节严重的，给予开除处分。

（1）不执行国家安全生产方针政策和安全生产法律、法规、规章以及上级机关、主管部门有关安全生产的决定、命令、指示的。

（2）制定或者采取与国家安全生产方针政策以及安全生产法律、法规、规章相抵触的规定或者措施，造成不良后果或者经上级机关、有关部门指出仍不改正的。

◆国家行政机关及其公务员有下列行为之一的，对有关责任人员，给予警告、记过或者记大过处分；情节较重的，给予降级或者撤职处分；情节严重的，给予开除处分。

（1）向不符合法定安全生产条件的生产经营单位或者经营者颁发有关证照的。

（2）对不具备法定条件机构、人员的安全生产资质、资格予以批准认定的。

（3）对经责令整改仍不具备安全生产条件的生产经营单位，不撤销原行政许可、审批或者不依法查处的。

（4）违法委托单位或者个人行使有关安全生产的行政许可权或者审批权的。

（5）有其他违反规定实施安全生产行政许可或者审批行为的。

◆国家行政机关及其公务员有下列行为之一的，对有关责任人员，给予警告、记过或者记大过处分；情节较重的，给予降级或者撤职处分；情节严重的，给予开除处分。

（1）批准向合法的生产经营单位或者经营者超量提供剧毒品、火工品等危险物资，造成后果的。

（2）批准向非法或者不具备安全生产条件的生产经营单位或者经营者提供剧毒品、火工品等危险物资或者其他生产经营条件的。

◆国家行政机关公务员利用职权或者职务上的影响，违反规定为个人和亲友谋取私利，有下列行为之一的，给予警告、记过或者记大过处分；情节较重的，给予降级或者撤职处分；情节严重的，给予开除处分。

（1）干预、插手安全生产装备、设备、设施采购或者招标投标等活动的。

（2）干预、插手安全生产行政许可、审批或者安全生产监督执法的。

（3）干预、插手安全生产中介活动的。

（4）有其他干预、插手生产经营活动危及安全生产行为的。

◆国家行政机关及其公务员有下列行为之一的，对有关责任人员，给予警告、记过或者记大过处分；情节较重的，给予降级或者撤职处分；情节严重的，给予开除处分。

（1）未按照有关规定对有关单位申报的新建、改建、扩建工程项目的安全设施，与主体工程同时设计、同时施工、同时投入生产和使用中组织审查验收的。

（2）发现存在重大安全隐患，未按规定采取措施，导致生产安全事故发生的。

（3）对发生的生产安全事故瞒报、谎报、拖延不报，或者组织、参与瞒报、谎报、拖延不报的。

（4）生产安全事故发生后，不及时组织抢救的。

（5）对生产安全事故的防范、报告、应急救援有其他失职、渎职行为的。

◆国家行政机关及其公务员有下列行为之一的，对有关责任人员，给予警告、记过或者记大过处分；情节较重的，给予降级或者撤职处分；情节严重的，给予开除处分。

（1）阻挠、干涉生产安全事故调查工作的。

（2）阻挠、干涉对事故责任人员进行责任追究的。

（3）不执行对事故责任人员的处理决定，或者擅自改变上级机关批复的对事故责任人员的处理意见的。

◆国家行政机关公务员有下列行为之一的，给予警告、记过或者记大过处分；情节较重的，给予降级或者撤职处分；情节严重的，给予开除处分。

（1）本人及其配偶、子女及其配偶违反规定在煤矿等企业投资入股或者在安全生产领域经商办企业的。

（2）违反规定从事安全生产中介活动或者其他营利活动的。

（3）在事故调查处理时，滥用职权、玩忽职守、徇私舞弊的。

（4）利用职务上的便利，索取他人财物，或者非法收受他人财物，在安全生产领域为他人谋取利益的。

对国家行政机关公务员本人违反规定投资入股煤矿的处分，法律、法规另有规定的，从其规定。

◆国有企业及其工作人员有下列行为之一的，对有关责任人员给予警告、记过或者记大过处分；情节较重的，给予降级、撤职或者留用察看处分；情节严重的，给予开除处分。

（1）未取得安全生产行政许可及相关证照或者不具备安全生产条件从事生产经营活动的。

（2）弄虚作假，骗取安全生产相关证照的。

（3）出借、出租、转让或者冒用安全生产相关证照的。

（4）未按照有关规定保证安全生产所必需的资金投入，导致产生重大安全隐患的。

（5）新建、改建、扩建工程项目的安全设施，不与主体工程同时设计、同时施工、同时投入生产和使用，或者未按规定审批、验收，擅自组织施工和生产的。

（6）被依法责令停产停业整顿、吊销证照、关闭的生产经营单位，继续从事生产经营活动的。

◆国有企业及其工作人员有下列行为之一，导致生产安全事故发生的，对有关责任人员，给予警告、记过或者记大过处分；情节较重的，给予降级、撤职或者留用察看处分；情节严重的，给予开除处分。

（1）对存在的重大安全隐患，未采取有效措施的。

（2）违章指挥，强令工人违章冒险作业的。

（3）未按规定进行安全生产教育和培训并经考核合格，允许从业人员上岗，致使违章作业的。

（4）制造、销售、使用国家明令淘汰或者不符合国家标准的设施、设备、器材或者产品的。

（5）超能力、超强度、超定员组织生产经营，拒不执行有关部门整改指令的。

（6）拒绝执法人员进行现场检查或者在被检查时隐瞒事故隐患，不如实反映情况的。

（7）有其他不履行或者不正确履行安全生产管理职责的。

◆国有企业及其工作人员有下列行为之一的，对有关责任人员，给予记过或者记大过处分；情节较重的，给予降级、撤职或者留用察看处分；情节严重的，给予开除处分。

（1）对发生的生产安全事故瞒报、谎报或者拖延不报的。

（2）组织或者参与破坏事故现场、出具伪证或者隐匿、转移、篡改、毁灭有关证据，阻挠事故调查处理的。

（3）生产安全事故发生后，不及时组织抢救或者擅离职守的。

生产安全事故发生后逃匿的，给予开除处分。

◆国有企业及其工作人员不执行或者不正确执行对事故责任人员做出的处理决定，或者擅自改变上级机关批复的对事故责任人员的处理意见的，对有关责任人员给予警告、记过或者记大过处分；情节较重的，给予降级、撤职或者留用察看处分；情节严重的，给予开除处分。

◆国有企业负责人及其配偶、子女及其配偶违反规定在煤矿等企业投资入股或者在安全生产领域经商办企业的，对由国家行政机关任命的人员给予警告、记过或者记大过处分；情节较重的，给予降级、撤职或者留用察看处分；情节严重的，给予开除处分。

◆承担安全评价、培训、认证、资质验证、设计、检测、检验等工作的机构及其工作人员，出具虚假报告等与事实不符的文件、材料，造成安全生产隐患的，对有关责任人员给予警告、记过或者记大过处分；情节较重的，给予降级、降职或者撤职处分；情节严重的，给予留用察看或者开除处分。

◆法律、法规授权的具有管理公共事务职能的组织，以及国家行政机关依法委托的组织及其工勤人员以外的工作人员有安全生产领域违法违纪行为，应当给予处分的，参照本规定执行。

企业、事业单位中除由国家行政机关任命的人员外，其他人员有安全生产领域违法违纪行为，应当给予处分的，由企业、事业单位参照本规定执行。

◆有安全生产领域违法违纪行为，需要给予组织处理的，依照有关规定办理。

◆有安全生产领域违法违纪行为，涉嫌犯罪的，移送司法机关依法处理。

第二章　生产安全事故报告和调查处理知识

《安全生产法》在认真总结多年来事故调查处理经验的基础上，对事故调查处理的基本原则和主要任务做出了规定。2007 年 4 月 9 日，国务院公布《生产安全事故报告和调查处理条例》，进一步落实了事故的报告责任，事故现场有关人员、事故发生单位的主要负责人、安全生产综合监管部门和负有安全生产监督管理职责的有关部门，以及有关地方人民政府，都有报告事故的责任。同时，还明确了事故调查组的职责、职权、组成原则、组成单位，以及事故调查组成员应当具备的基本条件。明确规定了事故报告的内容、程序和时限，以及事故调查报告的内容和提交时限，明确了事故调查报告的批复主体和批复的期限；进一步强调各级人民政府对安全生产工作的领导职责，特别是地方各级人民政府要对本行政区域内的安全生产负总责。

第一节　事故报告、事故调查与分析实施要点

事故调查处理应当遵循的原则，一是要坚持实事求是的原则，即必须从实际出发，在深入调查的基础上，客观真实地查清事故真相。二是要坚持尊重科学的原则，即要在科学的基础上，多做技术分析和研究，充分发挥专家和技术人员的作用，查明事故原因。

一、对事故报告的要求

1. 有关事故报告的规定

《生产安全事故报告和调查处理条例》规定，事故发生后，事故现场有关人员应当立即向本单位负责人报告；单位负责人接到报告后，应当于 1 小时内向事故发生地县级以上人民政府安全生产监督管理部门和负有安全生产监督管理职责的有关部门报告。情况紧急时，事故现场有关人员可以直接向事故发生地县级以上人民政府安全生产监督管理部门和负有安全生产监督管理职责的有关部门报告。

安全生产监督管理部门和负有安全生产监督管理职责的有关部门接到事故报告后，应当依照下列规定上报事故情况，并通知公安机关、劳动保障行政部门、工会和人民检察院。

（1）特别重大事故、重大事故逐级上报至国务院安全生产监督管理部门和负有安全生产监督管理职责的有关部门。

（2）较大事故逐级上报至省、自治区、直辖市人民政府安全生产监督管理部门和负有安全生产监督管理职责的有关部门。

（3）一般事故上报至设区的市级人民政府安全生产监督管理部门和负有安全生产监督管理职责的有关部门。

安全生产监督管理部门和负有安全生产监督管理职责的有关部门依照上报事故情况，应当同时报告本级人民政府。国务院安全生产监督管理部门和负有安全生产监督管理职责的有关部门以及省级人民政府接到发生特别重大事故、重大事故的报告后，应当立即报告国务院。必要时，安全生产监督管理部门和负有安全生产监督管理职责的有关部门可以越级上报事故情况。

2. 事故报告应当包括的内容

安全生产监督管理部门和负有安全生产监督管理职责的有关部门逐级上报事故情况，每级上报的时间不得超过 2 小时。

报告事故应当包括下列内容：

（1）事故发生单位概况；

（2）事故发生的时间、地点，以及事故现场情况；

（3）事故的简要经过；

（4）事故已经造成或者可能造成的伤亡人数（包括下落不明的人数）和初步估计的直接经济损失；

（5）已经采取的措施；

（6）其他应当报告的情况。

如果事故报告后出现新情况的，应当及时补报。

自事故发生之日起 30 日内，事故造成的伤亡人数发生变化的，应当及时补报。道路交通事故、火灾事故自发生之日起 7 日内，事故造成的伤亡人数发生变化的，应当及时补报。

事故发生后，有关单位和人员应当妥善保护事故现场以及相关证据，任何单位和个人不得破坏事故现场、毁灭相关证据。因抢救人员、防止事故扩大以及疏通交通等原因，需要移动事故现场物件的，应当做出标志，绘制现场简图并做出书面记录，妥善保存现场重要痕迹、物证。

事故发生地公安机关根据事故的情况，对涉嫌犯罪的，应当依法立案侦查，采取强制措施和侦查措施。犯罪嫌疑人逃匿的，公安机关应当迅速追捕归案。

二、事故调查阶段注意事项

1. 事故调查的主要任务

事故调查由人民政府或人民政府授权、委托的有关部门组织进行，事故调查组由人民政府、安监、主管部门、监察、公安、工会等部门的有关人员组成，并应当邀请人民检察院派员参加，视情况也可以聘请有关专家参与。调查组成员如与调查的事故有直接利害关系的必须回避，调查组组长由市政府指定。

事故调查的主要任务是：

（1）查明事故发生的经过、原因、人员伤亡情况及直接经济损失。

（2）认定事故的性质和事故责任。

（3）提出对事故责任者的处理建议。

（4）总结事故教训，提出防范和整改措施。

（5）提出事故调查报告。

2. 事故调查取证工作

事故调查取证是完成事故调查过程的非常重要的一个环节，主要包括五个方面；

（1）事故现场处理。为保证事故调查、取证客观公正地进行，在事故发生后，对事故现场要进行保护，事故现场的处理至少应当做到：

①事故发生后，应当救护受害者，采取措施制止事故蔓延扩大。

②认真保护事故现场，凡与事故有关的物体、痕迹、状态，均不得破坏。

③为抢救受害者需要移动某些物体时，必须做好现场标记。

④保护事故现场区域，仔细对现场进行标记记录或拍照、录像并保持记录的准确性。

（2）事故有关物证收集。通常收集的物证应包括：

①现场物证，包括破损部件、碎片、残留物、致害物的位置等。

②在现场搜集到的所有物件均应贴上标签，注明地点、时间、管理者。

③重要物件应保持原样。

④对危害健康的物品，应采取不损坏原始证据的安全防护措施。

（3）事故事实材料收集。事故事实材料收集应包括以下内容：

①与事故鉴别、记录有关的材料。发生事故的单位、地点、时间；受害人和肇事者的姓名、性别、年龄、文化程度、职业（技术等级、工龄等）；受害人和肇事者的技术状况、接受安全教育情况；出事当天，受害人和肇事者什么时间开始工作、工作内容、工作量、作业程序、操作时的动作（或位置）；受害人和肇事者过去的事故记录。

②事故发生前的有关事实。事故发生前设备、设施等的性能和质量状况；使用的材料，必要时进行物理性能或化学性能实验与分析；有关设计和工艺方面的技术文件、工作指令和规章制度方面的资料及执行情况；关于工作环境方面的状况，包括照明、湿度、温度、通风、道路、工作面状况以及工作环境中的有毒、有害物质取样分析记录；个人防护措施状况，包括有效性、质量、使用范围；出事前受害人和肇事者的健康状况；其他可能与事故致因有关的细节或因素。

(4) 事故人证材料收集记录。在事故调查取证时，应尽可能对所有受害人及证人进行询问。同时，也要对事故发生前的现场人员以及在事故发生之后立即赶到事故现场的人员进行询问。要保证每一次询问记录的准确性，询问见证人、目击者和当班人员时，应采用交流的形式，不应采用审问方式。

(5) 事故现场摄影、拍照及事故现场图绘制。

①事故现场摄影、拍照。在收集事故现场的资料时，可能要通过对事故现场进行摄影和拍照来获得更清楚的信息。显示事故现场和受害者原始存息地的所有照片；可能被清除或被践踏出痕迹，如刹车痕迹、地面和建筑物的伤痕、火灾引起损害的照片等；事故发生现场全貌；利用摄影或录像，以提供较完善的信息内容。

②事故现场图的绘制。对事故发生地点经过全面的研究和照相之后，通常调查工作的一项重要任务是绘制事故现场图。确定事故发生地点坐标、伤亡人员相对于地理位置点的位置；确定涉及事故的设备散落构件的位置并做出标记；查看和分析事故发生时留在地面上的痕迹；必要时，绘制现场剖面图。事故现场图的形式，可以是事故现场示意图、流程图、受害者位置图等。

(6) 事故调查报告应包括的内容。提交的事故调查报告应当包括以下主要内容：

①事故单位的基本情况。

②事故发生的时间、地点、经过和事故抢救情况。

③人员伤亡和直接经济损失情况。

④事故发生的原因。

⑤事故的性质。

⑥事故责任的认定以及对事故责任者的处理建议。

⑦事故防范和整改措施。

⑧事故调查组成员名单（注明单位、职务并签名）。

⑨其他需要载明的事项。

事故调查报告应当附具有关证据材料。

三、事故分析阶段注意事项

1. 对事故发生过程的描述

在描述事故发生过程时，需要注意以下几点：

（1）一定要说清事故发生之前、之时乃至之后的事件序列，层次清楚，导致事故发生的因素被自然地纳入事件序列中。

（2）属于分析、推断的内容不要按事实来写，着重写谁听到什么、看到什么、做了什么。

（3）描述完事故发生过程后，写出与事故原因有关的必要的背景情况。

具体而言，事故发生的经过须查明：事故发生前，事故发生单位生产作业状况；事故发生的具体时间、地点；事故现场状况及事故现场保护情况；事故发生后采取的应急处置措施情况；事故报告经过；事故抢救及事故救援情况；事故的善后处理情况；其他与事故发生经过有关的情况。

2. 对事故直接原因的事实认定

事故的直接原因包括物的不安全状态、人的不安全行为和环境的缺陷。有时，把环境的缺陷归入物的不安全状态。与事故发生有直接原因的事实主要是物（包括环境）的不安全状态、人的不安全行为，因此，需要从物（包括环境）的不安全状态和人的不安全行为这两个方面分析导致事故的直接原因。

机械、物质或环境的不安全状态是：

（1）防护、保险、信号等装置缺乏或有缺陷。

（2）设备、设施、工具、附件有缺陷。

（3）安全带、安全帽、安全鞋缺少或有缺陷。

（4）生产（施工）环境不良。

人的不安全行为是：

（1）操作错误，忽视安全，忽视警告。

（2）造成安全装置失效。

（3）使用不安全设备。

（4）用手代替工具操作。

（5）物体（指成品、半成品、材料、工具、切屑和生产用品等）存放不当。

（6）冒险进入危险场所。

（7）攀、坐不安全位置（如平台护栏、汽车挡板、吊车吊钩）。

(8) 在起吊物下作业、停留。

(9) 在机器运转时进行加油、修理、检查、调整、焊接、清扫等工作。

(10) 有分散注意力行为。

(11) 在必须使用个人防护用品用具的作业或场合中，忽视其使用。

(12) 不安全装束。

3. 对事故间接原因的事实认定

事故的间接原因即管理原因，是造成事故的间接原因。对于造成事故的间接原因，要注意有关事实的收集和证实，在间接原因分析中，运用事实来证实问题，从而确定间接原因。

与事故发生有间接原因的事实主要有：

(1) 技术上和设计上有缺陷，包括工业构件、建筑物、仪器仪表、工艺过程、操作方法、维修检验等的设计、施工和材料使用中存在的问题。

(2) 教育培训不够或未经培训，缺乏或不懂安全操作知识。

(3) 劳动组织不合理。

(4) 对现场的工作缺乏检查或指导错误。

(5) 没有安全操作规程或不健全。

(6) 没有或不认真实施事故防范措施，对事故隐患整改不力。

(7) 单位在落实《安全生产法》中未尽职责。

4. 对事故管理原因的事实认定

在间接原因中，还包括政府及其管理部门的管理原因，具体如下：

涉及审查、批准、验收方面的原因：

(1) 对涉及安全生产而需要审查批准或验收的事项，未予以审查。

(2) 对不符合法规、标准的事项，予以批准或验收。

(3) 对未被批准或验收而擅自从事有关活动的单位，未予以取缔并处理。

(4) 对虽获批准但已不具备安全生产条件的单位，未撤销原批准。

(5) 审查、验收收取费用，或要求被审查、验收的单位购买其指定的设备、产品。

涉及监督检查方面的原因：

(1) 未对本行政区域内容易发生重大事故的单位进行定期严格检查。

(2) 监督检查中发现违法行为未予纠正或限期改正。

(3) 监督检查中发现事故隐患未责令排除，包括必要时撤除人员、停产停业。

(4) 监督检查中有根据认为有关设施、器材不符合标准而未予以处理。

(5) 经监督检查开出整改通知，但其后不追踪落实情况。

(6) 对监督检查中发现的问题和处理情况无书面记录。

涉及应急救援方面的原因：

(1) 未制定本行政区域内特大事故应急救援预案，未建立应急救援体系。

(2) 未要求、检查本行政区域内高危行业单位（矿山、建筑、危险物品）建立应急救援组织或配备应急救援人员及应急救援设备、器材。

(3) 未评审本行政区域内高危行业单位的应急救援预案，未检查预案的演练情况。

涉及事故调查处理方面的原因：

(1) 接到事故报告后未按规定立即上报，而是隐瞒不报、谎报或拖延不报。

(2) 接到事故报告后未立即赶到现场组织抢救。

(3) 事故调查处理不实事求是，未能准确查明原因、性质、责任，未能提出有效的纠正和预防措施。

(4) 对责任事故，未查明本级及下级政府部门的责任并追究法律责任。

(5) 阻挠或干涉事故调查处理工作。

涉及政府部门监督管理方面的原因：

(1) 在有关的工作中，政府部门之间不相互配合，不及时沟通信息。

(2) 在有关的工作中，政府部门不能秉公执法，有腐败行为。

5. 事故责任的确认

直接责任者，是指造成事故直接原因的人员。

管理责任者，是指造成事故间接原因（管理原因）的管理人员。

领导责任者，是指对事故的发生负有领导责任的人员，即管理责任者中的领导层成员。

主要责任者，是指对事故的发生起主要作用的人员。通过比较事故的各种直接原因和间接原因，选择在本次事故中起最主要作用的原因；在直接责任和领导责任者中，根据其在事故发生过程中的作用，确定主要责任者。

通过事故调查分析，在认定事故的性质和事故责任的基础上，对事故责任者的处理建议主要包括下列内容：

(1) 对责任者的行政处分、党纪纪律处分建议。

(2) 对责任者的行政处罚建议。

(3) 对责任者追究刑事责任的建议。

(4) 对责任者追究民事责任的建议。

应当强调指出的是：事故调查分析的主要目的并不是追究责任，现实中需要遏制的是，对本该是主要责任者的领导或管理人员减轻责任，而把主要责任加在工人头上的情况。

6. 纠正和预防措施

纠正和预防措施，是指避免同种事故重演的措施和预防类似事故发生的措施，也称防范和整改措施。纠正和预防措施是为了消除造成事故的原因。由于直接原因是间接原因引起的，所以，纠正和预防措施特别要针对间接原因。纠正和预防措施要覆盖所有已确定的事故原因，不要有遗漏。

通过事故调查分析，在认定事故的性质和事故责任者的基础上，要认真总结事故的教训，主要是在安全生产管理、安全生产投入、安全生产条件等方面存在哪些薄弱环节、漏洞和隐患，要认真对照问题查找根源。总结事故教训主要包括以下几个方面：

（1）事故发生单位应该吸取的教训。

（2）事故发生单位主要负责人应该吸取的教训。

（3）事故发生单位有关主管人员和有关职能部门应该吸取的教训。

（4）从业人员应该吸取的教训。

（5）政府及其有关部门应该吸取的教训。

（6）相关生产经营单位应该吸取的教训。

（7）社会公众应该吸取的教训等。

防范和整改措施要具备以下性质：针对性、可操作性、普遍适用性、时效性。

四、事故处理与结案阶段注意事项

1. 事故处理阶段注意事项

事故调查与事故处理，是两个相对独立而又密切联系的工作。事故处理的任务，主要是根据事故调查的结论，对照国家有关法律、法规，对事故责任人进行处理，落实防范重复事故发生的措施，贯彻“四不放过”原则的要求。所以，事故调查是事故处理的前提和基础，事故处理是事故调查目的之实现和落实。

提交的事故调查报告经市政府批复后，有关机关应当按照市政府的批复，依照法律、行政法规规定的权限和程序，对事故发生单位和有关人员进行行政处罚，对负有事故责任的国家工作人员进行处分，事故发生单位对本单位负有事故责任的人员进行处理，涉嫌犯罪的，依法追究刑事责任。

其他法律、行政法规对发生事故的单位及其有关责任人员规定的罚款幅度与《〈生产安全事故报告和调查处理条例〉罚款处罚暂行规定》（国家安监总局 2007 年第 13 号令）不同的，按照较大的幅度处以罚款，但对同一违法行为不得重复罚款。事故发生单位及其有关责任人员有两种以上应当处以罚款的行为，应合并做出处罚决定。

2. 事故结案阶段注意事项

按照市政府批复的事故调查报告，有关机关和事故发生单位应当及时将处理结果报调查组牵头单位，事故调查组及时予以结案，出具结案通知书。

事故结案应归档的资料有：

（1）职工伤亡事故登记表。

（2）事故调查报告及批复。

（3）现场调查记录、图纸、照片。

（4）技术鉴定或试验报告。

（5）物证、人证材料。

（6）直接和间接经济损失材料。

（7）医疗部门对伤亡人员的诊断书。

（8）发生事故的工艺条件、操作情况和设计资料。

（9）处理结果和受处分人员的检查材料。

（10）有关事故通报、简报及文件。

第二节　事故调查处理相关事项

事故调查处理是一项复杂的工作，也是一项细致的工作。事故调查处理的目的，是查清事故原因，分清责任，提出预防措施，并且使事故当事人、相关责任人员以及广大职工受到教育，吸取教训，增强安全意识，避免类似事故的重复发生。因此，在事故调查处理中，要有针对性地完善以安全生产责任制为核心的安全生产规章制度，健全安全技术操作规程，定期组织安全检查，排查和整改事故隐患，加强安全生产的可靠性。

一、认识安全隐患与事故的关系

1. 安全与事故的关系

人们对安全的认识存在一个逐步深入的过程，即从绝对安全到目前为大多数人所接受的相对安全。绝对安全是指“在生产过程中不发生导致死亡、工伤、职业病、设备损失或财产损失的状态”。这种安全观认为发生死亡、工伤的概率为零，而现实是不可能做到的。通常来讲，安全指的是相对安全，即安全是指在生产活动中，能将人员或财产损失控制在可接受水平的状态，换言之，安全即意味着人员或财产遭受损害的可能性是可以接受的，若这种可能性超过了可接受水平的状态，即为不安全。

用发展的观点讨论安全，那么安全的接受水平是与社会发展、技术进步、人类整体知识素质水平的提高、经济的好坏密切相关的；不同社会发展时期，不同行业，其接受水平是不同的；对于同一行业，不同国家也有不同的接受水平，它必须与当前的国家整体发展水平相适应。就企业而言，在生产系统中，任何生产系统都是由人、机、环境三个子系统构成的，只有保障子系统不被损害，才能保障生产系统正常运行，这种不被损害只能被控制在力所能及的范围之内。故此，从人、机、环境三者构造的生产系统全面地描述安全的概念应是：安全是在生产过程中，将系统的运行状态对生命、财产、环境可能产生的损害控制在所能接受水平以下的状态。

2. 安全隐患与事故的关系

关于隐患有多种论述，一般理解为：隐患是指有可能导致事故的，但通过一定办法或采取措施，能够排除或抑制的，潜在的不安全因素。隐患是事故发生的必要条件，是事故发生的源泉，是潜在因素。由于生产系统是人—机—环境系统的有机结合，不仅人的行为、物的状态会产生事故，环境的状态变化也会产生事故。例如，高瓦斯矿井的瓦斯事故明显多于低瓦斯矿井，所以，隐患应是人—机—环境系统导致事故发生因素的集合。事故发生就必然具有事故隐患，有事故隐患不一定必然会发生事故。因此，事故隐患可以定义为：人类在生产过程中，由于人们受到科学知识和技术力量的限制或者由于认识上的局限，或者认识到而未能有效控制有可能引起事故的人的行为、机的状态、环境条件或任意二者或三者的结合。

隐患是事故发生的必要条件。按照安全工程理论的观点，事故的发生，必定是一系列隐患在时间、空间序列上的相互交叉而逐步增强造成的结果。从隐患到发生事故要经过一段时间，这一时间长短不定，但绝不是在一瞬间。在存在隐患到形成事故这一段时间内，如果能够有效地辨别隐患，就能消除或者制止事故的发生。

3. 预防事故的三个层次

国内外的研究成果已经证实，识别并排除不安全行为和不安全条件，即在事故发生之前如果能够及时消除事故隐患，就能够有效避免事故的发生。

在实际工作中，具体的事故防范可以分为三个层次：

（1）最高层次——基于基本原因的防治措施。在确定每个事故的基本原因时，应进行专门调查，分析存在的危险，分析每项工作的各个程序，并对出现的事故进行调查。事故调查用于制定出行之有效的安全方针政策，树立安全生产意识，同时要注意确定各种可能引发事故的个人因素和环境因素。

(2) 第二个层次——基于间接原因的防治措施。必须尽力排除生产作业中的不安全行为和不安全条件，改善工作环境和程序，必须加强安全培训，使工人便于安全操作；分配任务应注意与工人能力相当，必须考虑到各种因素；设备和装置的设计必须适当，必须按时进行有效的检查和精心的保养。

(3) 第三个层次——基于直接原因的防治措施。万一发生事故，必须特别注意保护人身安全和财产安全。尽可能有效地降低事故中的过量能量或危险物质的危害。在直接救灾措施不能奏效时，应采用各种防范措施和装备（如个人防护用品等）保护现场作业人员，并安排医护人员和急救车进行急救。

二、事故的预防措施

1. 预防事故设施

(1) 检测、报警设施，包括压力、温度、液位、流量、组分等报警设施，可燃气体、有毒有害气体、氧气等检测和报警设施，用于安全检查和安全数据分析等检验检测设备、仪器。

(2) 设备安全防护设施，包括防护罩、防护屏、负荷限制器、行程限制器，制动、限速、防雷、防潮、防晒、防冻、防腐、防渗漏等设施，传动设备安全锁闭设施，电气设备过载保护设施，静电接地设施。

(3) 防爆设施，包括各种电气设备、仪表的防爆设施，抑制助燃物品混入（如氮封）、易燃易爆气体和粉尘形成等设施，阻隔防爆器材、防爆工具。

(4) 作业场所防护设施，包括作业场所的防辐射、防静电、防噪声、通风（除尘、排毒）、防护栏（网）、防滑、防灼烫等设施。

(5) 安全警示标志，包括各种指示、警示作业安全和逃生避难及风向的警示标志。

2. 控制事故设施

(1) 泄压和止逆设施，包括用于泄压的阀门、爆破片、防空管等设施，用于止逆的阀门等设施，真空系统的密封设施等。

(2) 紧急处理设施，包括紧急备用电源，紧急切断、分流、排放（火炬）、吸收、中和、冷却等设施，通入或者加入惰性气体、反应抑制剂等设施，紧急停车、仪表连锁等设施。

3. 减少与消除事故影响设施

(1) 防止火灾蔓延设施，包括阻火器、安全水封、回火防止器、防油（火）堤、防爆墙、防爆门等隔爆设施，防火墙、防火门、蒸汽幕、水幕等设施，防火材料涂层。

(2) 灭火设施，包括水喷淋、惰性气体、蒸汽、泡沫释放等灭火设施，消火栓、高压水枪（炮）、消防车、消防水管网、消防站等。

(3) 紧急个体处置设施，包括洗眼器、喷淋器、逃生器、逃生索、应急照明等设施。

(4) 应急救援设施，包括堵漏、工程抢险装备和现场受伤人员医疗抢救装备等。

(5) 逃生避难设施，包括逃生和避难的安全通道（梯）、安全避难所（带空气呼吸系统）、避难信号等。

(6) 劳动防护用品和装备，包括头部，面部，视觉、呼吸、听觉器官，四肢、躯干防火、防毒、防灼烫、防腐蚀、防噪声、防光射、防高处坠落、防砸击、防刺伤等免受作业场所物理、化学因素伤害的劳动防护用品和装备。

三、细致做好事故的分类调查

1. 对机械设备事故的调查

机械设备事故，是指由于违章操作或者机械设备故障等原因，导致人员伤亡和财产损失的事故。生产机械设备事故种类较多，常见的有机械事故、电气事故、压力容器爆炸事故等。

(1) 机械设备事故常见原因

机械设备事故常见原因主要有：

①操作人员违章操作和错误操作。操作机械设备必须熟悉和遵守安全操作规程，如启动设备前应先做常规安全检查，穿戴好防护衣具，设备运转过程中应集中精力操作、监控。卸装零部件、工件、检修设备应先停机、断电等。实践中常见操作人员不熟悉安全操作规程或有章不循，甚至盲目轻信自己技能熟练，侥幸心理严重，最终导致事故发生。统计资料表明，违章操作是事故发生的主要原因。机械设备操作人员应接受专门的培训，考试合格后方可独立操作。如果操作人员没有熟练的技能或者是非专业操作人员，操作行为必然失误较多，而且也很难预见异常情况的出现，更不可能临危时采取有效的避险措施，很容易造成事故。同时，操作人员对设备和作业环境不熟悉，工作缺乏责任感，精力不集中，疲劳或身体的不适等，常常也是造成事故的原因。

②设备维修不良。这是指由于操作人员、检修人员的过失或管理制度不善造成的设备不良事故。如各种机件长期磨损，已超过安全极限，但仍在使用；充油设备漏油造成机件

非正常磨损或电路故障；压力容器泄漏；未能定期检修或检修质量不高；没有定期对设备进行清洗、换油；管理不善或无人管理，致使设备隐患未能及时处理，酿成事故。

③安全装置不齐备或失效。各种机械设备都必须装配齐备而有效的安全装置。一般而言，机械设备配套的安全防护装置包括：人身安全防护装置、设备保护装置和意外事故防护装置。对于大型的、具有一定危险性的设备，上述安全装置必须齐备有效，否则不能使用。对一般的机械设备而言，人身安全装置也是不可缺少的。如果安全装置不齐备或无效，不仅容易发生机械损毁和人员伤亡事故，而且还可能酿成更严重的危害。

④设备超负荷运行。设备超负荷运行是机械设备事故常见的原因。超负荷运行有两种基本情况：一是超过设备最大安全功率运行，二是超过设备最大连续运行时限运行。超负荷运行，多是操作人员存有侥幸心理，认为不会发生事故，或对事故发生的可能性缺乏预见。无论属于哪一种情况，即使操作本身并无失误或失职，设备超负荷运行也可能导致事故发生。

⑤设备选择失当。这种情况是指选用的设备不能适应该项作业内容或作业环境，以及设备质量不佳和本身工艺存在缺陷，在正常运行和操作状态下所造成的设备事故。

（2）机械设备事故现场的实地勘查

生产机械设备事故现场除引起火灾、爆炸事故以外，一般事故原点清楚，勘查范围明确，不难查明事故性质和原因。

①检查事故现场自动和人为临危防护情况。勘查时应首先检查现场有无防护动作迹象，如各级断电保护动作，各种开关的额定电流、时限，熔体残留部分情况，操作人员、安全人员是否采取了切断电源、停加燃料等安全防护措施，从而初步判断事故性质和原因。

②勘查现场破坏情况和人员伤亡情况。生产机械设备事故通常是从设备损坏开始，引起人员伤亡、火灾、爆炸、建筑物破坏等后果连续发生。勘查时应从物质损毁最严重或伤亡人员最集中的地点开始，对损坏的设备、建筑物逐一检查、登记，查明其毁损的原始状态、毁损程度、直接原因。人员的伤亡情况包括伤亡原因、事故发生时所在的位置、受伤程度等。此外，对于现场周围的一些异常现象，如损坏的机械构件、工具、非现场所有的物品及残留物也应进行仔细的勘查。

③勘查发生事故的设备。检查发生事故的设备，应当根据设备的种类、规格、性能，决定检查的重点和具体内容。就一般情况而言，应着重检查工作机械、电气设备的线路及安全防护装置等部位。检查工作机械应先进行外表观察，查看有无机件缺少、零件不当替代、非正常磨损、断裂变形的情况。外表观察结束后，即应对设备事故前是否处于正常状态进行分析测试，如设备被破坏解体，应尽可能找齐分裂的零部件或碎片。测试分析一般要求明确：设备零部件是否齐备合格，根据装配痕迹判断组装是否符合要求，设备的保养、磨损情况是否正常，而后综合起来做出结论。

设备的电器故障一般规律性较强，勘查时应重点测试接触器、控制器、集电装置、制动器、继电保护器等。如电器本身未发现故障，则应仔细检查电路中的分支点、接头、熔断器等部位。设备的安全防护装置是同设备配套的，勘查重点视设备的不同而不同，如金属切削机床应重点检查传动和切削防护罩；起重设备应重点检查手制动器、吊缆、配重块；压力容器应重点检查压力表、安全阀等。如安全防护装置完好，应测试其防护性能。但安全防护装置常常会因事故的发生而出现变化，所以要对检查到的情况进行具体分析。

④收集提取与事故有关的记录材料。事故当时的有关资料如天气、温度（室温、气温）、湿度、电流、电压、设备运行情况、操作记录及其他有关的记录应注意收集提取。有时还应查阅有关历史资料，如设备的实验记录、缺陷记录、检修保养记录及事故记录等。如这些记录涉及某些器材，还应视情况对这些器材作必要的检测。

（3）机械设备事故现场的调查访问

①事故发生过程的调查。在对事故现场进行实地勘验的同时，应对事故发生的过程进行了解。调查的内容主要有：一是事故发生前设备的运行情况，如工艺条件是否正常，有无异常现象或其他可疑现象。二是不正常现象开始出现的时间、表现形式、采取的应急措施、安全装置的动作情况等。三是操作人员的技术水平、本岗位操作的熟练程度、工作简历和工作态度。四是事故发生时各有关人员所在的位置、具体活动。

②设备以往情况的调查。调查设备的以往情况主要是通过查阅设备档案和操作规程以及组织有关人员回忆座谈等方法进行。调查内容主要有：一是设备的历史情况，包括设备的制造厂、出厂日期、有无产品合格证及质量检验证明、过去的使用情况及使用年限、最近一次检修日期、检修内容以及发现的问题和处理结果。二是设备操作规程规定的设备使用条件，主要控制指标以及使用中实际执行的情况。三是安全装置的配置和使用情况，包括安全装置的型号、性能、实际使用和维护保养情况。

情况较复杂的事故现场，常常需要处理现场后，进行必要的技术检验、计算和专项鉴定，方能查明事故的直接原因。所以，在勘查现场时，认为有必要进行上述工作，则应注重在相关部位取样采集痕迹，收集数据。

2. 对建筑施工事故的调查

（1）建筑工程质量事故调查

建筑工程质量事故，是指建筑安装工程质量不符合设计要求，或设计本身不符合国家颁发的技术规范所导致的建筑毁坏、无法使用和需做重大返工加固的工程事故。造成建筑工程质量事故有设计原因，也有施工原因，如勘察设计错误，施工粗制滥造，材料、预制结构配件或设备质量低劣等。现场勘查应分清不同原因，明确责任界限。

建筑物倒塌是建筑工程质量事故中最常见、最严重的事故。现场勘查的方法是：

①观察倒塌堆积物。构筑件的倾斜方向、倒塌、堆积、断折情况通常能揭示倒塌的原因。因地基不均匀沉降造成的倒塌，堆积物通常倾向于沉陷度大的一方，竖向材料常被折断；砌柱破坏引起的倒塌，堆积物通常落入建筑物平面内，整个水平杆件呈内低外高状；因墙体失稳造成的倒塌，通常向外崩出；杆件强度不足而造成的破坏，砌体通常被压碎，钢筋混凝土杆件受拉区严重开裂，受压区混凝土被压碎；稳定性不足造成的倒塌，杆件通常弯曲发生扭转翘曲。

②检查施工方式和材料质量。为了确定倒塌原因，勘查现场时应检查施工方式和质量，尤其应仔细检查砌柱、墙体、楼板、模板等重要部位的施工质量。由砖柱质量引起的倒塌，现场通常可见到下列现象：砖柱断面过小，高度过大，缺少构造措施；组砖方法错误，包心砌筑，计算错误导致砖柱超载；砌筑的砖和砂浆标号过低，大量使用碎砖。楼板塌落引发的事故，现场通常可见：钢筋的数量过少，板厚不够负载时，强度不足发生断裂；混凝土标号过低；混凝土对钢筋握裹力不足致预应力损失；楼板上堆放过重的材料或构件。模板倒塌事故现场通常可见：支柱间距布置不合理；杆件直径过小，造成横梁和支柱强度不够；立柱之间斜拉杆不足，无支撑体系，导致空间整体失稳。此外，如钢筋混凝土梁、屋架、阳台和雨棚倒塌等事故，则应从设计、施工、材料质量等多方面进行分析。

③倒塌事故的现场调查。倒塌事故的现场调查，一般应查清以下问题：一是事故发生前有无倒塌征兆及相应的处理方法，二是施工作业人员的技术水平、作业经验。三是查阅勘察设计资料，了解建材来源，作业组织指挥情况。四是施工过程中有无明显的错误操作或者盲目蛮干现象等。

(2) 对建筑施工事故的调查

建筑施工大多数是露天作业，受环境、气候的影响较大。建筑施工队伍又是由多工种组成，高处作业，交叉作业，各种机械设备纷繁复杂，存在很多安全隐患，历来伤亡事故较多。近年来，高层建筑增多，施工机械化、半机械化程度提高，又常常发生机械伤害、高处坠落、坠物打击、坍塌和电气事故。

建筑施工安全事故发生的过程和原因一般比较简单明确，但也有较为复杂的、由多种因素共同作用造成的事故。如高处坠落事故，可能是触电失衡而坠落，也可能是遭受物体打击而坠落，并引发其他事故。所以，勘查现场时，首先应注意寻找、发现各种有关的痕迹物证，如擦蹭、碰撞痕迹，血迹，物体碎片等，查清它们的形成原因及相互关系，分析事故发生的全过程。同时，根据不同的安全事故现场进行重点勘查。

(3) 对安全防护设施的勘查

大多数建筑安全事故都与安全设施不完善有关，如未设安全防护设施，或安全防护设施完善有效程度差，施工中损坏未及时修复，或施工结束前过早拆除等。所以检查现场安全设施是这类现场勘查的主要内容。通过勘查应查明以下问题：

①安全“三宝”的配置和完善程度。安全帽、安全带和安全网是高处作业施工现场必须使用的安全设施。勘查人员应仔细检查其配置情况、有效程度及作业人员是否遵章使用。

②“四口”的防护情况。建筑物的预留作业孔、出入口、楼梯口和电梯井口，是施工中的危险部位，必须严加防护。勘查人员应观察现场不用的“四口”是否盖严、挡牢，正在使用的洞口有无防护棚和护身栏杆，同时还应了解施工方案中对“四口”的安排和相应的防护措施的制定情况。

③吊装升降设备的安全设施。建筑施工作业一般多用塔式起重机和升降机两类吊装设备。对于塔式起重机，应着重检查规定的四种限位装置，即行走限位、超载限位、变幅限位和吊钩高度限位装置是否具备和有效。大吨位的起重机还应检查是否具备“双保险”，即吊钩保险、钢丝绳卷筒保险，检测是否灵敏有效。升降机主要由三部分组成：井字架、吊盘和卷扬机。勘查人员应检查井字架结构是否合理、安装是否正确，缆风绳锚固措施是否符合技术规范；吊盘是否配有安全门和制动装置；卷扬机是否装有过卷扬限制器。

④交叉作业防护隔离措施。立体交叉作业是建筑施工的一大特点，即在高度、层面不统一的情况下进行独立作业。这样上层作业往往对下层作业人员构成安全威胁。勘查现场时应检查上下各层是否设有专用的防护棚和其他隔离设施，施工人员的安全装备是否完善。同时，还应了解指挥人员和指挥信号有无失误的情况。

（4）对脚手架的搭建质量和材料质量的勘查

脚手架是建筑施工中必不可少的作业设施，其搭建质量和材料质量同施工人员的人身安全有直接的关系。脚手架要求坚固、稳定，能保证在规定荷载和各种气候条件下不变形、不倾斜、不摇晃和不倒塌。勘查人员应从脚手架的选材、结构、保护支撑、拦护装置等方面进行勘验，查明其选料质量、强度、绑扎方式和牢固程度；立杆与横杆的大小、间隔、负荷量、脚手板之间有无间隙和“探头”板，板面防滑条（沟）等是否符合有关技术规范。

（5）对施工现场供电设施的检查

建筑施工现场用电都属于临时用电，不安全因素较多，如作业人员的临时凑合心理严重，很容易发生触电、电器损毁、电气火灾等事故。如果安全事故可能与供电设施有关，勘查人员应仔细检查施工现场区域内有无高压电网。如发现有高压电网，应进一步检查其与事故点的距离、电线的安全系数、高压线下方有无电线保护网。同时还应检查施工用的电气设备是否统一装在电闸箱内，有无一机多闸、电闸暴露的情况，以及施工现场用电设备的电路、电器是否完好，有无漏电、短路故障等。

建筑工程作业一般有比较完善的安全施工规则，发生事故又都与施工人员的不安全行为或错误指挥有关。现场勘查中，勘查人员应参照有关规定，逐条、逐项地检查组织领导者和作业人员的行为，调查有无管理缺陷，有章不循、行为失误、冒险蛮干、不认真操作或疏忽大意、工作时精力不集中及作业人员身体状况不适合该岗位等现象，以明确导致事故发生的直接原因和有关的责任人。

3. 对危险品事故的调查

危险品事故，是指违反爆炸性、易燃性、放射性、毒害性、腐蚀性物品的管理规定，在生产、储存、运输、使用过程中发生重大事故，造成严重后果的行为。

（1）危险品事故现场的特点

危险品事故现场是危险物品急剧作用，在空间上能量释放和性能转换失去控制而造成破坏事故的场所。这类事故现场常常兼有爆炸、失火、中毒等多种事故现场的特点，一般的观察很难认定事故性质和种类。加之这类现场范围广，各种痕迹物证破坏严重，因果关系极为复杂，因而给现场勘查带来一系列难题。同时，这类现场具有一定的危险性。因此，在调查现场时，应注意以下安全问题：

①注意可能坍塌的建筑物或构件，以防造成人员伤亡。

②注意事故刚刚发生的现场，或事故虽然早已结束，但通风不良的现场，可能存在有毒气体，勘查人员必须先通风换气或戴上防毒面具，而后再进入现场。

③先清理残余的危险物品。

④检测是否仍有有害气体、放射线泄漏或危险品的反应产物。

（2）危险品事故现场的实地勘查

为了查明事故原因、事故责任和及时抑制危害后果蔓延，实地勘查时通常要重点勘查危险物品源点、作用点、危险物品残留物及死亡人员尸体、被破坏的物品和危害范围。

①确认危险物品源点。危险物品源点是指该物品原位于或来自现场何处。固体的危险物品一般不难确定其源点，气体、液体及放射性的危险物品，因其作用点和源点通常不在一处，则需要通过勘验，分析确定。查清危险物品源点对于明确事故性质和事故责任有着重大意义。为了查明危险物品源点，应从以下几个方面进行勘验：一是检查残留的危险物品。对于现场发现的残留危险物品，应结合其在现场的原来位置，因爆炸、流动、人为的移动可能发生的位置变动，查清源点。二是勘查现场被破坏的物品和死伤人员。现场物品破坏、人员伤亡是危险物品作用的结果。但这些作用点有时并非危险物品源点。勘查时，应根据物品损坏、人员伤亡原因、具体程度、所处的位置及其他痕迹物证查明危险物品源点。三是检查生产、储运危险物品的设备和工具。有时危险物品是生产过程中生成或泄漏的。如错误使用了某种介质生成毒气、腐蚀性物品；开车、停车时的卸压、排放，设备主件和管道开裂，腐蚀穿孔导致毒气、腐蚀性物品、易燃物质的大量泄漏。有些非危险性物品亦可因储运不当发生质变、泄漏，形成危险物品源。如储运容器、工具破裂、封闭不严造成泄漏；两种不能互相接触的物质混放一起，发生化学反应生成危险物品等。勘查人员应对生产用料、设备、管道、储运工具和方式做仔细的勘验。

②确认危险物品事故原点。危险物品事故原点，是指危险物品最先产生危害后果的地点。查明危险物品源点可以收集到大量能证明危险物品来源、性质和诱发性客观因素的痕迹物证，因而这是勘查的一个重点。有些危险物品，如腐蚀性、有毒性、放射性物品等无须任何促发性客观条件，本身即能产生危害后果；而有些危险物品如易燃、易爆物品往往需要一定的条件才会产生危害后果。有些危险物品要求隔绝空气、防水防潮、散热降温，勘查时应检查作业方式、手段、设备是否达到这些要求；有些则要严格控制火源，即应侧重检查现场火源、用电设备、消除静电的措施以及现场物品有无撞压、摩擦痕迹；装运危险物品的车船应有明显的警示标志和五防（防撞击、防碎、防倒置、防火、防潮）标志，勘验时应检查这些标志是否齐备、醒目易懂，装运容器有无撞击、重压、摩擦和倒置现象。同时，也可以根据现场痕迹物证的内在联系，现场现象发生的先后顺序、因果关系，分析判断危险物品源点。

③检查危险物品残留物。危害后果发生后，固体的危险物品一般有碎片可查，液体物品也多有余液、废液存在，相对密度大、挥发性和溶解性较低的气体也可能聚集在现场不通风的地点。对这些残留物都应及时收集，以便为分析危险物品的种类、特征、来源、形成条件提供依据。收集时应根据各类现场的规律特点，注意分析爆炸抛出物、燃烧灰烬、化合物、分解物、现场尘土、残余液体、气体，以便发现危险品残留物，并用适当的方法加以提取。

④检查安全装置和防护器具。不同的危险物品要求有相应的安全装置和防护器具。一般而言，勘查人应重点检查现场的通风、降温、防火、防潮、防毒、防爆、防泄漏、避雷电、分隔密封和安全报警等设备是否齐备完好，是否正常使用等情况。除进行实地观察、检测外，还应查阅、验证相关的检测、监测记录。

⑤确认危害后果作用范围。查明危害后果的作用范围，主要目的是查清事故的损失情况并及时消除现存的和潜在的危害后果，避免造成更大的或新的危害。不少危险物品事故，其危害作用范围并不仅限于现场范围，如有毒气体、液体、放射性物质的挥发、飘逸、漂流、散落可能产生更大范围的污染，造成人畜伤亡、物质损毁，甚至诱发新的事故。所以，勘查人员应在专业技术人员的配合下，结合危险物品的性质、数量、危害形式、现场地形、气候条件等因素，对现场周围及可能发生扩散性危害后果的地区，及时观察、勘查。一经发现不安全因素，应立即采取有效措施加以防护隔离，同时向有关地区的单位和居民发出警报，并指导督促他们采取防护措施。

（3）危险品事故的现场调查

危险品事故现场调查，除了应查清事故发生前后现场变化情况和事故发生的详细经过外，还应结合案件实际，查明有关的情况。

①生产危险物品过程中发生的事故应查清的主要问题：一是安全操作规程的具体内容

和执行情况，如生产工艺流程，对生产生活、照明用火的管理。二是事故发生前操作人员有无抛掷、拖拉金属物品，穿钉鞋的现象。三是安全装置和防护器具是否完备和按规定使用。四是生产人员的工作态度、业务能力和操作经验。

②储运危险物品过程中发生的事故应查清的主要问题：一是仓库管理制度的制定和执行情况。危险品入库应认真检查验收，收发时应双人收发货、双人记账、双人双锁锁库，并有齐备的领取手续；仓库区严禁烟火和铁器撞击；禁止库内住宿、打包作业及其他同收发货无关的行为。勘查人员应了解上述制度是否健全和实际执行情况。二是仓库保管人员是否按规定对危险物品进行检测和记录，有无发现不安全因素及具体处理情况。三是运输危险物品是否按规定做到了“三定”，即规定熟悉危险物品性能的人押运，使用规定的运输工具，在规定的地点收发货物。火车装运是否严格按铁道部《危险货物运输规则》办理；汽车、畜力车运送，装载方式、数量是否符合规定，是否保持了安全车距。四是仓库保管人员、押运和承运人员政治上是否可靠，是否熟悉危险物品性能和安全措施，储运过程中有无违章的行为，主观上有无不安全因素。

③使用危险物品过程中发生的事故应查清的主要问题：一是使用危险物品的领取、清退制度的制定和实际执行情况；如是否经过严格的审批手续，还是随用随取，剩余的危险物品是否及时清退；领取人有无将危险物品私自保存、使用、买卖或赠送他人的行为。二是使用危险物品的操作人员是否了解危险物品的性能、熟悉操作规程和安全规定，是否是经过考核合格的本岗位专职人员。三是事故前，使用危险物品地点、部位、方法的决定情况，有关人员对不安全因素有无预测及处置意见，是否有强令工人冒险作业的行为。

四、做好生产安全事故的教育与促进工作

1. 在处理事故中要坚持“四不放过”原则

生产安全事故是由于人的不安全行为或机械设备的不安全因素等原因造成的。为防范类似事故的重复发生，在处理事故中要坚持“四不放过”原则。“四不放过”原则：一是要针对事故认真分析，找出导致事故发生的真正原因。二是要对有关责任者进行严肃处理，这是落实国家对事故责任者追究的具体体现。三是要通过分析事故发生的原因和危害，使广大职工从中受到教育、吸取教训，进而提高认识，努力在实际工作中防止事故的发生。四是要针对事故发生的原因，不但要制定出防止类似事故重复发生的预防措施，还要针对事故发生所暴露出的不安全因素进行彻底整改。只有这样，才能通过处理已发生的事故，收到预防事故的良好效果。

对于这“四不放过”原则，前三者是“事务性”的，而第四者则是“实质性”的；前三者是基础，第四者是关键；只有查清了事故原因，处理了责任者，落实了整改措施，才

能真正吸取教训。然而，通常是前三者做得比较好，而对吸取事故教训，制定切实可行的整改措施落实得不够好。

如此多的安全生产事故不断发生，如此多的无辜生命接连逝去，教训是极其惨痛和深刻的，一个重要原因就是这些企业和相关部门没有认真吸取事故教训，没有真正领会和贯彻“四不放过”的实质。“四不放过”不能只停留在口头上，而是应该有具体的实实在在的行动。

2. 昊华宇航化工公司对“四不放过”原则的创新应用

在预防事故，吸取其他单位的事故教训方面，昊华宇航化工公司积极探索，创新了“四不放过”原则，建立了按“四不放过”原则吸取他人事故教训的管理机制，经过几年来的应用和实践，取得了良好的实效，为预防同类事故起到了重要作用。

昊华宇航化工有限责任公司是国家大型工业企业，公司占地 113.8 万 m^2，资产总额 29 亿元，其中固定资产 23 亿元。职工 3 513 人，主要产品年生产规模为：烧碱和聚氯乙烯树脂各 40 万 t、装机容量 16 万 kW、供热 220 万 t、液氯 6 万 t、电石 30 万 t、水泥 15 万 t、人造革 1.5 亿 m、压延薄膜 1.8 万 t，产品出口印尼、印度等 13 个国家。公司先后获得“全国资源综合利用先进企业”“全国化工环境保护先进单位”等多项荣誉称号。

化学工业危险性大，处理和生产的化学品大多数属危险化学品，与其他企业相比具有高（低）温、高压、易燃易爆、腐蚀性、剧毒性等特点，极易发生火灾、爆炸、中毒等伤亡事故，且造成较大的财产损失，影响企业形象、效益和发展。因此，昊华宇航特别注重事故的预防工作，坚持“安全第一、预防为主、综合治理”的方针，对发生的典型事故及时下发事故通报，要求各单位、各班组组织学习讨论，吸取事故教训，特别是同类氯碱化工系统内生产工艺流程和安全管理模式基本相同，因而发生的任何事故，学习吸取的事故原因和教训具有十分强的实用性，但如何具体有效地落实事故的“四不放过”，不能只停留在口头上，而是应该有具体的实实在在的行动，这正是公司落实“四不放过”原则的出发点。

昊华宇航化工公司的做法是：

一是各分厂、班组学习事故通报，必须坚持“四不放过”原则。

(1) 针对本企业相关对应人员行为、设备、环境的安全状况进行分析，对照本企业安全管理、技术管理、制度落实方面是否存在问题，分析不清不放过。

(2) 本着举一反三的原则，对该吸取教训受到教育的人，没有吸取教训、没有受到教育不放过。

(3) 不进行一次假如我公司发生这样的事故，对照事故调查处理的法律法规和公司安全生产奖惩制度，哪些岗位、哪些人员应该受到什么样的处理的大讨论不放过。

(4) 针对本单位实际情况，结合事故单位的防范措施没有制定本单位的防范措施，并将措施责任到人落实到位不放过。

二是对照事故，检查自己，促进自身进步与安全。

(1) 学习设备、工艺技术、环境等事故通报的重点专业是事故发生的对口专业，该专业学习后要按照“四不放过”的要求写出专题报告。

(2) 学习人身事故通报，公司各生产单位、班组都要按照“四不放过”的要求写出专题报告。

(3) 通过学习通报，对本单位相关对应人员行为、设备、环境、工艺的安全状况进行分析，对照本企业安全管理、设备管理、技术管理、制度落实等方面进行自查，能解决的自行整改，需要公司协调解决的报到公司安全管理部门备案，由公司安全管理部门协调责任部门整改。

(4) 公司各职能部门按照“谁检查、谁签字、谁负责”的原则，对整改或防范措施落实情况进行抽查，发现落实不力者，按照公司安全管理制度追究单位安全第一责任人的责任。

(5) 公司安全生产管理部门总结各单位好的经验、做法及存在的问题，互相借鉴和交流，整治安全管理中的薄弱环节和突出问题，不断提高安全管理水平。

3. 昊华宇航化工公司所取得的效果

几年的实践表明，通过按照“四不放过”原则学习其他单位事故通报，吸取事故教训的方法，对加强安全文化建设和提高安全管理水平起到了很好的促进作用，也可以说是使该公司安全生产形势保持稳定的法宝。主要作用有以下几个方面：

(1) 做实了吸取事故教训的工作，细化了吸取事故教训的具体措施。无论谁发生事故，都会给社会和企业造成损失，在感到惋惜的同时，更重要的是吸取事故教训，杜绝发生类似事故。发生事故，暴露了人员、设备、技术、环境、管理上的诸多问题，事故通报上都会对原因和暴露的问题做出详细分析，并提出防范措施，这对公司来说是宝贵的财富，都认真组织消化和吸收。而以往有些人学习事故通报泛泛而谈，甚至把别人的事故当作故事来听，没有深入下去，或者口头上说吸取事故教训，实际没有行动，最多是搞个毫无针对性的检查了事，也没有有效的制度约束，就使学习效果大大打了折扣，学习甚至成了形式主义。通过按照“四不放过”原则吸取他人事故教训的方式，以心得体会、建议措施上报，不说套话、废话，让全体员工实实在在分析、发现问题，做实了吸取事故教训的方法，取得了良好的实效。

(2) 起到了警示作用，提高了全员安全意识。各企业都制定了对安全生产事故责任者的处理规定，但往往职工都不关心这些规定，因为都觉得自己不会是事故责任人。而公司在落实“四不放过”原则过程中，就有这样一个“不放过”：不进行一次假如我公司发生这样的事故、我是事故责任人，对照事故处理法律法规和公司安全奖惩规定，应该受到什么样的处理；假如我是事故的受害人，我的家庭、亲人会遭受什么样的打击的大讨论不放过。通过假设和对照，不仅使干部员工熟悉了国家的安全生产法律法规和公司的安全生产奖惩制度，更使全体员工受到震动和冲击。如果公司发生了和事故通报中相同的事故，必定会对号入座，责任人要受到严厉的经济处罚或是解除合同，甚至要追究刑事责任，这些在法律法规中都体现得清清楚楚。虽然是假设，但也使全体员工感到了一旦发生事故带来的压力，受到了很深刻的安全教育，对自己的安全责任重新认识，增强了责任感和安全意识，比空洞的说教更有效。

（3）吸取教训，落实防范措施，实现闭环管理。新的事故管理制度中，对吸取教训应落实哪些防范措施进行了细化，即分类制定安全技术、安全管理、安全教育和培训、应急处置等措施，并限期整改，责任到人，验收到人；整改措施没有落实完不终结，验收人跟踪到底，避免只发现问题不整改，整改结束没有人检查验收的管理漏洞，实现了闭环管理。

（4）切实发现并消除了隐患，提高了本质性安全。几年来，昊华宇航化工公司共组织学习各类事故案例 38 起，通过坚持“四不放过”原则，吸取他人教训，确实查出了生产设备和安全管理上的许多问题和不足，通过整改消除隐患，夯实了安全生产的基础。例如通过学习某集团 TDI 公司操作人员操作失误、技术培训不够，不能对装置的异常现象做出正确的处置，造成硝化装置爆炸的事故，对照检查发现，公司部分员工也存在业务技能差、安全责任不清楚的现象，立即开展了以岗位工艺流程、设备构造及原理、安全操作规程、岗位危害辨识、突发事故应急处置等操作技能、应知应会知识为主要内容的重新取证（《安全作业证》）培训，提高了全体职工的安全意识、安全素质和操作技能，使职工达到能干、会干、敢干和“四懂、三会”的要求。再如，通过学习山西某煤矿重大瓦斯爆炸事故，使领导和职工认识到高投入不等于绝对安全，及时的事故救援是生命的保护神，像上述的氯碱化工高危行业，拥有现代的生产技术装备，并不能与一流的管理完全画等号。所以，在生产和项目建设中，重视技术装备更新换代的同时，更应强化安全管控和应急管理机制，提高本质化安全水平和应急救援能力，保证在事故状态下最大限度地降低事故损失，保证杜绝次生事故的发生。

第三节 生产安全事故报告和调查处理相关规定

《生产安全事故报告和调查处理条例》是我国第一部全面规范事故报告和调查处理的基

本法规，是事故报告和调查处理工作的基本法律依据，其内涵丰富，内容全面。该条例出台的意义重大：一是标志着我国事故报告和调查处理工作全面纳入了法制轨道。二是填补了我国安全生产法律体系的一项空白，为事故报告和调查处理工作的有序进行提供了明确的法律依据。三是加大了事故责任追究力度，有利于打击和震慑安全生产违法犯罪分子，遏制重特大事故。四是强化了安全生产综合监管手段，有利于推进依法治安、重典治乱。依据《生产安全事故报告和调查处理条例》的规定，国家安全生产监督管理总局陆续出台了一系列相关配套规章，对一些具体事项做了明确规定。

一、《生产安全事故报告和调查处理条例》相关要点

2007 年 4 月 9 日，国务院公布《生产安全事故报告和调查处理条例》（国务院令第 493 号），自 2007 年 6 月 1 日起施行。国务院于 1989 年 3 月 29 日公布的《特别重大事故调查程序暂行规定》和 1991 年 2 月 22 日公布的《企业职工伤亡事故报告和处理规定》同时废止。《生产安全事故报告和调查处理条例》分为六章四十六条，各章内容为：第一章总则、第二章事故报告、第三章事故调查、第四章事故处理、第五章法律责任、第六章附则。制定本条例的目的，是根据《中华人民共和国安全生产法》和有关法律，规范生产安全事故的报告和调查处理，落实生产安全事故责任追究制度，防止和减少生产安全事故。

1. 总则中的有关规定

在第一章总则中，对相关事项做了规定。

◆生产经营活动中发生的造成人身伤亡或者直接经济损失的生产安全事故的报告和调查处理，适用本条例；环境污染事故、核设施事故、国防科研生产事故的报告和调查处理不适用本条例。

◆根据生产安全事故（以下简称事故）造成的人员伤亡或者直接经济损失，事故一般分为以下等级。

（1）特别重大事故，是指造成 30 人以上死亡，或者 100 人以上重伤（包括急性工业中毒，下同），或者 1 亿元以上直接经济损失的事故。

（2）重大事故，是指造成 10 人以上 30 人以下死亡，或者 50 人以上 100 人以下重伤，或者 5 000 万元以上 1 亿元以下直接经济损失的事故。

（3）较大事故，是指造成 3 人以上 10 人以下死亡，或者 10 人以上 50 人以下重伤，或者 1 000 万元以上 5 000 万元以下直接经济损失的事故。

（4）一般事故，是指造成 3 人以下死亡，或者 10 人以下重伤，或者 1 000 万元以下直接经济损失的事故。

国务院安全生产监督管理部门可以会同国务院有关部门，制定事故等级划分的补充性规定。

本条第一款所称的“以上”包括本数，所称的“以下”不包括本数。

◆事故报告应当及时、准确、完整，任何单位和个人对事故不得迟报、漏报、谎报或者瞒报。

事故调查处理应当坚持实事求是、尊重科学的原则，及时、准确地查清事故经过、事故原因和事故损失，查明事故性质，认定事故责任，总结事故教训，提出整改措施，并对事故责任者依法追究责任。

◆县级以上人民政府应当依照本条例的规定，严格履行职责，及时、准确地完成事故调查处理工作。

事故发生地有关地方人民政府应当支持、配合上级人民政府或者有关部门的事故调查处理工作，并提供必要的便利条件。

参加事故调查处理的部门和单位应当互相配合，提高事故调查处理工作的效率。

◆工会依法参加事故调查处理，有权向有关部门提出处理意见。

◆任何单位和个人不得阻挠和干涉对事故的报告和依法调查处理。

◆对事故报告和调查处理中的违法行为，任何单位和个人有权向安全生产监督管理部门、监察机关或者其他有关部门举报，接到举报的部门应当依法及时处理。

2. 有关事故报告的规定

在第二章事故报告中，对相关事项做了规定。

◆事故发生后，事故现场有关人员应当立即向本单位负责人报告；单位负责人接到报告后，应当于1小时内向事故发生地县级以上人民政府安全生产监督管理部门和负有安全生产监督管理职责的有关部门报告。

情况紧急时，事故现场有关人员可以直接向事故发生地县级以上人民政府安全生产监督管理部门和负有安全生产监督管理职责的有关部门报告。

◆安全生产监督管理部门和负有安全生产监督管理职责的有关部门接到事故报告后，应当依照下列规定上报事故情况，并通知公安机关、劳动保障行政部门、工会和人民检察院。

（1）特别重大事故、重大事故逐级上报至国务院安全生产监督管理部门和负有安全生产监督管理职责的有关部门。

（2）较大事故逐级上报至省、自治区、直辖市人民政府安全生产监督管理部门和负有安全生产监督管理职责的有关部门。

（3）一般事故上报至设区的市级人民政府安全生产监督管理部门和负有安全生产监督

管理职责的有关部门。

安全生产监督管理部门和负有安全生产监督管理职责的有关部门依照前款规定上报事故情况，应当同时报告本级人民政府。国务院安全生产监督管理部门和负有安全生产监督管理职责的有关部门以及省级人民政府接到发生特别重大事故、重大事故的报告后，应当立即报告国务院。

必要时，安全生产监督管理部门和负有安全生产监督管理职责的有关部门可以越级上报事故情况。

◆安全生产监督管理部门和负有安全生产监督管理职责的有关部门逐级上报事故情况，每级上报的时间不得超过 2 小时。

◆报告事故应当包括下列内容：

（1）事故发生单位概况。

（2）事故发生的时间、地点，以及事故现场情况。

（3）事故的简要经过。

（4）事故已经造成或者可能造成的伤亡人数（包括下落不明的人数）和初步估计的直接经济损失。

（5）已经采取的措施。

（6）其他应当报告的情况。

◆事故报告后出现新情况的，应当及时补报。

自事故发生之日起 30 日内，事故造成的伤亡人数发生变化的，应当及时补报。道路交通事故、火灾事故自发生之日起 7 日内，事故造成的伤亡人数发生变化的，应当及时补报。

◆事故发生单位负责人接到事故报告后，应当立即启动事故相应应急预案，或者采取有效措施，组织抢救，防止事故扩大，减少人员伤亡和财产损失。

◆事故发生地有关地方人民政府、安全生产监督管理部门和负有安全生产监督管理职责的有关部门接到事故报告后，其负责人应当立即赶赴事故现场，组织事故救援。

◆事故发生后，有关单位和人员应当妥善保护事故现场及相关证据，任何单位和个人不得破坏事故现场、毁灭相关证据。

因抢救人员、防止事故扩大及疏通交通等原因，需要移动事故现场物件的，应当做出标志，绘制现场简图并做出书面记录，妥善保存现场重要痕迹、物证。

◆事故发生地公安机关根据事故的情况，对涉嫌犯罪的，应当依法立案侦查，采取强制措施和侦查措施。犯罪嫌疑人逃匿的，公安机关应当迅速追捕归案。

◆安全生产监督管理部门和负有安全生产监督管理职责的有关部门应当建立值班制度，并向社会公布值班电话，受理事故报告和举报。

3. 有关事故调查的规定

在第三章事故调查中，对相关事项做了规定。

◆特别重大事故由国务院或者国务院授权有关部门组织事故调查组进行调查。

重大事故、较大事故、一般事故分别由事故发生地省级人民政府、设区的市级人民政府、县级人民政府负责调查。省级人民政府、设区的市级人民政府、县级人民政府可以直接组织事故调查组进行调查，也可以授权或者委托有关部门组织事故调查组进行调查。

未造成人员伤亡的一般事故，县级人民政府也可以委托事故发生单位组织事故调查组进行调查。

◆上级人民政府认为必要时，可以调查由下级人民政府负责调查的事故。

自事故发生之日起 30 日内（道路交通事故、火灾事故自发生之日起 7 日内），因事故伤亡人数变化导致事故等级发生变化，依照本条例规定应当由上级人民政府负责调查的，上级人民政府可以另行组织事故调查组进行调查。

◆特别重大事故以下等级事故，事故发生地与事故发生单位不在同一个县级以上行政区域的，由事故发生地人民政府负责调查，事故发生单位所在地人民政府应当派人参加。

◆事故调查组的组成应当遵循精简、效能的原则。

根据事故的具体情况，事故调查组由有关人民政府、安全生产监督管理部门、负有安全生产监督管理职责的有关部门、监察机关、公安机关以及工会派人组成，并应当邀请人民检察院派人参加。

事故调查组可以聘请有关专家参与调查。

◆事故调查组成员应当具有事故调查所需要的知识和专长，并与所调查的事故没有直接利害关系。

◆事故调查组组长由负责事故调查的人民政府指定。事故调查组组长主持事故调查组的工作。

◆事故调查组履行下列职责：

（1）查明事故发生的经过、原因、人员伤亡情况及直接经济损失。

（2）认定事故的性质和事故责任。

（3）提出对事故责任者的处理建议。

（4）总结事故教训，提出防范和整改措施。

（5）提交事故调查报告。

◆事故调查组有权向有关单位和个人了解与事故有关的情况，并要求其提供相关文件、资料，有关单位和个人不得拒绝。

事故发生单位的负责人和有关人员在事故调查期间不得擅离职守，并应当随时接受事故调查组的询问，如实提供有关情况。

事故调查中发现涉嫌犯罪的，事故调查组应当及时将有关材料或者其复印件移交司法机关处理。

◆事故调查中需要进行技术鉴定的，事故调查组应当委托具有国家规定资质的单位进行技术鉴定。必要时，事故调查组可以直接组织专家进行技术鉴定。技术鉴定所需时间不计入事故调查期限。

◆事故调查组成员在事故调查工作中应当诚信公正、恪尽职守，遵守事故调查组的纪律，保守事故调查的秘密。

未经事故调查组组长允许，事故调查组成员不得擅自发布有关事故的信息。

◆事故调查组应当自事故发生之日起 60 日内提交事故调查报告；特殊情况下，经负责事故调查的人民政府批准，提交事故调查报告的期限可以适当延长，但延长的期限最长不超过 60 日。

◆事故调查报告应当包括下列内容：

（1）事故发生单位概况。

（2）事故发生经过和事故救援情况。

（3）事故造成的人员伤亡和直接经济损失。

（4）事故发生的原因和事故性质。

（5）事故责任的认定以及对事故责任者的处理建议。

（6）事故防范和整改措施。

事故调查报告应当附具有关证据材料。事故调查组成员应当在事故调查报告上签名。

◆事故调查报告报送负责事故调查的人民政府后，事故调查工作即告结束。事故调查的有关资料应当归档保存。

4. 有关事故处理的规定

在第四章事故处理中，对相关事项做了规定。

◆重大事故、较大事故、一般事故，负责事故调查的人民政府应当自收到事故调查报告之日起 15 日内做出批复；特别重大事故，30 日内做出批复，特殊情况下，批复时间可以适当延长，但延长的时间最长不超过 30 日。

有关机关应当按照人民政府的批复，依照法律、行政法规规定的权限和程序，对事故发生单位和有关人员进行行政处罚，对负有事故责任的国家工作人员进行处分。

事故发生单位应当按照负责事故调查的人民政府的批复，对本单位负有事故责任的人员进行处理。

负有事故责任的人员涉嫌犯罪的，依法追究刑事责任。

◆事故发生单位应当认真吸取事故教训，落实防范和整改措施，防止事故再次发生。防范和整改措施的落实情况应当接受工会和职工的监督。

安全生产监督管理部门和负有安全生产监督管理职责的有关部门应当对事故发生单位落实防范和整改措施的情况进行监督检查。

◆事故处理的情况由负责事故调查的人民政府或者其授权的有关部门、机构向社会公布，依法应当保密的除外。

5. 有关法律责任的规定

在第五章法律责任中，对相关事项做了规定。

◆事故发生单位主要负责人有下列行为之一的，处上一年年收入40%～80%的罚款；属于国家工作人员的，并依法给予处分；构成犯罪的，依法追究刑事责任。

（1）不立即组织事故抢救的。

（2）迟报或者漏报事故的。

（3）在事故调查处理期间擅离职守的。

◆事故发生单位及其有关人员有下列行为之一的，对事故发生单位处100万元以上500万元以下的罚款；对主要负责人、直接负责的主管人员和其他直接责任人员处上一年年收入60%～100%的罚款；属于国家工作人员的，并依法给予处分；构成违反治安管理行为的，由公安机关依法给予治安管理处罚；构成犯罪的，依法追究刑事责任。

（1）谎报或者瞒报事故的。

（2）伪造或者故意破坏事故现场的。

（3）转移、隐匿资金、财产，或者销毁有关证据、资料的。

（4）拒绝接受调查或者拒绝提供有关情况和资料的。

（5）在事故调查中做伪证或者指使他人做伪证。

（6）事故发生后逃匿的。

◆事故发生单位对事故发生负有责任的，依照下列规定处以罚款：

（1）发生一般事故的，处10万元以上20万元以下的罚款。

（2）发生较大事故的，处20万元以上50万元以下的罚款。

（3）发生重大事故的，处50万元以上200万元以下的罚款。

（4）发生特别重大事故的，处200万元以上500万元以下的罚款。

◆事故发生单位主要负责人未依法履行安全生产管理职责，导致事故发生的，依照下列规定处以罚款；属于国家工作人员的，并依法给予处分；构成犯罪的，依法追究刑事责任。

（1）发生一般事故的，处上一年年收入30%的罚款。

(2) 发生较大事故的，处上一年年收入40%的罚款。

(3) 发生重大事故的，处上一年年收入60%的罚款。

(4) 发生特别重大事故的，处上一年年收入80%的罚款。

◆有关地方人民政府、安全生产监督管理部门和负有安全生产监督管理职责的有关部门有下列行为之一的，对直接负责的主管人员和其他直接责任人员依法给予处分；构成犯罪的，依法追究刑事责任。

(1) 不立即组织事故抢救的。

(2) 迟报、漏报、谎报或者瞒报事故的。

(3) 阻碍、干涉事故调查工作的。

(4) 在事故调查中做伪证或者指使他人做伪证的。

◆事故发生单位对事故发生负有责任的，由有关部门依法暂扣或者吊销其有关证照；对事故发生单位负有事故责任的有关人员，依法暂停或者撤销其与安全生产有关的执业资格、岗位证书；事故发生单位主要负责人受到刑事处罚或者撤职处分的，自刑罚执行完毕或者受处分之日起，5年内不得担任任何生产经营单位的主要负责人。

为发生事故的单位提供虚假证明的中介机构，由有关部门依法暂扣或者吊销其有关证照及其相关人员的执业资格；构成犯罪的，依法追究刑事责任。

◆参与事故调查的人员在事故调查中有下列行为之一的，依法给予处分；构成犯罪的，依法追究刑事责任。

(1) 对事故调查工作不负责任，致使事故调查工作有重大疏漏的。

(2) 包庇、袒护负有事故责任的人员或者借机打击报复的。

◆违反本条例规定，有关地方人民政府或者有关部门故意拖延或者拒绝落实经批复的对事故责任人的处理意见的，由监察机关对有关责任人员依法给予处分。

◆本条例规定的罚款的行政处罚，由安全生产监督管理部门决定。

法律、行政法规对行政处罚的种类、幅度和决定机关另有规定的，依照其规定。

6. 附则中的有关规定

在第六章附则中，对相关事项做了规定。

◆没有造成人员伤亡，但是社会影响恶劣的事故，国务院或者有关地方人民政府认为需要调查处理的，依照本条例的有关规定执行。

国家机关、事业单位、人民团体发生的事故的报告和调查处理，参照本条例的规定执行。

◆特别重大事故以下等级事故的报告和调查处理，有关法律、行政法规或者国务院另有规定的，依照其规定。

二、《生产安全事故报告和调查处理条例》解读

2007 年 4 月 9 日，国务院总理温家宝签署公布了《生产安全事故报告和调查处理条例》（以下简称《条例》），《条例》于 2007 年 6 月 1 日起施行。国务院法制办、安全监管总局对其进行了解读。

1. 制定《生产安全事故报告和调查处理条例》的目的

生产安全事故的报告和调查处理，是安全生产工作的重要环节。国务院 1989 年公布施行的《特别重大事故调查程序暂行规定》和 1991 年公布施行的《企业职工伤亡事故报告和调查处理规定》，对规范事故报告和调查处理发挥了重要作用。但是，随着社会主义市场经济的发展，安全生产领域出现了一些新情况、新问题。比如，生产经营单位的所有制形式多元化，由过去以国有和集体所有为主发展为多种所有制的生产经营单位并存，特别是私营、个体等非公有生产经营单位在数量上占据多数，并且出现了公司、合伙企业、合作企业、个人独资企业等多样化的组织形式，生产经营单位的内部管理和决策机制也随之多样化、复杂化，给安全生产监督管理提出了新的课题；在经济持续快速发展的同时，安全生产面临着严峻形势，特别是矿山、危险化学品、建筑施工、道路交通等行业或者领域事故多发的势头没有得到根本遏制；安全生产监管体制发生了较大变化，各级政府特别是地方政府在安全生产工作中负有越来越重要的职责；社会各界对于生产安全事故报告和调查处理的关注度越来越高，强烈呼吁采取更加有效的措施，进一步规范事故报告和调查处理。为了适应安全生产的新形势、新情况，迫切需要在总结经验的基础上，制定一部全面、系统地规范生产安全事故报告和调查处理的行政法规，以规范事故报告和调查处理工作，落实事故责任追究制度，维护事故受害人的合法权益和社会稳定，预防和减少事故发生，进一步提供法律保障。

2.《生产安全事故报告和调查处理条例》的总体思路

生产安全事故报告和调查处理，既要及时、准确地查明事故原因，明确事故责任，使责任人受到追究；又要总结经验教训，落实整改和防范措施，防止类似事故再次发生。同时，生产安全事故报告和调查处理涉及众多行业或者领域，涉及各级政府及其多个部门的职责，现行有关法律、行政法规对一些行业或者领域事故的报告和调查处理已经做了相应规定。针对这种情况，在制定条例的总体思路上要把握以下四个方面：

（1）贯彻落实“四不放过”原则。“四不放过”，即事故原因未查明不放过，责任人未处理不放过，整改措施未落实不放过，有关人员未受到教育不放过。这是事故调查处理工

作的根本要求，条例规定的主要制度和措施都体现了这一原则。

（2）坚持“政府统一领导、分级负责”的原则。各级人民政府都负有加强对安全生产工作领导的职责，特别是地方各级人民政府对于本行政区域内的安全生产负总责。因此，生产安全事故报告和调查处理必须坚持政府统一领导、分级负责的原则。同时，也要充分考虑和兼顾民航、铁路、交通等行业或者领域的特殊性及其事故报告与调查处理的现行体制和做法。

（3）重在完善程序，明确责任。规范生产安全事故的报告和调查处理，首先需要完善有关程序，为事故报告和调查处理工作提供明确的“操作规程”。同时，还必须明确政府及其有关部门、事故发生单位及其主要负责人以及其他单位和个人在事故报告和调查处理中所负的责任。

（4）注意本条例与有关法律、行政法规的衔接，维护法制统一。

3.《生产安全事故报告和调查处理条例》对事故等级的划分

根据国务院 2005 年 1 月 26 日印发的《国家突发公共事件总体应急预案》的规定，按照事故造成的伤亡人数或者直接经济损失，《条例》将事故划分为特别重大事故、重大事故、较大事故和一般事故四个等级。

（1）特别重大事故，是指造成 30 人以上死亡，或者 100 人以上重伤，或者 1 亿元以上直接经济损失的事故。

（2）重大事故，是指造成 10 人以上 30 人以下死亡，或者 50 人以上 100 人以下重伤，或者 5 000 万元以上 1 亿元以下直接经济损失的事故。

（3）较大事故，是指造成 3 人以上 10 人以下死亡，或者 10 人以上 50 人以下重伤，或者 1 000 万元以上 5 000 万元以下直接经济损失的事故。

（4）一般事故，是指造成 3 人以下死亡，或者 10 人以下重伤，或者 1 000 万元以下直接经济损失的事故。其中，事故造成的急性工业中毒的人数，也属于重伤的范围。

需要说明的是，《条例》规定事故一般分为上述四个等级，针对一些行业或者领域事故的实际情况，《条例》还授权国务院安全生产监督管理部门可以会同国务院有关部门，制定事故等级划分的补充性规定。这样规定，体现了原则性和灵活性的统一，符合实际情况。

4. 对迟报、漏报甚至谎报、瞒报事故行为的处罚

实践中，迟报、谎报、瞒报或者漏报事故的情况虽然只是极少数，但影响很恶劣。针对这些问题，《条例》在明确事故报告应当及时、准确、完整，任何单位和个人对事故不得迟报、谎报、瞒报和漏报这一总体要求的同时，还从四个方面做了规定。

（1）进一步落实事故报告责任。事故现场有关人员、事故发生单位的主要负责人、安

全生产监督管理部门和负有安全生产监督管理职责的有关部门，以及有关地方人民政府，都有报告事故的责任。

（2）明确事故报告的程序和时限。事故发生后，事故现场有关人员应当立即向本单位负责人报告，单位负责人应当于 1 小时内向事故发生地县级以上人民政府安全生产监督管理部门和负有安全生产监督管理职责的有关部门报告。安全生产监督管理部门和负有安全生产监督管理职责的有关部门接到事故报告后，应当按照事故的级别逐级上报事故情况，并且每级上报的时间不得超过 2 小时。

（3）规范事故报告的内容。事故报告的内容应当包括事故发生单位概况、事故发生的时间、地点、简要经过和事故现场情况，事故已经造成或者可能造成的伤亡人数和初步估计的直接经济损失，以及已经采取的措施等。事故报告后出现新情况的，还应当及时补报。

（4）建立值班制度。为了方便人民群众报告和举报事故，强化社会监督，《条例》规定，安全生产监督管理部门和负有安全生产监督管理职责的有关部门应当建立的值班制度，受理事故报告和举报。

5. 关于组织事故调查的责任规定

按照“政府统一领导、分级负责”的原则，《条例》对不同等级事故组织事故调查的责任分别做了规定。特别重大事故，由国务院或者国务院授权的部门组织事故调查组进行调查；重大事故、较大事故和一般事故，分别由事故发生地省级人民政府、设区的市级人民政府、县级人民政府负责调查；有关人民政府可以直接组成事故调查组进行调查，也可以授权或者委托有关部门组织事故调查组进行调查。对于没有造成人员伤亡的一般事故，也可以由县级人民政府委托事故发生单位组织事故调查组进行调查。

同时，考虑到火灾、道路交通、水上交通等行业或者领域的事故调查处理已有专门法律及行政法规，《条例》规定：特别重大事故以下等级事故的报告和调查处理，有关法律、行政法规或者国务院另有规定的，依照其规定。

6. 保证事故调查客观、公正、高效的要求

事故调查是由事故调查组具体负责的，保证事故调查的客观、公正和高效，关键在于事故调查组的组成要合理、职责要明确、职权要充分、纪律要严明。据此，《条例》从四个方面做了规定。

（1）明确了事故调查组组成的原则、组成单位及事故调查组成员应当具备的基本条件。事故调查组应当遵循精简、效能的原则，由有关人民政府、安全生产监督管理部门、负有安全生产监督管理职责的有关部门、监察机关、公安机关及工会派人组成，并邀请人民检察院派人参加。事故调查组成员应当具有事故调查所需要的知识和专长，并与所调查的事

故没有直接利害关系。

（2）明确了事故调查组的职责及其在事故调查中的职权。事故调查组的职责包括：查明事故发生的经过、原因、人员伤亡情况及直接经济损失，认定事故的性质和事故责任，提出对事故责任者的处理建议，总结事故教训，提出防范和整改措施，提交事故调查报告等。事故调查组有权向有关单位和个人了解与事故有关的情况，并要求其提供相关文件、资料，有关单位和个人不得拒绝。

（3）对事故调查组成员的行为规范做了明确规定。事故调查组成员在事故调查工作中应当诚信公正、恪尽职守，遵守事故调查组的纪律，保守事故调查的秘密，未经事故调查组组长允许，不得擅自发布有关事故的信息。

（4）明确规定了提出事故报告的时限和事故调查报告的内容。原则上，事故调查组应当自事故发生之日起 60 日内提交事故调查报告；特殊情况下，提交事故调查报告的期限经批准可以延长，但延长的期限最长不超过 60 日。事故调查报告除了要包括事故发生单位概况，事故经过和救援情况，事故造成的人员伤亡和直接经济损失等内容外，还应当包括事故发生的原因和事故性质、事故责任的认定，对事故责任者的处理建议及防范和整改措施等内容，并应当附具有关证据材料，由事故调查组成员签名。

7. 对事故处理、责任追究、防范和整改措施的规定

事故处理是落实“四不放过”要求的核心环节。为保证及时、严肃地进行事故处理，《条例》从四个方面做了规定。

（1）明确了事故调查报告的批复主体和批复的期限。事故调查报告由负责组织事故调查的人民政府批复。重大事故、较大事故、一般事故自收到事故调查报告之日起 15 日内做出批复；特别重大事故 30 日内做出批复，特殊情况下，批复时间可以适当延长，但延长的时间最长不超过 30 日。

（2）对落实事故责任追究做了规定，即有关机关对事故发生单位和有关人员进行行政处罚，对负有事故责任的国家工作人员进行处分；事故发生单位对本单位负有事故责任的人员进行处理；负有事故责任的人员涉嫌犯罪的，依法追究刑事责任。

（3）明确了防范和整改措施的落实及其监督检查。防范和整改措施由事故发生单位负责落实，落实情况除接受工会和职工的监督外，安全生产监督管理部门和负有安全生产监督管理职责的有关部门要进行监督检查。

（4）确立了事故处理情况的公布制度。事故处理情况除依法需要保密的外，要向社会公布。

8. 对违法行为惩处力度方面的规定

《条例》对事故发生单位及其主要负责人和其他有关人员、中介机构及其有关人员，有

关地方人民政府、安全生产监督管理部门和负有安全生产监督管理职责的有关部门及其有关人员，在事故报告和调查处理中的违法行为，以及未履行安全生产职责导致事故发生等行为，都规定了力度较大的惩处措施，包括行政处罚、处分，以及刑事责任等。其中的行政处罚既有财产处罚，又有资格处罚，目的在于进一步加大处罚力度，有效地预防事故发生。比如，对事故发生单位最高可处200万元以上500万元以下的罚款，对其主要负责人、直接负责的主管人员和其他直接责任人员，最高可处上一年年收入60％～100％的罚款；对负有责任的事故发生单位依法暂扣或者吊销其有关证照，对其负有事故责任的有关人员，依法暂停或者撤销其与安全生产有关的执业资格、岗位证书。

三、《生产安全事故信息报告和处置办法》相关要点

2009年6月16日，国家安全生产监督管理总局公布《生产安全事故信息报告和处置办法》(国家安全生产监督管理总局令第21号)，自2009年7月1日起施行。

《生产安全事故信息报告和处置办法》分为五章二十八条，各章内容为：第一章总则、第二章事故信息的报告、第三章事故信息的处置、第四章罚则、第五章附则。制定本办法的目的，是根据《安全生产法》《生产安全事故报告和调查处理条例》等有关法律、行政法规，规范生产安全事故信息的报告和处置工作。

1. 总则中的有关规定

在第一章总则中，对相关事项做了规定。

◆生产经营单位报告生产安全事故信息和安全生产监督管理部门、煤矿安全监察机构对生产安全事故信息的报告和处置工作，适用本办法。

◆本办法规定的应当报告和处置的生产安全事故信息（以下简称事故信息），是指已经发生的生产安全事故和较大涉险事故的信息。

◆事故信息的报告应当及时、准确和完整，信息的处置应当遵循快速高效、协同配合、分级负责的原则。

安全生产监督管理部门负责各类生产经营单位的事故信息报告和处置工作。煤矿安全监察机构负责煤矿的事故信息报告和处置工作。

◆安全生产监督管理部门、煤矿安全监察机构应当建立事故信息报告和处置制度，设立事故信息调度机构，实行24小时不间断调度值班，并向社会公布值班电话，受理事故信息报告和举报。

2. 事故信息报告的有关规定

在第二章事故信息的报告中，对相关事项做了规定。

◆生产经营单位发生生产安全事故或者较大涉险事故，其单位负责人接到事故信息报告后应当于1小时内报告事故发生地县级安全生产监督管理部门、煤矿安全监察分局。

发生较大以上生产安全事故的，事故发生单位在依照第一款规定报告的同时，应当在1小时内报告省级安全生产监督管理部门、省级煤矿安全监察机构。

发生重大、特别重大生产安全事故的，事故发生单位在依照本条第一款、第二款规定报告的同时，可以立即报告国家安全生产监督管理总局、国家煤矿安全监察局。

◆安全生产监督管理部门、煤矿安全监察机构接到事故发生单位的事故信息报告后，应当按照下列规定上报事故情况，同时书面通知同级公安机关、劳动保障部门、工会、人民检察院和有关部门。

(1) 一般事故和较大涉险事故逐级上报至设区的市级安全生产监督管理部门、省级煤矿安全监察机构。

(2) 较大事故逐级上报至省级安全生产监督管理部门、省级煤矿安全监察机构。

(3) 重大事故、特别重大事故逐级上报至国家安全生产监督管理总局、国家煤矿安全监察局。

前款规定的逐级上报，每一级上报时间不得超过2小时。安全生产监督管理部门依照前款规定上报事故情况时，应当同时报告本级人民政府。

◆发生较大生产安全事故或者社会影响重大的事故，县级、市级安全生产监督管理部门或者煤矿安全监察分局接到事故报告后，在依照本办法第七条规定逐级上报的同时，应当在1小时内先用电话快报省级安全生产监督管理部门、省级煤矿安全监察机构，随后补报文字报告；乡镇安监站（办）可以根据事故情况越级直接报告省级安全生产监督管理部门、省级煤矿安全监察机构。

◆发生重大、特别重大生产安全事故或者社会影响恶劣的事故，县级、市级安全生产监督管理部门或者煤矿安全监察分局接到事故报告后，在依照本办法第七条规定逐级上报的同时，应当在1小时内先用电话快报省级安全生产监督管理部门、省级煤矿安全监察机构，随后补报文字报告；必要时，可以直接用电话报告国家安全生产监督管理总局、国家煤矿安全监察局。

省级安全生产监督管理部门、省级煤矿安全监察机构接到事故报告后，应当在1小时内先用电话快报国家安全生产监督管理总局、国家煤矿安全监察局，随后补报文字报告。

国家安全生产监督管理总局、国家煤矿安全监察局接到事故报告后，应当在1小时内先用电话快报国务院总值班室，随后补报文字报告。

◆报告事故信息，应当包括下列内容：

(1) 事故发生单位的名称、地址、性质、产能等基本情况。

(2) 事故发生的时间、地点，以及事故现场情况。

（3）事故的简要经过（包括应急救援情况）。

（4）事故已经造成或者可能造成的伤亡人数（包括下落不明、涉险的人数）和初步估计的直接经济损失。

（5）已经采取的措施。

（6）其他应当报告的情况。

使用电话快报，应当包括下列内容：

（1）事故发生单位的名称、地址、性质。

（2）事故发生的时间、地点。

（3）事故已经造成或者可能造成的伤亡人数（包括下落不明、涉险的人数）。

◆事故具体情况暂时不清楚的，负责事故报告的单位可以先报告事故概况，随后补报事故全面情况。

自事故发生之日起30日内（道路交通、火灾事故自发生之日起7日内），事故造成的伤亡人数发生变化的，应于当日续报。

◆安全生产监督管理部门、煤矿安全监察机构接到任何单位或者个人的事故信息举报后，应当立即与事故单位或者下一级安全生产监督管理部门、煤矿安全监察机构联系，并进行调查核实。

下一级安全生产监督管理部门、煤矿安全监察机构接到上级安全生产监督管理部门、煤矿安全监察机构的事故信息举报核查通知后，应当立即组织查证核实，并在2个月内向上一级安全生产监督管理部门、煤矿安全监察机构报告核实结果。

对发生较大涉险事故的，安全生产监督管理部门、煤矿安全监察机构依照相关规定向上一级安全生产监督管理部门、煤矿安全监察机构报告核实结果；对发生生产安全事故的，安全生产监督管理部门、煤矿安全监察机构应当在5日内对事故情况进行初步查证，并将事故初步查证的简要情况报告上一级安全生产监督管理部门、煤矿安全监察机构，详细核实结果在2个月内报告。

◆事故信息经初步查证后，负责查证的安全生产监督管理部门、煤矿安全监察机构应当立即报告本级人民政府和上一级安全生产监督管理部门、煤矿安全监察机构，并书面通知公安机关、劳动保障部门、工会、人民检察院和有关部门。

◆安全生产监督管理部门与煤矿安全监察机构之间，安全生产监督管理部门、煤矿安全监察机构与其他负有安全生产监督管理职责的部门之间，应当建立有关事故信息的通报制度，及时沟通事故信息。

◆对于事故信息的每周、每月、每年的统计报告，按照有关规定执行。

3. 事故信息处置的有关规定

在第三章事故信息的处置中，对相关事项做了规定。

◆安全生产监督管理部门、煤矿安全监察机构应当建立事故信息处置责任制，做好事故信息的核实、跟踪、分析、统计工作。

◆发生生产安全事故或者较大涉险事故后，安全生产监督管理部门、煤矿安全监察机构应当立即研究、确定并组织实施相关处置措施。安全生产监督管理部门、煤矿安全监察机构负责人按照职责分工负责相关工作。

◆安全生产监督管理部门、煤矿安全监察机构接到生产安全事故报告后，应当按照下列规定派员立即赶赴事故现场。

(1) 发生一般事故的，县级安全生产监督管理部门、煤矿安全监察分局负责人立即赶赴事故现场。

(2) 发生较大事故的，设区的市级安全生产监督管理部门、省级煤矿安全监察局负责人应当立即赶赴事故现场。

(3) 发生重大事故的，省级安全监督管理部门、省级煤矿安全监察局负责人立即赶赴事故现场。

(4) 发生特别重大事故的，国家安全生产监督管理总局、国家煤矿安全监察局负责人立即赶赴事故现场。

上级安全生产监督管理部门、煤矿安全监察机构认为必要的，可以派员赶赴事故现场。

◆安全生产监督管理部门、煤矿安全监察机构负责人及其有关人员赶赴事故现场后，应当随时保持与本单位的联系。

有关事故信息发生重大变化的，应当依照本办法有关规定及时向本单位或者上级安全生产监督管理部门、煤矿安全监察机构报告。

◆安全生产监督管理部门、煤矿安全监察机构应当依照有关规定定期向社会公布事故信息。任何单位和个人不得擅自发布事故信息。

◆安全生产监督管理部门、煤矿安全监察机构应当根据事故信息报告的情况，启动相应的应急救援预案，或者组织有关应急救援队伍协助地方人民政府开展应急救援工作。

◆安全生产监督管理部门、煤矿安全监察机构按照有关规定组织或者参加事故调查处理工作。

4. 罚则中的有关规定

在第四章罚则中，对相关事项做了规定。

◆安全生产监督管理部门、煤矿安全监察机构及其工作人员未依法履行事故信息报告和处置职责的，依照有关规定予以处理。

◆生产经营单位及其有关人员对生产安全事故迟报、漏报、谎报或者瞒报的，依照有关规定予以处罚。

◆生产经营单位对较大涉险事故迟报、漏报、谎报或者瞒报的，给予警告，并处 3 万元以下的罚款。

5. 附则中的有关规定

在第五章附则中，对相关事项做了规定。

◆本办法所称的较大涉险事故是指：

（1）涉险 10 人以上的事故。

（2）造成 3 人以上被困或者下落不明的事故。

（3）紧急疏散人员 500 人以上的事故。

（4）因生产安全事故对环境（人员密集场所、生活水源、农田、河流、水库、湖泊等）造成严重污染的事故。

（5）危及重要场所和设施（电站、重要水利设施、危化品库、油气站和车站、码头、港口、机场及其他人员密集场所等）安全的事故。

（6）其他较大涉险事故。

◆省级安全生产监督管理部门、省级煤矿安全监察机构可以根据本办法的规定，制定具体的实施办法。

四、《生产经营单位瞒报谎报事故行为查处办法》相关要点

2011 年 6 月 15 日，国家安全生产监督管理总局印发《生产经营单位瞒报谎报事故行为查处办法》（安监总政法〔2011〕91 号）。制定本办法的目的，是根据《安全生产法》《生产安全事故报告和调查处理条例》（国务院令第 493 号）等法律、行政法规和《国务院关于进一步加强企业安全生产工作的通知》（国发〔2010〕23 号）等有关规定，促进生产经营单位依法依规报告生产安全事故（以下简称事故），严肃查处瞒报、谎报事故行为。《办法》共 17 条，由国家安全监管总局负责解释。

◆对生产经营单位及其人员瞒报、谎报事故（包括涉险事故，下同）行为的举报、受理和查处，适用本办法。

国家机关工作人员参与瞒报、谎报事故的，依照有关法律、行政法规和纪律处分规定由监察机关或者任免机关按照干部管理权限给予处理。

◆本规定所称的瞒报、谎报事故行为，依照下列情形认定。

（1）隐瞒已经发生的事故，超过规定时限未向安全监管监察部门和有关部门报告，并经查证属实的，属于瞒报。

（2）故意不如实报告事故发生的时间、地点、初步原因、性质、伤亡人数和涉险人数、

直接经济损失等有关内容的，属于谎报。

◆事故发生单位应当依法依规报告事故情况，符合《生产安全事故报告和调查处理条例》和《生产安全事故信息报告和处置办法》（国家安全监管总局令第 21 号）的有关规定。

事故发生后，事故现场有关人员应当立即报告本单位负责人；单位负责人接到报告后，应当在 1 小时内向事故发生地安全监管监察部门和有关部门报告。情况紧急时，事故现场有关人员可以直接向安全监管监察部门和有关部门报告。

单位主要负责人对事故报告负总责，并对瞒报、谎报事故行为承担法律责任。

◆对瞒报、谎报事故的行为，任何单位和个人均有权向县级以上安全监管监察部门举报。

举报人应当实事求是、客观公正地反映有关事故情况，故意捏造或者歪曲事实、诬告或者陷害他人的，应当承担相应的法律责任。

◆安全监管监察部门应当向社会公布举报电话、电子信箱、通信地址及邮政编码，设立举报箱，使社会公众和职工群众的举报渠道畅通。

严禁将举报人的有关信息和举报事项透露给被举报人或者有可能对举报人产生不利后果的其他人员、单位，以及与案件查处无关的人员。

◆对已经受理的举报，安全监管监察部门应当按照下列规定处理：

（1）对实名举报的，立即组织查证。查证结束后，及时将查证及处理情况反馈举报人。

（2）对匿名举报的，根据举报具体情况决定是否进行查证。有具体的事故单位和伤亡人员姓名、联系方式等线索的，立即组织查证。

（3）举报事项经查证属实的，依照有关规定对举报有功人员给予奖励。

（4）举报事项经查证不属实的，以适当方式在一定范围内予以澄清，并依法保护被举报人的合法权益。

安全监管监察部门对查证瞒报、谎报事故确有困难的，可以提请本级人民政府组织查证。

◆对瞒报、谎报事故的查处，地方各级安全生产委员会应当实行挂牌督办。

◆调查瞒报、谎报事故行为，应当重点查明瞒报、谎报事故的原因、过程，是否贻误事故抢救造成人员伤亡扩大和严重社会危害，参与瞒报、谎报事故的单位和有关人员等情况。

瞒报、谎报事故涉嫌犯罪的，负责事故调查的部门应当及时移送司法机关处理。

◆事故发生单位主要负责人瞒报或者谎报事故的，处上一年年收入 100%的罚款，并由公安机关依照《安全生产法》第九十一条的规定处十五日以下拘留；属于国家工作人员的，并依照法律、行政法规和纪律处分规定由监察机关或者任免机关按照干部管理权限给予处理；构成犯罪的，依法追究刑事责任。

◆事故发生单位直接负责的主管人员和其他直接责任人员瞒报或者谎报事故的，处上一年年收入100%的罚款；属于国家工作人员的，并依照法律、行政法规和纪律处分规定由监察机关或者任免机关按照干部管理权限给予处理；构成犯罪的，依法追究刑事责任。

◆事故发生单位瞒报或者谎报事故的，依照下列规定处以罚款：

（1）没有贻误事故抢救的，处200万元的罚款。

（2）贻误事故抢救或者造成事故扩大或者影响事故调查的，处300万元的罚款。

（3）贻误事故抢救或者造成事故扩大或者影响事故调查的，手段恶劣，情节严重的，处500万元的罚款。

◆事故发生单位对事故发生负有责任且存在瞒报、谎报情形的，依照下列规定处以罚款：

（1）发生一般事故的，处20万元的罚款。

（2）发生较大事故的，处50万元的罚款。

（3）发生重大事故的，处200万元的罚款。

（4）发生特别重大事故的，处500万元的罚款。

◆事故发生单位瞒报、谎报事故的，由有关部门依法暂扣或者吊销有关证照；负有事故责任的事故发生单位有关人员瞒报、谎报事故的，依法暂停或者撤销其与安全生产有关的执业资格、岗位证书。

对重大、特别重大事故负有主要责任的生产经营单位，其主要负责人终身不得担任本行业生产经营单位的矿长、厂长、经理。

◆因瞒报、谎报事故，事故发生单位及其有关责任人员违反不同的法律规定，有两个以上应当给予行政处罚的违法行为的，应当适用不同的法律规定，分别裁量，合并处罚。

◆瞒报、谎报事故行为调查处理结案后，承办事故调查处理的安全监管监察部门应当向上级安全监管监察部门报告事故的查处情况，并将查处结果在当地主要新闻媒体和本级政府网站、安全监管监察部门网站上予以公告，接受社会监督。

五、《〈生产安全事故报告和调查处理条例〉罚款处罚暂行规定》相关要点

2011年9月1日，国家安全生产监督管理总局公布《国家安全监管总局关于修改〈《生产安全事故报告和调查处理条例》罚款处罚暂行规定〉部分条款的决定》（国家安全生产监督管理总局令第42号），自2011年11月1日起施行。

新的《〈生产安全事故报告和调查处理条例〉罚款处罚暂行规定》，分为二十二条，制定本规定的目的，是依照《生产安全事故报告和调查处理条例》的规定，防止和减少生产安全事故，严格追究生产安全事故发生单位及其有关责任人员的法律责任，正确适用事故

罚款的行政处罚。

◆安全生产监督管理部门和煤矿安全监察机构对生产安全事故发生单位（以下简称事故发生单位）及其主要负责人、直接负责的主管人员和其他责任人员等有关责任人员实施罚款的行政处罚，适用本规定。

法律、行政法规对行政处罚的种类、幅度和决定机关另有规定的，依照其规定。

◆本规定所称事故发生单位是指对事故发生负有责任的生产经营单位。

本规定所称主要负责人是指有限责任公司、股份有限公司的董事长或者总经理或者个人经营的投资人，其他生产经营单位的厂长、经理、局长、矿长（含实际控制人、投资人）等人员。

◆本规定所称事故发生单位主要负责人、直接负责的主管人员和其他直接责任人员的上一年年收入，属于国有生产经营单位的，是指该单位上级主管部门所确定的上一年年收入总额；属于非国有生产经营单位的，是指经财务、税务部门核定的上一年年收入总额。

◆《条例》所称的迟报、漏报、谎报和瞒报，依照下列情形认定：

（1）报告事故的时间超过规定时限的，属于迟报。

（2）因过失对应当上报的事故或者事故发生的时间、地点、类别、伤亡人数、直接经济损失等内容遗漏未报的，属于漏报。

（3）故意不如实报告事故发生的时间、地点、初步原因、性质、伤亡人数和涉险人数、直接经济损失等有关内容的，属于谎报。

（4）隐瞒已经发生的事故，超过规定时限未向安全监管监察部门和有关部门报告，经查证属实的，属于瞒报。

◆对事故发生单位及其有关责任人员处以罚款的行政处罚，依照下列规定决定：

（1）对发生特别重大事故的单位及其有关责任人员罚款的行政处罚，由国家安全生产监督管理总局决定。

（2）对发生重大事故的单位及其有关责任人员罚款的行政处罚，由省级人民政府安全生产监督管理部门决定。

（3）对发生较大事故的单位及其有关责任人员罚款的行政处罚，由设区的市级人民政府安全生产监督管理部门决定。

（4）对发生一般事故的单位及其有关责任人员罚款的行政处罚，由县级人民政府安全生产监督管理部门决定。

上级安全生产监督管理部门可以指定下一级安全生产监督管理部门对事故发生单位及其有关责任人员实施行政处罚。

◆对煤矿事故发生单位及其有关责任人员处以罚款的行政处罚，依照下列规定执行：

（1）对发生特别重大事故的煤矿及其有关责任人员罚款的行政处罚，由国家煤矿安全监察局决定。

（2）对发生重大事故和较大事故的煤矿及其有关责任人员罚款的行政处罚，由省级煤矿安全监察机构决定。

（3）对发生一般事故的煤矿及其有关责任人员罚款的行政处罚，由省级煤矿安全监察机构所属分局决定。

上级煤矿安全监察机构可以指定下一级煤矿安全监察机构对事故发生单位及其有关责任人员实施行政处罚。

◆特别重大事故以下等级的事故，事故发生地与事故发生单位所在地不在同一个县级以上行政区域的，由事故发生地的安全生产监督管理部门或者煤矿安全监察机构依照本规定第六条或者第七条规定的权限实施行政处罚。

◆安全生产监督管理部门和煤矿安全监察机构对事故发生单位及其有关责任人员实施罚款的行政处罚，依照《安全生产违法行为行政处罚办法》规定的程序执行。

◆事故发生单位及其有关责任人员对安全生产监督管理部门和煤矿安全监察机构给予的行政处罚，享有陈述、申辩的权利；对行政处罚不服的，有权依法申请行政复议或者提起行政诉讼。

◆事故发生单位主要负责人有《条例》第三十五条规定的行为之一的，依照下列规定处以罚款：

（1）事故发生单位主要负责人在事故发生后不立即组织事故抢救的，处上一年年收入80%的罚款。

（2）事故发生单位主要负责人迟报或者漏报事故的，处上一年年收入40%～60%的罚款。

（3）事故发生单位主要负责人在事故调查处理期间擅离职守的，处上一年年收入60%～80%的罚款。

◆事故发生单位有《条例》第三十六条第一项规定行为之一的，处200万元的罚款；同时贻误事故抢救或者造成事故扩大或者影响事故调查的，处300万元的罚款；同时贻误事故抢救或者造成事故扩大或者影响事故调查，手段恶劣，情节严重的，处500万元的罚款；

事故发生单位有《条例》第三十六条第二至六项规定行为之一的，处100万元以上200万元以下的罚款；同时贻误事故抢救或者造成事故扩大或者影响事故调查的，处200万元以上300万元以下的罚款；同时贻误事故抢救或者造成事故扩大或者影响事故调查，手段恶劣，情节严重的，处300万元以上500万元以下的罚款。

◆事故发生单位的主要负责人、直接负责的主管人员和其他直接责任人员有《条例》第三十六条规定的行为之一的，依照下列规定处以罚款：

（1）伪造、故意破坏事故现场，或者转移、隐匿资金、财产、销毁有关证据、资料，或者拒绝接受调查，或者拒绝提供有关情况和资料，或者在事故调查中做伪证，或者指使他人做伪证的，处上一年年收入80%～90%的罚款。

（2）谎报、瞒报事故或者事故发生后逃匿的，处上一年年收入100%的罚款。

◆事故发生单位对造成3人以下死亡，或者3人以上10人以下重伤（包括急性工业中毒），或者300万元以上1 000万元以下直接经济损失的事故负有责任的，处10万元以上20万元以下的罚款。

事故发生单位有本条第一款规定的行为且谎报或者瞒报事故的，处20万元的罚款。

◆事故发生单位对较大事故发生负有责任的，依照下列规定处以罚款。

（1）造成3人以上6人以下死亡，或者10人以上30人以下重伤（包括急性工业中毒），或者1 000万元以上3 000万元以下直接经济损失的，处20万元以上30万元以下的罚款。

（2）造成6人以上10人以下死亡，或者30人以上50人以下重伤（包括急性工业中毒），或者3 000万元以上5 000万元以下直接经济损失的，处30万元以上50万元以下的罚款。

事故发生单位对较大事故发生负有责任且有谎报或者瞒报行为的，处50万元的罚款。

◆事故发生单位对重大事故发生负有责任的，依照下列规定处以罚款。

（1）造成10人以上15人以下死亡，或者50人以上70人以下重伤（包括急性工业中毒），或者5 000万元以上7 000万元以下直接经济损失的，处50万元以上100万元以下的罚款。

（2）造成15人以上30人以下死亡，或者70人以上100人以下重伤（包括急性工业中毒），或者7 000万元以上1亿元以下直接经济损失的，处100万元以上200万元以下的罚款。

事故发生单位对重大事故发生负有责任且有谎报或者瞒报行为的，处200万元的罚款。

◆事故发生单位对特别重大事故发生负有责任的，处200万元以上500万元以下的罚款。

事故发生单位有本条第一款规定的行为且谎报或者瞒报事故的，处500万元的罚款。

◆事故发生单位主要负责人未依法履行安全生产管理职责，导致事故发生的，依照下列规定处以罚款：

（1）发生一般事故的，处上一年年收入30%的罚款。

（2）发生较大事故的，处上一年年收入40%的罚款。

（3）发生重大事故的，处上一年年收入60%的罚款。

（4）发生特别重大事故的，处上一年年收入80%的罚款。

◆法律、行政法规对发生事故的单位及其有关责任人员规定的罚款幅度与本规定不同的，按照较高的幅度处以罚款，但对同一违法行为不得重复罚款。

◆违反《条例》和本规定，事故发生单位及其有关责任人员有两种以上应当处以罚款的行为的，安全生产监督管理部门或者煤矿安全监察机构应当分别裁量，合并做出处罚决定。

◆对事故发生负有责任的其他单位及其有关责任人员处以罚款的行政处罚，依照相关法律、法规和规章的规定实施。

第四节　安全生产事故调查处理事例分析

事故调查的目的，主要是查明事故原因，吸取事故教训，制定整改措施，从而防止事故重复发生。因此，企业一旦发生事故，不管是人身伤亡事故，还是设备工艺事故，都应该认真严肃地按“四不放过”原则进行调查，并且细致地分析事故，找出事故发生的原因，查明事故责任人，制定纠正和预防措施，并指定专人负责限期落实。即使是没有发生重大伤亡的生产事故和轻伤事故，也不可低估，掉以轻心，如果不认真对待，那么就有可能酿成严重后果。

一、某化工公司导热油泄漏着火引发重大爆炸事故分析

2012 年 2 月 28 日上午 9 时 4 分左右，某化工有限责任公司生产硝酸胍的一车间发生重大爆炸事故，造成 25 人死亡、4 人失踪、46 人受伤。这起事故是近一段时期以来危险化学品领域发生的伤亡最严重的事故。

1. 事故企业基本情况

该公司系民营企业，成立于 2005 年 2 月。2009 年 3 月开工建设的年产 10 000 吨噁二嗪、1 500 吨 2－氯－5－氯甲基吡啶、1 500 吨西林钠、1 000 吨 N－氰基乙亚胺酸乙酯项目，总投资 2.17 亿元。一期工程包括一车间（硝酸胍）、二车间（硝基胍）、配电室、动力站（包括空压站和 1 台制冷机组）、固体库、一次水池和循环消防水池，设计单位具有乙级资质，于 2010 年 2 月底竣工。该公司现有职工 351 人，2010 年 9 月 6 日取得了危险化学品安全生产许可证。

2. 事故经过

该公司一车间共有 8 个反应釜，依次为 1～8 号反应釜。原设计用硝酸铵和尿素为原料，生产工艺是硝酸铵和尿素在反应釜内混合加热熔融，在常压、175～220℃条件下，经 8～10 小时的反应，间歇生产硝酸胍，原料熔解热由反应釜外夹套内的导热油提供。实际生产过程中，将尿素改用双氰胺为原料并提高了反应温度，反应时间缩短为 5～6 小时。

事故发生前，一车间有 5 个反应釜投入生产。2 月 28 日上午 8 时，该车间当班人员接班时，2 个反应釜空釜等待投料，3 个反应釜投料生产。8 时 40 分左右，1 号反应釜底部放料阀（用导热油伴热）处导热油泄漏着火；9 时 4 分，一车间发生爆炸事故并被夷为平地，造成重大人员伤亡，周边设备、管道严重损坏，厂区遭到严重破坏，周边 2 km 范围内部分居民房屋玻璃被震碎。

3. 事故原因分析

硝酸铵、硝酸胍均属强氧化剂。硝酸铵是国家安全监管总局公布的首批重点监管的危险化学品，遇火时能助长火势；与可燃物粉末混合，能发生激烈反应而爆炸；受强烈震动或急剧加热时，可发生爆炸。硝酸胍受热、接触明火或受到摩擦、震动、撞击时，可发生爆炸；加热至 150℃时，分解并爆炸。

经初步调查分析，事故直接原因是：该公司一车间的 1 号反应釜底部放料阀（用导热油伴热）处导热油泄漏着火，造成釜内反应产物硝酸胍和未反应完的硝酸铵局部受热，急剧分解发生爆炸，继而引发存放在周边的硝酸胍和硝酸铵爆炸。

根据事故调查情况，这起事故暴露出该公司存在以下突出问题：

（1）装置本质安全水平低、工厂布局不合理。装置自动化程度低，反应温度缺乏有效、快捷的控制手段；加料、出料、冷却等作业均需人工操作，现场操作人员多。一车间与二车间厂房均采用框架砖混结构，同向相距约 25 m 布置，且中间建有硫酸储罐。一车间爆炸后波及二车间，造成厂房损毁和重大人员伤亡。

（2）企业安全管理不严格，变更管理处于失控状态。该公司在没有进行安全风险评估的情况下，擅自改变生产原料、改造导热油系统，将导热油最高控制温度从 210℃提高到 255℃。

（3）车间管理人员、操作人员专业素质低。包括车间主任在内的绝大部分员工为初中文化水平，对化工生产的特点认识不足、理解不透，处理异常情况能力低，不能适应化工安全生产的需要。

（4）厂区内边生产，边建设。事故企业边生产，边施工建设，厂区作业单位多、人员多，加剧了事故的伤亡程度。

（5）安全隐患排查治理不认真。2011 年 6 月，国家安全监管总局公布了首批重点监管的危险化学品名录，对重点监管危险化学品的安全措施和应急处置原则提出了明确要求，要求在隐患排查治理工作中将其作为重点进行排查，切实消除安全隐患。但从此次事故调查情况来看，该企业在隐患排查中没有发现生产工艺所固有的安全隐患和变更生产原料、提高导热油最高控制温度等所带来的安全隐患。

4. 事故教训与防范措施

（1）进一步加强对爆炸性危险化学品的安全监管。地方各级安全监管部门要立即组织对本地区涉及爆炸性危险化学品的生产、储存装置开展专项安全检查，借助专家力量对有关企业的工厂布局、工艺技术路线及装备的安全可靠性、自动化控制水平、人员素质等安全生产条件，进行全面的检查和论证，及时发现各类隐患并限期整改，确保生产安全。对涉及爆炸性危险化学品生产、储存的企业要严格设定安全准入条件，把有关企业纳入重点监管范围。要将受热、遇明火和受到摩擦、震动、撞击时可发生爆炸的危险化学品全部纳入重点监管的危险化学品范围，进一步强化各项安全措施，落实安全监管责任，杜绝事故的发生。

（2）切实加强涉及重点监管危险化学品、重点监管危险化工工艺和危险化学品重大危险源（以下统称“两重点一重大”）企业的安全监管。地方各级安全监管部门要将涉及“两重点一重大”的企业作为重点监管对象，进一步强化监管措施。要尽快全面完成化工企业危险工艺自动化控制系统改造；尽快启动涉及重点监管危险化学品的生产、储存装置和危险化学品重大危险源自动化监控系统改造完善工作，提高装置的自动化控制水平，增强装置的安全可靠性，减少现场操作人员，提高本质安全水平。要督促危险化学品企业切实加强变更管理，严格执行变更审批制度，履行变更程序，进行风险辨识和控制，消除安全隐患，不断提高安全生产水平。

（3）进一步加强危险化学品建设项目安全设计管理，提高本质安全水平。危险化学品建设项目必须由具备相应资质、相应能力的单位负责设计，工厂的布局要科学合理，选择成熟、可靠的生产工艺和设备，装备自动化控制系统；对涉及“两重点一重大”的装置，在设计阶段要按照《化工建设项目安全设计管理导则》（AQ/T 3033—2010）的要求进行危险与可操作性分析（HAZOP），进一步消除设计缺陷，提高装置的本质安全水平。地方各级安全监管部门要严把安全生产条件审查关，对建设项目的工艺设备的安全可靠性、周边安全距离，以及企业总体布局等安全设计内容进行全面、系统的论证和审查，从源头上消除安全隐患；进一步加强对安全评价机构的监督、检查与指导，确保建设项目各个环节的评价质量，对在评价过程中不负责任、弄虚作假的评价机构要严肃处理，直至取消评价资质。有关企业要避免边生产、边施工建设，确实不能避免的，要采取有效的安全防范措施。

(4) 进一步严格设定从业人员的准入条件，强化培训教育，提高从业人员素质。危险化学品企业要严格设定操作人员的招录条件，适度提高操作人员的准入门槛，涉及“两重点一重大”的装置，应招录具有高中以上文化程度的操作人员、大专以上的专业管理人员，确保从业人员的基本素质；要持续不断地加强员工培训教育，使其真正掌握作业场所和工作岗位存在的危险因素及防范措施、应急预案和安全管理制度，切实增强安全操作技能。

(5) 进一步抓实隐患排查治理工作。要深刻吸取事故教训，举一反三，防微杜渐，切实加强危险化学品安全管理，进一步加大安全隐患排查治理力度，持续深入做好隐患排查治理工作，并加强监督检查。对因隐患排查治理工作不认真、走过场而发生事故的企业，要依法依规严肃追究企业主要负责人和有关人员的责任。

二、对一起乙醇灌装作业过程中火灾爆炸事故分析

2011年11月9日18时许，某化工仓库内，仓库发货人员正在进行无水乙醇入桶灌装作业，载有灌装桶的车辆突然爆炸着火，车上当时有2人，1名身上着火的灌装作业人员从车上跳下，逃离事故现场。在当晚清理事故现场时，在事故车辆副驾驶室门边地面上找到另1人，人已死亡，身体烧得面目全非。这起事故造成1死1伤，因抢险迅速，事故未波及周边设施。

1. 事故经过及查证情况

事故发生后，调查组及时勘察了事故现场，调阅了有关人员的询问笔录，观看了视频监控录像，收集了有关证明材料，查阅了有关资料。

(1) 事故简要经过

11月9日18时许，某涂料企业指派车辆到某化工仓库购买化工液体原料。司机驾驶着一辆普通小型货车，车上载有12个空桶和8个重桶，该车四周封闭严实，只有顶棚未遮盖，当车辆进入作业现场停稳后，3名仓库人员打开车厢后门，其中1人登上车厢，做乙醇灌装前准备，1人在车下挂车辆接地线，并将灌装管及桶内导静电接地线递给车上人员，乙醇灌装采用泵送灌装方式，有1人在房内负责启动灌装泵并监控流量计。

灌装作业开始后，承运方司机擅自登上车厢，站在车辆前方待灌装乙醇的空塑料桶上，灌装作业人员从中后方往前一桶一桶地灌，当灌装至第5桶时，车厢上突然爆炸着火，大火瞬间在车厢内蔓延，作业人员身上也着火，急忙从车上跳下，逃离现场。

事故发生后，现场立刻展开抢险，及时关闭了相关物料阀门，控制了现场火势，在随后赶到的消防人员共同努力下，经过30分钟扑救，大火终被扑灭。

这起事故造成车上已灌入乙醇及待灌空桶共计12个全部烧毁烧熔，同车另载有8个

HDI 的铁质重桶，其中 5 个桶受热膨胀顶盖撕开张口、3 个桶的顶盖撕开后成侧状倾倒，2 个桶的物料已流出（其中一个桶内物料全部流完），桶内物料全部报废，事故现场只剩下不可燃烧的车骨架，因抢险及时，火势未蔓延影响到周围其他设施。在清理现场时，在车辆副驾驶室门边地面上找到了承运方司机，已死亡。

（2）现场设施设备

灌装作业的车辆停放在装卸区，乙醇从罐区 1 号罐（容积 48 m^3 卧式储罐）底部通过磁力驱动泵，经椭圆流量计计量，由 DN50 钢质管道输送到泵房外后，接上塑料管（内置铜导线）后，在入桶端部接上 DN35 铜质管，插入灌装桶内；每桶灌装量通过流量计确定，每桶灌装结束，停泵后再灌装下一桶。

事故调查反映：事故车辆车厢内载有 12 个空塑料桶，3 个一排共 4 排，放置在车厢前部，8 个内装有 HDI 的铁质重桶，放置在车厢后部。经事后检测：车厢长 4 200 mm、车厢宽 1 940 mm、侧棚高 1 650 mm，塑料及铁桶放置容积外形尺寸相当，高度 900 mm，外长 600 mm，容积 200 L，放置 20 个桶后，车辆底板平面上已无人员活动空隙。

现场配置了接地静电消除导线，内置桶内的导静电接地线、灌装塑料管烧净后还留有管内内置导静电接地线在现场。

视频监控资料清晰反映了从车停位待装、作业准备、作业过程、现场人员状况、爆炸事故现场，以及爆炸瞬间的情况。

检查了事故现场灌装设施、设备、静电接地设施、查证了发货方提供的发货单、发货单分析报告、防静电设施检测报告。

（3）事故调查锁定证据

事故调查组勘查了事故现场，绘制了事故现场平面图，死亡人员落地部位图及事故现场照片；对现场燃烧残留物及设施进行了分析取证；分析确定了灌装物及车载物品种。

（4）资料查询情况

根据调查取证情况，确定是在灌装乙醇过程中发生的事故，事故调查分析对乙醇特性数据进行了重点查询。

乙醇特性：分子式：CH_3CH_2OH；分子质量：46.07；沸点：78℃；无色透明，易燃易挥发的液体；溶于水、甲醇、乙醚和氯仿；能溶解许多有机化合物和若干无机化合物；具有吸湿性；能与水形成共沸混合物。

2011 年 11 月 9 日，当地气温为 7～17℃，阴天转多云；无持续风向，微风。

2. 爆炸燃烧物及引爆能分析

从发货单据、灌装过程、事故调查笔录、视频监控录像、现场火情描述、事故现场燃烧痕迹可以判定，此次爆炸燃烧是因现场的爆炸性混合气体遇到引爆能引起的。

3. 爆炸原因分析

经前述的调查分析，该仓库灌装作业静电设施完好，静电接地线搭接到位，管内乙醇流速控制在安全范围，可以断定，这起事故静电物料输送过程中产生的静电荷不会累积。

视频录像中反映，司机从 18 时 49 分到车上后，4 分钟时间内，司机在桶上弯腰俯蹲多次，有 4 次看不见人（因车侧面有 1.65 m 高的棚布围住，从视频录像观察到司机在车厢内活动过程，站在桶上只看见上半身，蹲下时什么也看不见），可以断定静电累积量大大超过正常量（不考虑着化纤衣物的情况下），因此只要人体衣着摩擦或人体接地，瞬间即可有放电现象。

4. 爆炸着火事故的直接原因判断

从爆炸性混合气体形成、引爆能分析可以确认，这起爆炸着火事故的直接原因是：灌装乙醇车辆三侧面不通透，乙醇灌装时挥发的蒸气比空气重，由于当天微风（无持久风），不利于乙醇蒸气扩散，随着灌装的进行，积聚的乙醇蒸气达到了 9.5％（爆炸性极限 3.3％～19.0％），且当时气温约为 15℃，高于乙醇闪点 12℃，司机站在塑料桶（非导体）行走移动，人体身上累积的静电瞬间释放，引爆了车厢内的乙醇爆炸性混合气体。

5. 事故教训与防范措施

（1）按规定，通过公路运输危险化学品的托运人员只能委托有危险化学品运输资质的运输企业承运，车辆必须具备运输危险化学品的条件，而事故车辆为非危险化学品运输车辆，车厢四周严密封实不通透，是造成爆炸性气体积累的客观条件。

（2）灌装作业应在指定区域，不得为图方便而随意改变作业环境，这起事故灌装作业的桶放置在车上作业，作业人员站在桶上操作，管理不严格，违章作业是造成事故的主观原因。

（3）目前很多企业用来盛装有机液体的容器为塑料材质，塑料为非导体材料，在灌装及运输途中易积累静电，应根据所盛装物料特性选定安全性容器，消除塑料桶装有机物的潜在事故隐患。

（4）事故车辆同车运载了固化剂，该物质虽用铁质桶装密闭严实，但受热后体积膨胀，物料遇到高温和乙醇会发生反应，分解产生有毒气体，增加了现场灭火的难度。目前在一些小地方，同车运载性质相抵触的化学品现象并未杜绝。

（5）通过视频监控录像，为这起事故的分析提供了准确客观的资料，为厘清事实提供了有力证据，是事故分析得出客观公正结论的重要依据来源，再一次说明监控视频在重大危险源及重要设施设备点投用的必要性。

(6) 通过对这起乙醇爆炸着火事故的全面分析，确认了引起爆炸着火的基本条件。因此，危险因素控制应同等对待，全面控制，这起事故分析警示相关企业对人体静电防范不可掉以轻心，一旦疏忽，事故就可能找上门来。

三、某铸钢公司违章操作导致的钢水喷炉灼烫事故分析

2009 年 1 月 17 日 7 时 15 分，某铸钢公司发生中频电炉钢水喷炉灼烫事故，导致 4 人死亡，1 人重伤，直接经济损失 190 余万元。

1. 事故单位概况

该公司注册资本 100 万元人民币，职工约 50 人，2008 年 6 月投产，主要从事锻件制造、普通机械加工，电力设备、锅炉辅机、钢结构制造、安装、销售，并零售化工原料(不含危险品)、钢材。

2. 事故经过

2009 年 1 月 16 日 23 时，该公司夜班工人根据当日生产安排，开始通电熔化。17 日 3 时 40 分，第一炉钢水熔化完毕，存放于 3 号保温炉中，接着熔化第二炉。熔化初期，在电炉底部已有部分钢水的情况下，本应根据工艺要求向炉内不断添加直径不大于 250 mm 的小块废钢，并用铁棍捣料作业。操作工为了达到降低劳动强度的目的，减少向炉内加料和捣料的次数，在当班车间主任李某的安排下，通过行车将未经切割加工的、不符合熔炼工艺规定要求的大块铸件冒口料（直径 750 mm，高度 600 mm，质量约 2.5 t）吊至炉口旁，再由李某和炉前操作工纪某 2 人扶着吊入炉内进行熔化。因冒口截面尺寸及重量太大，熔化速度太慢，导致顶部结壳搭桥。李某安排行车司机从 3 号保温炉内取出约 700 kg 的钢水，由纪某配合倒入 1 号电炉内，以期用钢水化开顶部结壳。倒入钢水后，不但未能化开结壳，反而受顶部结壳的急冷很快凝固，使顶部结壳更厚，电炉继续加热，炉内钢水温度已超过 1 500℃，炉内气体不断受热膨胀，电炉内产生的气体无法排出，7 时 15 分左右，发生钢水喷炉事故，因钢水喷溅灼烫造成 4 人死亡、1 人重伤。

3. 事故原因分析

造成事故的直接原因是 1 号电炉在熔炼第二炉钢水时，电炉内钢水熔化初期加入的铸件冒口料因尺寸较大，熔化速度缓慢，顶部搭桥结壳捣不开，本应采取倾斜炉体用铁棍捣的办法解决。李某却违章指挥、违章作业，命人错误地向炉内倒入钢水。铸件冒口料顶部的钢水在炉膛内随即冷却成一体，不但未化开结壳，反而致使结壳更厚。铸件冒口料顶部

存在补缩孔洞、夹杂，倒入的钢水将铸件冒口料上面的孔洞内气体、夹杂封闭住，使炉膛下部形成密闭容器。由于顶部钢水凝固结壳，铸件冒口料与炉墙成为一体不能下移，炉膛底部正在加热熔化，封闭在铸件冒口料下面的气体和夹杂燃烧产生的气体不能排出，造成高温加热过程中炉膛底部气体压力急剧增大，发生钢水喷炉。

造成事故的间接原因（企业管理原因）：

（1）安全生产主体责任不落实，基础管理薄弱，技术水平低。

（2）安全生产管理制度和技术规范、操作规程不完善，工人不能正确地按照操作规程作业。

（3）在日常劳动组织方面没有按照国家法律、法规要求开展安全生产“三级”教育，致使职工安全意识淡薄。

（4）操作工人文化程度偏低，安全知识匮乏，操作技能与经验明显不足，违反工艺要求开展作业，缺乏处置生产过程中突发事件的能力。

（5）公司未按照法律法规规定办理建设项目相关手续，严重违规建设施工，安全隐患未进行彻底整改，建设项目不具备安全生产条件，未经安全验收就开工生产，导致事故发生。

4. 事故教训与防范措施

（1）要认真抓好“治隐患、保安全”专项行动，督促各级各部门和相关责任人，明确工作任务，切实履行职责。按照安全事故“四不放过”的原则，加强企业安全生产主体责任的落实和隐患整治活动，狠抓各项法律、法规的贯彻落实，狠抓安全生产各项制度的落实。

（2）安监部门在开展工作中必须认真负责，杜绝在安全检查中发现的问题不能及时整改处理的现象，增强各级各部门的安全意识。要开展建设项目安全设施“三同时”情况的督察工作。

（3）乡镇、街道要切实加强安全生产队伍建设，配备专职人员，开展专业培训，配备各种必需的装备和设施。

（4）要进一步完善安全生产执法委托制度。加大乡镇安监机构安全生产工作的指导和监督，增加人员并配备相关的设备，建立健全安全隐患上报制度，明确各级部门的职责，确保发现的安全隐患能及时上报并能得到彻底整改。

（5）切实落实企业安全生产主体责任，增强排查安全隐患的意识。加强安全生产的三级教育，强化现场的安全管理和定置管理，杜绝违章指挥和违章作业；加强关键工序工人的安全操作考核，注重安全培训的实效性，提高工人的安全操作技能；督促企业实施安全生产标准化工作，提高企业基础管理水平，鼓励企业开展 ISO 14000 体系认证和安全评估工作。

（6）加强铸造行业管理。制定行业技术标准，规范与监督行业的安全作业行为，加强新建企业规划管理和老企业技术改造项目的审查。

四、某公司生产过程中煤气溢出人员中毒事故分析

2004 年 9 月 27 日 4 时 30 分，某公司发生一起煤气中毒事故，5 人死亡，2 人受伤，直接经济损失 80 万元。

1. 事故经过

2004 年 9 月 27 日凌晨，公司炼铁厂铸铁工段班长蔡 YH 等 8 名职工值夜班（0：00—8：00），苑 XC 在桥吊司机室负责开桥吊，其余人员在车间地面工作。4 时 30 分许，班长蔡 YH 和职工蔡 WJ、张 ZJ、梅 BQ、李 SB、冯 GM、邓 YY 在车间休息室休息，突然，听到桥吊电铃响，猜测可能出了问题。所有人员从休息室出来，在桥吊下面喊苑 XC，没有回应，就一起上桥吊去查看。班长蔡 YH 走在最前面，到桥吊司机室拍门喊苑 XC 后，倒在了司机室门旁边，不省人事。后面的职工看到班长蔡 YH 昏倒猜测可能是触电，便从原路返回地面。这时，职工蔡 WJ 跑去找电工，邓 YY 去找调度。3 名电工（宁 M、梅 XC、庞 LL）来到现场，拉下电闸后一起上桥吊检查，过了五六分钟下面的人也不见动静，便怀疑是煤气中毒。立即找来热风工段的朱 JZ、左 XS 带着防毒面具上桥吊救人，结果 2 人也没下来。这时值班领导刘 MS 叫人赶紧向桥吊方向吹氧气，同时上去几人陆续将中毒职工抬到地面，并及时送往医院抢救。5 时 15 分许，值班领导刘 MS 发现车间外煤气管道防爆孔板破裂，向外排放煤气，立即叫人把煤气阀门关闭。中毒职工苑 XC、蔡 YH、宁 M、梅 XC、庞 LL5 人经抢救无效死亡，朱 JZ、左 XS 脱离危险。

2. 事故现场情况

煤气是高炉炼铁的副产品，又是冶金炉窑加热的主体燃料。该厂高炉产生的煤气通过管道输送给两个白灰窑和两台烧结机。通向白灰窑的煤气管道自西向东紧贴铸铁工段车间南墙外通过，管道设有防爆孔。最近的防爆孔（直径 300 mm）距铸铁工段车间东外墙距离 2.3 m，距地 8.1 m；较远处主管道防爆孔（距高炉较近）与最近防爆孔间距为 44.3 m。防爆孔开口方向与水平方向成 45°，即向北偏上。铸铁工段车间采用框架结构，四周中上部用瓦楞板围成外墙，瓦楞板底边距地面 6 m，无围护，瓦楞板上部距屋顶 0.6 m，无围护，可通风采光。

3. 事故原因分析

造成事故的直接原因：白灰窑生产过程中回火，引起两防爆孔板功能性爆裂，煤气从防爆孔排出，蔓延至铸铁车间内，引发煤气中毒事故。

造成事故的间接原因：

（1）安全教育不够，致使工人对煤气有害因素应知不知或知之甚少，防范意识淡薄，造成事故后果扩大，中毒人员增多。

（2）没有规范的应急救援预案，救援措施不力，抢救人员没有戴氧气呼吸器，造成抢救人员也中毒死亡。

（3）煤气管道和防爆孔与铸铁工段车间距离较近，造成煤气从防爆孔排出后，蔓延至铸铁车间内。

（4）当日天气为静风、气压偏低，防爆孔排出的煤气不能迅速扩散，使防爆孔周围煤气聚集，浓度偏高。

事故的主要原因：煤气管道和防爆孔离铸铁工段较近，执行应急救援措施不力。

4. 事故教训与防范措施

（1）按照国家有关规定，改进煤气管道和防爆孔与建筑物距离。

（2）设立煤气防护站，配备氧气呼吸机、通风式防毒面具、氧气泵、万能检查器、自动苏生器、隔离式自救器、与生产有关的有毒气体分析仪、防爆测定仪及供危险作业和抢救用的其他设施。

（3）设置安全生产管理机构，并对公司生产系统进行安全评价。对企业内部进行全面安全检查。

（4）建立并认真落实三级安全教育和平时安全教育制度，加强职工安全教育工作，特别是对本厂危险物品和有害因素的性质、防范措施及应急救援方面进行针对性的教育，使职工了解本单位和相关场所的危险因素和防护知识。

（5）根据国家有关规定配备煤气报警装置。制定生产安全事故应急预案，并建立应急救援组织，定期训练和演习。

（6）针对车间性质和岗位情况配备符合国家规定的劳动防护用品和急救设备。

五、某铁矿矿体顶板垮落导致的特大透水事故分析

2007 年 1 月 17 日凌晨，某公司下属铁矿发生透水事故，当时 35 名矿工被困井下。事故发生后，在国家安全监管总局的指导下，市政府及时组织事故抢险救援工作，成功解救

出 6 名被困矿工，另外 29 名矿工遇难。

1. 铁矿基本情况

铁矿（Ⅰ号矿段）的矿区面积为 0.666 km^2。该矿于 2002 年 8 月建井投入生产，先后建成 5 条竖井、3 条斜井。该企业属民营企业，采矿许可证、营业执照、安全生产许可证等证照齐全，在册职工 150 人，其中井下职工 100 人。

该矿采矿工程方案为充填法开采生产，设计生产能力 60 万吨/年，事发时实际生产能力 45 万吨/年。

2. 事故发生和救援经过

2007 年 1 月 16 日 23 时许，矿值班员刘某在 7 号竖井巡查时，接到矿值班室电话说，1 号斜井井下出了一股水。刘某随即回值班室电话告知 1 号竖井负责人王某，把 1 号竖井井下人员撤上来。同时，通过电话向值班副矿长张某汇报了情况。张某让刘某到 1 号斜井井口去查看，刘某到 1 号斜井询问了井下情况后，通过电话向副矿长张某汇报了情况。张某让刘某和邬某到 1 号竖井查看，刘某在途中接到 1 号竖井负责人王某的电话报告，1 号竖井水抽不完，刘某又让王某赶快撤人。刘某和邬某在去 1 号竖井的路上遇到 1 号竖井承包人蒋某，时间大约是 23 时 30 分，此时 1 号竖井卷扬机已提不上来了。邬某通过电话报告副矿长张某：井下巷道已被水淹，应赶快向公司报告。随后，刘某和邬某又赶到 2 号竖井查看，得知 2 号竖井也被水淹。此时，矿值班室通过电话告知刘某，3 号竖井也被水淹。刘某和邬某回到矿部，将情况向公司法定代表人曹某做了汇报，1、2、3 号竖井井下巷道全部被泥浆和水淹没，35 名矿工被困井下。时间大约是 23 时 40 分。矿值班室也及时将情况通知了公司主要负责人。

18 日上午 11 时左右，通过采取开掘 3 号斜井联络巷、清排淤泥和抽水等措施，成功解救出 6 名被困矿工。

20 日凌晨 3 时左右，救援专家发现 2 号斜井内的泥浆标高有明显下降的异常情况，指挥部果断决定立即撤出在 3 号斜井井下清理现场的 50 多名救援人员，并派出武警把守井口。凌晨 5 时左右，被淹各井再次出现了泥浆突涌，3 号竖井已经清理完毕的 130 多米运输平巷和 3 号斜井的 100 多米斜巷被淤泥淤满，2 号竖井水面上涨了 1.6 m，而且泥水越抽越多，计划利用俯角专用钻机打孔的位置也已全部被淹，清淤工作无法进行，地表塌陷区面积由 3 600 m^2 扩大到 7 000 m^2，塌陷深度由 20 m 增加到 30 m，且有继续扩大趋势，各救援方案均难以实施。

26 日，经各方专家论证，井下人员已无生还可能，事故抢救援指挥部决定停止抢险救援工作。这起事故共造成 29 名矿工遇难。

3. 事故原因分析

按照事故调查处理的有关规定，经事故调查组调查认定，确认是一起特大责任事故。

事故调查技术组分析认定，该事故的直接原因是：由于地质构造、水文地质条件复杂，矿方既未执行开发利用方案，也未按照采矿设计（某冶金设计研究院为该矿设计的采矿方法为上行采矿，大量放矿后，采用废石充填或低标号水泥尾砂胶结充填）进行采矿，采矿后，未及时对采空区进行充填，使空区面积越来越大，在多种因素的作用下，矿体顶板垮落，造成矿井透水。

造成事故的间接原因：

（1）企业管理混乱、以包代管。一是该矿业公司虽然制定了安全生产管理制度，但没有落实到位。二是企业管理与承包作业队工作分离，以包代管。三是企业领导层和采矿队伍不稳定，给安全生产造成隐患。四是企业领导人安全生产意识差，对已发现的事故隐患，没有进行整改。五是实际持大股投资人控制企业决策。六是矿业公司没有统一组织过对全体从业人员的安全生产教育培训。

（2）培训中介机构不落实教学管理、考核等规章制度。公司组织培训管理不严，不落实教学管理、考核等规章制度，在对铁矿安全管理人员和特殊工种作业人员资格培训时，没有按培训大纲规定的课时完成教学课时数。铁矿安全监察科长孙某，只是报了个名，没有参加培训学习，考试时由别人代考，也取得了安全管理人员资格证书。

（3）政府相关部门管理、监管不到位。

4. 事故教训

（1）安全意识差。企业负责人和安全管理人员对本企业在开采过程中存在的危险、危害因素及其可能造成的危害认识不清，重视不够，在明知地表有高压线和电厂等重要设施，地表不允许塌陷的情况下，未经设计单位重新设计和有关方面同意擅自改变采矿方法，不按开发利用方案和设计进行生产，导致离地表最近的矿山上部形成大面积的采空区，且对采空区不进行任何处理，埋下了重大的安全隐患，从而导致本次事故的发生。

（2）安全生产法律、法规及规章制度得不到有效落实。由于受经济利益的驱动，“安全第一、预防为主、综合治理”的安全生产方针在企业得不到有效落实，安全生产规章制度形同虚设，执行不力；出资人控制着矿山的重大决策，导致出资人聘请的矿山负责人和安全管理人员基本上不能行使安全生产管理的权利，井下的承包队以作业空间为限，各自为战，存在严重的以包代管问题；对企业管理人员及职工的培训不到位，作业人员安全防范的意识较差。所有这些，致使企业生产过程中存在的安全隐患得不到有效处理，这是引发这起事故的又一惨痛教训。

（3）政府监管有死角。对该地区长期存在的矿山秩序混乱和违法、违规行为可能造成的严重后果认识不足，对违法、违规行为未能有效制止。行业管理弱化、监管队伍专业人员不足或无专业人员，对企业存在的安全隐患不能及时发现或制止，造成安全检查走过场，工作不落实，留有死角。

5. 防范措施

（1）强化培训监管，提高人员素质。事故发生之后，安监局进一步强化了对安全培训机构的日常监管，从教学质量（教学计划、授课教师、授课时间）、教学环境、教学设备、实习操作场地、收费情况以及教学制度的落实情况实施全过程、全方位监督管理。同时，按照要求对非煤矿山企业负责人和安全管理人员实施重新培训，对未经培训及培训不合格的企业不予进行复产验收，实施停产整顿。

（2）加大隐患排查工作力度，规范企业生产行为。这起铁矿矿难之后，为防止同类事故的再次发生，对全市非煤矿山企业尤其是井工开采的企业全部进行停产整顿，要求各企业从法律、法规和规章制度的落实情况及开采现状是否与设计相符合等方面进行全面自查，并制定整改工作方案进行整改。对井工开采的矿山企业的水文地质条件和工程地质条件由国土部门组织专家进行评估验收；对企业的安全生产条件由市安监部门组织专家验收，验收合格后方可恢复生产，对不符合安全生产条件且经整改后仍不合格的及水文地质和工程地质条件恶劣且无可行的防范措施的一律予以关闭。同时鉴于该公司铁矿发生了特大透水事故，矿区出现大面积沉陷，已不具备安全生产条件，依法关闭了该铁矿，并对周边其他矿山按照国家环保、国土资源、安全生产、林业、水利等相关政策要求，实施全面整顿治理。

（3）进一步厘清职责，落实监管责任。按照《安全生产法》的有关规定，进一步修改完善了《××市安全生产监督管理办法》，厘清安全生产工作领域安全生产综合监管部门和其他有关部门的职责，按照分级监管、行业管理、谁主管谁负责的原则，各司其职。建立和完善了非煤矿山等重点行业各监管部门联席会议制度和联合执法机制，加强部门间协调配合，促进监管工作的有效开展。

六、某铜业公司通风不畅重大炮烟中毒事故分析

2006 年 4 月 30 日 8 时 20 分，某铜业有限公司发生一起井下炮烟中毒事故，死亡 3 人，伤 1 人，直接经济损失 70 万元。

1. 事故单位基本情况

该公司 1958 年建矿，由长春某设计院设计，竖井开拓，浅孔留矿法采矿，对角式机械

通风，三段接力排水，生产能力为 8 万吨/年矿石。2002 年 6 月取得采矿许可证，2005 年 10 月取得安全生产许可证。2006 年 1 月 1 日破产重组后被兼并成立新的铜业有限公司，2006 年 3 月换发了工商营业执照，现有职工 750 人。该矿坑口车间现已生产至 5 中段，尚有矿石储量 2.8 万吨，计划 2006 年 9 月闭矿，事故发生地点在 4 中段至 5 中段的盲斜井。

2. 事故发生经过及抢险救援情况

2006 年 4 月 26 日，该矿完成了 4 中段、5 中段的 3 号采场和 5 号采场采空区南侧剩余矿体的中深孔爆破回采设计，经公司有关部门和主管矿长、矿长签批。4 月 29 日 8 时，主管生产安全的副矿长孙某任总指挥，召开了实施中深孔爆破的布置会，会后组织与会 38 人到井下进行爆破施工作业。10 时，坑长王 HT、地测科长宛某二人将距离作业地点较近的压风管阀门打开，18 时爆破准备工作结束。本次爆破作业共使用 2 号岩石炸药 7.2 t。19 时 36 分井下人员全部升井，19 时 45 分实施爆破，同时开启一台 20 m^3/min 的空压机进行通风。4 月 30 日 8 时，大爆破作业后仅 12 小时，坑长王 HT 组织 7 人入井进行巡查和抽水工作。去 2 中段排水的是水泵工刘某，去 4 中段排水的是王 YT，去 5 中段的是水泵工王 SZ、设备副坑长王 LJ、采掘工段长杨某、坑长王 HT 和生产副坑长邵某。王 SZ 身穿水衩最先进入 5 中段，并到水泵房启动了水泵。走在稍后的王 LJ 和杨某未穿水衩，到盲斜井与 5 中段车场连接处，因水深超过胶靴未继续前进。因未见王 SZ 返回，就向王 SZ 喊话。这时王 LJ 和杨某身体反应不适跌倒，后坚持沿斜井向上爬了 20 m。坑长王 HT 走在杨某的后面，到盲斜井中部时，身体感觉不好，立即往回返，到盲斜井与 4 中段连接口 6 m 处支持不住倒下。邵某走在最后还未到盲斜井，发现王 HT 倒下，立即组织王 YT 和刘某把王 HT 救至井上进行抢救，同时报告生产安全副矿长孙某、常务副矿长李某，二人接到报告后一边组织人员下井救援，一边请求煤矿救护队及医院支援，9 时 20 分本矿救援人员将王 LJ、杨某救上地面并送往本矿职工医院抢救，9 时 50 分煤矿救护队赶到，10 时 25 分将王 SZ 救上地面并送往医院。经医务人员全力抢救，王 HT 脱离危险，王 SZ、王 LJ、杨某 3 人因抢救无效死亡。

3. 事故原因分析

据现场调查，造成该事故发生的主要致毒气体是井下高浓度的一氧化碳，据事发后 2 小时进入该井的煤矿救护队测定，当时井下一氧化碳体积分数仍达 3%，超过《矿山安全规程》规定最大浓度的 150 倍。

造成事故的直接原因，是矿井通风设施不完善，通风不畅，风量严重不足，爆破作业后有毒有害气体浓度超标，入井人员未携带自救设备提前入井作业炮烟中毒。

造成事故的间接原因：

（1）该铜业有限公司安全生产主体责任落实不到位。实施中深孔爆破前，未制定爆破后入井作业的安全防范措施，未组织有关部门对通风设施和技术措施进行检查和落实，爆破设计未对爆破后通风方式、风量提出明确要求。安全教育培训不到位，职工缺乏应有的安全防护知识和自我保护意识。

（2）违章指挥，违章作业。实施中深孔爆破后，未达到设计规定通风 24 小时，在未经主管领导批准，未进行有毒有害气体检测，下井人员未采取任何防护措施的情况下，坑长擅自组织人员下井作业。

（3）安全投入不足。该矿虽已形成通风系统，但因采空区、塌陷区造成部分回风巷道损坏，主扇停用、局扇损坏，通风设施不能正常工作，采用自然通风。中深孔爆破后只采取空压机通风的临时措施，井下通风不畅，风量严重不足。

4. 事故教训与防范措施

该铜业有限公司这起重大生产责任事故是一起典型的“三违”事故，教训十分深刻。为避免类似事故再次发生，地方政府和有关部门和企业要认真吸取事故教训，举一反三，采取切实可行的措施，进一步加强安全生产工作。

（1）地方政府要认真吸取这起事故的教训，进一步落实安全生产监管的主体责任。督促相关部门认真履行职责，加强安全监管工作，要在全市立即开展一次非煤矿山安全大检查，并将这起事故通报给全市非煤矿山企业。

（2）安全监管部门要切实加大非煤矿山特别是地下矿山在改制重组后转型期的安全监管力度，对通风、排水、提升等系统存在安全隐患和问题的，要采取有效措施，限期整改。对存在自然通风、独眼井等不具备安全生产条件的矿山，必须立即停产整改。对重大安全隐患和问题整改不到位的，要严肃查处。对整改无望的，要吊销安全生产许可证，依法予以关闭。

（3）非煤矿山企业要真正落实安全生产的主体责任，完善各项安全生产规章制度和操作规程。要认真排查安全隐患和问题，采取有效措施，及时整改。要加强对职工的安全教育培训，提高职工自身的素质和安全防范意识，坚决杜绝“三违”现象。企业安全管理人员和特种作业人员必须经过培训持证上岗。

（4）事故发生必须深刻吸取事故教训，加大安全投入，完善安全生产设备。配备有毒有害气体监测仪器和自救器，对损坏和不适应安全生产的通风等设备设施要及时更换和完善。

第三章　特种设备事故报告和调查处理知识

随着我国改革开放、经济建设的不断深入，锅炉、压力容器、气瓶、压力管道、起重机械、电梯、场（厂）内机动车辆、客运索道、大型游乐设施等特种设备数量逐年增多，种类繁杂。特种设备不仅是经济建设和人民群众生活的重要基础设施，又是涉及生命安全、危险性较大的承压和载人设备，切实保障安全，对于保障人民生命财产安全和国家经济运行安全具有十分重大的意义。因此，对于大量使用特种设备的企业，要吸取事故教训，重视特种设备安全管理，增加忧患意识，加强责任心，提高特种设备的安全水平。

第一节　特种设备基本知识

特种设备具有高温、高压、高载荷、长服役期等特点，是生产和生活中广泛使用的重要技术设备和设施，并且成为现代文明和科技进步的标志。目前，随着我国经济快速发展，特种设备数量迅猛增长，截至 2012 年年底，全国特种设备总数达到 822 万台。特种设备的大量使用，随之而来的潜在危险性，也成为安全生产管理的重点。因此，需要进一步加强安全监管，通过强化企业主体责任，加大对违法行为的处罚力度，督促生产、经营、使用单位及其负责人树立安全意识，切实承担保障特种设备安全的责任。

一、特种设备的基本知识

1. 特种设备概念

《特种设备安全法》第二条规定：本法所称特种设备，是指对人身和财产安全有较大危险性的锅炉、压力容器（含气瓶）、压力管道、电梯、起重机械、客运索道、大型游乐设施、场（厂）内专用机动车辆，以及法律、行政法规规定适用本法的其他特种设备。

特种设备的共同特点是具有潜在危险性，易发生爆炸、有毒介质泄漏、失稳、失效、倒塌等事故，造成人员伤亡甚至群死群伤。截至 2012 年年底，全国特种设备总数达 822 万台，另有气瓶 1.3 亿只，压力管道 75 万千米。

2. 特种设备类别细分

（1）锅炉分为蒸汽锅炉、热水锅炉和有机热载体锅炉。

(2) 压力容器分为固定式压力容器、移动式压力容器、气瓶和氧舱。

(3) 压力管道分为长输（油气）管道、公用管道和工业管道。

(4) 电梯分为乘客电梯、载货电梯、液压电梯、杂物电梯、自动扶梯和自动人行道。

(5) 起重机械分为轻小型起重设备、起重机（桥式起重机、门式起重机、塔式起重机、流动式起重机、铁路起重机、门座起重机、缆索起重机、桅杆起重机、旋臂式起重机）、升降机和机械式停车设备。

(6) 客运索道分为客运架空索道、客运缆车和客运拖牵索道。

(7) 大型游乐设施分为观览车类、滑行车类、架空游览车类、陀螺类、飞行塔类、转马类、自动飞机类、赛车类、小火车类、碰碰车类、电池车类、观光车类、水上游乐设施、无动力游乐设施。

(8) 场（厂）内机动车辆分为轮式自行专用机械、履带式自行专用机械、蓄电池车、客车类、汽车类、转向盘轮式拖拉机、手扶拖拉机、手把式三轮机动车和其他机动车。

3. 我国特种设备的基本情况

2011 年 6 月 20 日，国家质量监督检验检疫总局发布《关于 2010 年全国特种设备安全状况的情况通报》，通报分析了当前我国特种设备的基本情况及安全状况。

2010 年，全国特种设备达到 647.65 万台。其中：锅炉 60.73 万台，压力容器 233.59 万台，电梯 162.85 万台，起重机械 150 万台，场（厂）内专用机动车辆 38.79 万辆，客运索道 860 条，大型游乐设施 1.58 万台（套）。另有气瓶 14 072.73 万只，工业压力管道 73.2 万千米，设备总量比 2009 年增加 11.2%。

全国现有持证的特种设备作业人员 562.23 万人，其中 2010 年考核拿证的有 165.2 万人，比 2009 年增加 18.7%。

我国现有特种设备生产（含设计、制造、安装、改造、维修、气瓶充装）单位 47 276 家，持有特种设备许可证 52 239 张。

截至 2010 年年底，全国质检系统共设置特种设备安全监察机构 3 092 个，其中国家级 1 个，省级 32 个，市级 458 个，县级 2 601 个。全国特种设备安全监察人员共 9 874 人。

全国现有特种设备综合性检验机构 516 个，其中质检部门所属检验机构 331 个，行业检验机构及企业自检机构 185 个。另外还有型式试验机构 18 个，无损检测机构 257 个，气瓶检验机构 1 694 个。检验机构人员共 57 533 人，其中质检部门所属检验机构 24 624 人。

4. 特种设备的安全状况与事故特点

2010 年共发生特种设备事故 296 起，死亡 310 人，受伤 247 人，直接经济损失 6 681 万元；其中，较大事故 87 起，未发生重大事故和特别重大事故。与 2009 年同期相比，事故总起数减少 22%，死亡人数减少 1.6%，受伤人数减少 39%，直接经济损失减少 8%。

2010 年特种设备万台事故起数为 0.64 起，万台死亡人数为 0.67 人，与 2009 年同期相比，万台事故起数减少 30.4%，万台设备死亡人数下降 11.8%，死亡人数控制在国务院安全生产委员会下达的特种设备安全生产控制指标之内，事故状况保持平稳态势。

特种设备事故主要呈现四个特点：

(1) 在特种设备事故中，起重机械、电梯、场（厂）内专用机动车辆事故所占比例较大。在 296 起事故中，有起重机械事故 79 起、电梯事故 44 起、场（厂）内专用机动车辆事故 34 起，上述 3 类设备事故数量占事故总数的 53%。

(2) 特种设备事故主要发生在使用环节。发生在使用环节的事故有 201 起，占事故总起数的 68%；安装（拆卸）环节事故 26 起，占事故总起数的 9%；维修、调试、改造环节事故 8 起，占事故总起数的 3%；气瓶充装运输存储环节事故 8 起，占事故总起数的 3%。此外，其他事故（含相关、涉险事故）也主要发生在使用环节。

(3) 特种设备事故在部分行业比较突出。特种设备事故主要发生在制造业、服务业、建筑业，分别占事故总数的 45%、23%和 18%。

(4) 特种设备事故在一些地区比较突出。特种设备事故主要发生在我国东、中、西部地区，在这些地区，特种设备事故分别占事故总数的 57%、22%、21%。需要注意的是，西部省份特种设备事故增加较快。

从管理层面分析，违章作业仍是造成事故的主要原因，约占 73%，具体表现为作业人员违章操作、操作不当甚至无证作业，以及维护缺失、管理不善等；因设备制造、安装及运行过程中产生的质量安全缺陷导致的事故约占 19%；因非法行为导致的事故约占 5%，具体表现为非法制造、非法修理、非法改造、非法充装气体和非法使用。

从技术层面分析，锅炉缺水、超压，快开门式压力容器安全联锁装置使用不当或失效，压力管道中危险化学品介质泄漏，氧气瓶内混入可燃介质，电梯安装维护人员安全防护措施不当，起重机械操作不当和设备存在安全隐患，场（厂）内专用机动车辆行驶中撞压等是造成事故的重要原因。

二、各类特种设备的特点与危险性

1. 锅炉的特点与危险性

锅炉是一种能量转换设备，它将燃料的化学能、高温烟气的热能，以及电能等转换成由蒸汽、高温水或者有机热载体携带的热能，并向外输出蒸汽、高温水或者有机热载体。在工业生产和人们生活中，主要用蒸汽作为加热介质，用热水和有机热载体采暖。

锅炉的附件与仪表，是确保锅炉安全和经济运行必不可少的组成部分，它们分布在锅炉和锅炉房各个重要部位，对锅炉的运行状况起着监视和控制的作用。安全附件包括安全阀、压力表、水位表、高低水位报警器、温度计、排污和放水装置，以及自动控制与保护装置等。随着机械化和自动化程度的提高，锅炉的机械化操作和自动控制的仪表也越来越多，使操作更加简化，能源的利用率越来越高，安全保护设施更加完善，进而提高了锅炉的利用率和效率。

锅炉附属设备是指燃料的供给与制备系统，主要包括：上煤、磨粉、燃煤、燃油、燃气装置，以及鼓、引风机，除渣，清灰，空气预热，除尘等装置。

（1）锅炉设备的特点。锅炉作为一种受热、承压、有可能发生爆炸危险的特种设备，广泛使用于各类工业企业和人民日常生活之中。锅炉具有与一般机械设备有不同的特点，这些特点主要是：

①具有爆炸危险而且破坏性极大。锅炉是一种密闭的容器，处于受热、受压的条件下运行，因此具有爆炸的危险性。锅炉发生爆炸的原因很多，归纳起来不外乎两种情况：一种是锅炉内压力升高，超过允许工作压力，而安全附件失灵，未能及时报警和排气降压，致使锅炉内压力继续升高，在大于某一受压元件所能承受的极限压力，发生爆炸；另一种是在正常工作压力时，由于受压元件结构本身有缺陷，使用后造成损坏，或钢材不能承受原来允许的工作压力，就可能突然破裂爆炸。锅炉在爆炸时，锅内压力骤降，高温饱和水靠自身的潜热汽化，体积成百倍地膨胀形成冲击波，冲垮建筑物，造成严重的破坏和伤亡。

②具有易损坏的恶劣工作环境。由于锅炉处在较高温度和承受一定压力的条件下运行，它的工作条件要比一般机械设备恶劣。如受热面内外广泛接触烟、火、灰、水、气、水垢等，它们在一定的条件下对锅炉受压元件起腐蚀作用；锅炉各受压元件上承受不同的内外压力而产生相应的应力，同时由于各元件工作温度差异、热胀冷缩程度不同而产生相应应力也不同，随着负荷和燃烧的变化，这种应力也发生变化，部分承受集中应力的受压元件疲劳损坏；依靠锅内流动循环的水汽冷却的受热面因缺水、结水垢或水循环被破坏使传热发生障碍，都可能使高温区的受热面烧损鼓包、开裂；另外，飞灰造成磨损、渗漏引起腐蚀等。所以，锅炉设备工作条件恶劣，要比一般机械设备容易损坏。

③使用广泛并要求连续运行。锅炉的用途十分广泛，是火力发电厂，以及化工、纺织、轻工行业中的关键性设备，在日常生活中的食品加工、医疗消毒、洗澡取暖等都离不开它，遍及城乡各地、各行各业。而锅炉一般还要求连续运行，不同一般设备可以随时停车检修，运行中的锅炉如果发生突然停炉事件，会影响到一条生产线、一个工厂，甚至一个地区的生产和生活。

（2）锅炉的主要危险。锅炉的主要危险在于易出现介质失控，表现形式有爆炸、泄漏、缺水、满水、超温等。另外，燃料为油、天然气和煤粉的锅炉，还会出现燃烧失控的问题，表现形式为燃爆。锅炉事故造成人员伤亡的因素主要有爆炸、爆燃、灼烫等。此外，检修时人员进入锅炉内部，还易出现缺氧窒息；运行操作时出现机械伤害、触电等。

锅炉常见事故有爆炸、爆管、缺水、满水、汽水共腾、炉膛及尾部烟道爆炸、泄漏、变形等类型。

2. 压力容器（含气瓶）的特点与危险性

压力容器（含气瓶）是在一定温度和压力下进行工作且介质复杂的特种设备，在石油化工、轻工、纺织、医药、军事及科研等领域被广泛使用。随着生产的发展和技术的进步，其操作工艺条件向高温、高压及低温发展，工作介质种类繁多，且具有易燃、易爆、剧毒、腐蚀等特征，危险性更为显著，一旦发生爆炸事故，就会危及人身安全、造成财产损失、带来灾难性恶果。

（1）压力容器的特点。压力容器不管其形状、用途、结构如何，一般都是由筒体、封头（端盖）、管板、球壳板、法兰、接管、人（手）孔、支座等部分组成。其中筒体是压力容器的重要部件，与封头或管板共同构成承压壳体，为物料的贮存和完成介质的物理、化学反应及其他工艺用途提供所必需的空间。

压力容器可提供一个能够承装介质并且承受其压力的密闭空间（单腔或者多腔）。固定式压力容器的主要作用可分为四种：一是用于完成介质的物理、化学反应。二是用于完成介质的热交换。三是用于完成介质的流体压力平衡缓冲和气体的净化分离。四是用于储存、盛装气体、液体、液化气体等介质。移动式压力容器和气瓶主要用于盛装气体、液体、液化气体等介质。

由于压力容器是承压设备，是在各种介质和十分苛刻的环境下运行的，所以按操作规程操作显得尤为重要。压力容器工艺参数范围较大，其操作压力有的高达 250 MPa（如高压法生产聚乙烯），温度可达上千摄氏度，还有的是在－196℃（如乙烯）下运行。内部盛装的介质有的易燃、易爆，有的毒性程度为高度危害、极度危害，有的腐蚀性强等。因此，对压力容器最主要、最基本的要求是必须最大限度地保证工艺生产有效、安全地实施。换句话说，压力容器必须具有工艺要求的特定使用性能，安全可靠；制造安装简单；结构先进、维修方便、经济合理等。

（2）压力容器的危险性。压力容器广泛用于化工、石化、能源、冶金、制药、纺织、造纸、医疗、军工、建材、机械制造、民用等领域。固定式压力容器、移动式压力容器和气瓶的主要危险在于其易于失去密封介质的能力，表现形式分为爆炸和泄漏两大类。压力容器盛装的介质比较复杂，如果是可燃介质溢出，可造成气体爆炸、火灾；如果是有毒介质溢出，可造成中毒及环境污染。尤其是压力容器介质盛装量较大的时候，发生事故的后果会更为严重。氧舱的主要危险是易发生火灾。压力容器事故造成人员伤亡的因素主要有爆炸、爆燃、中毒、火灾、灼烫等。此外，检修时进入压力容器内部，还易出现缺氧窒息和中毒。

压力容器常见事故有爆炸、泄漏、爆燃、火灾、中毒，以及设备损坏等。压力容器发生爆炸事故的主要原因：一是存在较严重的先天性缺陷，即设计结构不合理、选材不当、强度不足、粗制滥造。二是使用管理不善，即操作失误、超温、超压、超负荷运行、失检、失修、安全装置失灵等。因此，压力容器安全涉及容器设计、制造、安装、管理、检验、修理、改造等各个方面。

3. 压力管道的特点与危险性

压力管道是指利用一定的压力，用于输送气体或者液体的管状设备，其范围规定为最高工作压力大于或者等于 0.1 MPa（表压）的气体、液化气体、蒸汽介质或者可燃、易爆、有毒、有腐蚀性、最高工作温度高于或者等于标准沸点的液体介质，且公称直径大于 25 mm 的管道。压力管道及压力管道元件统称为压力管道。

(1) 压力管道的特点。压力管道包括工业管道、公用管道、长输（油气）管道。工业管道包括工艺管道、动力管道和制冷管道。公用管道包括燃气管道和热力管道。长输（油气）管道分为输油管道和输气管道。

压力管道元件主要是指压力管道管子、压力管道管件、阀门、法兰、补偿器、压力管道支撑件和压力管道密封元件。

管道输送是与铁路、公路、水运、航运并列的五大运输行业之一，它作为一种特殊设备越来越广泛用于石油、化工、冶金、电力行业、城市燃气和供热系统中。随着经济的发展，管道数量在不断增加。在现代化工农业生产、交通运输、物质文化生活中，管道占据着重要的位置。可以说，离开了管道，现代化的工农业生产和人民的日常物质文化生活就难以正常进行或遇到很大困难。

压力管道是一种承压设备，除可导致本身爆破外，还会因介质泄漏引起爆炸、火灾、中毒等恶性事故。世界上主要的发达国家（如美国、日本、德国）都把压力管道与锅炉压力容器并列为特种设备，实行国家安全监察。

压力管道按地域性分为三类：第一类是工厂内的工业管道，主要是锅炉、压力容器，以及其他工艺设备的连接件，可视为锅炉、压力容器等设备的延伸，可以纳入锅炉、压力容器之中，进行相关的管理与监察。第二类是城市内的公用管道，主要指燃气（天然气、煤气、液化石油气）管道和热力管道，对于上水、中水、下水管道一般不会有特别大的危险，不在安全监察之列。第三类是城市之间长输管道，由质量技术监督部门授权的特种设备检查机构直接负责监察。

压力管道总体来说具有使用广泛性、敷设隐蔽性、管道组成复杂性、环境恶劣腐蚀性、距离长难以管理等特点。

（2）压力管道的危险性。压力管道的主要作用是输送介质。其中的工业管道主要将介质输入锅炉、压力容器等设备，或将介质从设备中输出到使用、储存地点；燃气管道主要将燃气从储存地输送至燃气用户；热力管道主要将蒸汽或者高温水输送到换热站；长输（油气）管道主要将石油、天然气从产地输送到炼油厂及各类用户，以及将石油、成品油、天然气等输送到码头、车站。

压力管道的主要危险在于易于失去密封介质的能力，表现形式分为泄漏和爆炸两大类，其中泄漏占绝大多数。压力管道盛装的介质如果是可燃介质，溢出后可造成气体爆炸、火灾；如果是有毒介质，其溢出可造成中毒及环境污染。尤其是长输（油气）管道和燃气管道，一旦发生事故，往往造成严重后果。与压力容器类似，压力管道事故造成人员伤亡的因素主要有爆炸、爆燃、中毒、火灾、灼烫等。压力管道常见事故有泄漏、爆炸、爆燃、火灾、中毒及设备损坏等类型。

4. 电梯的特点与危险性

电梯是指动力驱动，利用沿刚性导轨运行的轿厢或者沿固定线路运行的梯级（踏步），进行升降或者平行运送人、货物的机电设备，主要包括载人（货）电梯、自动扶梯和自动人行道等。

（1）电梯的特点。电梯有很多种类，电梯的安全管理应根据电梯的特点来进行。电梯的安全技术是涉及多学科的综合性技术。如机械、电子、力学、焊接、管理及建筑学，必须考虑电梯结构、用途、使用环境和不可测因素（如地震）等来规范设计、制造、安装、使用、维护及改造。电梯的安全技术首先应“以人为本”进行管理。因为电梯的安全中人的因素最大，从设计、制造、安装、使用、检验及维护，无论哪一个环节都离不开人，所以电梯安全的优化就是人力资源的最佳优化，只有意识到以人为本，才会真正意义上去消除各种隐患，避免安全事故的发生。此外，电梯的管理和操作也离不开人，安全管理意识应提高，从安全制度的建立、定期不定期的检验维护到操作人员技能和资质的合法化，以及安全保障体系的运行和有效的监管实施，彻底消除人为因素带来的灾难。

电梯的安全技术应注重从实际出发。建立设备档案，对易于出现故障的部件要提前更换，同时利用先进的检验技术对电梯的运行进行监控，做到早发现，早报告，早处理，使安全隐患消除在萌芽状态，特别是建立专人负责制、巡点检制和事故处理后的教育机制。

（2）电梯的危险性。电梯是一个多层及高层建筑的上下垂直运输设备，需要频繁地上下启动、停止，人经常处于加速度及颠簸状态。因此，采用垂直输送方式的电梯主要危险是设备失控：一是可导致人从高处坠落或者人和货物随轿厢从高处坠落。二是在人员出入轿厢的瞬间，轿厢突然启动，造成人员在轿门与层门之间的门槛处被剪切。三是轿厢冲顶或撞底时，导致位于轿顶或底坑的检修人员被挤压。另外，电梯还会造成触电、机械伤害等事故。自动扶梯和自动人行道设备的主要危险是机械伤害，以及失控时致使乘客绊倒（跌倒）。

电梯事故可分为人身伤害事故、设备损坏事故和复合性事故三类。电梯人身伤害事故分为坠落、剪切、挤压、撞击、缠绕和卷入、滑倒、绊倒（跌倒）、触电，以及乘客被困在电梯中等事故类型。

5. 起重机械的特点与危险性

起重机械是一种搬运设备，主要作用是吊起重物，在空间移动后，在指定地点放下重物，即通过在空间的移动完成重物位移。起重机械主要用于工业企业、港口码头、铁路车站、仓库、电站、房屋建筑、工程建设、设备制造及安装、维修等场所。

起重机械的主要危险在于易出现设备失控和起吊物失控。设备失控可导致起重机倾覆、折臂、过卷扬、碰撞等；起吊物失控可导致吊物坠落、碰撞，而起吊物为盛装液体介质的容器如钢水包时，起吊物失控还会造成钢水的溅出或溢出。另外，起重机械还会导致触电、机械伤害等。

起重机械对人的伤害包括各种起重作业（包括起重机安装、检修、试验）中发生的挤压、坠落（吊具、吊重）、物体打击和触电。起重机械常见事故类型有吊物坠落、挤压碰撞、触电和机体倾翻，以及设备损坏等。

6. 客运索道的特点与危险性

客运索道是指动力驱动，利用柔性绳索牵引厢体等运载工具运送人员的机电设备，包括客运架空索道、客运缆车、客运拖牵索道等。

（1）客运索道的特点。客运索道可分为客运架空索道、客运缆车、客运拖牵索道及客运索道部件。客运索道作为一种交通工具，已在我国交通、冶金、煤炭、化工、水电、林业、农业及旅游等行业中得到了日益广泛的应用，为人们的出行、货物的运输、旅游观光提供了便利，并且其发展势头迅猛。截至目前，我国已有近500条索道在运营中，遍布全国各地。其中我国自行设计制造的客运索道约占80%，其余20%主要从奥地利、日本、美国、法国等国家或地区引进。

由于客运索道大部分建于风景名胜区和城市中，用于风景游览和城市观光，因此促进了第三产业的发展和经济建设，取得了良好的社会效益和经济效益，其发展态势良好，并且越来越多的城市和景区正在发展和兴建客运索道。由于大部分索道用于客运，保证群众生命的安全问题就显得尤为突出，索道的安全防范措施必须得到保证，只有安全才能运营，运营必保安全，这应成为索道经营的理念。同时国家也相继出台了一系列的法律法规、标准规范和相应的规定，对客运索道设计、制造、安装、使用、验收、监督检验、运营资格、安全维护、人员操作等都提出了相应的明确的规定。

（2）客运索道的危险性。相对客运缆车和客运拖牵索道，客运架空索道的危险性较大。其主要危险是在高处运行，设备失控造成乘客或吊厢（吊椅）从高处坠落，或者将乘客困在高处。另外，检修人员在进行检修时，也易发生高处坠落事故。

客运架空索道对人的伤害主要为高处坠落、被困引发的伤害及机械伤害。客运架空索道事故常见类型有人员坠落、吊厢坠落、设备异常停运、乘客被困逃生时遇难，以及机械伤害、设备损坏等。

7. 大型游乐设施的特点与危险性

大型游乐设施是综合运用声、光、电、计算机技术的机械产品，具有追求惊险刺激的特性，其用途是载人游乐，乘客不需要训练和特别的准备就能乘坐娱乐设施或自行操纵娱乐设施。大型游乐设施主要设置在游乐园。

大型游乐设施包括观览车类、滑行车类、架空游览车类、陀螺类、飞行塔类、转马类、自控飞行类、赛车类、小火车类、碰碰车类、电池车类、观光车类、水上游乐设施、无动力游乐设施及其相关部件等。

大型游乐设施的主要危险是由于其高速运行、高空运行、水上运行或者高速状态下在高处或水上运行，如果发生失控，易出现游乐设施整体（局部）倒塌或倾覆倾翻、人员坠落、碰撞、火灾等情况。

大型游乐设施对人的伤害因素可按照其运行特点划分。对于在高处并以高速运行的大型游乐设施，主要为高处坠落、碰撞、挤压和物体打击；对于在地面运行的大型游乐设施，主要是运行中人体坠落和物体倒塌、飞落、挤压等；对于在水面运行的大型游乐设施，主要是淹溺；对于电力驱动的大型游乐设施，还有触电及火灾。大型游乐设施事故常见类型有倒塌（倾覆倾翻）、坠落、挤压（剪切）、碰撞、火灾、触电、物体打击、溺水、机械伤害和设备损坏等。

8. 场（厂）内机动车辆的分类、特点与危险性

场（厂）内机动车辆是指在工地、厂区、矿山等作业区域内行驶，主要用于运输作业、搬运作业，以及工程施工作业等的机动车辆。场（厂）内机动车辆兼有运输、搬运及工程施工作业功能，并可配备各种可拆换的工作装置与专用属具，能机动灵活地适应多变的物料搬运作业场合，经济高效地满足各种短距离物料搬运作业的需要。

（1）场（厂）内机动车辆的作业特点。场（厂）内机动车辆驾驶与在城乡道路上行驶的车辆相比，主要有以下特点：

①运输距离短。场（厂）内机动车辆驾驶局限于生产作业区域内，属于短程运输。

②操作频率高。由于厂区的路况不同于公路，道路、区域狭小，所以车辆转向、换挡、制动操作相当频繁，单位行驶距离内的操作次数，可能是城乡道路上驾驶车辆的几倍甚至几十倍。

③工作时间长。在某些劳动密集型企业（如木材加工企业），车辆每天的运行时间一般都在 20 小时以上。

④道路的因素也决定着行车安全。工厂作业区域的道路一般情况下都具有狭窄、弯道多、人员出现突发性强的特点。这就要求场（厂）内机动车驾驶员要严格遵守并规范驾驶行为。在主要路段设立警告标记，限速标记。在车间内划定醒目的运输通道，加强对外来车辆的管理，统一建立外来车辆停放区。

(2) 场（厂）内机动车辆的危险性。场（厂）内机动车辆的主要危险在于，当其在地面以较高速度行驶或搬运重物时，一旦失控，会对人造成伤害。

场（厂）内机动车辆对人的伤害因素主要是车辆伤害和搬运重物引发的伤害。常见伤害事故按车辆事故的事态可分为碰撞、碾轧、刮擦、翻车、坠车、爆炸、失火、出轨和搬运、装卸中的坠落及物体打击等类型；按场（厂）区道路可分为交叉路口、弯道、直行、坡道、铁路平交道口、狭窄路面、仓库、车间等行车事故。

三、企业使用特种设备安全注意事项

特种设备设计、制造、安装、使用、改造、维修、检验和检测各个环节的安全管理，都与特种设备的安全运行密切相关。从近年来我国特种设备的事故发生情况及国外特种设备安全监察的经验来看，保障特种设备的安全，不仅要抓好其生产（设计、制造、安装、改造、维修）过程的监管，更重要的是要抓好使用环节的安全管理。如何确保安全使用特种设备，概括起来主要有以下几个方面：

1. 建立健全特种设备使用安全制度

特种设备使用单位应当建立健全特种设备安全管理制度和岗位安全责任制度。应当根据有关规章和安全技术规范，结合所使用设备的特性和本单位的具体情况，制定相应的使用安全管理制度和岗位安全责任制度，以建立安全体系和安全责任制，从制度上保障设备的安全使用。

2. 使用合法的特种设备

特种设备使用单位应当使用符合安全技术规范要求的特种设备。特种设备投入使用前，使用单位应当核对其是否具有《特种设备安全法》中规定的相关文件。按照《特种设备安全法》和有关安全技术规范的规定，特种设备出厂均附有必需的设计、制造等文件资料，设备在安装后，也有相关的安装质量监督检验证明文件。使用单位在购置、安装特种设备时，必须购置符合上述规定的设备，并在投入使用前，认真核对相关资料，为正确、安全地使用设备打下基础。

3. 进行设备使用登记

特种设备在投入使用前或者投入使用后 30 日内，使用单位应当向直辖市或者设区的市的特种设备安全监督管理部门登记。登记标志应当置于或者附着于该特种设备的显著位置。使用登记是一种行政许可行为，未经登记许可，任何单位不得使用特种设备。实施使用登记的目的是将设备纳入安全监察的视野，确保使用单位使用合法的设备，提示使用者加强安全管理和按章操作，同时也警示乘用者注意相关安全事项。使用登记标志是证明该设备合法使用的证明，应当置于显著位置，如锅炉使用登记证可以置于锅炉房内墙上，压力容器使用登记证可以置于本体铭牌附近，电梯使用登记证可以置于轿厢内等。

4. 建立特种设备安全技术档案

特种设备使用单位应当建立特种设备安全技术档案，安全技术档案应当包括以下内容：

（1）特种设备的设计文件、制造单位、产品质量合格证明、使用维护说明等文件，以及安装技术文件和资料。

（2）特种设备的定期检验和定期自行检查的记录。

（3）特种设备的日常使用状况记录。

（4）特种设备及其安全附件、安全保护装置、测量调控装置及有关附属仪器仪表的日常维护保养记录。

（5）特种设备运行故障和事故记录。特种设备在使用过程中需要修理、维护、定期检验，必须以特种设备的设计、制造、安装原始文件资料作为依据。因此，特种设备使用单位应当建立设备安全技术档案。设备安全技术档案包括设备本身技术文件和使用管理中产生的记录等文件。建立完善的设备档案并保持完整，是设备管理的一项重要内容，反映了特种设备使用单位的管理水平。

5. 加强维护保养

特种设备使用单位应当对在用特种设备进行经常性、日常性维护保养，并定期自行检查。特种设备使用单位对在用特种设备应当至少每月进行一次自行检查，并进行记录。特种设备使用单位在对在用特种设备进行自行检查和日常维护保养发现异常情况时，应当及时处理。特种设备使用单位应当对在用特种设备的安全附件、安全保护装置、测量调控装置及有关附属仪器仪表进行定期校验、检修，并进行记录。特种设备在使用过程中，由于内在原因、外界因素等影响，会出现各种各样的问题。通过经常性的维护保养和定期检查可以使一些问题及时发现、及时处理，保证设备的安全运行，提高设备的使用寿命。例如，锅炉需要经常清理水垢，清理炉胆，电梯等需要经常上油、调整、检查等。同时，特种设备的安全附件、安全保护装置、相关的调控装置和仪器，也能起到安全保护的作用，如锅炉、压力容器、压力管道上的安全阀，电梯的安全钳、起重机械的超载限制器、客运索道的制动装置、游乐设施的制动装置等。有的附件是观察特种设备是否正常使用的“眼睛”，如锅炉的温度计、水位表等。因此，对在用特种设备的安全附件、安全保护装置、测量调控装置和仪器仪表进行定期校验、检修并进行记录是十分重要的。

6. 申报定期检验

特种设备使用单位应当按照安全技术规范的定期检验要求，在安全检验合格有效期届满前 1 个月向特种设备检验检测机构提出定期检验要求。未经定期检验或者检验不合格的特种设备，不得继续使用。做好在用特种设备的定期检验工作，是特种设备安全监察的一项重要制度，也是确保安全使用的必要手段。特种设备在运行中会因腐蚀、疲劳、磨损等原因产生隐患、隐患，通过定期检验可以及时发现这些隐患，以便采取措施进行处理，保证特种设备能够安全运行下一个周期。有关检验检测安全技术规范规定了特种设备的检验周期，如锅炉一般为 2 年，压力容器为 4～6 年，电梯为 1 年等。《特种设备安全法》规定使用单位在安全检验合格有效期届满前 1 个月向特种设备检验检测机构提出定期检验要求，强调了企业负责的原则。

7. 消除事故隐患

特种设备出现故障或者发生异常情况时，使用单位应当对其进行全面检查，消除事故隐患后，方可重新投入使用。特种设备存在严重事故隐患，无改造、维修价值，或者超过安全技术规范规定的使用年限，特种设备使用单位应当及时予以报废，并应当向原登记的特种设备安全监督管理部门办理注销。特种设备在运行过程中，会因各种情况发生故障和异常情况，不及时消除，可能会引发事故。如锅炉出现超温、超压、低水位等异常现象，如不及时消除，就会引起爆炸；起重机械、游乐设施、客运索道等，往往有人乘坐或在作业时出现故障，如不及时处理，就会引发人身伤亡。使用单位对此必须进行认真处理，应该停止运行的必须停止运行，不能带病运行，并且要进行认真的检查，必要时安排检验检测，待故障、异常现象消除后，方可投入运行。对存在严重隐患且无修理价值的特种设备，以及超过安全技术规范规定使用年限的特种设备，应予以报废和办理注销。

8. 制定特种设备事故应急措施和救援预案

特种设备使用单位应当制定特种设备的事故应急措施和救援预案。特种设备在发生事故时，怎样减少和防止事故的进一步扩大，避免造成更大的人员伤亡，显得十分重要。如液化石油气储存场所发生泄漏时，必须切断火源，防止燃烧。应急措施和救援预案包括在出现紧急情况时或发生事故时的应对措施、救援处理办法、程序，以及部门和人员的责任的计划和安排等。使用单位还应定期进行演练，保证能够在突发事故的情况下及时采取措施，将事故损失减小到最低限度。

9. 作业人员应当经培训、考核持证上岗

锅炉、压力容器、电梯、起重机械、客运索道、大型游乐设施的作业人员及其相关管理人员（统称特种设备作业人员），应当按照国家有关规定经特种设备安全监督管理部门考核合格，取得国家统一格式的特种作业人员证书，方可从事相应的作业或者管理工作。特种设备使用单位应当对特种设备作业人员进行特种设备安全教育和培训，保证特种设备作业人员具备必要的特种设备安全作业知识。特种设备作业人员在作业中应当严格执行特种设备的操作规程和有关的安全规章制度，发现事故隐患或者其他不安全因素，应当立即向现场安全管理人员和单位有关负责人报告。特种设备的安全性能不但与特种设备本身的质量安全性能有关，而且与作业人员的素质和水平有关。对相关人员进行考核、发证，是保证特种设备安全运行的一项主要工作和许可制度。特种设备的作业人员（含相关管理人员）主要包括锅炉操作人员（司炉工）、锅炉水处理人员、压力容器操作人员、医用氧舱管理人员、气瓶充装人员、电梯操作人员、电梯安装人员、电梯维护保养人员、起重机械操作人员、起重机械安装人员、游乐设施操作人员、游乐设施安装人员、游乐设施管理人员、客运索道操作人员、客运索道安装人员、客运索道管理人员、特种设备焊接人员等。特种设备使用单位有义务就具体的设备安全知识、操作规程、相关安全制度等内容，对作业人员进行经常性的培训、教育，以提高其作业技能水平。特种设备作业人员有义务在具体的作业过程中按照操作规程和规章制度进行操作，发现问题及时处理并立即向现场安全管理人员和单位的有关负责人报告。

第二节　特种设备事故调查与处理实施要点

特种设备是指对人身和财产安全有较大危险性的锅炉、压力容器（含气瓶）、压力管

道、电梯、起重机械、客运索道、大型游乐设施、场（厂）内专用机动车辆等设备。2009年12月29日，国家质检总局根据《特种设备安全监察条例》的有关规定，制定了《特种设备事故调查处理导则》(2009年第135号)。制定导则的目的，是规范特种设备事故调查处理程序和方法，提高事故调查处理的科学性和准确性。《特种设备事故调查处理导则》适用于特种设备事故的调查、分析和处理。

一、特种设备事故分级和调查范围

1. 特种设备事故

特种设备事故，是指因特种设备的不安全状态或者相关人员的不安全行为，在特种设备制造、安装、改造、维修、使用（含移动式压力容器、气瓶充装)、检验检测活动中造成的人员伤亡、财产损失、特种设备严重损坏或者中断运行、人员滞留、人员转移等突发事件。

需要注意，引发特种设备事故的原因通常有两种：一种是特种设备的不安全状态造成的特种设备事故，这是指因特种设备本体或者安全保护装置失效和损坏，发生爆炸、爆燃、泄漏、倾覆、变形、断裂、损伤、坠落、碰撞、剪切、挤压、失控，或者长时间中断运行等故障为主要特征所造成的事故。另一种是特种设备相关人员的不安全行为造成的特种设备事故，这是指因行为人违章指挥、违章操作或者操作失误等造成的事故。

2. 特种设备事故分级

按照《特种设备安全法》的规定，特种设备事故分为特别重大事故、重大事故、较大事故、一般事故四级。

(1) 特别重大事故

有下列情形之一的，为特别重大事故：

①特种设备事故造成30人以上死亡，或者100人以上重伤（包括急性工业中毒，下同)，或者1亿元以上直接经济损失的。

②600兆瓦以上锅炉爆炸的。

③压力容器、压力管道有毒介质泄漏，造成15万人以上转移的。

④客运索道、大型游乐设施高空滞留100人以上并且时间在48小时以上的。

(2) 重大事故

有下列情形之一的，为重大事故：

①特种设备事故造成10人以上30人以下死亡，或者50人以上100人以下重伤，或者5 000万元以上1亿元以下直接经济损失的。

②600 兆瓦以上锅炉因安全故障中断运行 240 小时以上的。

③压力容器、压力管道有毒介质泄漏，造成 5 万人以上 15 万人以下转移的。

④客运索道、大型游乐设施高空滞留 100 人以上并且时间在 24 小时以上 48 小时以下的。

(3) 较大事故

有下列情形之一的，为较大事故：

①特种设备事故造成 3 人以上 10 人以下死亡，或者 10 人以上 50 人以下重伤，或者 1 000 万元以上 5 000 万元以下直接经济损失的。

②锅炉、压力容器、压力管道爆炸的。

③压力容器、压力管道有毒介质泄漏，造成 1 万人以上 5 万人以下转移的。

④起重机械整体倾覆的。

⑤客运索道、大型游乐设施高空滞留人员 12 小时以上的。

(4) 一般事故

有下列情形之一的，为一般事故：

①特种设备事故造成 3 人以下死亡，或者 10 人以下重伤，或者 1 万元以上 1 000 万元以下直接经济损失的。

②压力容器、压力管道有毒介质泄漏，造成 500 人以上 1 万人以下转移的。

③电梯轿厢滞留人员 2 小时以上的。

④起重机械主要受力结构件折断或者起升机构坠落的。

⑤客运索道高空滞留人员 3.5 小时以上 12 小时以下的。

⑥大型游乐设施高空滞留人员 1 小时以上 12 小时以下的。

除此之外，国务院特种设备安全监督管理部门还可以对一般事故的其他情形做出补充规定。

3. 特种设备相关事故

下列事故列入特种设备相关事故：

(1) 移动式压力容器、气瓶因非本体原因导致的撞击、倾覆及其引发爆炸、泄漏等特征的事故。

(2) 火灾引发特种设备爆炸、爆燃、泄漏、倾覆、变形、断裂、损伤、坠落等的事故。

(3) 起重机械、场（厂）内专用机动车辆非作业转移过程中发生的交通事故。

(4) 非承压锅炉、非压力容器等因其使用参数达到《特种设备安全法》规定范围而引发的事故。

(5) 因市政、建筑等土建施工或者交通运输导致压力管道破损而发生的事故。

(6) 因起重机械索具原因而引发被起吊物品坠落的事故。

二、特种设备事故的调查与组织

1. 事故调查组的组成

发生特种设备事故后，按照相关规定的要求，由国家质检总局负责组织事故调查的，应当报告国务院，并商有关部门组成调查组；由地方质量技术监督部门负责组织事故调查处理的，应当报本级人民政府，并商有关部门组成调查组。

调查组成立后，负责事故调查处理的国家质检总局应当向国务院汇报调查组成立情况；负责事故调查处理的地方质量技术监督部门应当向本级人民政府汇报调查组成立情况。组成调查组的有关部门一般包括安全生产监督管理、监察、公安、工会等，并且应当邀请人民检察院派人参加。调查组组长由负责组织事故调查处理的质检部门的负责人担任。

2. 事故调查组的职责

事故调查组的职责如下：

（1）查清事故发生前的特种设备状况。

（2）查明事故经过，人员伤亡、设备损坏、经济损失情况以及其他后果。

（3）分析事故原因。

（4）认定事故性质和事故责任。

（5）提出对事故责任单位和责任人员（以下统称责任者）的处理建议。

（6）提出事故预防措施和整改建议。

（7）提交事故调查报告。

调查组根据需要，一般可设管理组、技术组、综合组等工作小组，各工作小组组长由事故调查组组长指定。各工作小组在工作中应当服从事故调查组组长的指挥协调，相互支持配合，及时完成调查工作。

3. 事故调查组各工作小组的职责

事故调查组各工作小组职责如下：

（1）管理组，主要负责管理方面的原因调查、取证，查明导致事故发生的管理方面的原因、应急处置情况、事故造成的人员伤亡情况和经济损失，认定事故管理原因和相关责任，提出管理方面的事故预防措施和整改建议，提出管理方面的事故分析意见或者报告，汇总整理事故调查工作资料，完成事故调查报告初稿，整理移交事故调查处理资料。

（2）技术组，主要负责技术方面的原因的调查、取证，提出必要的鉴定需求，在技术分析的基础上查明事故发生过程，认定事故技术原因和相关责任，提出技术方面的事故预防措施和整改建议，提出技术方面的事故分析意见或者报告。

（3）综合组，主要负责事故调查的协调工作，按照规定发布事故信息，配合技术组、管理组开展事故调查，安排事故调查的保障工作，组织协调有关善后处理工作。

调查组成员应当符合相关规定的条件要求。调查组成员在事故调查过程中，应当恪尽职守、客观公正、实事求是，遵守事故调查组的纪律，保守事故调查的秘密，不得擅自对外发表意见。事故调查过程中，发现调查组成员与所调查的事故有直接利害关系的，调查组应当予以调整。

4. 调查组组长职责

调查组组长职责以及调查组各工作小组组长条件和职责如下：

（1）调查组组长，负责组织事故调查处理工作，确定调查组成员分工，组织召开事故调查组工作会议，督促、协调各调查小组的工作，对出现意见分歧时做出判定，协调解决重大问题，确定事故信息发布的内容，审核涉嫌触犯刑律的证据资料，负责落实技术鉴定和损失评估，向负责组织事故调查的质检部门汇报，按照规定期限组织完成事故调查工作。

（2）管理组组长，由具有特种设备安全管理工作经验的行政人员担任，负责管理组的工作，组织提出管理方面的事故分析意见或者报告，结合技术组等方面的调查意见，组织起草事故调查报告。

（3）技术组组长，由具有特种设备专业技术工作经验的技术人员担任，负责技术组的工作，组织提出技术方面的事故分析意见或者报告。

（4）综合组组长，由事故发生地人民政府委派的人员担任，负责综合组的工作，组织安排和协调后勤保障、善后处理等工作。

三、事故调查程序和现场调查

1. 事故调查工作程序

事故调查工作的程序如下：

（1）成立事故调查组。

（2）明确各工作小组及其分工，制订调查工作计划。

（3）封存与事故相关的设备、场地、财务等相关资料，提出控制事故责任人员、保护重要证人的建议。

（4）开展事故现场调查工作。

（5）查阅特种设备生产、使用、充装、检验检测、采购、租赁等有关档案资料。

（6）开展现场痕迹和物品的检验分析鉴定工作。

(7) 根据事故调查的需要，做出委托鉴定、评估项目的决定。

(8) 分析事故发生的原因。

(9) 认定事故责任，提出处理建议。

(10) 提出事故预防措施和整改建议。

(11) 汇总调查资料，形成事故调查报告。

(12) 整理移交事故调查资料。

2. 现场调查工作要求

现场调查工作，包括现场情况了解、现场询问、现场勘查、查阅资料和现场检验与鉴定等，并做好记录。

进行现场调查工作时，调查组可以要求事故发生及其相关单位提供以下相关资料：

(1) 营业执照或者相关的法定资格文件。

(2) 特种设备生产（设计、制造、安装、改造、维修、充装）等许可证、使用登记证和相关资格证书。

(3) 特种设备安全管理制度和操作规程。

(4) 负责人和特种设备管理人员的教育培训及其资格的有关证书。

(5) 特种设备安全检测检验报告。

(6) 特种设备安全管理人员和操作人员的资格证件。

(7) 工程、经营项目承发包合同，以及安全生产管理协议书。

(8) 厂房、场所、设备租赁合同，以及安全生产管理协议书。

(9) 施工组织设计或者方案。

(10) 伤亡者身份证明材料（含身份证）。

(11) 伤亡者医院诊断或死亡证明书。

(12) 伤亡者劳动合同或者单位用工证明。

(13) 伤亡者和相关人员安全培训教育材料。

(14) 其他相关资料。

3. 现场情况了解的主要内容

现场情况了解的主要内容如下：

(1) 了解现场基本情况，包括发生事故的单位、时间、地点，事故发生的经过情况，事故的应急处置情况，事故伤亡人员及相关人员情况。

(2) 在有关部门配合下，巡视现场，密切注意事故现场的情况，与有关方面进行沟通和协调，做好调查人员安全防护。

（3）直接询问当事人和报案人，掌握重要现场知情人员，并且做好登记工作。

（4）听取有关人员的介绍，检查现场保护情况，做出标识，绘制现场简图，记录现场了解的有关情况与现场影音资料。

4. 现场询问工作主要步骤

事故现场经过应急处置后，调查组开展现场询问工作。各工作小组应当做好现场询问工作计划与内容的衔接与配合工作，并且做好询问笔录。

现场询问工作主要步骤如下：

（1）根据事故的初步状况，迅速确定和落实调查的区域、对象、问题和询问顺序。

（2）迅速了解被调查对象的基本情况，研究确定询问的方式方法。

（3）根据调查的目的和对象，拟定调查提纲，指定现场询问人员。

（4）按照提纲询问有关当事人，包括事故发生顺序、现场目击状况等情况、现场人员情况、设备运行参数情况、异常变化情况以及与事故有关联的其他情况。现场询问时，必须由2名（或者以上）调查人员进行。询问过程中，做好相应笔录，询问结束，其笔录应当经被询问人逐页核对，并且签字确认。

5. 现场勘察工作的主要内容

现场勘察工作的主要内容如下：

（1）事故现场破坏情况的调查，调查、测量并且记录设备及系统的总体损坏情况、周围建筑物及其他破坏情况与范围等相关情况，以及可能被清除或者损坏的痕迹，绘制事故现场示意图、伤亡者位置图，必要时还应当绘制模拟工艺流程图等。

（2）设备本体损坏或者失效情况（包括设备整体、失效部位、残骸）的检查，检查爆炸、爆燃、碰撞、剪切、挤压、故障等部位形状、尺寸、内外表面情况，测量并且记录其位置、方向等数据，同时做好关键部位的保护工作。

（3）安全附件、安全保护装置、附属设备和部件失效或者损坏情况的调查，测量并且记录其位置、方向等数据，失效或者损坏情况，同时做好关键部位的保护工作。

（4）现场伤亡人员及受伤住院治疗人员病情变化情况的调查，调查死亡、重伤、轻伤人数，死伤状况，伤亡人员基本情况，个人防护措施状况，事故发生后受害人、肇事者的身体状况等。

（5）搜集事故应急救援现场相关部门对事故现场的检测或者测定资料。必要时，对当事人或者见证人员提供的情况进行现场比对核实。

6. 查阅资料情况应了解的主要内容

在事故调查中，需要查阅并且了解事故相关特种设备生产、使用、充装、检验检测、采购、租赁、管理等档案资料情况。

查阅资料情况应了解的主要内容如下：

(1) 生产方面，设计文件、制造出厂资料和安装、改造、维修资料。

(2) 使用和充装方面，生产操作工艺文件资料、运行记录、自检记录（报告）、充装资料、维护保养记录、安全附件检定记录、注册登记资料等。

(3) 检验检测方面，监督检验和定期检验、检测报告与记录。

(4) 采购、租赁方面，设备及其相关主要零部件订购或租赁合同、验收记录。

(5) 管理方面，岗位职责、操作规程、应急预案等制度方面的资料及其执行情况，作业人员的培训、教育、持证上岗及现场安全防护等情况。

需要注意的是，调查过程中的记录，包括事故调查的会议记录、现场情况了解记录、现场询问记录、现场勘察记录、档案资料审查记录等。记录应当及时、规范、全面、客观、准确，记录应当由调查人员、记录人员及相关人员签字确认。

四、技术鉴定和损失评估

1. 对技术鉴定的要求

通过现场调查还不能确定事故性质，需要进一步进行技术分析来判定事故发生条件及原因的，可以进行技术鉴定。技术鉴定的现场取样，应当在专业人员的指导下标出其部位，并且对这些部位进行保护处理。取样时必须有调查组的人员在现场进行监督并且做出标志，进行包装、封存。调查组应当提出鉴定项目、技术要求和被委托的单位，由负责组织事故调查的质检部门进行书面委托。

技术检验、试验和鉴定应当围绕事故现场破坏主要形式和关键项目，按照委托的要求进行。必要时可进行比对或者模拟试验，但是不得任意扩大范围和项目。

承担技术检验、试验和鉴定的单位以及经济损失评估的单位应当具有国家规定的相关专业资格，并且与事故各方无利害关系。

2. 技术检验、试验和鉴定的重点

技术检验、试验和鉴定的重点如下：

(1) 承压类特种设备，主要对被损坏及对事故发生产生直接影响的承压部件、连接部件、安全附件、安全保护装置等单项或者部分项目进行技术检验、试验和鉴定，重点确定材料性能、结构强度、失效模式，核查安全系数、附件功效，以及事故时的运行工艺状况等内容，涉及倒塌或者失稳的事故还应当对承重支撑结构进行必要的检验或者鉴定。

(2) 机电类特种设备，主要对被损坏以及对事故发生产生直接影响的承载结构、传动

机构、制动装置、电气控制、柔索系统、主要连接零件、安全保护装置等进行单项或者部分技术检验、试验和鉴定，重点是确定材料性能、结构强度、失效模式，核查安全系数、附件功效，以及事故时的运行状况等内容。

3. 对经济损失评估的要求

调查组认为需要对事故造成的直接经济损失进行评估的，应当提出委托的项目、要求和资产评估单位，由负责组织事故调查的质检部门进行书面委托。对有人员伤亡的，参照 GB 6721《企业职工伤亡事故经济损失统计标准》估算，并且应当同时评估事故应急救援费用等。

五、事故原因、责任认定与预防措施

1. 事故原因的划分

根据设备的不安全状态、人的不安全行为及环境、管理缺陷等因素对事故发生的影响程度，可将事故原因划分为直接原因和间接原因；根据引发事故发生的因素或者事件对事故后果的作用程度，可将事故原因划分为主要原因和次要原因。

分析事故时，应当采用技术鉴定、论证等手段，通过对事故发生的征兆、时刻、位置、状态、痕迹、音像等事实证据资料进行分析和确认，找出与事故有关的各种因素之间的因果关系和逻辑关系。通常应当从直接原因入手，逐步深入间接原因，经过对事故后果有影响的重要因素分析后，分清其作用程度的主次，找出事故的主要原因和次要原因，并且明确构成事故直接原因或者主要原因的各种因素。

2. 事故责任的确认

在责任事故中，根据责任者的行为与事故发生原因的联系，分为直接责任和间接责任。根据责任者的行为对事故后果所起作用的程度，事故责任又可以分为全部责任、主要责任和次要责任。

认定事故性质、划分责任者责任的原则如下：

（1）根据事故调查的情况，认定事故的等级和性质。

（2）根据事故的直接原因和间接原因，确定事故中的直接责任者和间接责任者。

（3）根据事故的主要原因和次要原因，认定事故的主要责任者和次要责任者。

（4）故意破坏、伪造事故现场、毁灭证据资料，或者未及时报告事故等导致事故原因不清、责任无法认定的，责任者应当承担全部责任。

3. 事故责任追究建议

根据事故发生原因和后果，以及责任者应当承担的主要责任或次要责任，调查组按照相关规定的要求，提出以下事故责任追究建议：

（1）行政处分，责任者被认定违反法律规范应当承担法律后果，应当给予行政处分的。

（2）行政处罚，责任者被认定违反法律规范应当承担法律后果，应当给予行政处罚的。

（3）刑事责任，责任者被认定为涉嫌犯罪，应当移交司法部门依法追究刑事责任的。

（4）其他应当给予的处理。

事故调查中发现事故责任人员涉嫌犯罪的，负责组织事故调查的质检部门应当核实涉嫌犯罪的证据资料，商有关部门和事故发生地人民政府后，形成书面报告，按照《行政执法机关移送涉嫌犯罪案件的规定》（国务院令第 310 号），移送司法机关处理。

4. 对确定事故原因和责任划分的要求

调查组应当在技术组完成事故技术分析报告、管理组完成事故管理调查报告后，召开各小组组长会议，进行事故的原因分析和责任者或者行为人的责任划分，然后召开调查组全体成员会，确定事故的原因和责任划分。各小组组长会议和全体成员会议会由调查组组长主持，必要时邀请有关专家参加。

调查组成员对事故原因有不同意见，调查组应当予以认真研究，必要时可以委托有关技术组织、技术机构或者专家进一步分析、论证；不同意见仍然需要保留时，在事故调查报告中应当如实陈述。

5. 事故预防措施和整改建议

调查组应当在认定事故性质和事故责任的基础上，从技术、教育、管理等方面，针对事故责任单位和人员、监督管理机构和人员、社会公众及法规制定等，提出有效的事故预防措施和整改建议。

事故预防措施和整改建议具体包括以下内容：

（1）技术方面，针对设备的不安全因素，改善生产工艺、技术措施和生产条件。

（2）教育方面，针对人的不安全行为，进行宣传教育、培训演练，采取必要的方法和措施，提高知识和技能。

（3）管理方面，针对企业特点，建立特种设备安全管理制度，明确岗位责任，安全管理机构和人员的配置，保证安全生产投入，完善安全检查机制等措施。

六、对事故调查报告的要求

1. 事故调查报告应包括的内容

特种设备事故调查报告应当包括以下内容：

（1）事故发生单位概况。

（2）事故发生经过和应急救援情况。

（3）事故造成的人员伤亡、设备损坏和直接经济损失情况。

（4）事故发生的原因和事故性质。

（5）事故责任的认定，以及对事故责任者的处理建议。

（6）事故预防措施和整改建议。

（7）事故调查组人员名单。

（8）有关证据资料。

2. 对事故调查报告的要求

在原因分清、责任认定的基础上，由管理组汇总整理事故调查资料，形成事故调查报告初稿后，召开调查组全体会议，对事故调查报告初稿进行讨论、修改，形成事故调查报告。实施简易程序时，调查组也应当在原因分清、责任认定的基础上，召开全体会议，对事故调查报告初稿进行讨论，形成事故调查报告。

事故调查报告应当满足如下要求：

（1）事故调查报告由调查组全体成员签字，调查组成员的不同意见可写成专页，签名后作为附件附在事故调查报告后。

（2）事故调查报告正本制作数量应当满足报批、报送和存档要求，副本或者复制件数量应当满足送达事故发生地人民政府、发生单位（或者个人）和责任者，以及参加事故调查的有关单位的需要。

（3）事故调查报告编写客观、规范、准确。事故调查报告中所附的有关证据资料中涉及证人材料等需要向事故责任者保密的，可以不随事故调查报告送达事故责任者。

3. 事故批复与处理的要求

事故调查处理工作结束后，调查组应当及时提出事故调查报告，报送负责组织事故调查的质检部门。负责组织事故调查的质检部门在接到事故调查报告后，应当按照规定要求，及时向本级人民政府提出批复的报告。

实施简易程序时，组织事故调查处理的地方质量技术监督部门在将事故调查报告报送本级人民政府批复前，应当向本级有关部门通报情况。

报送批复的事故调查处理资料，一般包括负责组织事故调查的质检部门申请批复的报告和事故调查报告。

负责组织事故调查的质检部门应当在接到批复之日起 10 日内，将本级政府的批复意见连同事故调查报告，通报有关部门、相关单位。由有关部门、相关单位按照各自的职责对事故责任者追究法律责任。其中负责组织事故调查的质检部门还应当进行以下工作：

(1) 通过信息反馈、情况反映等方式掌握事故责任者落实事故预防措施和整改的情况。

(2) 适时向社会公布事故处理的情况（依法应当保密的除外）。

负责组织事故调查的质检部门接到事故调查报告批复后，通报有关部门、相关单位之日起 30 日内撰写事故结案报告，特殊情况可以适当延长，但最长不得超过 45 日。负责组织事故调查的地方质量技术监督部门应当将事故结案报告逐级上报直至国家质检总局。事故结案报告主要包括事故调查报告批复意见、送达等情况。上报事故结案报告时，应当同时附事故档案副本或者复印件。

4. 事故档案收集归档的要求

事故调查组织部门负责将事故档案收集归档，并且长期保存。事故档案应当适应信息化管理的要求。

事故档案包括事故调查报告，有关证据资料、批复文件等有关资料文函．事故调查重要会议纪要或者记录，影响较大的媒体报道，对相关人员处理、落实预防措施和整改情况等处理文件。

第三节　特种设备事故调查与处理相关规定

在特种设备的使用过程中，加强对特种设备的有效管理和监督是遏制事故发生的重要手段。由于特种设备的自身的特点和具有高危险性，特别是其在设计、制造．使用、安装、维护、检修、检验及改造过程中都离不开人的因素，为了人民群众的安全、健康及生命和财产的安全，国家根据设备的特点，将锅炉、压力容器、压力管道、电梯、起重设备、客运索道和大型游乐设施列入特种设备管理，并出台了一系列法律、法规及相关文件，强制性将这些设备列入特种设备管理，并对其设计、制造、安装、检验、改造、维护提出了特殊的要求，并进行检验、监督，并对制造单位、使用单位、设计单位、监检机构、检测机构，以及改造施工单位都提出了明确的法律约束，阐明了其资格、权利、职责和相关义务。

一、《特种设备安全法》相关要点

2013 年 6 月 29 日，第十二届全人大常委会第三次会议通过《中华人民共和国特种设备安全法》(以下简称《特种设备安全法》)，自 2014 年 1 月 1 日起施行。

制定《特种设备安全法》的目的，是加强特种设备安全工作，预防特种设备事故，保障人身和财产安全，促进经济社会发展。《特种设备安全法》分为七章一百零一条，各章内容为：第一章总则，第二章生产、经营、使用，第三章检验、检测，第四章监督管理，第五章事故应急救援与调查处理，第六章法律责任，第七章附则。

《特种设备安全法》所称特种设备，是指对人身和财产安全有较大危险性的锅炉、压力容器（含气瓶）、压力管道、电梯、起重机械、客运索道、大型游乐设施、场（厂）内专用机动车辆，以及法律、行政法规规定适用本法的其他特种设备。特种设备的生产（包括设计、制造、安装、改造、修理）、经营、使用、检验、检测和特种设备安全的监督管理，适用该法。

在《特种设备安全法》第五章事故应急救援与调查处理和第六章法律责任中，对特种设备事故调查处理与法律责任做了规定。

第七十条规定：特种设备发生事故后，事故发生单位应当按照应急预案采取措施，组织抢救，防止事故扩大，减少人员伤亡和财产损失，保护事故现场和有关证据，并及时向事故发生地县级以上人民政府负责特种设备安全监督管理的部门和有关部门报告。

县级以上人民政府负责特种设备安全监督管理的部门接到事故报告，应当尽快核实情况，立即向本级人民政府报告，并按照规定逐级上报。必要时，负责特种设备安全监督管理的部门可以越级上报事故情况。对特别重大事故、重大事故，国务院负责特种设备安全监督管理的部门应当立即报告国务院并通报国务院安全生产监督管理部门等有关部门。

与事故相关的单位和人员不得迟报、谎报或者瞒报事故情况，不得隐匿、毁灭有关证据或者故意破坏事故现场。

第七十一条规定：事故发生地人民政府接到事故报告，应当依法启动应急预案，采取应急处置措施，组织应急救援。

第七十二条规定：特种设备发生特别重大事故，由国务院或者国务院授权有关部门组织事故调查组进行调查。

发生重大事故，由国务院负责特种设备安全监督管理的部门会同有关部门组织事故调查组进行调查。

发生较大事故，由省、自治区、直辖市人民政府负责特种设备安全监督管理的部门会同有关部门组织事故调查组进行调查。

发生一般事故，由设区的市级人民政府负责特种设备安全监督管理的部门会同有关部门组织事故调查组进行调查。

事故调查组应当依法、独立、公正开展调查，提出事故调查报告。

第七十三条规定：组织事故调查的部门应当将事故调查报告报本级人民政府，并报上一级人民政府负责特种设备安全监督管理的部门备案。有关部门和单位应当依照法律、行政法规的规定，追究事故责任单位和人员的责任。

事故责任单位应当依法落实整改措施，预防同类事故发生。事故造成损害的，事故责任单位应当依法承担赔偿责任。

第八十九条规定：发生特种设备事故，有下列情形之一的，对单位处五万元以上二十万元以下罚款；对主要负责人处一万元以上五万元以下罚款；主要负责人属于国家工作人员的，并依法给予处分。

（1）发生特种设备事故时，不立即组织抢救或者在事故调查处理期间擅离职守或者逃匿的。

（2）对特种设备事故迟报、谎报或者瞒报的。

第九十条规定：发生事故，对负有责任的单位除要求其依法承担相应的赔偿等责任外，依照下列规定处以罚款。

（1）发生一般事故，处十万元以上二十万元以下罚款。

（2）发生较大事故，处二十万元以上五十万元以下罚款。

（3）发生重大事故，处五十万元以上二百万元以下罚款。

第九十一条规定：对事故发生负有责任的单位的主要负责人未依法履行职责或者负有领导责任的，依照下列规定处以罚款。属于国家工作人员的，并依法给予处分。

（1）发生一般事故，处上一年年收入百分之三十的罚款。

（2）发生较大事故，处上一年年收入百分之四十的罚款。

（3）发生重大事故，处上一年年收入百分之六十的罚款。

第九十二条规定：违反本法规定，特种设备安全管理人员、检测人员和作业人员不履行岗位职责，违反操作规程和有关安全规章制度，造成事故的，吊销相关人员的资格。

第九十六条规定：违反本法规定，被依法吊销许可证的，自吊销许可证之日起三年内，负责特种设备安全监督管理的部门不予受理其新的许可申请。

第九十七条规定：违反本法规定，造成人身、财产损害的，依法承担民事责任。

违反本法规定，应当承担民事赔偿责任和缴纳罚款、罚金，其财产不足以同时支付时，先承担民事赔偿责任。

第九十八条规定：违反本法规定，构成违反治安管理行为的，依法给予治安管理处罚；构成犯罪的，依法追究刑事责任。

二、《特种设备事故报告和调查处理规定》相关要点

2009 年 7 月 3 日，国家质量监督检验检疫总局公布《特种设备事故报告和调查处理规定》(国家质量监督检验检疫总局令第 115 号)，自公布之日起施行。2001 年 9 月 17 日国家质量监督检验检疫总局公布的《锅炉压力容器压力管道特种设备事故处理规定》同时废止。

《特种设备事故报告和调查处理规定》分为七章四十九条，各章内容为：第一章总则，第二章事故定义、分级和界定，第三章事故报告，第四章事故调查，第五章事故处理，第六章法律责任，第七章附则。制定本规定的目的，是根据《特种设备安全监察条例》和《生产安全事故报告和调查处理条例》，为了规范特种设备事故报告和调查处理工作，及时准确查清事故原因，严格追究事故责任，防止和减少同类事故重复发生。

1. 总则中的有关规定

在第一章总则中，对相关事项做了规定。

◆特种设备制造、安装、改造、维修、使用（含移动式压力容器、气瓶充装)、检验检测活动中发生的特种设备事故，其报告、调查和处理工作适用该规定。

◆国家质量监督检验检疫总局（以下简称国家质检总局）主管全国特种设备事故报告、调查和处理工作，县以上地方质量技术监督部门负责本行政区域内的特种设备事故报告、调查和处理工作。

◆事故报告应当及时、准确、完整，任何单位和个人对事故不得迟报、漏报、谎报或者瞒报。

事故调查和处理工作必须坚持实事求是、客观公正、尊重科学的原则，及时、准确地查清事故经过、事故原因和事故损失，查明事故性质，认定事故责任，提出处理和整改措施，并对事故责任单位和责任人员依法追究责任。

◆任何单位和个人不得阻挠和干涉特种设备事故报告、调查和处理工作。

对事故报告、调查和处理中的违法行为，任何单位和个人有权向各级质量技术监督部门或者有关部门举报。接到举报的部门应当依法及时处理。

2. 有关事故定义、分级和界定的规定

在第二章事故定义、分级和界定中，对相关事项做了规定。

◆本规定所称特种设备事故，是指因特种设备的不安全状态或者相关人员的不安全行为，在特种设备制造、安装、改造、维修、使用（含移动式压力容器、气瓶充装)、检验检测活动中造成的人员伤亡、财产损失、特种设备严重损坏或者中断运行、人员滞留、人员

转移等突发事件。

◆按照《特种设备安全监察条例》的规定，特种设备事故分为特别重大事故、重大事故、较大事故和一般事故。

◆下列情形不属于特种设备事故：

（1）因自然灾害、战争等不可抗力引发的。

（2）通过人为破坏或者利用特种设备等方式实施违法犯罪活动或者自杀的。

（3）特种设备作业人员、检验检测人员因劳动保护措施缺失或者保护不当而发生坠落、中毒、窒息等情形的。

◆因交通事故、火灾事故引发的与特种设备相关的事故，由质量技术监督部门配合有关部门进行调查处理。经调查，该事故的发生与特种设备本身或者相关作业人员无关的，不作为特种设备事故。

非承压锅炉、非压力容器发生事故，不属于特种设备事故。但经本级人民政府指定，质量技术监督部门可以参照本规定组织进行事故调查处理。

房屋建筑工地和市政工程工地用的起重机械、场（厂）内专用机动车辆，在其安装、使用过程中发生的事故，不属于质量技术监督部门组织调查处理的特种设备事故。

3. 有关事故报告的规定

在第三章事故报告中，对相关事项做了规定。

◆发生特种设备事故后，事故现场有关人员应当立即向事故发生单位负责人报告。事故发生单位的负责人接到报告后，应当于1小时内向事故发生地的县以上质量技术监督部门和有关部门报告。情况紧急时，事故现场有关人员可以直接向事故发生地的县以上质量技术监督部门报告。

◆接到事故报告的质量技术监督部门，应当尽快核实有关情况，依照《特种设备安全监察条例》的规定，立即向本级人民政府报告，并逐级报告上级质量技术监督部门直至国家质检总局。质量技术监督部门每级上报的时间不得超过2小时，必要时，可以越级上报事故情况。

对于特别重大事故、重大事故，由国家质检总局报告国务院并通报国务院安全生产监督管理等有关部门。对较大事故、一般事故，由接到事故报告的质量技术监督部门及时通报同级有关部门。

对事故发生地与事故发生单位所在地不在同一行政区域的，事故发生地质量技术监督部门应当及时通知事故发生单位所在地质量技术监督部门。事故发生单位所在地质量技术监督部门应当做好事故调查处理的相关配合工作。

◆报告事故应当包括以下内容：

（1）事故发生的时间、地点、单位概况以及特种设备种类。

（2）事故发生初步情况，包括事故简要经过、现场破坏情况、已经造成或者可能造成的伤亡和涉险人数、初步估计的直接经济损失、初步确定的事故等级、初步判断的事故原因。

（3）已经采取的措施。

（4）报告人姓名、联系电话。

（5）其他有必要报告的情况。

◆质量技术监督部门逐级报告事故情况，应当采用传真或者电子邮件的方式进行快报，并在发送传真或者电子邮件后予以电话确认。特殊情况下可以直接采用电话方式报告事故情况，但应当在24小时内补报文字材料。

◆报告事故后出现新情况的，以及对事故情况尚未报告清楚的，应当及时逐级续报。续报内容应当包括：事故发生单位详细情况、事故详细经过、设备失效形式和损坏程度、事故伤亡或者涉险人数变化情况、直接经济损失、防止发生次生灾害的应急处置措施和其他有必要报告的情况等。

自事故发生之日起30日内，事故伤亡人数发生变化的，有关单位应当在发生变化的当日及时补报或者续报。

◆事故发生单位的负责人接到事故报告后，应当立即启动事故应急预案，采取有效措施，组织抢救，防止事故扩大，减少人员伤亡和财产损失。

质量技术监督部门接到事故报告后，应当按照特种设备事故应急预案的分工，在当地人民政府的领导下积极组织开展事故应急救援工作。

◆各级质量技术监督部门应当建立特种设备应急值班制度，向社会公布值班电话，受理事故报告和事故举报。

4. 有关事故调查的规定

在第四章事故调查中，对相关事项做了规定。

◆发生特种设备事故后，事故发生单位及其人员应当妥善保护事故现场以及相关证据，及时收集、整理有关资料，为事故调查做好准备，必要时，应当对设备、场地、资料进行封存，由专人看管。

因抢救人员、防止事故扩大以及疏通交通等原因，需要移动事故现场物件的，负责移动的单位或者相关人员应当做出标志，绘制现场简图并做出书面记录，妥善保存现场重要痕迹、物证。有条件的，应当现场制作视听资料。

事故调查期间，任何单位和个人不得擅自移动事故相关设备，不得毁灭相关资料、伪造或者故意破坏事故现场。

◆质量技术监督部门接到事故报告后，经现场初步判断，发现不属于或者无法确定为特种设备事故的，应当及时报告本级人民政府，由本级人民政府或者其授权或者委托的部门组织事故调查组进行调查。

◆依照《特种设备安全监察条例》的规定，特种设备事故分别由以下部门组织调查：

（1）特别重大事故由国务院或者国务院授权的部门组织事故调查组进行调查。

（2）重大事故由国家质检总局会同有关部门组织事故调查组进行调查。

（3）较大事故由事故发生地省级质量技术监督部门会同省级有关部门组织事故调查组进行调查。

（4）一般事故由事故发生地设区的市级质量技术监督部门会同市级有关部门组织事故调查组进行调查。

根据事故调查处理工作的需要，负责组织事故调查的质量技术监督部门可以依法提请事故发生地人民政府及有关部门派员参加事故调查。

负责组织事故调查的质量技术监督部门应当将事故调查组的组成情况及时报告本级人民政府。

◆根据事故发生情况，上级质量技术监督部门可以派员指导下级质量技术监督部门开展事故调查处理工作。

自事故发生之日起 30 日内，因伤亡人数变化导致事故等级发生变化的，依照规定应当由上级质量技术监督部门组织调查的，上级质量技术监督部门可以会同本级有关部门组织事故调查组进行调查，也可以派员指导下级部门继续进行事故调查。

◆事故调查组成员应当具有特种设备事故调查所需要的知识和专长，与事故发生单位及相关人员不存在任何利害关系。事故调查组组长由负责事故调查的质量技术监督部门负责人担任。

必要时，事故调查组可以聘请有关专家参与事故调查；所聘请的专家应当具备 5 年以上特种设备安全监督管理、生产、检验检测或者科研教学工作经验。设区的市级以上质量技术监督部门可以根据事故调查的需要，组建特种设备事故调查专家库。

根据事故的具体情况，事故调查组可以内设管理组、技术组、综合组，分别承担管理原因调查、技术原因调查、综合协调等工作。

◆事故调查组应当履行下列职责：

（1）查清事故发生前的特种设备状况。

（2）查明事故经过、人员伤亡、特种设备损坏、经济损失情况以及其他后果。

（3）分析事故原因。

（4）认定事故性质和事故责任。

（5）提出对事故责任者的处理建议。

(6) 提出防范事故发生和整改措施的建议。

(7) 提交事故调查报告。

◆事故调查组成员在事故调查工作中应当诚信公正、恪尽职守，遵守事故调查组的纪律，遵守相关秘密规定。

在事故调查期间，未经负责组织事故调查的质量技术监督部门和本级人民政府批准，参与事故调查、技术鉴定、损失评估等有关人员不得擅自泄露有关事故信息。

◆对无重大社会影响、无人员伤亡、事故原因明晰的特种设备事故，事故调查工作可以按照有关规定适用简易程序；在负责事故调查的质量技术监督部门商同级有关部门，并报同级政府批准后，由质量技术监督部门单独进行调查。

◆事故调查组可以委托具有国家规定资质的技术机构或者直接组织专家进行技术鉴定。接受委托的技术机构或者专家应当出具技术鉴定报告，并对其结论负责。

◆事故调查组认为需要对特种设备事故进行直接经济损失评估的，可以委托具有国家规定资质的评估机构进行。

直接经济损失包括人身伤亡所支出的费用、财产损失价值、应急救援费用、善后处理费用。

接受委托的单位应当按照相关规定和标准进行评估，出具评估报告，对其结论负责。

◆事故调查组有权向有关单位和个人了解与事故有关的情况，并要求其提供相关文件、资料。有关单位和个人不得拒绝，并应当如实提供特种设备及事故相关的情况或者资料，回答事故调查组的询问，对所提供情况的真实性负责。

事故发生单位的负责人和有关人员在事故调查期间不得擅离职守，应当随时接受事故调查组的询问，如实提供有关情况或者资料。

◆事故调查组应当查明引发事故的直接原因和间接原因，并根据对事故发生的影响程度认定事故发生的主要原因和次要原因。

◆事故调查组根据事故的主要原因和次要原因，判定事故性质，认定事故责任。

事故调查组根据当事人行为与特种设备事故之间的因果关系，以及在特种设备事故中的影响程度，认定当事人所负的责任。当事人所负的责任分为全部责任、主要责任和次要责任。

当事人伪造或者故意破坏事故现场、毁灭证据、未及时报告事故等，致使事故责任无法认定的，应当承担全部责任。

◆事故调查组应当向组织事故调查的质量技术监督部门提交事故调查报告。事故调查报告应当包括下列内容：

(1) 事故发生单位情况。

(2) 事故发生经过和事故救援情况。

（3）事故造成的人员伤亡、设备损坏程度和直接经济损失。

（4）事故发生的原因和事故性质。

（5）事故责任的认定以及对事故责任者的处理建议。

（6）事故防范和整改措施。

（7）有关证据材料。

事故调查报告应当经事故调查组全体成员签字。事故调查组成员有不同意见的，可以提交个人签名的书面材料，附在事故调查报告内。

◆特种设备事故调查应当自事故发生之日起 60 日内结束。特殊情况下，经负责组织调查的质量技术监督部门批准，事故调查期限可以适当延长，但延长的期限最长不超过 60 日。

技术鉴定时间不计入调查期限。

因事故抢险救灾无法进行事故现场勘查的，事故调查期限从具备现场勘查条件之日起计算。

◆事故调查中发现涉嫌犯罪的，负责组织事故调查的质量技术监督部门商有关部门和事故发生地人民政府后，应当按照有关规定及时将有关材料移送司法机关处理。

5. 有关事故处理的规定

在第五章事故处理中，对相关事项做了规定。

◆依照《特种设备安全监察条例》的规定，省级质量技术监督部门组织的事故调查，其事故调查报告报省级人民政府批复，并报国家质检总局备案；市级质量技术监督部门组织的事故调查，其事故调查报告报市级人民政府批复，并报省级质量技术监督部门备案。

国家质检总局组织的事故调查，事故调查报告的批复按照国务院有关规定执行。

◆组织事故调查的质量技术监督部门应当在接到批复之日起 10 日内，将事故调查报告及批复意见主送有关地方人民政府及其有关部门，送达事故发生单位、责任单位和责任人员，并抄送参加事故调查的有关部门和单位。

◆质量技术监督部门及有关部门应当按照批复，依照法律、行政法规规定的权限和程序，对事故责任单位和责任人员实施行政处罚，对负有事故责任的国家工作人员进行处分。

◆事故发生单位应当落实事故防范和整改措施。防范和整改措施的落实情况应当接受工会和职工的监督。

事故发生地质量技术监督部门应当对事故责任单位落实防范和整改措施的情况进行监督检查。

◆特别重大事故的调查处理情况由国务院或者国务院授权组织事故调查的部门向社会公布，特别重大事故以下等级的事故的调查处理情况由组织事故调查的质量技术监督部门向社会公布，依法应当保密的除外。

◆事故调查的有关资料应当由组织事故调查的质量技术监督部门立档永久保存。

立档保存的材料包括现场勘查笔录、技术鉴定报告、重大技术问题鉴定结论和检测检验报告、尸检报告、调查笔录、物证和证人证言、直接经济损失文件、相关图纸、视听资料、事故调查报告、事故批复文件等。

◆组织事故调查的质量技术监督部门应当在接到事故调查报告批复之日起30日内撰写事故结案报告，并逐级上报直至国家质检总局。上报事故结案报告，应当同时附事故档案副本或者复印件。

◆负责组织事故调查的质量技术监督部门应当根据事故原因对相关安全技术规范、标准进行评估；需要制定或者修订相关安全技术规范、标准的，应当及时报告上级部门提请制定或者修订。

◆各级质量技术监督部门应当定期对本行政区域特种设备事故的情况、特点、原因进行统计分析，根据特种设备的管理和技术特点、事故情况，研究制定有针对性的工作措施，防止和减少事故的发生。

◆省级质量技术监督部门应在每月25日前和每年12月25日前，将所辖区域本月、本年特种设备事故情况、结案批复情况及相关信息，以书面方式上报至国家质检总局。

6. 有关法律责任的规定

在第六章法律责任中，对相关事项做了规定。

◆发生特种设备特别重大事故，依照《生产安全事故报告和调查处理条例》的有关规定实施行政处罚和处分；构成犯罪的，依法追究刑事责任。

◆发生特种设备重大事故及其以下等级事故的，依照《特种设备安全监察条例》的有关规定实施行政处罚和处分；构成犯罪的，依法追究刑事责任。

◆发生特种设备事故，有下列行为之一，构成犯罪的，依法追究刑事责任；构成有关法律法规规定的违法行为的，依法予以行政处罚；未构成有关法律法规规定的违法行为的，由质量技术监督部门等处以4 000元以上2万元以下的罚款。

（1）伪造或者故意破坏事故现场的。

（2）拒绝接受调查或者拒绝提供有关情况或者资料的。

（3）阻挠、干涉特种设备事故报告和调查处理工作的。

第四节 特种设备事故调查与处理事例分析

近年来，随着我国经济的快速发展，特种设备数量也在迅速增加。特种设备本身所具有的危险性，与迅猛增长的数量因素双重叠加，使得特种设备安全形势更加复杂。鉴于特种设备具有危险性的特点和在经济生产及社会生活中特殊的重要性，国家制定出台了一系列法律法规、规范标准，需要从事特种设备的设计、制造、安装、使用、检验、修理及改造等方面的有关人员共同遵守，同时还要吸取事故教训，积极做好事故预防工作，其目的是把事故发生率降到最低。

一、某纸业公司锅炉对流管爆裂引起爆管事故分析

2004 年 5 月 18 日 2 时 52 分，某纸业有限公司发生锅炉爆管事故，造成 1 人死亡。

1. 事故概况

发生事故设备是某锅炉集团有限公司生产的承压蒸汽锅炉，设备基本参数为：额定蒸发量 20 t/h，额定工作压力 3.82 MPa，额定蒸汽温度 450℃，汽包工作压力 4.28 MPa，给水压力 5.8 MPa，给水温度 105℃。

2. 事故经过

5 月 18 日 2 时 52 分左右，纸业公司的当班人员在操作锅炉，司炉人员突然听见锅炉有爆破声音，然后发现炉膛负压突然变成正压，锅炉压力和汽包水位快速下降，锅炉往外冒蒸汽，锅炉房 2 楼有很大烟气，锅炉发生爆管。锅炉爆管时，炉前司炉工鲁某正在煤斗旁拨煤，被热气烧伤，送医院抢救无效死亡。事故造成炉膛上方左侧烟道第一组管从后往前数第 15 根对流管爆裂。

3. 事故原因分析

（1）引发事故的原因是一根对流管爆裂。引起对流管爆裂的直接原因是对流管局部磨损减薄，导致不能满足使用参数下的强度条件。

（2）引起部分受热管子局部磨损的原因是设计欠完善。

（3）造成锅炉事故的次要原因是锅炉司炉工现场工作方法不当。

4. 事故教训与防范措施

（1）由制造单位对锅炉原设计进行完善，并制定改造、维修方案对锅炉进行修复，同时对同类型的锅炉进行跟踪处理。

（2）加强对使用单位的宣传教育，特种设备在投入使用前或投入使用后 30 天内，必须办理使用登记，并且要制定完善的应急措施。

二、某纸业公司无证司炉工操作错误导致锅炉爆炸事故分析

2004 年 8 月 19 日 21 时 40 分，某纸业公司发生锅炉爆炸重大事故，造成 3 人死亡，3 人重伤，7 人轻伤。

1. 事故经过

8 月 19 日下午，该厂负责人胡某安排无证司炉工侯某等人做点炉前的准备工作。20 时 20 分左右来电后，开始上水进行点火运行，21 时 40 分左右发生爆炸。胡某、侯某 2 人当场死亡，另 1 人抢救无效死亡，其他 10 人受伤。

锅炉爆炸后，从锅壳中部环向焊缝热影响区全部撕开，撕裂成 4 块飞出，锅壳封头向外飞出约 150 m，其面积约 2 m^2，其余 3 块分别向外飞出约 4.3 m、3 m 和 10 m，面积均为 1 m^2。冲天管倾斜，锅炉本体剩余部分略有位移。锅炉进入分汽缸的主汽管上阀门已破裂，锅炉、分汽缸上压力表均已损坏，安全阀下落不明。锅炉房坍塌，周围车间、平房遭到不同程度破坏。

2. 事故原因分析

（1）事故发生时，分汽缸上供汽阀呈完全关闭状态，安全阀、压力表失灵，锅炉处于密闭状态。由于安全阀失效，无法自动排汽泄压，锅炉压力逐步上升，直至发生爆炸，这是造成事故的直接原因。

（2）事故锅炉已被有关部门责令停用，该单位法人无视事故隐患和有关指令，在锅炉安全阀、压力表等安全附件均已经失效的情况下，下令使用锅炉，这是造成是事故的主要原因。

（3）该企业擅自使用不具备专业资格的司炉工，在安全阀失效、关闭供汽阀门的情况下，锅炉完全处于密闭状态运行，而司炉工未能及时发现异常，盲目持续运行，这是造成事故的重要原因。

3. 事故教训与防范措施

（1）加大有关法规的宣传力度，联合有关部门加强对“五小”企业违法使用锅炉的查处工作，严格执行有关国家法律法规和安全技术规范。

（2）企业必须登记、使用合格锅炉，任用有资质的司炉工。

（3）对小型蒸汽锅炉的安全附件进行认真检查，确认锅炉安全阀、压力表有效可靠。

（4）加强锅炉水质处理工作，防止水垢堵塞安全阀等安全附件。

三、操作人员盲目操作导致的杀菌锅爆炸重大事故分析

2004 年 8 月 19 日 17 时 30 分，某保健品有限责任公司一台杀菌锅发生爆炸事故，当场造成 4 人重伤，其中 1 人在医院抢救时死亡，其余 3 人至 9 月 9 日也相继在医院死亡，直接经济损失 20 万元。

1. 事故概况

事故设备型号为 RSPZJHG0104－2 杀菌锅，设计压力：筒体 0.3 MPa；设计温度：筒体 143℃；工作介质：食品、水、水蒸气；最高工作压力：筒体 0.2 MPa；结构尺寸：单层；容积：2.2 m^3；重量：982 kg；规格：内径 1 100 mm，壁厚 6 mm，总长 2 520 mm；2004 年 3 月制造，7 月安装投用。

2. 事故经过

2004 年 8 月 19 日下午，该公司所在地区停电，杀菌锅电子测温仪表无法显示，但该公司仍然进行生产。一工人将 15 托（每托 35 瓶，每瓶 500 mL）氨基酸原浆，放入杀菌锅内。送蒸汽一段时间后，听到锅内有爆破声，即关闭蒸汽阀门停止供汽。公司法人代表等 3 人进入现场查看。该工人开启排污阀、排汽阀，排放锅内高压高温气体，以达到减压泄压的目的。为了加快排气泄压速度，减少物料损失，该工人在不掌握锅内温度压力的情况下，将杀菌锅门盖旋开一缝隙，造成蒸汽涌出。3 人正在锅前查看时发生蒸汽爆炸，造成在场 4 人全部重伤，后均死亡。

3. 事故现场勘查情况

事故发生后，经现场勘查，该台杀菌锅门盖受气流冲击向左侧面方向打开，门盖与筒体连接转轴上部螺栓螺纹断裂（断裂表面无陈旧性裂痕），固定螺母与上支撑座轴承脱落于地面上，失去上支撑的门盖的下部与地面相接，内面向上斜后打开，杀菌锅的开口处斜向

左侧移动 500 mm，整体后移 830 mm，蒸汽进气管折断，排污管折断推出墙外，后部椭圆封头左侧撞击到后墙上，将厚度为 600 mm 的墙壁撞出一个宽 700 mm、深 100 mm 的凹坑，爆炸冲击波将该车间和相邻车间的多处门窗损坏，天花板坠落，放置于杀菌锅内的物料全部损失，现场地面遗留有大量血水，出口通道上 20 m 范围内布满了血迹，并遗留有人员灼伤后脱落的块状皮肤。

4. 事故原因分析

造成事故的直接原因：

(1) 在电子测温仪表因停电不能显示温度的情况下，操作工旋开杀菌锅门盖，形成蒸汽爆炸。因从停止供汽减压泄压到开门的过程时间短暂急促，盛装氨基酸原浆的玻璃瓶在未泄压前已达到高温状态并伴有汽化压力，形成一个个受压容器，此时玻璃瓶内的氨基酸原浆处于过热状态，形成饱和液。由于泄压较快，促使瓶内外压力失去了平衡，造成玻璃瓶爆裂，器皿内的饱和液迅速膨胀，产生蒸汽爆炸。爆炸产生的高温冲击波与剩余未汽化的高温液体和玻璃瓶碎片，沿着杀菌锅的出口处定向喷出，对杀菌锅形成作用力，同时造成人员死亡。

(2) 由于电子测温仪表因停电不能显示温度，锅内蒸汽存在过热情况，当人为旋开锅盖时，过热蒸汽减压膨胀，形成蒸汽爆炸特征，也产生对杀菌锅的作用力。

因此，操作工盲目打开杀菌锅门盖，导致上述两种作用力的共同作用是杀菌锅爆炸事故的直接原因。

造成事故的间接原因：企业安全管理不落实，安全制度不健全。

造成事故的主要原因：在电子测温仪表因停电不能显示温度、安全状况不明的情况下，企业仍然违规进行生产。

造成事故的重要原因：作业人员未经培训上岗，安全意识淡薄，违章操作。企业法人对违规操作不制止，也是造成事故的重要原因。

5. 事故教训与防范措施

(1) 加大安全管理制度，建立健全企业内部安全管理制度，特别要强化企业主要负责人的安全意识。

(2) 各类生产企业要认真学习贯彻落实安全生产相关法律法规，建立完善企业安全管理机制。

(3) 应做好特种设备作业人员的安全教育及培训工作，杜绝特种设备作业人员不持证上岗的违规行为。

(4) 应进一步研究停电状态下安全连锁保护装置的有效应用。

四、押运员擅自排放乙炔气引发乙炔瓶着火烧伤事故分析

2007 年 4 月 22 日午后，某气体有限公司经销点押运员杨某，在用户单位仓库门口测压放气过程中，发生一起乙炔瓶着火烧伤事故。

1. 事故经过

2007 年 4 月 22 日 14 时，某气体有限公司下属经销点驾驶员魏某和押运员杨某，送乙炔瓶至用户单位仓库卸货。在杨某采用开启瓶阀放气方法检查瓶内气体压力时，正在仓库门口不足 3m 处磨光机作业产生的火星引燃放出的乙炔气，导致火焰喷出十余米外。杨某上腰部、手臂化纤衣服着火燃烧，在急忙脱衣过程中，又伤及脸部和头发。现场有关人员采用灭火器具扑救灭火，乙炔瓶未受损，但杨某经某武警医院急救并确诊，其上腰部、双手内臂、左脸部等多处被烧伤。

2. 事故原因分析

造成事故的直接原因：

（1）押运员杨某违规检查乙炔瓶，擅自在用户单位仓库门口开启乙炔瓶阀排放乙炔气，且不使用减压器具和回火防止装置，又用力操作过猛，造成乙炔气急速大量外漏，导致现场存在易燃气源。

（2）用户单位作业人员违规交叉作业，在工业气体仓库门口近距离进行磨光机作业，且无防护措施而产生飞溅火星，导致现场具备点火条件。

造成事故的间接原因：

（1）该气体有限公司经销点严重失职，既未配置安全作业工器装备，未配发员工劳动防护用品，又未制定气瓶安全技术操作规程，更缺乏对员工进行安全教育和上岗培训，使员工长期无证上岗，终因员工违规作业而酿成烧伤后果。

（2）事故发生后，当事人杨某对着火衣服处理不当，造成伤害进一步扩大。

（3）该用户单位生产现场安全管理不到位。工业气体仓库管理人员或生产主管人员缺乏日常安全检查，且存在劳动组织不合理现象（磨光机作业与仓库安全距离严重不足）。一方面，仓库门口缺少安全警示标志；另一方面，作业人员安全意识十分淡薄，对动火作业危险性认识不足。

3. 事故教训与防范措施

（1）气体经销单位应切实履行安全管理职责，对单位内部有关人员应加强上岗培训和

安全教育，并经有关部门考核，取得安全从业资质。

(2) 气体经销单位应注重安全资金投入，配置安全作业工器装备，配发员工劳动防护用品，配备应急救援灭火器材等。

(3) 气体经销单位应强化安全技术措施。根据有关法规标准和工业气体安全技术说明书，制定有关安全技术操作规程，设置并维护有关安全设施及警示标志、标签，配齐气瓶安全附件，落实气瓶固定充装单位充装制度（即“一对一”充装制度）。

(4) 气体经销单位应负责向用户宣传工业气体安全使用知识，包括安全储存、搬运、使用及相关作业要求，发送工业气体安全技术说明书，加强与用气单位沟通，了解并掌握用户单位工业气体使用和相关安全技术措施落实状况。

(5) 工业气体气瓶装卸、运输、押运人员，应严格遵守有关安全卫生管理制度，认真执行气瓶安全技术操作规程，并按规定正确使用劳动防护用品，掌握工业气体气瓶事故应急救援处置技能。发生事故后，应立即抢救受伤人员，及时报告本单位负责人，并做好现场保护。

五、氧气瓶充装混有可燃性物质引发的爆炸事故分析

2003 年 1 月 16 日下午 1 时左右，某工业气体充装站在氧气充装过程中发生一起氧气瓶爆炸事故，造成 1 死 1 伤。

1. 事故经过

2003 年 1 月 16 日上午 12 时许，一位氧气代充客户到某工业气体充装站充装氧气，共有 46 只氧气瓶。充装工将氧气瓶卸下后，先将 30 只氧气瓶分两组各 15 只进行充装。12 点 50 分左右，其中一组充装结束，现场充装工关掉充装总阀，紧接着就开始卸充装夹具，当充装工卸下第 3 只气瓶夹具时，其中一只气瓶发生了爆炸，一名充装客户当场炸死在充装台上，一名操作人员受伤。

该站共有 6 间充装间，每间站房长 4 m，宽 6 m，充装间设有 30 个充气头。气瓶爆炸后，气浪把充装间的防火墙推倒，把充装间的充装管线全部炸坏，窗子的玻璃被震碎，充装间屋面全部掀光。爆炸气瓶被炸成 3 块，大块重 29 kg，中块重 23.5 kg，小块重 3.5 kg，气瓶爆炸后 3.5 kg 的小块瓶片从屋内飞到充装站围墙外的麦田里，距爆炸点 35 m 左右。

2. 事故原因分析

从现场取证情况和查阅有关资料分析，造成事故的直接原因如下所述：

(1) 对该站储罐内剩余液氧，邀请了某气体有限责任公司有关专家进行现场取样，并

进行了分析，结果确认该储罐内液氧合格，排除了气源不合格的因素。

(2) 根据爆炸碎片上原有的气瓶制造和检验标记，从无缝气瓶检验站查阅该瓶检验报告得知该瓶检验合格，并在检验有效期范围内，排除了过期瓶充装的因素。

(3) 在爆炸现场，发现该瓶主体被炸成3块（后在清理过程中发现颈圈），经称重约为56 kg，与检验报告上称重量相符，一块重约3.5 kg的碎片飞离充装站围墙外，距爆炸点约为35 m。又从爆炸碎片中发现，瓶体内中下部一侧表面有一段400 mm×150 mm范围的金属烧熔痕迹，并留下了金属氧化物，这些情况都说明此次氧气瓶爆炸具有化学性爆炸的特征。

(4) 通过查阅相关资料和充装记录，并对现场进行勘查，同有关人员进行了询问、笔录，了解到充装台上的安全阀、压力表均在有效期内，有校验报告，当时充装压力为11.0 MPa。又对爆炸现场进行了清理，发现爆炸瓶右侧有3只瓶内尚有气体，现场进行压力测试，发现这3只气瓶内均有压力，且在10.0 MPa左右，这就进一步排除了物理性爆炸的可能（不超压）。

(5) 对上述3只气瓶采用吸耳球取样，并用着火烟头试验，发现烟头有明显的助燃作用，无气体爆鸣声，同时对1只气瓶又进行了压力测试，显示为9.0 MPa。之后将3只瓶压力降至2.0 MPa左右，经可燃性气体报警仪测试，未发现瓶内有可燃性气体。

综上所述，该起事故是由于氧气瓶内混有其他可燃性物质（该可燃性物质为油脂类的倾向较大），该瓶内可燃性物质在充装过程中与氧气混合发生了化学性爆炸。

造成事故的间接原因：

(1) 安全管理制度执行得不够严格。根据气站有关气瓶充装管理制度规定，该充装站属于易燃易爆场所，非充装人员不允许进入气瓶充装站，而该站却允许充装客户进入气瓶充装场所。根据事故现场清理分析，右侧3只气瓶尚有气体，可能是死者参与了气瓶关阀操作，气站没有人发现，说明该站安全管理工作上还存在较多的薄弱环节。

(2) 气站没有严格执行气瓶充装前安全检查的规定。按照国家气瓶充装有关规定，气瓶在充装前应进行外观检查，充装过程中还应不断对瓶体温度进行逐个检查，目的是防止气瓶内混有其他可燃性物质，防止气瓶温度在充装中升高，这也是造成气瓶爆炸的重要原因之一。

3. 事故教训与防范措施

(1) 气体充装前，除严格执行外检工作外，还需要进行取样分析和充装过程中的检查，这是防止气瓶爆炸的重要措施。

(2) 气站充装间必须严格执行闲人免进的安全管理制度。

(3) 加强职工的安全培训教育，不断增强其安全意识和自我保护意识。

六、化工厂原料输送管道泄漏物料着火事故分析

2006年7月12日，某化工厂物料输送管道发生泄漏事故，随后又引发了泄漏物料着火事故，熊熊大火燃烧了将近2小时，烧毁了路边的绿化带、附近的通信线路，以及路边商店的玻璃门窗，并且造成了交通中断。

1. 事故经过

在事故发生前2天，也就是7月10日，有人私自从公路南侧向北侧钻洞，当钻头遇到物料输送管道后（管道位于路面下2 m），由于钻头硬度远远大于管道的硬度，结果钻头将管道钻出一个直径约5 cm的洞，并且钻头被卡在管道中无法拔出。事故发生后施工人员没有及时进行处理，而是逃之夭夭。由于管道内物料的输送作业属于间歇性工作，所以当时并没有人发现。

2006年7月12日，当物料开始输送时，液体开始从破裂处流出并蔓延到人行道上。当有人骑着摩托车从路上经过时，摩托车排气管排出的高温气体和火星引起了化工原料的强烈燃烧。

2. 事故原因分析

（1）企业安全意识淡薄，管道上方地面缺乏危险标志。该管道所输送的化工原料属于易燃易爆品，根据相关安全法规，应该在管道周围设置明显标志，用以警示。但该单位并没有设置警示标志，不符合安全管理规定。

（2）施工方野蛮施工，无证施工。施工方在无证施工的情况下，当钻头遇到硬物时，不是调查考虑地下的状况，而是选择了继续施工，进而将管道破坏。

（3）操作人员违规操作。该公司的化工原料从公司罐区通过管道送往该公司物料转运站装车发送。在物料输送过程中，发送方和接收方应该同时记录各自储罐液位并加以比较。通过事后对双方罐存液位的计算和比较后得知，泄漏过程持续了近1.5小时，并且当班操作人员没有发觉。很显然，当班操作人员没有认真核对储罐液位，物料处于泄漏状态而无人知晓，从而加大了物料泄漏量。

（4）相关制度不完善。发生事故的管线全长1.5 km，作为输送易燃易爆品的管道，该公司竟然一直没有明确管理权归属，造成该管道长期无人管理，一直处于管理之外。

3. 事故教训与防范措施

（1）在管道周围设置明显警示标志，明确存在的危险，明确告知施工人员和路过群众

地下管道的存在。

（2）全面提高企业领导安全意识，必须督促企业落实安全生产责任制。加强员工培训，提高员工安全意识，强化各项安全管理规章制度的落实。员工必须严格执行岗位操作规程，认真核对相关数据，不可麻痹大意。

（3）完善企业管理制度，建立专人巡检制度。该公司应建立专人巡检制度，每天定时对该管道进行巡检，对在管线附近的施工进行专人管理与跟踪，使其处于受控状态。

（4）实行双方确认制度，确保管线时时处于受控状态。在物料输送作业中，由发送方和接收方在一定时间间隔内对双方罐存液位进行确认计算，使物料的运输过程一直处于受控状态，保证生产安全。

七、纸业公司压力管道配件不合格引发的爆炸事故分析

2004 年 10 月 16 日 20 时 40 分，某纸业有限公司发生一起压力管道爆炸严重事故，造成 2 人死亡，2 人重伤，直接经济损失 0.6 万元。

1. 事故概况

发生事故的设备主要技术参数：蒸汽管网波纹管补偿器未见产品铭牌或其他标记，仅有一复印件的产品合格证（经调查该复印件是伪造的），蒸汽管道的设计压力为 0.49 MPa，规格是 ϕ426 mm。

发生爆炸的蒸汽管网波纹管补偿器，纸业有限公司不能提供产品的质量证明书、安装及使用维修说明书等文件，仅有一张产品合格证复印件。经调查，该复印件的产品合格证是伪造的，爆炸的波纹管补偿器是由浙江某波纹管厂制造。该条蒸汽管道在安装前，安装单位未到当地特种设备安全监督管理部门办理安装告知手续，安装开始直至试运行，也未经核准的检验检测机构进行监督检验。

2. 事故经过

10 月 16 日 18 时 20 分，该公司工程师付某去巡视蒸汽管道的运行情况，发现 2 号、3 号波纹管金属膨胀节有漏气现象，随后，他将漏气情况电话报告该公司李总。18 时 45 分，李总带领设备主任余某、调度室主任周某以及主管施工的付某来到现场，研究处理方案，最后决定用短管连接代替泄漏的膨胀节，3 人分头准备材料、工具及安排维修人员，20 时 20 分，维修人员到场并组织相应的维修设备到场。20 时 40 分，一声闷响，2 号波纹管金属膨胀节发生爆炸。事故造成 4 名维修人员被炸倒在地上，蒸汽管网金属波纹膨胀节爆炸的碎块掉落在地上（其中有 2 块被该公司收存在仓库内），相邻冷凝回水管道受爆炸影响掉落

管架，膨胀节拉杆全部断裂，4 个混凝土管道支架倾斜。

3. 事故原因分析

使用单位的责任：

（1）设计人员不具备资质，蒸汽管道的施工图设计不合理，未按规定请有资格单位设计。

（2）购买的波纹管补偿器无产品质量证明书、安装使用说明书等证明文件，明知不符合要求，仍交付安装。

（3）发现波纹管补偿器发生严重泄漏时，在可预见有危险存在，未采取有效措施禁止人员接近泄漏点。

供货商的责任：

（1）伪造波纹管补偿器合格证。

（2）销售未经许可的单位生产的波纹管补偿器。

安装单位的责任：

（1）未办理压力管道安装告知手续，未向核准的检验检测单位申请安装质量监督检验。

（2）对厂方提供的波纹管补偿器未进行认真检查核对，明知波纹管补偿器不符合要求，继续安装并进行调试，调试过程中未对运行参数进行详细记录。

4. 事故教训与防范措施

（1）认真贯彻执行《特种设备安全法》《压力管道安全管理与监察规定》及有关安全技术规范的规定，压力管道应由有资格的单位设计，压力管道必须由取得《压力管道安装许可证》的单位安装，压力管道安装之前必须到特种设备安全监督管理部门办理安装告知手续，安装过程中，必须经核准的检验检测机构对其安装质量进行监督检验。在用的压力管道应经核准的检验检测机构进行定期检验。

（2）压力管道使用单位应购买已取得国务院特种设备安全监督管理部门许可的单位制造的压力管道和压力管道元件（阀门、法兰、补偿器、安全保护装置等），并要求制造单位或经销商提供附有安全技术规范要求的设计文件、产品质量合格证明、安装及使用维修说明书等文件。

（3）压力管道使用单位应建立健全各项安全管理制度、操作规程，应经常组织员工进行安全教育，负责组织对压力管道的安全管理人员、操作人员的培训，在任何情况下都不能有麻痹大意的思想。

（4）应制定事故应急处理措施和救援预案。

八、电梯厂载货电梯突然上行造成人员重伤事故分析

2003 年 11 月 1 日，某电梯厂一名维修人员，在维修电梯门开关时，轿厢突然上行，造成人员受重伤。

1. 事故经过

2003 年 11 月 1 日 9 时左右，某电梯厂值班员陈某接到佛山市环市物业管理中心电话，要求派人进行修理，电梯门开关坏了。陈某即通知张某和维修值班组长兰某。

张某先到物业中心看见电梯停在 1 层，1 层的厅门和轿门都打开，就到保安员取机房钥匙到机房，将控制屏打开，把检修开关拧到“检修”，然后，短接安全回路接触器，使轿厢上行到 2 层约一半的高度。张某到 2 楼打开厅门，就在 2 层楼面检查，发现轿门下端滑块已走出门轨道，张某在检查门机时，轿厢突然上行，张某紧抓门机，轿厢将张某往上拖，左腿碰到 2 层门套及 3 层门槛、3 层门套，最终将左腿夹在 4 层轿门踏板和层门之间。张某叫喊并叫人切断总电源，兰某到达后将轿门拆除也救不出张某，后消防员用工具才将张某救出，张某受重伤。

事故发生后，2 层门套和 3 层门槛、门套均被撞凹，2 层、4 层厅门不能关闭，轿门向内凹变形。

该电梯是载货电梯，型号为 THJ2000/0.5JXW。

2. 事故原因分析

（1）造成事故的直接原因，是张某在维修轿顶门机时，未打开轿顶检修和急停开关，又因短接安全回路，电梯机房检修开关接触不良，造成电梯处于可运行状态，因而 4 楼有信号呼梯时，电梯运行伤人。

（2）造成事故的主要原因，是张某不具备维修电梯的能力，未进行培训，无证上岗。

（3）造成事故的另一个原因，是张某进行维修时，未设置维修状态警示标志，且只有 1 人进行维修，违章操作。

3. 事故教训与防范措施

（1）加强对员工的安全教育与培训，持证上岗。

（2）完善管理制度，严格落实日常维护保养制度并确保工作质量。

九、物业管理公司电梯突然失控冲顶伤人事故分析

2004 年 2 月 3 日 18 时 30 分，某物业管理有限公司发生一起电梯冲顶事故，造成 1 人重伤，直接经济损失 4 万元。

1. 事故经过

2004 年 2 月 3 日晚，送货员李某向某商务楼 2 层的一家润滑材料科技有限公司送一批化工原料。李某进入大楼后准备乘电梯上楼，未等其按电梯按钮，电梯已下到 1 层，且梯门自动打开，当李某走进轿厢时，厅门未关闭电梯就已上升，导致其被电梯轿底绊了一下，摔倒在电梯内，手中的化学原料也洒落一地。同时由于摔倒时李某双腿大腿以下部分还处于轿厢外，所以电梯行至 2 层时，其双腿被夹在电梯轿底与 2 层平层之间，电梯也因此而停下。

事故发生后，该商务楼值班保安立即拨打 110、119、120 报警，待消防中队赶到事故现场后，用扩张器将轿底横向顶开，将李某救出。120 急救车来后，立即将李某送往医院。后经医院鉴定，李某双腿轻度灼伤、右腿膝盖部分粉碎性骨折。

据查，在事故发生及救人过程中，电梯 1 层厅门始终处在开门状态，且当消防人员将李某救出后，电梯又立即冲项。

2. 事故原因分析

(1) 根据调查组的调查情况及特种设备监督检验所安全技术鉴定报告，得出如下鉴定结论：由于下午接触器发生粘连，不能切断制动器电流，使抱闸处在松闸状态，电梯对重在重力作用下向下坠落并使电梯轿厢上行，是事故发生的直接原因。

(2) 电梯维护单位未严格遵循法律法规规定，超期维保（该电梯最近一次维保距事故发生时已超过 15 天），且在维修保养中未严格执行国家安全技术规范的要求，对应该发现的事故隐患（电梯下行接触器粘连）未及时发现并排除，是导致事故发生的主要原因。

(3) 物业管理方面未严格按照法律、法规规定，建立、健全电梯安全管理制度并遵照执行，未对电梯进行经常性的维护保养和定期检查，未能及时督促电梯维保单位做好维保工作，是导致这起事故发生的次要原因。

(4) 电梯维修保养单位应对这起事故负主要责任，物业管理单位应对这起事故负次要责任。

3. 事故教训与防范措施

(1) 严格执行《特种设备安全法》的有关规定，进一步加强对电梯维修保养工作的管

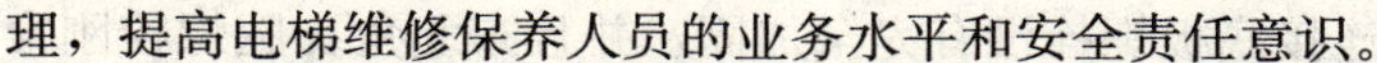

理，提高电梯维修保养人员的业务水平和安全责任意识。

(2) 建立健全行之有效的电梯运行、应急措施预案等安全管理制度，并严格按照制度加强对电梯的日常维护保养和安全检查，把各项安全措施落到实处，确保电梯安全工作无疏漏。

十、门式起重机安装过程中突然倒塌事故分析

某预制厂新购进的 40 t 门式起重机，在安装过程中突然倒塌，造成一人重伤、两人轻伤，直接经济损失 40 余万元。

1. 事故概况

发生事故的起重机的主梁是由不同型号钢焊接并通过销轴连接而成的双梁、三角形桁架结构，支腿采用无缝钢管。设计提升高度为 15 m，跨度 30 m，大车起吊重量为 40 t。

在事故现场，整体框架沿大梁轴线方向向南（微偏西）倾倒，北端缆绳地锚为地面铁质重物，向倒塌方向位移 500 mm，简易阻挡木桩被推倒，ϕ12 mm 钢丝缆绳被拉断，大梁卧地变形，主副支腿不同程度地折弯变形，跟部焊缝撕裂。南端大梁与支腿连接底板螺栓基本完好，北端西片 11 支螺栓断 3 支，捋丝 4 支，东片无帽螺栓 5 支，捋丝 4 支，副支腿与大梁连接板无螺栓，支腿法兰平面有不同程度的变形，焊口对接处有加塞现象，最大加塞宽度达 30 mm，加塞总长超过 200 mm，焊角高度尺寸不均，焊缝外观质量粗糙。

2. 事故经过

2003 年 12 月 23 日上午，安装单位组织安装人员进入现场，其中制造单位也派出人员进入现场。一台 20 t 自用汽车吊和一台 50 t 的租用汽车吊进入现场。10 点左右，南北两支腿立起，用 ϕ12 mm 钢丝绳和 3 t 手拉葫芦拉紧找正拴牢。11 点 30 分左右，在起重工的指挥下，两台吊车同时将西侧大梁吊在支腿上，穿上连接螺栓初紧，副支腿未装螺栓。13 点 30 分开始，用同样的方法将东侧大梁吊上，在张某的指挥下，安装两端螺栓。南端螺栓初紧，副支腿未装螺栓，北端螺栓穿上大部分没上螺帽。随后吊车摘钩吊装天车，天车就位于大梁中线南侧后吊遮雨棚。此时，王某发现整体框架向南略有倾斜，李某建议将南支腿拉绳松一下，北支腿拉绳紧一紧。赵某就安排两个工人去紧松缆绳。当拉北侧导链的同时，整体框架全部向南倒塌。

3. 事故原因分析

造成事故的直接原因：

（1）大梁吊上后支腿与大梁的连接底板螺栓没有完全加固，并且东北角支腿螺栓刚穿上还没有紧固。起稳定作用的副支腿与大梁连接底板的螺栓孔不对应，螺栓无法插入孔内。在整体框架很不稳定的情况下，吊车提前摘钩进入下道工序吊装天车。

（2）吊车将 5.5 t 重的天车吊装在大梁中线南部，本来南部就偏重的框架重上加重，致使很不稳定的框架自然而然地朝西南方向倾斜。

（3）北端的地锚固定不牢，受缆绳拉力后向前移动，使整体框架倾斜角度逐步增大，缆绳承受拉力也越来越大，当拉力超过缆绳的拉断力时，造成缆绳突然断开，整体框架瞬间倒塌。

造成事故的间接原因：

（1）制造质量粗糙。副支腿关键部位螺栓孔不对应，无法穿螺栓。发现这种情况后本应修理后再组装，而安装单位没有这样做。

（2）省小钱，丢大钱。租用的汽车吊是按小时计费的，安装单位为了加快安装速度，缩短吊车的租用时间，大梁吊上后，有的螺栓没有穿上，大部分螺栓没有紧固，在这种情况下吊车摘钩，紧接着又把天车压在大梁上。

（3）安装质量保证体系中的质量控制系统严重失控。上道工序安装完毕后，应有质检员严格检查合格后，才能进入下道工序。而安装单位提供不出质检方面的证据。

（4）规章制度不健全。安装前没有到有关部门办理安装手续，没有制定出周密、细致、安全可行的安装方案。缺乏统一指挥，造成事故。

4. 事故教训与防范措施

（1）加强特种设备的管理力度，加强特种设备进入渠道的监督，确保特种设备的质量符合相关技术标准。

（2）按规定加强特种设备的安装管理，特种设备安装前必须到当地特种设备安全监督管理部门办理安装告知手续，并在安装完成后在经过自检以及法定特种设备检验机构检验合格后方能交付使用单位投入使用。

（3）使用单位要加强特种设备的安全管理，建立、健全特种设备安全管理各项规章制度。

（4）制造单位对于特种设备的设计制造必须严格执行法规技术标准，确保特种设备符合设计制造规范，保障特种设备的使用安全。

十一、石材公司装载机刹车失灵车体倾覆事故分析

2002 年 6 月 13 日，某石材公司装载机操作人员于某，在露天采石场二级台阶工作时，

因装载机刹车失灵，造成装载机180°倾覆，于某因伤势过重死亡。

1. 事故经过

2002年6月13日12时40分，公司装载机操作人员于某，在露天采石场二级台阶工作时，因装载机刹车失灵，在施工中从台阶的中部滑向台阶的底部拐弯处，由于滑行速度过快，且路面里高外低，造成装载机180°倾覆，装载机驾驶室严重损伤，操作人员于某被挤压在里面，因伤势过重，在送往医院途中死亡。这起事故造成直接经济损失30万元，间接经济损失50万元。

该设备额定载荷5 000 kg，动力方式为内燃。该设备于2002年2月19日投用，未经检验，无安全检验合格标志；未进行注册登记，无厂内机动车辆牌照；操作人员有15年操作厂车工龄，有操作证。

2. 事故原因分析

（1）车辆制动系统在事故前曾发现过失灵，因而刹车失灵为这起事故的直接原因。

（2）作业场所坡度偏大是造成事故的间接原因。

（3）使用单位未能按照有关要求履行设备报检、注册登记等相关职责，管理制度不健全，安全管理不到位是导致事故发生的重要原因。

3. 事故教训与防范措施

（1）使用单位应当制定相关管理制度，加强对设备的安全管理，聘请有资质的专业单位进行设备的维护和修理，并做好记录，掌握设备安全状况。

（2）使用单位应当按照有关要求履行设备报检和注册登记手续，取得厂内机动车辆牌照和安全检验合格标志后方可投入使用；

（3）总结事故教训，对不利于设备操作的作业面应禁止使用装载机作业。

十二、叉车夜间作业视线不清导致碰撞人员事故分析

2003年2月4日，某公司三轧车间一名叉车工在作业过程中，因夜间作业视线不清，不慎将2名骑自行车巡逻的警卫撞压，警卫在送往医院途中死亡。

1. 事故经过

2003年2月4日3时40分，某公司三轧车间乙班叉车工高某，在将两捆线材（重4.9 t）运到车间外堆放的过程中，出车间门左转弯上厂区大道时，由于夜间作业，视线不清，2名

骑自行车巡逻的警卫被叉车撞压，警卫在送往医院途中死亡，直接经济损失30万元。

该设备起重量8 000 kg，自重11 310 kg，起升高度4 000 mm，系轮式自行专用机械。该车灯光系统、制动系统、转向系统等均符合要求，未经检验和注册登记。

2. 事故原因分析

（1）造成事故的直接原因，是驾驶员夜间驾车作业思想麻痹，对厂区道路的交通状态疏于观察，盲目行驶所致。

（2）警卫人员夜间骑自行车巡逻，途经作业区域未能靠厂区道路右侧行驶也是一个原因。

（3）由于车间光线较强，堆放货场光线不是很亮，叉车驶出车间，光线反差对驾驶员视力也造成一定影响。

（4）管理不到位，安全教育针对性不强。

3. 事故教训与防范措施

（1）使用单位应当制定相关管理制度与操作规程，加强对车辆的安全管理。

（2）加强对所有员工的安全教育，特别要加强对特种设备作业人员的培训与管理，确保厂车驾驶人员持特种设备作业人员证书上岗。

（3）在用厂内机动车辆必须经检验合格与注册登记，取得厂内机动车辆牌照和安全检验合格标志后方可投入使用。

第四章　火灾事故报告和调查处理知识

消防工作极其重要，它是稳定社会，减少国家和人民群众生命财产损失的一个重要环节。近几年，随着经济的迅速发展和科技进步，以及人们物质文化生活水平的逐步提高，生产生活用火、用电、用油、用气量也随之增加，与此同时，由于使用不当或者防范不周，火灾事故也不断发生，呈现上升趋势。面对不断发生的各类火灾，消防工作重点应放在“防”字上，这就需要加大消防教育培训力度，了解有关防火与消防知识，提高全民消防安全意识，认真做好火灾事故调查，吸取事故教训，这是做好消防工作的社会基础。

第一节　火灾特点与防火安全管理要求

现代社会的特点是：电气化普及，计算机、电视、电话、空调、复印机、传真机、照明灯等无处不在，加上油类、气类等化学品也十分普遍，一旦失火，影响颇大，这种事故已经无数次发生。因此，需要加强对火灾事故的预防，这也是所有生产企业以及相关单位的重要任务。预防火灾，人人有责。不论是企业职工，还是中小学生及居民，都需要了解有关火灾与消防知识，要熟悉和掌握消防器材的使用，要提高扑灭初起之火的技能；同时，还需要了解火灾疏散和逃生知识，一旦突然遇到火灾的时候，能够积极地应对，能够在火灾初起的时候就果断地扑灭，不能够扑灭就迅速逃生，从而避免人员伤亡事故，避免悲剧的发生。

一、防火安全管理的方针和原则

1. 防火安全管理的方针

防火安全管理又称为消防安全管理。消防安全管理是指单位管理者和主管部门遵循经营管理活动规律和火灾发生的客观规律，依照有关规定，运用管理的一定方式方法，通过管理职能合理、有效地组合保证消防安全的各种资源所进行的一系列活动，以保护单位员工免遭火灾危害、保护财产不受损失，促进单位改善消防安全环境，保障单位经营、建设的顺利发展。

按照《中华人民共和国消防法》的规定，消防工作贯彻“预防为主，防消结合”的方针，这是消防管理工作必须遵循的方针，这一方针同样适用于防爆安全管理。

火灾是一种常见的灾害，但大多数火灾是人为因素造成的。因此，火灾是可以预防的，预防工作做好了，就能够减少火灾的发生，即使发生了火灾，在有准备的条件下，也可以最大限度地降低火灾所造成的危害。从多年发生的火灾原因来看，用火、用电不慎和违反安全规定等占火灾总原因80%以上，几乎各种火灾都与人的因素有关，是由于人的思想麻痹、放松警惕、缺乏防火意识和消防知识所造成的。所以，在安全管理工作中，要把预防火灾放在首位，积极贯彻各项防火措施，力求防止火灾的发生。同时要做好各项灭火准备工作，当发生火灾时，能够及时有效地扑灭火灾，最大限度地减少火灾损失。实践证明，积极预防和成功扑救，是有效地同火灾做斗争的两个基本手段，两者紧密相连不可分割，既相互补充，又相互促进，应使两者有机地结合起来。

2. 防火安全管理的要求

由于用火、用电以及使用燃气的广泛性、普遍性，发生火灾的时间、地点的不确定性及火灾的破坏性，防火安全管理活动有如下几个特点：

（1）全方位性。从防火管理的空间上看，防火安全管理活动具有全方位性的特点，生产、经营、生活中，可燃物、氧化剂（如空气）和引火源无处不在，凡是用火、用气的场所，凡是容易形成燃烧、爆炸条件的场所，都是容易造成火灾的场所，也就是需要进行安全管理的场所。

（2）全天候性。从防火管理的时间上看，人们用火、用气的无时限性，有可能造成燃烧爆炸条件的偶然性，即火灾发生的随机性，因此防火安全管理者在任何时刻都不应该放松警惕。

（3）全过程性。从活动过程上看，生产、经营、生活过程的各个环节都存在不同程度发生燃烧的条件，如轻工企业、化工企业的生产过程、易燃易爆物品的储存和运输过程等，各个环节都需要进行防火的安全管理。

（4）全员性。从防火安全管理对象上看，防火管理的人员对象涉及广泛，包括企业全体职工以及其他人员，因此要求全员参与安全管理工作。

（5）强制性。由于火灾的破坏性很大，危害社会公共安全，为严格管理，保证安全，必须运用法制手段规范人们的行为，甚至给予必要的法律制裁，以引起人们的高度重视。

3. 防火安全管理的原则

（1）为总体目标服务的原则。防火安全管理的总体目标，是预防火灾事故的发生，并努力减少火灾造成的危害，保护生命和财产安全，维护公共安全，保障社会主义现代化建设的顺利进行。目前，在社会主义市场经济体制下，防火安全工作出现大量新情况和新问题。随着政府部门的职能转变，公安消防机构不能延续过去那种指导、管理、监督三位一体的一把抓模式，而是要大大调动单位自身对消防管理工作的主观能动性，要求各个部门、单位，根据本部门、本单位的实际情况和经营特点，提出长期和近期的防火管理工作目标任务和措施要求，树立责任意识，为实现本部门、本单位的建设、生产经营的大目标服务，为本部门、本单位的建设顺利进行、生产经营的发展创造良好的安全环境。

(2) 依靠群众的原则。防火安全管理工作是一项广泛的群众性工作。在安全管理工作中要坚持群众性原则：一是要求领导者必须树立群众观点，相信群众，尊重倾听群众的意见，虚心向群众学习。二是要采取各种方式方法，向职工群众普及火灾知识，提高群众自身的防灾抗灾能力。三是动员社会各界力量，积极参加防火工作，同火灾做斗争。四是要组织群众中的骨干，建立义务消防队，实行消防安全责任制，开展群众性的防火和灭火工作。

(3) 依法管理的原则。依法管理就是依照国家立法机关和行政机关制定颁发的有关法律法规，对单位或场所的安全事务进行管理，落实安全的规定和要求，保证单位或场所的安全。实施依法管理，还包括各单位结合本单位的具体情况和特点，制定安全规章制度，从而使单位管理者有法可依，使人们有章可循。这种单位的安全规章制度就是法律法规在单位的延伸，是法律法规在单位里的具体化。安全管理规章制度制定后，要向职工宣传落实安全规章制度，使大家明自在经营、作业过程中哪些是应该做的，哪些是违法和禁止做的，以此来保障安全经营。单位领导者和管理者必须严格地执行消防安全规章制度，做到有法必依，执法必严，违法必究，充分发挥法制的威力，使安全管理规章制度在单位里真正起到保护国家和人民的财物、保护大家生命安全，惩治违章违法行为的积极作用。

(4) 科学管理的原则。防火安全管理提倡科学化和现代化，以不断提高安全管理水平。为此，一是按照火灾发生发展规律和本单位工作、经营作业规律办事，如火灾危险因素会随着经济的发展，经营、技术领域的扩大和物质生活的提高而增加的规律；防火安全管理与本单位事业、经济发展相适应的规律；火灾的发生与行业、季节、时间相关的规律；火灾成因与人们心理和行为相关的规律以及因人、因时、因地制宜的规律等。安全管理只有遵循这些规律办事，才能有的放矢，才有效果。二是要自觉学习和运用现代管理科学的理论和方法，不断提高安全管理水平，要把现代管理理论和方法与实践经验结合起来进行安全管理，可收得事半功倍的效果。三是要逐步采用现代科学技术和手段来提高管理效率，使防火安全管理更深入、更科学，如使用微机处理火灾管理信息、进行火灾预测和调度控制等，运用电子检测系统随时视察保护区的情况，发现异常及时处理等。

(5) 综合治理的原则。用火的广泛性和火灾发生的多因素的影响，决定了安全管理必须是综合治理型的。预防和减少火灾事故的发生不能单靠某一个部门或单纯使用哪一种手段，必须在安全管理上、管理内容上、管理手段上和管理对象上实行综合治理。

在管理方式上，防火安全管理要同单位的生产经营管理一致，作为一项管理内容纳入单位管理范围；在管理内容上要有系统观念，形成配套的消防安全保障体系，即落实防火安全责任制，消防安全教育，防火检查，整改火灾隐患，将全面抓与重点落实、总体部署与具体措施结合起来；在运用管理手段上，要综合运用行政的、法律的、宣传教育的、技术的、经济的等各种手段，相互配合，相互补充；在治理对象的综合性上，要将与消防安全有关的各种要素——人、物、事、时间、信息等进行综合考虑，对各个部位和各类人员都须进行必要的管理。

二、火灾成因及其特点

1. 火灾定义与原因

在《火灾统计管理规定》中，给火灾下的定义是：凡失去控制并对财物和人身造成损害的燃烧现象都为火灾。

导致火灾发生的原因很多，大致可以根据起火原因将火灾分为电气火灾、生活用火火灾、违章操作火灾、吸烟火灾、玩火火灾、放火火灾、自燃火灾、雷击火灾、其他火灾等类别。

防火（消防）工作是一项全社会的工作，从最高领导到最基层的群众，谁都不能忽视防火（消防）工作。因为水火无情，再重要的物质，再坚固的物体，一把大火，就可能让其变成灰烬或废墟。因此经济学家对火灾的理解是最深刻的，他们说，对于社会经济来说，除了杀人夺命之外，其他的各种刑事案都是财富和物质的转移，而火灾造成的后果却是对物质的毁灭，而毁灭的物质一般说来是难以再生的。所以从这一理念出发，消防工作就是防止社会财富的减少，是对社会财富的一种根本保障。要做好消防工作，群众性的防范极其重要，因为几乎每一起火灾，其直接原因都是个别群众疏忽大意造成的（一些自然灾害引发的和人为纵火引起的火灾除外）。

2. 电气火灾

电气火灾是指违反电气安装和使用规定以及因伪劣电气产品引起的火灾。这类火灾发生率较高，约占火灾总数的25%。从20世纪80年代末起，电气火灾所占的比例升至第一位，而且其火灾损失也占有最大的比例。从发展的角度看，随着我国电力工业的发展，城乡生产、生活用电量的增加，电气火灾仍将保持相当大的比例。造成电气火灾的主要原因，是在电气使用中存在较多问题，如乱拉乱接电线，不按使用要求随意加大负荷，电线绝缘老化，不按时更换电线，长时间超负荷用电致使温度失控等。因此，加强安全用电教育和加强电气安全管理，经常进行电气设备设施的安全检查，对所有企业事业单位都是十分必要的。

3. 生活用火火灾

生活用火火灾是指生活或涉及生活的用火，包括炉灶（炉具）设置、使用不当，余火复燃，明火照明、生火取暖、熏蚊不当，敬神祭祖焚纸烧香等所导致的火灾。这类火灾约占火灾总数的20%。生活用火火灾的特点是点多面广、发生频繁，一旦疏于管理、失去警惕，则易发生火灾。近几年随着居住条件的改善，炊事燃料的变化和用火设备的改进，防火宣传教育的加强和普及，生活用火引起火灾的总数开始呈现明显下降的趋势。

4. 违章操作火灾

违章操作火灾是指在生产、储存、运输等过程中违反安全规定和操作规程造成的火灾，如违章指挥，冒险作业，违章动火，焊接切割中违反操作规程等。这类火灾约占火灾总数的12%。目前在中小企业火灾中，这种原因造成的火灾损失往往最大。出现这种情况的原因，大都是由于企业领导单纯追求经济效益而忽视消防安全，职工思想麻痹，劳动纪律松弛，缺乏安全规程，安全制度执行不严而造成的。此外，新工人多，未经培训上岗，缺乏专业生产技术知识和安全技术知识，发生事故不知如何处理，也是重要的成灾因素。因此中小企业应加强防火、防爆安全管理。

5. 吸烟火灾

吸烟火灾是指由于吸烟入睡，醉酒吸烟，随地乱扔烟头、火柴梗，以及在有爆炸危险场所违章吸烟等而引起的火灾，这类火灾约占火灾总数的10%。吸烟引起的火灾一直是造成火灾的重要原因，尤其是我国吸烟人数多，由于吸烟引起的火灾一直居高不下。在吸烟人员中，年轻人吸烟时往往不分场合，忽视防火要求，随地扔烟蒂和火柴梗，往往造成火灾。因此加强对吸烟人员的安全教育，是今后消防宣传教育中的一项重要内容。

6. 玩火火灾

玩火火灾是指由于乱放鞭炮、玩火取乐、小孩玩火等原因引起的火灾，这类火灾约占火灾总数的8.75%。近几年，由于社会、学校普遍开展“119”宣传日活动，消防教育进学校以及社会各种媒体的广泛宣传教育，取得一定成效，这类火灾开始呈现下降趋势，说明加强宣传教育对儿童和青少年是有成效的。但是，从统计分析看，玩火成灾的情况仍然占有一定的比例，不能放松警惕，还应继续加强防范。

7. 放火火灾

放火火灾是指刑事放火、报私仇放火、精神病人放火等。这类火灾的特点是农村多、私营企业多、晚间（20 时至次日 4 时）多。造成这类火灾的主要原因，多是由于经济、民事纠纷引起的。由于放火是一种犯罪行为，对社会秩序影响不好，社会和单位应从不同角度去加强防范工作，以最大限度地减少放火犯罪活动。

8. 自燃火灾

自燃火灾包括易燃易爆危险化学物品自燃，以及煤、稻草麦秸、涂油物、鱼粉等自燃引起的火灾。这类火灾所占的比例约为 1.7%。从统计分析看，自燃火灾多集中在第二、第三季度，因此只要有针对性地对存放自燃物质的单位或部位加强防范，就可减少此类火灾。

三、火灾的一般规律

1. 社会环境因素对火灾的影响

火灾在本质上虽然是一种自然现象，与一些自然因素有关，如地域、气候、气象等，但同时它还与社会因素有关，许多火灾事故的发生更多的是由于社会因素造成的，如电气火灾、违章操作火灾、吸烟火灾、玩火火灾等。所以，火灾是一种自然现象，同时也是一种社会现象。在不同的社会发展时期，社会环境因素的变化对火灾的影响很大，包括政治、经济、文化、风俗习惯等。

（1）工业的发展，设备随之增多；人民生活水平的提高，家用电器随之增多。随着经济的发展，引发火灾的因素增多，从而促使火灾增多。

（2）自动化水平的提高，提高了监控质量；阻燃新材料的使用，使火灾难以发生；新技术的使用，使灭火设备更先进，灭火能力增强，起火成灾率减小。

（3）政局稳定、法制健全、社会安定、消防管理严密有效，火灾则少；反之，社会混乱、管理失控、火灾将增多，损失将增大。

（4）教育的普及，文化素质的提高，人们遵守法律法规的自觉性将提高；防火灭火科技知识的丰富，人们自身抗御火灾的警惕性和技能将提高，起火成灾率将减少。

（5）风俗习惯对火灾形成有很大的影响。燃放烟花爆竹、上坟烧纸、供神焚香、酗酒吸烟、乱扔烟头等，将容易引起火灾。

2. 火灾的季节变化规律

我国地域广阔，各地经济发展、风土人情有所差异，但就火灾随季节的变化而言，有着基本相同的规律：冬季（12—2 月）火灾起数最多，春季（3—5 月）次之，秋季（9—11 月）又次之，夏季（6—8 月）火灾起数最少。

冬天气温低，生产、生活取暖用火、用电增多，夜晚照明时间加长，这是火灾多发的原因之一。春节期间正常秩序被打乱，以及燃放烟花爆竹，是火灾多发的原因之二。20 世纪 90 年代，全国春节期间火灾约占冬季总数的 1/4，仅烟花爆竹引起火灾就占冬季总数近 15%。

春季风大，加上气温回升快，土壤水分蒸发量大，水气散失极快，形成风高物燥的气候。在这个季节人们还有春游踏青、清明祭扫的习惯，野外火源增多。据统计，春季是森林火灾最多的时期，东北地区四五月间，森林火灾最频繁；在南方，西南和西北的南部地区，二三月森林火险最严重。

秋季气温、湿度与春季相近，风力比春、冬季小。中秋之后，北方庄稼开始成熟，禾秆渐趋枯萎，收获、打场用火、用电量增加，柴草堆垛林立。特别是进入晚秋，寒潮频袭，气温下降，风力上升，时有火灾发生。

夏季气温高，雨水多，日照时间长，用火量和用火时间减少，物质燃烧难度增加，因此火灾起数夏季最少。然而需要注意的是，夏季自燃火灾占全年之首，同时雷电火灾也明显高于其他季节。更为重要的是夏季气温高，闪点低的易燃物品的燃烧及危险物品的爆炸可能性增加，一旦发生火灾，损失往往惨重。

3. 火灾昼夜变化规律

火灾在一日 24 小时内的发生规律是：10 时至 22 时为起火高峰期；22 时至次日上午 8 时为起火低峰期，其中 4 时至 8 时起火风险最小；20 时至次日 6 时火灾成灾率较高，损失较大。而且白天起火风险大，尤以下午为最大；夜间起火风险小，尤以后半夜为最小。成灾率是白天低夜间高。这个规律的形成，与人们的生活和生产经营活动规律密切相关。白天是人们从事生产和经营活动最集中、最频繁的时间，也是用火用电和使用易燃易爆物品最多的时间，如果疏于防范，容易失火。特别是下午，人们的精力、体力处于疲劳、困倦状态，易放松警惕，更容易发生火灾。但由于人们都在岗位上，即使失火也能早发现、快报警，由于扑救及时，故成灾率较低。而在夜间，虽然停止或减少了生产经营活动，用火用电量减少，失火机会少，但一旦起火，不易发现，或者发现较晚，由于得不到及时扑救，往往小火酿成大火，故成灾率高、火灾损失大。

四、防火检查和对火灾隐患整改的要求

1. 防火检查的要求和内容

防火检查的目的在于发现和消除火灾隐患，同时也是对一些重视消防安全工作的单位进行褒扬和鼓励的过程。防火检查的依据是国家的法律法规和防火技术规范要求，检查的过程既是监督、介绍、了解各单位消防安全的情况，也是向各单位宣传、普及消防常识和

专业知识，提高其防火责任心，引起社会重视消防工作的过程，所以防火检查是消防部门一项基本工作。防火检查可分为单位自查、行业主管部门检查和行业之间互查，以及公安消防部门代表政府进行的行政检查。

消防行政检查的方式与内容主要如下所述：

(1) 防火检查的方式。消防部门根据国家赋予的权力和上级布置的要求，对所辖区域内的单位和部门、社区进行防火检查，其检查方式一般有 6 种：例行检查、季节性检查、专项检查、重点检查、突击检查、联合检查。

(2) 防火检查的内容。防火检查内容广泛，涉及面广，技术要求高，各种专业又多，所以对不同的地区和单位、部门和不同的季节各有不同的内容。防火检查的内容主要有以下几点：

①检查用火、用电及危险化学品、易燃易爆品的使用情况，以及在储存、运输和销售过程中的安全情况。

②对各种建筑物和公共设施进行水源、通道、照明、布局等方面的安全情况的检查。

③检查各部门和各单位在安全组织、机构和学习训练以及平时工作中的各种责任制的落实情况，包括领导的重视情况。

④检查对干部、群众的消防安全的宣传教育计划和实行情况，平时自查自检情况，以及火灾隐患的整改、正常消防设施和其他设备的维修保养及安全使用情况等。

2. 整改火灾隐患的程序和要求

火灾隐患是指在社会生活和生产存在的可能导致火灾发生的不安全因素。对发现的火灾隐患进行限期整改、检查验收，消除不安全因素，是消防部门一项重要的职责。具体要求如下所述：

(1) 对发现的火灾隐患要做到：一是逐项登记，进行备案，反复检查，落实整改。二是对重大的具有一定危害性的火灾隐患，要填写《重大火灾隐患整改通知书》，及时交给被查单位及其有关单位，并限期整改，届时复查。对拒不整改的可以进行罚款或行政拘留。三是对随时具有发生火灾危险的单位，可实施查封，要求其停产停业，立即整顿，同时下达《停产停业整改通知书》。四是对复查单位要填写《复查验收意见书》，如仍不合格，一方面要进行处理，另一方面要向上一级政府汇报，请求政府给予支持，直至整改完毕，达到安全要求才行。五是如因客观条件不允许整改，或因资金困难难以整改，消防部门要积极想办法解决。既可向政府有关部门汇报，又可采取一些临时有效措施，同时要制订计划，在一定的时间段里彻底解决；在没有解决之前要签订责任状，将安全责任落实到人。

(2) 对整改火灾隐患的法律程序要求

①公安消防部门要使用全国统一的《火灾隐患整改通知书》《停产停业整改通知书》和

《复查验收意见书》，并经消防法规部门审核，再经部门一级主官批准签署意见，盖上有关公章才能发出，同时留有存档。

②具体内容包括呈送单位和抄报单位名称、地点、法定代表人姓名，整改检查的时间、地点和情况，提出整改的若干要求、时限，依据的法律法规条文以及被通知单位应有的权利等，具体格式可查询消防公务网站。

③抄报单位根据情况可报达：抄送单位的上级主管部门、受理保险公司、工商管理部门和地方安全生产委员会、检察院、法院等。

④发现重大紧急情况，应随即报告地方政府，并提出强制性处理意见。

第二节 火灾事故调查实施要点

火灾调查目的，是确定火灾的原因和性质，研究火灾的规律、特点和预防的有效措施，并依法对火灾责任者或犯罪分子给予定案处理。同时，通过火灾调查，吸取事故教训，促使相关单位和人员，严格遵守国家消防规范、标准，建立健全消防安全规章制度，加强消防安全管理，增强管理人员和现场工作人员的消防安全意识，开展消防安全宣传教育，使职工掌握消防安全常识，例如安全用火、用电、用气、用油和火灾报警、初起火灾扑救、逃生自救知识，降低火灾事故的发生。

一、火灾调查的要点与人员

1. 火灾调查的主要内容

（1）查明火灾事故的发生原因和蔓延的过程，包括时间、地点、起火点和起火部位、起火前后情况等。

（2）查明火灾事故的性质，包括种类，分为人为或非人为火灾，人为火灾又分为玩忽职守、过失和故意 3 种。

（3）查明与火灾有关的证人、证据，搜索和提取证人的证言和火场物证。

（4）查明火灾损失数额和人员伤亡情况。

（5）提出火灾报告，总结从预防到扑救各个环节的经验教训，并提出对有关责任人的处理意见。

2. 对火灾调查人员的要求

（1）火灾调查人员必须由公安消防机构的人员组成或由其邀请的有关专家参加。任何非公安消防机构无权擅自组织火灾调查，但可将有关调查情况向公安消防机构提供并提出自己的意见，如认为公安消防机构的认定不妥可申请重新认定。

（2）对疑难性火灾，公安消防机构可通过现场燃烧物的化验、送检和请专家勘查研究等方式进行科学鉴定，以求得出信服的结论。对经过上述过程仍不能明确认定的，或认定结果有争议的，可保存好所有的人证物证，同时做好详细的备案记录和录像、照相工作，并写出《难以认定火因报告》，以待有条件时进一步认定。

（3）火灾调查人员的职责是，听取有关火灾情况的一切反映，并对不同反映进行调查核实；对所查情况进行汇总分析，根据具体情况也可采取紧急措施，控制现场和有关人员，同时及时向领导汇报，以取得支持和帮助。

3. 火灾事故的现场勘查

火灾事故现场勘查，分为环境勘查、初步勘查、细项勘查、专项勘查四个步骤进行。火灾事故现场勘查与事故现场访问工作一样，各有侧重，需要较强的理论知识和调查经验，同时做好勘查笔录和现场照相摄影工作。

二、火灾事故现场的保护

1. 火灾事故现场保护

火灾现场保护的基本要求是要及时严密地保护现场，使火灾现场能保持停止燃烧时的原样，为发现发火物和引火物的残留物、火势蔓延和放火犯罪的痕迹，确定起火点和搜集物证创造条件。

火灾现场保护范围应包括被烧到的全部场所及与起火原因有关的一切地点。在保证查清起火原因的条件下，尽量把需要保护的现场的范围缩小。但遇到下列情况时，需要根据现场的条件和勘查工作的需要扩大保护范围：

（1）起火点位置未能确定。包括起火部位不明显，起火点位置看法有分歧，初步认定的起火点与火场遗留痕迹不一致等。

（2）由电气故障引起的火灾。当怀疑起火原因为电气设备故障时，凡属与火场用电设备有关的线路、设备，如进户线、总配电盘、开关、灯座、插座、电机及其拖动设备和它们通过或安装的场所，都应列入保护范围。

（3）爆炸现场。对建筑物因爆炸倒塌起火的现场，不论抛出物体飞出的距离有多远，都应把抛出物着地点列入保护范围，同时把爆炸场所破坏或影响到的建筑物等列入现场保护的范围。

2. 火灾现场保护的方法

火灾现场保护的方法主要有如下几种：

（1）灭火中的现场保护。对起火部位，在灭火时，特别是扫残火时不要轻易破坏或变动物品位置，应尽量保持燃烧后物体的自然状态。对于有可能为起火点的地段，尽可能做到不拆散已烧毁的结构、构件、设备和其他残留物，如果仍有未燃尽的危险物，应用开花水流或喷雾进行控制。

（2）勘查前的现场保护。火被扑灭后，消防部门应立即协同起火单位、派出所派人看守现场。

①对露天火灾现场，首先应在起火的地点和留有与火灾有关的痕迹物证的一切处所的周围，划定保护范围。保护范围划定后应立即布置警戒，禁止无关人员进入现场。如果现场的范围不大，可绕以绳索画警戒圈，防止人员进入。对现场上重要部位的出入口应设置屏障遮挡或布置看守。如果火灾发生在交通道路上，在农村可实行全部封锁或部分封锁，重要的进出口处，应布置专人看守或施以屏障；在城市，由于人口众多，来往行人、车辆流动性大，封锁范围应尽量缩小，并禁止群众围观，以免影响通行。

②对于室内火灾现场，主要应在室外门窗下布置专人看守，或重点部位加以看守加封；对现场的室外和院落也应划出一定的禁入范围，防止无关人员进入现场，以免破坏现场痕迹物证；对于私人房间要做好房主的安抚工作，劝其不要急于清理。

③对于大型火场，可利用原有的围墙、栅栏等进行封锁隔离，尽量不要阻塞交通和影响居民生活，必要时应加强现场保护的力量，待勘查时，再酌情缩小现场保护范围。

3. 勘查中的现场保护

在勘查过程中，任何人都不应有违反勘查纪律的行为。在清理堆积物品、移动物品或者取下物证时，在动手之前，必须从不同侧面拍照，以照片的形式保存和保护现场。

4. 现场痕迹物证的保护方法

对于留有痕迹物证的处所，可在其周围，用粉笔或白灰画上保护圈，也可用席子、塑料布、面盆等罩具遮起来。

三、火灾现场询问的对象和内容

1. 火灾现场询问的对象

最先发现起火的人和报警的人、最先到达火场扑救的人、起火前最后离开起火部位或在场的工作人员、熟悉起火部位周围情况的人、熟悉生产工艺过程的人、火灾事故责任者和受害人、现场目击者和周围群众、起火单位的领导或户主和值班人员、消防员及其他有关人员。

2. 火灾现场询问的主要内容

通过询问，要搞清起火前后现场六个方面的情况：

(1) 建筑物的结构、特点、耐火等级。

(2) 火源、电源的分布及使用情况。

(3) 生产工艺流程、机械设备的布局，原料、产品的性质和火灾危险性。

(4) 火灾事故前的异常现象。

(5) 防火安全制度的执行情况和在场人员的活动情况。

(6) 起火时间、起火部位和施救情况。

在询问的过程中，火灾事故调查人员应根据调查对象的不同，采用不同的询问方法，提出不同的问题。询问应主要围绕着在什么时间，什么地点，什么情况下起火的，看到了什么、听到了什么、闻到了什么，对案件的发生有什么看法、根据是什么等展开。

3. 向发现火灾的人和报警人主要了解的内容

向发现火灾的人和报警人主要了解的内容有以下几点。

(1) 发现起火的时间，最初起火的部位，能够证实起火时间、起火部位的依据。

(2) 发现起火的详细经过，即发现者在什么情况下发现起火的，起火前有什么征象，发现时有什么声、光、味等现象。

(3) 发现后火场变化的情况，火势蔓延的方向、燃烧范围、火焰和烟雾的颜色。

(4) 发现火情后采取过哪些措施，现场有无发生变动、变动的原因和情况。

(5) 是否有可疑的人出入火场，还有无其他什么已知的情况，还有谁知道以上的情况。

(6) 发现起火时电源情况，电灯是否亮、设备是否运转等。

(7) 发现起火时风向、风力情况。

(8) 报警时间、地点及报警过程。

4. 向最先到达现场扑救的人主要了解的内容

向最先到达现场扑救的人主要了解的内容有以下几点：

(1) 到场时火灾发展的形势和特点。

(2) 到场时火势蔓延到的位置和扑灭的过程。

(3) 扑救过程中是否发现了可疑物件、痕迹和可疑的人。

(4) 起火单位的消防器材和设施是否遭到破坏。

(5) 起火点附近在扑救过程中是否经过破拆和破坏，原来的状态怎样。

(6) 采用何种灭火方式，使用什么灭火剂，作用如何。

5. 向事故现场相关人员询问的主要内容

向起火时在事故现场的人和起火前最后离开起火部位的人主要了解的内容有以下几点：

(1) 离开起火部位之前是否吸烟，是否动用了明火；生产设备运转情况；本人具体作业或其他活动内容及活动的位置。

(2) 离开时，火源、电源处理情况，是否关闭燃料气源、电源，附近有否可燃、易燃物品及它们的种类、性质、数量。

(3) 在工作期间有无违章操作行为，是否发生过故障或异常现象，采取过何种措施。

(4) 离开时，是否进行过检查，是否有异常气味和响动，门窗关闭情况。

(5) 其他在场人的具体位置和活动内容，何时、为何离去，有无他人来往，来此目的、具体的活动内容及来往的时间、路线。

(6) 最后离开起火部位的具体时间、路线、先后顺序，有无证人。

(7) 对火灾原因的见解及依据。

6. 向熟悉起火部位情况和生产工艺过程的人主要了解的内容

向熟悉起火部位情况和生产工艺过程的人主要了解的内容有以下几点：

(1) 建筑物的结构和平面布置情况，包括建筑结构的耐火性能，每个车间、房间的用途，车间内的设备及室内陈设情况等。

(2) 起火部位存放、使用的物质、材料、产品情况，包括种类、数量、相互位置，有无自燃性或其他危险性，存放日期、存放条件等。

(3) 起火部位的火源、电源和热源等情况，包括生活、生产用火器具和设备，它们与可燃物的距离，使用燃料及运行情况，灯具的种类、位置、功率及使用情况。

(4) 设备及工艺情况，以往生产及设备运转情况，包括在什么位置，使用什么设备，采用什么工艺，生产何种产品；以前什么设备、因何原因发生过何种事故等。

(5) 有无防火安全规定、制度和操作规程，实际执行情况如何。

(6) 有哪些不正常现象，如设备、控制装置及灯火闪动、异响、异味等。

7. 向火灾责任者和受害人主要了解的内容

向火灾责任者和受害人主要了解的内容有以下几点：

(1) 有无因本人生产、生活用火或用电不慎，疏忽大意，违反安全操作规程而引起火灾的可能，火灾当时及火灾前，火灾责任者和受害人在何处、做什么。

（2）起火部位起火物堆放情况，品种、数量与火源距离等。

（3）起火过程及扑救情况。

（4）受伤的部位、原因。

（5）对于居民火灾，还要了解当事人与邻居的关系，考虑有无因私仇或纠纷进行放火的可能。

8. 向现场周围群众主要了解的内容

向现场周围群众主要了解的内容有以下几点：

（1）起火当时和起火前后，耳闻目睹的有关情况，如看到什么可疑人进入或离开现场，看到什么火光和火焰颜色，听到什么异常的爆炸或喊叫声等。

（2）群众对起火的各种反映、议论。

（3）当事人的有关情况。如政治、经济、作风和思想品质，家庭和社会关系，火灾前后的行为表现等。

（4）以往发生火灾及其他事故、案件情况。

9. 向起火单位领导或户主主要了解的内容

向起火单位领导或户主主要了解的内容有以下几点：

（1）安全制度的执行情况。

（2）生产中有无火灾隐患及整改情况。

（3）以往火灾及事故方面的情况。

（4）对起火原因的看法。

（5）损失情况。

10. 向消防机构有关人员主要了解的内容

向消防机构有关人员主要了解的内容有以下几点：

（1）到达火场时燃烧的实际位置及蔓延扩大情况，如最先冒烟冒火部位、塌落倒塌部位、燃烧最猛烈和终止的部位等。

（2）燃烧特征，如烟雾、火焰、颜色、气味、响声等。

（3）扑救情况，水枪部署部位和堵截的部位、放弃的部位。

（4）扑救时出现的异常反应，如气味、响声。

（5）采取的措施，如开启和关闭阀门、开关、门窗；开启地板、墙壁、屋顶、天棚洞孔情况和具体部位。

（6）到达火场时，门、窗关闭情况，有无强行进入的痕迹。

（7）断电情况，如照明灯是否亮、机器是否转动等。

（8）设备、设施损坏情况，如输送气体、液体的管道和阀门状态，电气设备、用电器改动情况等。

（9）发火源的状态。

（10）是否发现起火源及其他火种、放火遗留物（瓶子、桶、棉花、布团、火柴等）。

（11）到达火场时，其他人员活动情况，如扑救、抢救物品情况，人员被火围困情况等。

（12）抢救经过和死者的位置等。

（13）在场人员（单位领导、群众等）反映的有关情况。

（14）接火警时间，到达火场时间。

（15）天气情况，如风力、风向情况。

四、对证人证言的审查与验证

1. 对证言进行审查与验证的重要性

证人在提供证言时，往往有证言与实际情况不符的情况。这种现象的出现有两种可能：一是证人故意隐瞒事实真相，说了假话；二是证人主观上愿意揭示事实真相，而且确认自己讲的是真话，但其陈述与实际情况不完全符合甚至完全不符合。因此，对调查询问中所收集的各种证言必须进行认真审核验证。

2. 对证人证言的审查

应从以下几个方面对证人证言进行审查：

（1）审查证人的年龄、性别、职业和个人身份，以判断他们认识事物、分析问题的能力。

（2）审查证人发现起火的时间和他们当时的位置与行动，以分析判断他们所提供的证言是否符合当时当地的客观事实。

（3）审查报警人的报警动机，报警前后的时间、位置和行动。

（4）审查证人感知、观察火场当时的环境条件，如所处的具体场所，与起火建筑物的距离，天气情况，光线强弱，有无影响视线的障碍物，精神是否紧张等。

（5）审查证人的身体和生理状况，根据其生理上有无缺陷，看其感知能力、记忆能力和理解能力是否正常。

（6）审查证言的来源，是证人亲自看到、听到、感觉到的，还是听嫌疑人或其他人讲的，还是纯属道听途说的。

(7) 审查提供证言的过程，是证人主动提供的，还是在反复追问下被迫提供的。

(8) 审查证人与火灾责任者或嫌疑人之间的关系，以及与火灾责任有无牵连。

(9) 审查证人的一贯表现和证言中的具体情节，分析其是否符合客观事物发展变化的规律。

3. 对证人证言的验证

对证人证言的验证，常采用的方法主要有有以下几种：

(1) 让证人对同一事件重复叙述，对几次证言进行分析、比较。

(2) 将多个证人对同一事件的证言进行分析、比较。

(3) 将证人证言与火灾责任者的供述和辩解进行分析、比较。

(4) 证人证言与现场勘查所发现的线索、痕迹物证互相验证。

(5) 用起火时现场的环境条件验证证人证言。

(6) 利用对火灾现场痕迹物证的鉴定结论、模拟实验结果来验证证人证言。

五、火灾原因认定与常见火灾特点

1. 火灾原因的认定

不同的火灾具有不同的特点，因此，对火灾原因的认定非常复杂，需要采取谨慎的态度，以认真负责的精神来进行细致的分析，最终确认火灾原因。

在对火灾原因认定中，需要注意以下事项：

(1) 吸烟（含火柴杆）引起的火灾。在分析认定是否是烟头引起的火灾时，要注意以下四点：现场有没有人，是否有过吸烟行为，现场有无可能被烟头点燃的可燃物，吸烟行为和起火时间、地点是否吻合。

(2) 静电引起的火灾。静电引起的火灾，一是要看可燃对象，二是要看静电释放的能量，三是要看放电的速度。在可燃气体的环境中，只要有超过 0.2 MJ 的放电能就足以引起爆燃；但在一般可燃物环境中，静电要超过 300 V 电压才可能引燃；如果两极间空气间隙为 1 cm 时，静电电压必须达到 35 kV 以上才能放电，这时附近如有可燃物则很危险。

(3) 飞火引起的火灾。飞火的种类也很多，有火场飞火、烟花飞火、烟囱飞火等。但火场飞火和烟花飞火都在明处，旁观者可以确定，而烟囱飞火一般不易被人发现。如何认定是烟囱飞火呢？这里主要掌握几个要点：一是火星飞散的距离。当风速为 5～12 m/s 时，烟囱如果高 15 m 左右，则火星可以飞出 30～50 m，这个距离内如无障碍但有可燃物，则可考虑其因素。二是火星飞离的能量与温度。火星要引燃周围的可燃物，其本身温度须在

350℃以上，并要有一定的持续时间，即所谓能量。三是火星引起火灾的条件：一要起火点有火星能够停留引燃的条件；二要必须与风向吻合，并和风力和火星能量相符合；三要易燃物必须是松软或干枯松散的物品，如稻草、棉花、刨花、纸张等，一般木板、竹板或塑料等则不易起火。

2. 木材引起的火灾特点

木材是易燃品，一般在高温或明火作用下会引起火灾，也可能在没有明火的情况下发生阴燃，还可能在低温条件下缓慢氧化而燃烧。但其燃烧必须有两个条件同时存在：一是热源或火源；二是发生氧化反应，即有氧气，两者缺一不可。木屑在潮湿并长期积蓄高温不散的条件下也会着火，这是必须注意的。

3. 工具引起的火灾特点

工具火灾一般因摩擦产生高温引起可燃物起火，但也有因工具打火引起易燃气体或液体起火的案例。如在液化气泄漏的场所打开照明器或在汽油盆旁边切割金属物品等。

4. 自燃引起的火灾特点

自燃火灾的发生率也较高，除了前面提到的木材自燃情况，还有许多可能自燃的物品。

（1）化学物品自燃。这是比较多见的一种现象。如黄磷要用真空或用惰性气体密封，否则一见空气即会燃烧。还有如赛璐珞、烷基铝、活性炭、液化氢等，都会发生自燃现象。

（2）油类自燃。这是指在高温条件下部分轻质油因燃点低，会发生自燃。

（3）粉末自燃。鱼粉、镁粉、铝粉、炭粉等，在特定条件下都会发生自燃。

（4）发酵品自燃。植物叶秆、酒糟、籽棉、薯干等，在一定条件下发酵霉变后也会自燃。

5. 电气引起的火灾特点

现代社会电气化程度十分高，因而电气引起的各类火灾也日益增多，其特点：一是突发性，经常是一瞬间即因打火或短路等引发火灾。二是蔓延快，特别是爆炸性或过载性电气火灾，会一下子引起成片燃烧。三是疏忽麻痹违章操作或是电气老化所引起。四是电路超负荷时电压不足引起电器发热或线路直接发热。认定电气火灾的要点如下所述：

（1）查电气线路是否违章安装和操作，线路布局是否合理和安全。

（2）查电气线路是否有故障及处理故障的过程和处理后使用情况。

（3）查电气线路上的元件和电器设备是否合格，是否过期老化。

（4）查电气线路在火灾发生前是否有人操作和操作的情况。

(5) 查电气线路有无接地保护装置和漏电保护装置，并看其是否处于良好状态。

6. 爆炸和爆竹引起的火灾特点

爆炸现象一般不列入火灾统计范畴。但科学实验证明，爆炸是燃烧现象瞬间发生的反应，所以也应归于火灾。爆炸的起因如下所述：

(1) 化学药物爆炸。包括炸药、火药、各种化工原料等。

(2) 气体爆炸。如各种燃气、甲烷、天然气、液化气等。

(3) 容器爆炸。一般由工厂高压容器超负荷引起。在其爆炸时由于剧烈摩擦，常会引起燃烧。

六、火灾调查处理相关事项

1. 对火灾调查报告的要求

调查报告一般由标题、导语、事故经过、调查过程、火灾损失、化验听证、物证勘验、疑点释疑、责任分析、事故教训、处理意见和结论几个部分组成，包括附有的照片、物证、表格、录像、手绘图等。此外，在调查报告中，还需要列明各种时间和相关人名、职务等要素。

总之，一份合格的调查报告，就是一份严密而无懈可击的永久性档案。特别是重特大火灾，一定要做到经得起历史检验，所以调查报告起草人员的责任十分重大。

2. 撰写调查报告的注意事项

在调查报告的撰写过程中，需要注意以下事项：

(1) 时间、地点、人名要详细明确，切忌“大约”“左右”“也许”等字样。日期要用公历，如遇有休息日，应注明厂休日，而不能用“厂星期×”，其单位名称要用全称，如改过名称，原名称也应注明。

(2) 气象情况和简要的扑救情况也要阐述，以免审阅者心存疑虑。还应注意写明单位起火之前的情况，消防队接警出警和到达现场的情况。

(3) 调查人员和过程也必须详细，调查背景、寻找该证人的原因等也要根据需要列出，特别是复杂的火灾，需要扩大调查范围的，有些涉及刑事案件，由刑侦人员插手或接案的，应交代清楚交接经过。

(4) 确定起火原因一定要写清依据，有疑点的地方要详细写明。如果认定后别人仍存疑问，也应写明，并保留其合理的意见。对一些难以认定的火灾一定要写明困难之所在，以及已经做了哪些工作，为什么难以认定。

(5) 对责任人应承担的责任认定要慎重，要做到有理有据。

(6) 语言要规范，尽量不用俗语或地方语，也不要使用模糊性词句，如“很厉害”“很大”等，计量、计数单位要用法定单位，必须用旧制的，应注明原因；报告中不可带有主观倾向，要客观科学地进行描述，不可故意夸大或缩小事实情况。

第三节 火灾事故调查处理相关规定

近年来，我国消防事业实现了跨越发展，社会火灾形势保持总体平稳，消防安全环境显著改善。但是，由于我国正处于经济转轨、社会转型的特殊历史时期，消防安全基础建设滞后于经济社会发展的状况没有根本改变，社会消防安全保障能力不适应社会消防安全需求的状况没有根本改变，总体上仍处于火灾易发、多发期，重特大火灾事故时有发生。为了预防和遏制重特大尤其是群死群伤火灾事故的发生，国家颁发了一系列相关的法律法规，要求社会各单位全面落实消防安全责任制，加强消防安全管理，夯实消防工作基础，提高消防安全管理水平，增强全民消防安全意识，有效保障人民群众生命财产安全。

一、《消防法》相关要点

《中华人民共和国消防法》（以下简称《消防法》）已由第十一届全国人大常委会第五次会议于 2008 年 10 月 28 日修订通过，2008 年 10 月 28 日公布，自 2009 年 5 月 1 日起施行。

新修订的《消防法》分为七章七十四条，各章内容为：第一章总则，第二章火灾预防，第三章消防组织，第四章灭火救援，第五章监督检查，第六章法律责任，第七章附则。制定和修订《消防法》的目的，是预防火灾和减少火灾危害，加强应急救援工作，保护人身、财产安全，维护公共安全。

在《消防法》第四章灭火救援、第五章监督检查和第六章法律责任中，对火灾事故的调查处理做了相应的规定。

第四十四条规定：任何人发现火灾都应当立即报警。任何单位、个人都应当无偿为报警提供便利，不得阻拦报警。严禁谎报火警。

人员密集场所发生火灾，该场所的现场工作人员应当立即组织、引导在场人员疏散。

任何单位发生火灾，必须立即组织力量扑救。邻近单位应当给予支援。

消防队接到火警，必须立即赶赴火灾现场，救助遇险人员，排除险情，扑灭火灾。

第四十五条规定：公安机关消防机构统一组织和指挥火灾现场扑救，应当优先保障遇险人员的生命安全。

火灾现场总指挥根据扑救火灾的需要，有权决定下列事项：

（1）使用各种水源。

（2）截断电力、可燃气体和可燃液体的输送，限制用火用电。

（3）划定警戒区，实行局部交通管制。

（4）利用邻近建筑物和有关设施。

（5）为了抢救人员和重要物资，防止火势蔓延，拆除或者破损毗邻火灾现场的建筑物、构筑物或者设施等。

（6）调动供水、供电、供气、通信、医疗救护、交通运输、环境保护等有关单位协助灭火救援。

根据扑救火灾的紧急需要，有关地方人民政府应当组织人员、调集所需物资支援灭火。

第五十一条规定：公安机关消防机构有权根据需要封闭火灾现场，负责调查火灾原因，统计火灾损失。

火灾扑灭后，发生火灾的单位和相关人员应当按照公安机关消防机构的要求保护现场，接受事故调查，如实提供与火灾有关的情况。

公安机关消防机构根据火灾现场勘验、调查情况和有关的检验、鉴定意见，及时制作火灾事故认定书，作为处理火灾事故的证据。

第五十四条规定：公安机关消防机构在消防监督检查中发现火灾隐患的，应当通知有关单位或者个人立即采取措施消除隐患；不及时消除隐患可能严重威胁公共安全的，公安机关消防机构应当依照规定对危险部位或者场所采取临时查封措施。

第六十二条规定：有下列行为之一的，依照《中华人民共和国治安管理处罚法》的规定处罚：

（1）违反有关消防技术标准和管理规定生产、储存、运输、销售、使用、销毁易燃易爆危险品的。

（2）非法携带易燃易爆危险品进入公共场所或者乘坐公共交通工具的。

（3）谎报火警的。

（4）阻碍消防车、消防艇执行任务的。

（5）阻碍公安机关消防机构的工作人员依法执行职务的。

第六十三条规定：违反本法规定，有下列行为之一的，处警告或者五百元以下罚款。情节严重的，处五日以下拘留：

（1）违反消防安全规定进入生产、储存易燃易爆危险品场所的。

（2）违反规定使用明火作业或者在具有火灾、爆炸危险的场所吸烟、使用明火的。

第六十四条规定：违反本法规定，有下列行为之一，尚不构成犯罪的，处十日以上十五日以下拘留，可以并处五百元以下罚款；情节较轻的，处警告或者五百元以下罚款：

（1）指使或者强令他人违反消防安全规定，冒险作业的。

（2）过失引起火灾的。

（3）在火灾发生后阻拦报警，或者负有报告职责的人员不及时报警的。

（4）扰乱火灾现场秩序，或者拒不执行火灾现场指挥员指挥，影响灭火救援的。

（5）故意破坏或者伪造火灾现场的。

（6）擅自拆封或者使用被公安机关消防机构查封的场所、部位的。

二、《国务院关于加强和改进消防工作的意见》相关要点

2011年12月30日，国务院印发《关于加强和改进消防工作的意见》（国发［2011］46号，以下简称《意见》），《意见》指出："十一五"以来，各地区、各有关部门认真贯彻国家有关加强消防工作的部署和要求，坚持预防为主、防消结合，全面落实各项消防安全措施，抗御火灾的整体能力不断提升，火灾形势总体平稳，为服务经济社会发展、保障人民生命财产安全做出了重要贡献。但是，随着我国经济社会的快速发展，致灾因素明显增多，火灾发生概率和防控难度相应增大，一些地区、部门和单位消防安全责任不落实、工作不到位，公共消防安全基础建设同经济社会发展不相适应，消防安全保障能力同人民群众的安全需求不相适应，公众消防安全意识同现代社会管理要求不相适应，消防工作形势依然严峻，总体上仍处于火灾易发、多发期。

在《意见》中，要求全面落实消防安全责任。与火灾事故预防、调查处理相关的内容主要如下所述：

1. 全面落实消防安全主体责任

机关、团体、企业事业单位法定代表人是本单位消防安全第一责任人。各单位要依法履行职责，保障必要的消防投入，切实提高检查消除火灾隐患、组织扑救初起火灾、组织人员疏散逃生和消防宣传教育培训的能力。要建立消防安全自我评估机制，消防安全重点单位每季度、其他单位每半年自行或委托有资质的机构对本单位进行一次消防安全检查评估，做到安全自查、隐患自除、责任自负。要建立建筑消防设施日常维护保养制度，每年至少进行一次全面检测，确保消防设施完好有效。要严格落实消防控制室管理和应急程序规定，消防控制室操作人员必须持证上岗。

2. 依法履行管理和监督职责

坚持谁主管、谁负责，各部门、各单位在各自职责范围内依法做好消防工作。建设、

商务、文化、教育、卫生、民政、文物等部门要切实加强建筑工地、宾馆、饭店、商场、市场、学校、医院、公共娱乐场所、社会福利机构、烈士纪念设施、旅游景区（点）、博物馆、文物保护等单位的消防安全管理，建立健全消防安全制度，严格落实各项消防安全措施。安全监管、工商、质检、交通运输、铁路、公安等部门要加强危险化学品和烟花爆竹、压力容器的安全监管，依法严厉打击违法违规生产、运输、经营、燃放烟花爆竹的行为。环境保护等部门要加强核电厂消防安全检查，落实火灾防控措施。

公安机关及其消防部门要严格履行职责，每半年对消防安全形势进行分析研判和综合评估，及时报告当地政府，采取针对性措施解决突出问题。要加大执法力度，依法查处消防违法行为，对严重危及公众生命安全的要依法从严查处；公安派出所和社区（农村）警务室要加强日常消防监督检查，开展消防安全宣传，及时督促整改火灾隐患。

3. 切实加强组织领导

地方各级人民政府全面负责本地区消防工作，政府主要负责人为第一责任人，分管负责人为主要责任人，其他负责人要认真落实消防安全“一岗双责”制度。要将消防工作纳入经济社会发展总体规划，纳入政府目标责任、社会管理综合治理内容，严格督查考评。要加大消防投入，保障消防事业发展所需经费。中央和省级财政对贫困地区消防事业发展给予一定的支持。市、县两级人民政府要组织制定并实施城乡消防规划，切实加强公共消防设施、消防力量、消防装备建设，整治消除火灾隐患。乡镇人民政府和街道办事处要建立消防安全组织，明确专人负责消防工作，推行消防安全网格化管理，加强消防安全基础建设，全面提升农村和社区消防工作水平。地方各级人民政府要建立健全消防工作协调机制，定期研究解决重大消防安全问题，扎实推进社会消防安全“防火墙”工程，认真组织开展火灾事故调查和统计工作。对热心消防公益事业、主动报告火警和扑救火灾的单位和个人，要给予奖励。各省、自治区、直辖市人民政府每年要将本地区消防工作情况向国务院做出专题报告。

4. 严格考核和责任追究

要建立健全消防工作考核评价体系，对各地区、各部门、各单位年度消防工作完成情况进行严格考核，并建立责任追究机制。地方各级人民政府和有关部门不依法履行职责，在涉及消防安全行政审批、公共消防设施建设、重大火灾隐患整改、消防力量发展等方面工作不力、失职渎职的，要依法依纪追究有关人员的责任，涉嫌犯罪的，移送司法机关处理。公安机关及其消防部门工作人员滥用职权、玩忽职守、徇私舞弊、以权谋私的，要依法依纪严肃处理。各单位因消防安全责任不落实、火灾防控措施不到位，发生人员伤亡火灾事故的，要依法依纪追究有关人员的责任；发生重大火灾事故的，要依法依纪追究单位负责人、实际控制人、上级单位主要负责人和当地政府及有关部门负责人的责任；发生特别重大火灾事故的，要根据情节轻重，追究地市级分管领导或主要领导的责任；后果特别严重、影响特别恶劣的，要按照规定追究省部级相关领导的责任。

三、《火灾事故调查规定》相关要点

2009 年 4 月 30 日，公安部发布修订后的《火灾事故调查规定》(公安部令第 108 号)，自 2009 年 5 月 1 日起施行。1999 年 3 月 15 日发布施行的《火灾事故调查规定》(公安部令第 37 号) 同时废止。

《火灾事故调查规定》分为六章四十八条，各章内容为：第一章总则、第二章管辖、第三章简易程序、第四章一般程序、第五章火灾事故调查的处理、第六章附则。制定《火灾事故调查规定》的目的，是根据《中华人民共和国消防法》，规范火灾事故调查，保障公安机关消防机构依法履行职责，保护火灾当事人的合法权益。

1. 总则中的有关规定

在第一章总则中，对相关事项做了规定：

◆公安机关消防机构调查火灾事故，适用本规定。

◆火灾事故调查的任务是调查火灾原因，统计火灾损失，依法对火灾事故做出处理，总结火灾教训。

◆火灾事故调查应当坚持及时、客观、公正、合法的原则。

任何单位和个人不得妨碍和非法干预火灾事故调查。

2. 有关火灾事故调查管辖的规定

在第二章管辖中，对相关事项做了规定：

◆火灾事故调查由县级以上人民政府公安机关主管，并由本级公安机关消防机构实施；尚未设立公安机关消防机构的，由县级人民政府公安机关实施。

公安派出所应当协助公安机关火灾事故调查部门维护火灾现场秩序，保护现场，控制火灾肇事嫌疑人。

铁路、交通、民航、林业公安机关消防机构负责调查其消防监督范围内发生的火灾。

◆火灾事故调查由火灾发生地公安机关消防机构按照下列分工进行：

(1) 一次火灾死亡十人以上的，重伤二十人以上或者死亡、重伤二十人以上的，受灾五十户以上的，由省、自治区人民政府公安机关消防机构负责调查。

(2) 一次火灾死亡一人以上的，重伤十人以上的，受灾三十户以上的，由设区的市或者相当于同级的人民政府公安机关消防机构负责调查。

(3) 一次火灾重伤十人以下或者受灾三十户以下的，由县级人民政府公安机关消防机构负责调查。

直辖市公安机关消防机构负责前款第一项、第二项规定的火灾事故调查，直辖市的区、县公安机关消防机构负责前款第三项规定的火灾事故调查。

除本条第一款所列情形外，其他仅有财产损失的火灾事故调查，由省级人民政府公安机关结合本地实际做出管辖规定，报公安部备案。

◆跨行政区域的火灾，由最先起火地的公安机关消防机构按照本规定第六条的分工负责调查，相关行政区域的公安机关消防机构予以协助。

对管辖权发生争议的，报请共同的上一级公安机关消防机构指定管辖。县级人民政府公安机关负责实施的火灾事故调查管辖权发生争议的，由共同的上一级主管公安机关指定。

◆公安机关消防机构接到火灾报警，应当及时派员赶赴现场，并指派火灾事故调查人员开展火灾事故调查工作。

◆具有下列情形之一的，公安机关消防机构应当立即报告主管公安机关，通知具有管辖权的公安机关刑侦部门，公安机关刑侦部门接到通知后应当立即派员赶赴现场参加调查；涉嫌放火罪的，公安机关刑侦部门应当依法立案侦查，公安机关消防机构予以协助。

(1) 有人员死亡的火灾。

(2) 国家机关、广播电台、电视台、学校、医院、养老院、托儿所、幼儿园、文物保护单位、邮政和通信、交通枢纽等部门和单位发生的社会影响大的火灾。

(3) 具有放火嫌疑的火灾。

3. 有关火灾事故调查简易程序的规定

在第三章简易程序中，对相关事项做了规定：

◆同时具有下列情形的火灾，可以适用简易调查程序：

(1) 没有人员伤亡的。

(2) 直接财产损失轻微的。

(3) 当事人对火灾事故事实没有异议的。

(4) 没有放火嫌疑的。

前款第二项的具体标准由省级人民政府公安机关确定，报公安部备案。

◆适用简易调查程序的，可以由一名火灾事故调查人员调查，并按照下列程序实施：

(1) 表明执法身份，说明调查依据。

(2) 调查走访当事人、证人，了解火灾发生过程、火灾烧损的主要物品及建筑物受损等与火灾有关的情况。

(3) 查看火灾现场并进行照相或者录像。

(4) 告知当事人调查的火灾事故事实，听取当事人的意见，当事人提出的事实、理由或者证据成立的，应当采纳。

(5) 当场制作火灾事故简易调查认定书，由火灾事故调查人员、当事人签字或者捺指印后交付当事人。

火灾事故调查人员应当在二日内将火灾事故简易调查认定书报所属公安机关消防机构备案。

4. 有关火灾事故调查一般程序的规定

在第四章一般程序中，对相关事项做了规定：

◆除依照本规定适用简易调查程序的外，公安机关消防机构对火灾进行调查时，火灾事故调查人员不得少于两人，必要时，可以聘请专家或者专业人员协助调查。

◆公安部和省级人民政府公安机关应当成立火灾事故调查专家组，协助调查复杂、疑难的火灾。专家组的专家协助调查火灾的，应当出具专家意见。

◆火灾发生地的县级公安机关消防机构应当根据火灾现场情况，排除现场险情，初步划定现场封闭范围，并设置警戒标志，禁止无关人员进入现场，控制火灾肇事嫌疑人。

公安机关消防机构应当根据火灾事故调查需要，及时调整现场封闭范围，并在现场勘验结束后及时解除现场封闭。

◆封闭火灾现场的，公安机关消防机构应当在火灾现场对封闭的范围、时间和要求等予以公告。

◆公安机关消防机构应当自接到火灾报警之日起三十日内做出火灾事故认定；情况复杂、疑难的，经上一级公安机关消防机构批准，可以延长三十日。

火灾事故调查中需要进行检验、鉴定的，检验、鉴定时间不计入调查期限。

◆火灾事故调查人员应当根据调查需要，对发现、扑救火灾人员，熟悉起火场所、部位和生产工艺人员，火灾肇事嫌疑人和被侵害人等知情人员进行询问。对火灾肇事嫌疑人可以依法传唤。必要时，可以要求被询问人到火灾现场进行指认。

询问应当制作笔录，由火灾事故调查人员和被询问人签名或者捺指印。被询问人拒绝签名和捺指印的，应当在笔录中注明。

◆勘验火灾现场应当遵循火灾现场勘验规则，采取现场照相或者录像、录音，制作现场勘验笔录和绘制现场图等方法记录现场情况。

对有人员死亡的火灾现场进行勘验的，火灾事故调查人员应当对尸体表面进行观察并记录，对尸体在火灾现场的位置进行调查。

现场勘验笔录应当由火灾事故调查人员、证人或者当事人签名。证人、当事人拒绝签名或者无法签名的，应当在现场勘验笔录上注明。现场图应当由制图人、审核人签字。

◆现场提取痕迹、物品，应当按照下列程序实施：

（1）量取痕迹、物品的位置、尺寸，并进行照相或者录像。

（2）填写火灾痕迹、物品提取清单，由提取人、证人或者当事人签名。证人、当事人拒绝签名或者无法签名的，应当在清单上注明。

（3）封装痕迹、物品，粘贴标签，标明火灾名称和封装痕迹、物品的名称、编号及其提取时间，由封装人、证人或者当事人签名；证人、当事人拒绝签名或者无法签名的，应当在标签上注明。提取的痕迹、物品，应当妥善保管。

◆根据调查需要，经负责火灾事故调查的公安机关消防机构负责人批准，可以进行现场实验。现场实验应当照相或者录像，制作现场实验报告，并由实验人员签字。现场实验报告应当载明下列事项：

（1）实验的目的。

（2）实验时间、环境和地点。

（3）实验使用的仪器或者物品。

（4）实验过程。

（5）实验结果。

（6）其他与现场实验有关的事项。

◆现场提取的痕迹、物品需要进行技术鉴定的，公安机关消防机构应当委托依法设立的鉴定机构进行，并与鉴定机构约定鉴定期限和鉴定检材的保管期限。

公安机关消防机构可以根据需要委托依法设立的价格鉴定机构对火灾直接财产损失进行鉴定：

◆有人员死亡的火灾，公安机关消防机构应当立即通知本级公安机关刑事科学技术部门进行尸体检验。公安机关刑事科学技术部门应当出具尸体检验鉴定文书，确定死亡原因。

◆对火灾受伤人员的人身伤害的医学鉴定由法医进行。

卫生行政主管部门许可的医疗机构具有执业资格的医生出具的诊断证明，可以作为公安机关消防机构认定人身伤害程度的依据。但是，具有下列情形之一的，应当进行医学伤害鉴定。

（1）受伤程度较重，可能构成重伤的。

（2）火灾受伤人员要求做鉴定的。

（3）当事人对伤害程度有争议的。

（4）其他应当进行鉴定的情形。

◆对受损单位和个人提供的由价格鉴定机构出具的鉴定意见，公安机关消防机构应当审查下列事项：

（1）鉴证机构、鉴证人是否具有资质、资格。

（2）鉴证机构、鉴证人是否盖章签名。

（3）鉴定意见依据是否充分。

（4）鉴定是否存在其他影响鉴定意见正确性的情形。

对符合规定的，可以作为证据使用；对不符合规定的，不予采信。

◆受损单位和个人应当于火灾扑灭之日起七日内向火灾发生地的县级公安机关消防机构如实申报火灾直接财产损失，并附有效证明材料。

◆公安机关消防机构应当根据受损单位和个人的申报、依法设立的价格鉴定机构出具的火灾直接财产损失鉴定意见以及调查核实情况，按照有关规定，对火灾直接经济损失和人员伤亡进行如实统计。

◆公安机关消防机构应当根据现场勘验、调查询问和有关检验、鉴定意见等调查情况，及时做出起火原因和灾害成因的认定。

◆对起火原因已经查清的，应当认定起火时间、起火部位、起火点和起火原因；对起火原因无法查清的，应当认定起火时间、起火点或者起火部位以及有证据能够排除的起火原因。

◆灾害成因的认定应当包括下列内容：

（1）火灾报警、初期火灾扑救和人员疏散情况。

（2）火灾蔓延、损失情况。

（3）与火灾蔓延、损失扩大存在直接因果关系的违反消防法律法规、消防技术标准的事实。

◆公安机关消防机构在做出火灾事故认定前，应当召集当事人到场，说明拟认定的起火原因，听取当事人意见；当事人不到场的，应当记录在案。

◆公安机关消防机构应当制作火灾事故认定书，自做出之日起七日内送达当事人，并告知当事人向公安机关消防机构申请复核和直接向人民法院提起民事诉讼的权利。无法送达的，可以在做出火灾事故认定之日起七日内公告送达。公告期为二十日，公告期满即视为送达。

◆公安机关消防机构做出火灾事故认定后，当事人可以申请查阅、复制、摘录火灾事故认定书、现场勘验笔录和检验、鉴定意见，公安机关消防机构应当自接到申请之日起七日内提供，但涉及国家秘密、商业秘密、个人隐私或者移交公安机关其他部门处理的依法不予提供，并说明理由。

◆当事人对火灾事故认定有异议的，可以自火灾事故认定书送达之日起十五日内，向上一级公安机关消防机构提出书面复核申请。复核申请应当载明复核请求、理由和主要证据。复核申请以一次为限。

◆复核机构应当自收到复核申请之日起七日内做出是否受理的决定并书面通知申请人。有下列情形之一的，不予受理：

(1) 非火灾当事人提出复核申请的。

(2) 超过复核申请期限的。

(3) 已经复核并做出复核结论的。

(4) 任何一方当事人向人民法院提起诉讼，法院已经受理的。

(5) 适用简易调查程序做出火灾事故认定的。

公安机关消防机构受理复核申请的，应当书面通知其他相关当事人和原认定机构。

◆原认定机构应当自接到通知之日起十日内，向复核机构做出书面说明，并提交火灾事故调查案卷。

◆复核机构应当对复核申请和原火灾事故认定进行书面审查，必要时，可以向有关人员进行调查；火灾现场尚存且未变动的，可以进行复核勘验。

复核审查期间，任何一方当事人就火灾向人民法院提起诉讼并经法院受理的，公安机关消防机构应当终止复核。

◆复核机构应当自受理复核申请之日起三十日内，做出复核结论，并在七日内送达申请人和原认定机构。

原火灾事故认定主要事实清楚、证据确实充分、程序合法，起火原因和灾害成因认定正确的，复核机构应当维持原火灾事故认定：

原火灾事故认定具有下列情形之一的，复核机构应当责令原认定机构重新做出火灾事故认定：

(1) 主要事实不清，或者证据不确实充分的。

(2) 违反法定程序，影响结果公正的。

(3) 起火原因、灾害成因认定错误的。

◆原认定机构接到重新做出火灾事故认定的复核结论后，应当重新调查，在十五日内重新做出火灾事故认定，并撤销原火灾事故认定书。重新调查需要委托检验、鉴定的，原认定机构应当在收到检验、鉴定意见之日起五日内重新做出火灾事故认定。

原认定机构在重新做出火灾事故认定前，应当向有关当事人说明重新认定情况；重新做出的火灾事故认定书，应当按照本规定第三十三条规定的时限送达当事人，并报复核机构备案。

5. 有关火灾事故调查的处理规定

在第五章火灾事故调查的处理中，对相关事项做了规定：

◆公安机关消防机构在火灾事故调查过程中，应当根据下列情况分别做出处理。

（1）涉嫌失火罪、消防责任事故罪的，按照《公安机关办理刑事案件程序规定》立案侦查。涉嫌其他犯罪的，及时移送有关主管部门办理。

（2）涉嫌消防安全违法行为的，按照《公安机关办理行政案件程序规定》调查处理；涉嫌其他违法行为的，及时移送有关主管部门调查处理。

（3）应当给予处分的，移交有关主管部门处理。

对经过调查不属于火灾事故的，公安机关消防机构应当告知当事人处理途径并记录在案。

◆公安机关消防机构向有关主管部门移送案件的，应当在本级公安机关消防机构负责人批准后的二十四小时内移送，并根据案件需要附下列材料：

（1）案件移送通知书。

（2）案件调查情况。

（3）涉案物品清单。

（4）询问笔录，现场勘验笔录，检验、鉴定意见以及照相、录像、录音等资料。

（5）其他相关材料。

构成放火罪需要移送公安机关刑侦部门处理的，火灾现场应当一并移交。

◆公安机关其他部门应当自接受公安机关消防机构移送的涉嫌犯罪案件之日起十日内，进行审查并做出决定。依法决定立案的，应当书面通知移送案件的公安机关消防机构；依法不予立案的，应当说明理由，并书面通知移送案件的公安机关消防机构，退回案卷材料。

◆公安机关消防机构及其工作人员有下列行为之一的，依照有关规定给予责任人员处分；构成犯罪的，依法追究刑事责任：

（1）指使他人错误认定或者故意错误认定起火原因、灾害成因的。

（2）瞒报火灾、火灾直接经济损失、人员伤亡情况的。

（3）利用职务上的便利，索取或者非法收受他人财物的。

（4）其他滥用职权、玩忽职守、徇私舞弊的行为。

◆火灾事故调查中有关回避、证据、调查取证、鉴定等要求，本规定没有规定的，按照《公安机关办理行政案件程序规定》执行。

第四节 火灾事故调查处理事例分析

随着我国社会经济快速发展，消防工作面临的新情况、新问题日益增多，火灾风险和防控难度不断加大，公共消防安全基础建设与经济社会发展不相适应，消防安全保障能力与人民群众的安全需求不相适应，公众消防安全意识与现代社会管理要求不相适应的问题还比较突出，我国消防安全形势依然严峻，总体上仍处于火灾易发、多发期。从火灾原因来看，80%以上的火灾是由于消防安全意识不强、责任制不落实、消防安全常识缺乏、违反消防安全操作规程等人为因素引发的，而造成人员伤亡的主要原因就是缺乏逃生、自救、互救的知识和技能，没有及时有效地从火场逃生，被浓烟熏呛窒息死亡。这些都告诉我们，提高全民消防安全意识和逃生、自救、互救技能，已成为当前非常迫切的任务。

一、某市化工商场飞人的礼花弹引发的火灾事故分析

1. 事故经过

2004 年 4 月 24 日 19 时 18 分许，某市化工商场发生火灾；19 时 19 分，市消防支队接到报警后，立即调动多部消防车进行扑救，市区其他中队陆续进行增援；20 时 50 分，基本控制火势，火灾中无人员伤亡。

2. 火灾现场勘查

火灾事故发生后，消防支队立即组织市区全体防火监督人员到达事故现场，组成现场勘查组、现场调查访问组、火灾损失核查组 3 个工作组，连夜展开火灾事故调查处理工作。

该化工商场位于市化工公司办公楼的底层，所在的建筑共 5 层，为框架结构，楼上 4 层为公司办公用房。商场的西南部东西长 6.7 m，南北宽 4.5 m 范围用木隔断分隔后出租给私人开设窗饰店，但店主却又在上部搭建木阁楼，堆放窗帘布及配件。

化工商场的顶部为木龙骨吊顶。化工商店的中部，第 3 根、第 5 根和第 7 根承重梁下各有承重柱，柱的砂浆层保存较好，但其外围的装饰木板残存很少。每个承重柱的周围都用木板围成货架，化学试剂瓶在货架上呈梯形放置，多数玻璃瓶炸裂，货架外侧还放置铝合金柜台，柜台内部有包括香精在内的各种民用化工商品。

商场的东侧、西侧和北侧各放置有货架，货架上放置有油漆、化学试剂等物品。北部墙下共放置有 8 个货架，货架上的物品烧损程度相对比，从西向东数第 3 个货架烧损最重。该货架共分 3 层，上层货架放置铁桶包装的调和漆，调和漆受热膨胀后溢出。中部货架的西部放置两堆水砂纸，东部放置 6 堆纱布。底层货架共放置 4 堆玻璃瓶装的易燃液体，自西向东分别为天那水、二甲苯和松香水，每瓶容量为 400 mL。

北部货架向南 1.0 m 处对应放置了 7 节铝合金柜台，所有柜台中以从西向东数第 3 节柜台烧损最严重，该柜台正对北部的二甲苯堆垛。

3. 火灾原因认定

通过询问证实，火灾首先发生在北墙货架下的二甲苯堆垛，并扩大蔓延。基本情况如下所述：

（1）火灾发生时的基本情况。当日19时18分许，位于商场对面的津广大酒店承办结婚喜宴，婚庆活动中有人在快车道的南侧燃放礼花，礼花在喷射过程中因质量问题发生爆裂，燃烧的礼花弹随即向四周飞散，其中一颗礼花弹从商场的南门飞入后落至二甲苯堆垛引起爆炸，并起火燃烧。

（2）火灾发生后报警情况。火灾发生时间大约为19时19分，当时新郎杨某看见对面商场内升起了浓烟和火苗，立即拿出手机拨打“119”报警并说明情况，消防指挥中心报警显示，第一个拨打119电话的时间为19时19分。

（3）关于对火灾原因询问情况。所有在场的被询问者都对引发火灾的火源进行了确认，均表示认同。

4. 事故教训与防范措施

该起火灾造成的直接经济损失近20万元，所幸无人员伤亡，但商场内存在的种种隐患说明火灾的发生不是偶然的，主要教训有以下几个方面：

（1）危险化学品储存不应违反国家相关标准。根据《建筑设计防火规范》第5.42条规定，要求“存放和使用化学易燃易爆物品的商店作坊和储藏间，严禁附设在民用建筑内”。但该单位却将油漆等大量易燃的危险品放在商店内，并在建筑的北墙外擅自搭建仓库储存硫黄等物品，增加了火灾荷载。火灾中商场内存放的易燃液体起火后流淌，并造成在火灾扑救过程中先后4次爆炸扩散，致使火灾迅速蔓延扩大，增加了事故造成的损失。

（2）化工商场内不应采用可燃材料装修。使用木板和木龙骨做吊顶，并使用木隔断进行分隔，造成火灾在其内部的蔓延扩大。同时，商场将东西两侧区域出租给蛋糕店和窗帘店时均未用砖墙与化工商店进行分隔，火灾中大火通过木隔断和石膏板蔓延进入到商店内，造成了直接经济损失的扩大。

（3）化工商场的安全管理要严格规范。在停业后未将玻璃门关闭，使外界的火源进入，为火灾的发生创造了条件。北墙上原设置7扇高度和宽度各为1.5 m的窗户，在火灾前被人为地用砖和水泥封堵，因此造成火灾扑救中无法从北部出水施救和通风排烟，加大了火灾扑救的难度。

总之，这起火灾的发生不是偶然的，化工商场在经营中违章储存危险化学品，严重违反有关消防法规中的相关规定要求，同时，相关人员防火意识淡薄，最终导致火灾事故的发生，值得从中吸取深刻的教训。

二、某人造革厂牛津布车间静电火花引起爆燃事故分析

2000年4月7日晚18时45分许，某人造革厂三分厂牛津布车间发生爆燃并引发火灾，造成4人死亡，2人受伤，过火面积达670 m^2，直接经济损失25万余元。

1. 企业情况

该厂前身是一个倒闭的镇办厂，主要产品为人造革。1999年6月，该厂组建股份制企业董事局，董事局下属有十个分厂，1 000多名职工；各分厂实行模拟一级法人管理，建立股东代表大会制度，选举产生分厂董事会、董事长和厂长。董事局为行政机构，未配备职能科室，董事局主席由蒋某担任。实际上，某人造革厂厂部只有蒋某一人。

该厂所属三分厂，为无法人地位的股份制企业，于1993年筹办，筹办时由该厂出资77.5万元，私人出资130万元，顾某任三分厂厂长，实行独立核算，自负盈亏，产供销一体化管理。1997年，三分厂向工商部门办理企业工商营业登记注册手续（二级法人）。1999年6月，三分厂召开股东代表大会，选举并聘用赵某出任三分厂董事长兼厂长。

2. 事故经过

2000年4月7日晚18时45分许，某人造革厂三分厂牛津布车间在生产时突然发生爆燃，并引燃车间内堆放的成品及半成品，火势迅速蔓延扩大，当班工人随即报警。18时53分，消防大队接警后立即派遣3辆消防车赶赴现场；19时13分，消防车赶到现场，此时车间已是一片火海，火势正在向邻近厂房迫近，消防官兵迅速展开扑救，并向无锡消防支队请求增援。19时30分左右，消防大队和无锡消防支队领导先后赶到现场，指挥灭火及救援工作。经紧急排查，认定现场还有四名职工。19时43分，进入火灾现场救援人员搜寻到两名工人，并确认已死亡；20时5分，大火被彻底扑灭；20时10分，另两名工人在火场被找到，确认也已死亡。火灾中另有两名工人受伤。

这起事故，造成4人死亡，2人受伤，过火面积达670 m^2，火灾烧毁车间内部分成品及半成品，烧损一套涂层生产线，直接经济损失折款25万余元。

3. 事故现场勘查情况

该人造革厂三分厂牛津布车间在厂区北侧，与压延车间连为一体，车间长28 m，宽24 m，高7 m。车间内主要生产设备为涂层生产线，涂层生产线分涂层、刮料、烘干、卷料四个部分；烘干部分又称为烘箱，长20 m，宽3 m，高1.8 m；烘箱西端为上料台、刮浆台、针板台和烘箱进口，烘箱东端为下料台、收料双辊机。烘箱采用ZC330导热油作为

热源，导热油经锅炉房加热至180～185℃进入烘箱内的散热器，其热量再通过烘箱上的三只风机进行散发。三只风机分别被炸离位，风机风叶与风罩未变形，表面颜色呈土黄色。电动机为普通型（不防爆）电动机，电动机接线盒无击点和短路熔珠。涂层布传送线为链轮式，传送速度通过操作台可调节。烘箱箱体内无照明设备。烘箱刮浆台设静电刷（烘箱内两边有钢针带，钢针插在布料两边，带动布料行走，布料上积聚的静电可通过钢针释放，但由于该钢针带没有接地，积聚静电无法释放，起不到消除静电的作用）和接地装置（事故发生后，经有关部门对涂层线烘箱接地电阻的检测为75 Ω，而甲乙类爆炸危险场所设备的接地电阻不应大于4 Ω，现有设备的接地电阻远远大于国家规定的安全要求）。烘箱距北墙1.5 m形成过道。烘箱南侧0.9 m处，为涂层车间堆放的成品与半成品堆垛，堆垛叠放成正方形，现场堆垛残存16个，堆垛表面已全部烧熔炭化。烘箱东端下料台卷辊机上两卷布料已严重炭化。

4. 事故原因分析

事故发生后，政府成立联合调查组，对事故发生的原因、责任进行调查分析。

(1) 造成事故的直接原因

据调查，该厂生产涂层布所用涂层原料主要是丙烯酸酯树脂涂层胶和958稀释剂混合后的胶料。4月7日下午，该车间正常生产170T涂层布，其用胶料量为32 g/m^2，布料行走速度为34 m/min。到18时左右，开始转为生产600D涂层布，其用胶料量为80 g/m^2，布料行走速度调至17 m/min，至事故发生时已生产600D涂层布约650 m。由于转产600D涂层布后，用胶料量大幅增加，而烘箱内加热温度不变，排风量不变，因而在烘箱内的有机溶剂挥发量增大。

调查组经现场勘查、调查取证、聘请专家技术鉴定，排除了明火和电火花起火的因素。经调查分析，该涂层生产线在烘干过程中，涂布的表层涂料挥发出大量含有甲苯等可燃性混合气体（蒸气），由于烘箱上方排风系统不能及时将烘箱内涂布表层涂料挥发出的可燃性混合气体（蒸气）排出，烘箱内充满可燃性混合气体（蒸气）并达到了爆炸极限；另外整个涂层生产线没有有效的消静电装置，尤其卷料部分没有任何消除静电的措施，在涂布干燥后的卷取作业中，滚动摩擦的作用产生较高的静电位，并放电产生静电火花，在静电火花的引燃下，卷取端涂布的表层开始燃烧，火焰很快传播至烘箱，引爆烘箱内的爆炸性混合气体，并导致厂房内发生火灾。

据此，调查组认定：该人造革厂三分厂涂布生产线发生爆燃火灾事故的直接原因，是生产设备缺乏必要的安全装量，没有有效的消除静电措施，排风系统不能满足工艺安全要求，以致该涂布生产线在涂层、刮料、烘干、卷料的过程中，涂布的表层及烘箱空间内充满了涂料挥发出来的可燃性混合气体（蒸气），在涂布卷料作业过程中产生的高电位静电放电火花的引燃下，引爆烘箱内的爆炸性混合气体。

（2）造成事故的间接原因

①企业对化学危险物品缺乏应有的了解和认识。该企业的领导、各级干部和职工对生产中所使用的化学危险物品的成分、物理化学特性和危险性都缺乏应有的了解和认识。无知和经济利益的驱动是导致盲目蛮干、造成事故发生的一个重要原因。

②工艺设备不符合安全要求。该企业的涂层生产经涂层、刮料、烘干、卷料等工艺过程，其涂层所用原料含有大量可燃液体，并在烘干过程中蒸发为可燃气体，该生产属于易燃易爆危险作业，因此从工艺设计、设备装置到运行管理都必须符合其危险性特点的安全生产要求。

该涂层线是 1997 年由当时的厂长顾某在上海某塑料厂工程师的指导下，参照某塑料厂的钢带机的结构（某塑料厂的钢带机是仿造意大利生产的设备），对购买的旧设备改造制成，其设备电动机均不防爆，没有有效的静电消除装置，而且排风系统不能满足工艺安全要求。企业在 1997 年新增涂层生产线的过程中，未按国家规定申报项目，未经过“三同时”审查，以致留下严重的事故隐患。

③企业管理比较混乱。作为大量使用化学危险物品的企业，对化学危险物品的采购、保管、领用等没有严格的规定。所购买的化学原料无危险标志、无安全标签、无安全技术说明书；企业对化学危险物品管理没有严格的检验入库、领用等制度，没有对职工进行必要的化学危险物品的危害、防护、应急等知识的教育。生产现场较为混乱。大量成品、半成品放置在生产车间内，厂区内危险化学物品乱堆乱放情况严重。安全管理制度不健全。作为危险化学物品使用单位，没有制定严格的安全操作规程，没有建立各级安全防火责任制，没有对职工进行三级安全教育。

综上分析，调查组认定：该事故是一起由于生产设备缺乏有效的安全装置、严重违章而造成的责任事故。

5. 事故教训与防范措施

（1）市政府要责成有关部门制定全市人造革生产企业安全生产管理规范，明确人造革生产企业的生产区、生活区、仓库区必须分开，危险化学物品管理必须符合消防安全要求；涂层生产场所的电器、设备必须达到防爆要求；生产设备必须有防静电设施，并经有关部门检测合格；烘箱的排风系统必须符合工艺安全要求；生产工艺和涂层胶料的选型必须遵循“确保安全，保证质量”的原则；企业必须建立和完善安全生产管理网络和规章制度，落实各级安全生产责任制，加强干部职工的安全教育培训工作。

（2）市各级政府应组织专业技术人员和安全干部对全市的人造革生产企业及同类生产企业进行彻底检查、清理、整顿，对不符合安全生产管理规范的企业要立即停产整改，整改完毕并经检查验收方可允许生产。

(3) 控制源头，严格“三同时”审查制度。凡新、改、扩建人造革项目，必须按规定立项审批，领取营业执照。办理“三同时”设计审查手续，项目建成后须经验收合格方可投产。

(4) 该人造革厂必须深刻总结事故教训，并举一反三，开展安全生产整改活动，建立、健全安全生产规章制度和各项安全生产操作规范，严格执行国家有关安全生产的法律法规和标准，加强职工的安全教育，各项安全生产设施设备必须符合国家规定的要求。在各项整改工作全面结束，并经有关部门检查验收通过后才可恢复生产。

(5) 镇政府和有关部门要从事故中吸取深刻教训，举一反三，严格落实各级安全生产责任制，严格执行“三同时”审查验收制度，加强安全生产监督检查，加强对企业领导和干部职工的安全教育培训。

(6) 对事故责任者的处理，有关部门要坚持“四不放过”的原则，按照国家法律法规的规定，按照人事管理的权限，严肃追究有关责任人的责任。

三、在建活性干酵母车间电焊作业引起的火灾事故分析

1. 事故经过

2003 年 1 月 7 日 15 时 47 分，某公司乙醇发酵项目建设工地活性干酵母车间发生火灾，消防支队指挥中心在接到报警后，立即调动 9 台消防车赶赴现场扑救，16 时 12 分，基本控制火势，火灾中无人员伤亡。

火灾事故发生后，市公安消防支队组织防火监督人员到达现场，组成现场勘查组、现场调查访问组、火灾损失核查组三个工作组，连夜展开事故调查工作。

2. 火灾现场勘查情况

起火的活性干酵母车间为二级耐火等级结构。火灾发生在该车间东部的包装工段，它为二层钢结构建筑，南北方向长度为 30 m，东西方向宽度为 12 m。一层全部过火，建筑材料的支撑部分为“工”字钢，未涂刷防火涂料，“工”字钢的上部烟熏痕迹严重，呈浓黑色。外墙部分为波彩钢瓦，内嵌塑钢窗。二层楼面为厚度 5 mm 的钢板，架在钢梁上，通过焊接形成整体。

对起火的包装工段进行外部勘查，东外墙上的彩制瓦中上部烟熏痕迹较重，两侧及下部基本没有烟熏痕迹；外墙上共镶嵌了四排塑钢窗，从地面上向上数的第一层塑钢窗窗框残存，未过火，烟熏痕迹很少。其上部的第二排塑钢窗是一层吊顶夹层内的对外专用窗，烟熏痕迹严重，塑钢窗被烧黑，窗框软化变形，其上部的第三、四两排塑钢窗的玻璃被烧

炸裂、脱落，窗沿上方有较重烟熏痕迹。

进入火灾现场内部进行勘查，一层南部靠出口处放置有尚未拆封的设备，外包装材料为木板。一层地面上堆满了被烧掉落的铁皮，铁皮为双层结构，中间所夹的聚苯乙烯泡沫被烧毁。由于铁皮夹泡沫材料所形成的“吊顶”脱落，焊接在二层楼板下的吊筋裸露，但是铁皮与各送风口处用铆钉连接，因此未脱落，但均呈下垂状态。送回风管道材料为铁制长方形截面的风管，通过吊筋固定在上层楼板下，烧黑后，外表里烟熏的黑色和铁锈色，地面上还存有被烧熔化的铝箔，日光灯灯罩及灯的玻璃碎片、铜导线及外套钢管（吊顶夹层内）被烧脱落。

一层的上部及铁板“楼板”的下部烟熏痕迹较重，呈浓黑色。“工”字钢的上部烟熏痕迹也很重，整个过火区域呈猛烈燃烧状态烧损后的残存物较均匀分布。

二层为设备及办公用房，通过其西部南北两座相对应的铁楼梯（均直通至三层）与一层相通。二层西部未过火，无可燃物燃烧，但烟熏痕迹重。东北部为办公室，在办公室的西部地面上提取到电焊条，其南部 3 m 处有三个电焊点位于铁板上。门槛上的门已不在，但下方铁板上有两个电焊点，经查找二层无电焊机（火灾发生时被肇事人员搬走企图破坏物证位置）。

3. 火灾调查访问情况

火灾调查访问了该公司相关人员、在场施工人员，形成了 26 份询问笔录，证明火灾是在一层吊顶夹层内发生，并扩大蔓延。当日下午，施工单位电焊工金某在二层东北部进行电焊作业，电焊渣掉落至一层吊顶内，而管道保温层却为易燃的聚苯乙烯材料，金某电焊约十几分钟后一层吊顶夹层发生火灾。

4. 火灾事故原因及责任认定

火灾原因系施工单位的电焊工金某在电焊作业时产生的电焊渣掉落至通风管道（横截面为矩形），高温电焊渣将铝箔烧穿引燃聚苯乙烯保温材料并蔓延后，又引起吊顶中的聚苯乙烯着火，造成大面积燃烧。

对该起火灾，金某及其单位应负直接责任。该公司对施工现场疏于管理，且该车间未经消防审核，使用大量易燃可燃材料装修，扩大了损失，应负间接责任。

5. 事故教训与防范措施

起火车间的南部就是乙醇蒸馏塔，如果乙醇蒸馏塔处于运行状态，造成的后果将不堪设想。火灾造成的直接经济损失达 87 万余元，所幸无人员伤亡，但严重影响了干酵母项目建设的工期，间接损失不可估量。该起火灾的发生不是偶然的，主要教训有如下几个方面：

（1）该活性干酵母车间的建设项目事先未经公安消防机构审核，擅自开工建设，在工程建设内部滞留了众多火灾隐患，最终酿成了火灾事故。

（2）使用易燃可燃材料进行装修，增加了火灾荷载。该活性干酵母车间使用大量易燃、可燃材料作为建筑、装饰及保温材料，增加了车间火灾荷载，降低了建筑耐火等级。同时，由于只顾赶工期，施工程序操作错误，先安装易燃保温材料，然后进行电焊作业，致使电焊渣引燃保温材料聚苯乙烯并迅速蔓延，造成火灾扩大。在工程尚未完工时，将价值较大的未用设备存放在车间内，增加了事故损失。

（3）施工现场管理混乱，缺乏必要的消防安全监管措施。该项目在建设中，安全和质量监理人员未履行监督职责，特别是动火作业中无人进行现场监护，并且没有必要的消防监督监护措施和灭火设施，安全意识薄弱。在没有排除火灾危险的情况下，擅自动火是引发火灾的直接原因，而缺乏严格的现场管理与监护措施，则是导致火灾发生的间接原因。

总之，该公司干酵母车间如果严格按照法律程序和消防管理制度开工建设，是可以避免火灾侵害的。对消防安全重视不够和职工防火意识薄弱，在很大程度上造成了火灾事故的发生和扩大。

四、皮革商业城毛领厂烘烤狐领板引发重大火灾事故分析

2004 年 9 月 6 日 6 时左右，某皮革商业城毛领厂发生一起 5 人死亡的火灾事故。经济损失约 50 万元。

1. 事故经过

2004 年 9 月 5 日晚，毛领厂工人张 SG、张 SL 加工狐领到 23 时左右，将钉好的 40 余块狐领板码放到烤房火炉周围进行烘烤后即上楼休息，因火炉距狐领板过近（约 0.3 m），烘烤时间较长，炉火高温引燃了该侧的狐领板，造成火灾。9 月 6 日清晨 6 时左右，居住在附近人员的发现该地点发出声响并看到了烟火，由于起火后五名正在楼上休息的员工处于熟睡状态，等被烟火熏醒时，火势已进入二层成蔓延之势，敲打着被铁栅封闭的窗户求救无果，导致 5 名员工因窒息或烧伤死亡。火灾未对相邻的建筑物和设施造成破坏。

2. 事故原因分析

员工在对加工的狐皮领进行烘干时，将钉好的狐领板码放到烤房内的火炉周围进行烘烤，因火炉距狐领板太近且烘烤时间较长，引燃了邻近的狐皮板，发生火灾。

3. 事故教训

通过对这起火灾事故原因的分析，这是一起人为因素造成的责任事故，教训极为深刻。

（1）缺乏基本安全防范意识。由于业主缺乏最基本的安全防范意识，将员工宿舍和加工区设在同一建筑、同一出口的半封闭室内，在发生意外情况下，可以用作逃生的窗户也被铁栅隔断，为发生事故后人员逃生制造了困难。

（2）缺乏基本安全管理制度。在动用明火的烘烤加工过程中，由于没有制定可行的操作要求和值班看守制度，烘烤毛领时缺乏距离要求，易燃的狐领板放置位置距明火过近，而本应值守的员工又脱岗睡觉，导致毛领燃烧时不能及时发现和处理。

（3）没有配备基本消防器材。在事故现场和各主管部门的检查中，均未发现该处建筑内按照规定配备必要的消防器材，如灭火器、消防工具等，在应对突发的火情时，该单位根本没有办法实施有效的处理、扑救初期火情或使用工具帮助逃生，酿成严重后果。

（4）市场安全检查流于形式。市政府在今年开展了数次规模较大的清理“三合一”（指生产、仓库和员工宿舍在同一建筑物内）行动，皮革商业城中规模较大企业中的同类问题，基本上已经得到解决，但是在对一些较小的商户或流动商户的治理过程中，商业城安全检查处、驻地派出所等负有安全生产监督和管理职责的多个部门均发现了该业主的门店存在没有安全管理制度、不配备消防器材等安全隐患，先后下达了多份整改通知书，但直到发生火灾时，这些整改措施也没有得到落实。

（5）市场监管不到位。对于进入皮革商业城进行生产经营活动的企业或个体工商户，市场管理部门应当建立进驻和退出登记，从事生产经营活动的单位和个人工商登记、税收登记，务工雇工人员的从业登记等各项完善的管理制度，但事故业主进入商业城已是第三年，既未进行工商登记，有关部门也不掌握其雇工的详细情况，只收取其工商管理费、税费和市场物业管理费，而放松对其依法监督和管理，特别是对事关人民群众生命和财产安全这件大事的监督管理。

4. 防范措施

（1）鉴于业主不办理工商登记注册，擅自进入商业城从事生产经营活动，依照《无照经营取缔管理办法》第十四条的规定，工商管理部门依法取缔了该毛领厂。

（2）为解决商业城生产加工车间、仓库、员工宿舍设在同一建筑物内，存在重大安全隐患的违法问题，市场管理部门要对商业城进行一次彻底的全面检查，对不符合《消防法》等法律和国家标准规定的企业、个体经营者的加工经营场所，责令其立即改正。

（3）市场管理部门必须加强对驻商业城企业、个体经营者和务工人员经常性的安全生产教育和培训。对于初入市场的经营单位、个人或进场务工人员，必须首先进行市场安全教育，使其掌握必备的消防安全和安全生产基本知识。

（4）市场管理部门要进一步完善安全管理制度，对市场区域内动用明火作业、消防安全设施与工具配备、安全通道保障、应急照明疏散、定期安全检查巡查等，进行必要的补充和修订，并确保落实到位。

（5）市场管理部门应进一步完善市场管理制度，对进入市场的经营者资格、房屋租赁管理、工商行政管理、往来务工人员情况等各项管理规定，进行必要的补充和修订，并确保落实。

（6）各级各部门，必须依法办事、依法履行职责。对不按照国家法律、法规及相关规定进行生产经营活动的单位和个人，该停业整顿的停业整顿，该取缔的依法取缔，应予以关闭的可提请市政府依法予以关闭。对于违法进行生产经营活动的，必须依法进行行政处罚。

五、某大酒店员工违章操作引发的特大火灾事故分析

2003 年 2 月 2 日 17 时 58 分，某大酒店发生一起特大火灾事故，造成 33 人死亡（7 名酒店服务人员，26 名就餐人员）、10 人受伤（2 人骨折，1 人轻度烧伤，其余受轻伤），直接财产损失 15.84 万元。

1. 大酒店概况

该大酒店位于一幢 8 层居民楼的底层，1999 年 12 月 18 日开业。该酒店共三层，地下一层，地上二层，经实地测量，酒店总建筑面积 1 847.65 m^2，使用面积 1 274.25 m^2。其中地下室建筑面积 768.5 m^2，设有灶房和 14 间包房；一层建筑面积 386.42 m^2，设有 2 间包房；二层建筑面积 692 m^2，设有 7 间包房及一个大厅。酒店可同时容纳 400 多人就餐。该酒店由祁 SL、祁 SD、祁 YH 三兄妹共同出资经营。酒店房产的产权人是祁 YH，酒店负责人为祁 SL，副经理为祁 SD。1999 年 12 月 10 日，祁 YH 向工商分局提交了开办大酒店的申请，申请人为祁 SL，并同时提交了房屋租赁证明、公安分局消防科出具的《消防安全检查意见书》、文化局核发的《文化经营许可证》、环境保护局批准的《饮食娱乐服务企业建设项目影响环境申报登记审批表》、卫生局核发的《卫生许可证》等相关材料；12 月 16 日，工商分局核发了私营企业营业执照，企业法定代表人为祁 SL。2000 年、2001 年和 2002 年，该酒店均通过了工商部门的年度检验。2002 年 11 月 5 日，根据祁 SL 变更酒店法定代表人的申请，工商分局为该酒店重新核发了私营企业营业执照，企业法定代表人改为祁 YH。该酒店经营餐饮、KTV 包房，有餐桌 20 个、包房 23 间；事故发生前共有员工 50 人。

2. 事故经过

2003 年 2 月 2 日下午，该大酒店正常营业，基本满员，顾客及酒店员工近 300 人；在

酒店门厅左侧放置了一台取暖煤油炉（炉芯调整柄已经失灵）。取暖煤油炉的燃油本应使用家用煤油，经查，该酒店业主长期购买和使用的实际上是汽油组分的燃油。17 时 58 分，酒店领班姚某在向取暖煤油炉加油时，引起燃油爆燃而导致火灾。

市公安消防支队 17 时 59 分接到报警后，立即派出 4 个消防中队、189 名指战员、36 辆消防车迅速赶到现场。经消防指战员奋勇扑救，用了不到 20 分钟将大火扑灭，并通过架设云梯、破拆窗栏、打通通道等紧急措施，先后抢救疏散 220 多人，把伤亡降到了最低程度。市卫生局及有关医院启动应急预案，使受伤人员得到了及时妥善治疗。为了做好善后工作，该区抽调了 150 多名干部，组成 33 个安抚组，采取包户走访办法，深入遇难者家中慰问，依照有关法律法规和政策，逐户逐人、深入细致、积极稳妥地开展善后工作，仅用一周时间，33 名遇难者的家属全部与大酒店业主签订了赔偿协议，确保了社会稳定。

3. 事故原因分析

（1）大酒店违章使用汽油组分的燃油、酒店员工违章操作是事故发生的直接原因。经现场勘查和调查取证，并经公安部火灾事故调查专家组勘验复审，查明这起火灾是该酒店违章使用汽油组分的燃油，替代家用煤油作为取暖煤油炉的燃料，酒店一层领班姚某（已在火灾中死亡）在一层门厅取暖煤油炉未熄火的状态下加油，引起燃油爆燃并迅速形成大面积火灾，燃烧形成的高温有毒烟气通过楼梯迅速向二楼蔓延，造成部分就餐人员和酒店员工逃生不及，中毒窒息死亡。

（2）大酒店业主拒不执行国家有关法律法规、消防安全管理混乱、员工缺乏消防安全教育是事故发生的主要原因。该酒店存在大量隐患：一是消防安全制度不健全，防火安全责任制不落实；二是业主没有对员工进行消防安全教育和安全技术培训；三是酒店室内装修、装饰材料不符合国家工程建筑消防技术标准的有关规定；四是疏散通道不畅通，安全出口被封闭；五是取暖煤油炉长期存在隐患，且长期使用低价的主要成分为汽油组分（属甲类易燃易爆液体）的燃油代替家用煤油作为燃料，以致火灾发生，造成了严重的后果。

（3）政府有关职能部门监督管理不力是事故发生的重要原因。

①区公安分局消防科在对该大酒店开业前装修改造的消防安全审核中，没有按照《消防监督检查规定》和《建筑设计防火规范》（GB 500/6—2006）等有关规定，对该酒店装修设计及装修材料进行审查。经国家固定灭火系统和耐火构件质量监督检验中心检验认定：送检的该酒店用作装修材料的密度板（贴面材料为胶合板和壁纸），按《建筑材料燃烧性能分级方法》（GB 8624—1997）检验，两种贴面密度板的燃烧性能均未达到 BL 级（难燃或不燃烧材料）的要求，都不合格。在开业前的消防安全检查中，检查人员只对该酒店的一、二层提出了消防安全检查意见，对用于营业的地下室防火分区面积超标、未设自动喷水灭火设备的问题，没有提出检查整改的书面意见；在核查面积时只采用目测方法，核查疏散

通道时也只采用步测方法，没有按照《建筑设计防火规范》的有关规定，对该酒店二层未增设安全出口的问题提出整改意见，在该酒店不具备消防安全条件的情况下，为其出具了《消防安全检查意见书》，同意其开业。在 2001 年公众聚集场所消防安全专项治理中，未将该酒店列为重点火灾隐患单位；在 2002 年的公众聚集场所消防安全专项治理中，虽将其列为火灾隐患单位，对其存在的无自动喷水灭火设备、无火灾自动报警设备等火灾隐患提出了一些整改意见，但没有采取有力措施，抓好监督整改，该酒店火灾隐患始终没有消除，导致火灾事故的扩大。

②派出所在日常消防安全监督管理中，虽然发现了该大酒店长期不重视消防安全工作，不认真履行消防安全职责，消防安全责任不明确，制度不健全，员工培训教育不到位，防火安全意识差，不遵守安全操作规程，取暖煤油炉使用汽油组分的燃油等问题，但没有及时采取措施，使该酒店存在的火灾隐患直到事故发生也没能得到消除。

③两级政府在公众聚集场所消防安全专项治理工作中，对包括该大酒店在内的长期存在火灾隐患的单位多次下发隐患整改通知而始终没有得到治理的问题，监督检查不力，落实不到位。该酒店所在地的政府在 2001 年公众聚集场所消防安全专项治理工作中，对工商部门报送的《关于吊销不符合消防条件公众聚集场所营业执照的紧急请示》，没有组织相关部门研究处理；在公众聚集场所消防安全专项治理工作中虽然按照要求制定了方案，但没有按照方案组织检查验收，也未能及时研究解决存在的重大火灾隐患，工作有死角。地方政府及一些职能部门不能正确处理安全工作与发展经济的关系，只注意经济发展，忽视了安全生产，致使一些企业存在的重大事故隐患长期得不到有效整改。

④安全生产办公室和街道办事处等一些基层组织的管理人员业务素质低，对国家有关法律法规不熟悉，虽然对该大酒店进行了多次检查，但对存在的主要隐患未能发现。

综上所述，该大酒店特大火灾事故是一起责任事故。

4. 事故教训和防范措施

(1) 强化私营企业安全生产责任，依法加强对私营企业安全生产的监管。私营企业要坚决贯彻执行《安全生产法》和《消防法》等法律法规，建立、健全并落实安全生产责任制，并针对本单位特点开展全员安全生产培训教育，使从业人员熟悉并执行安全生产规章制度和安全生产操作规程，掌握本岗位的安全生产操作技能，制定应急预案并定期组织演练。要真正把私营企业纳入安全生产监管范围并依法加强监管，强化对企业主要负责人的安全生产培训考核，使其牢固树立“安全第一、预防为主、综合治理”的思想。

(2) 采取切实措施，深化公众聚集场所消防安全专项治理。要按照公安部、国家安全生产监督管理局联合颁发的《深化公众聚集场所消防安全专项治理的方案》要求，综合运用法律、行政、经济、教育等手段，严格市场准入条件，深化公众聚集场所消防安全专项治理。要加强对深化整治工作的领导，明确责任，突出重点，分类指导，下决心治理一批重大火灾隐患。特别是要加强宾馆、饭店、学校、幼儿园、网吧、商店、影剧院、医院、车站、室内市场等公众聚集场所冬季临时取暖用的煤油炉、电炉、电暖气等用具和燃油的检查，对不符合安全条件的取暖用具和不符合要求的燃油，要坚决取缔、没收和查封，以保障广大消费者的安全与健康。

(3) 整顿和规范燃油生产、经营市场秩序，加强使用燃油的安全监管。要认真贯彻国务院关于整顿和规范市场经济秩序的一系列要求和《危险化学品安全管理条例》，结合冬季燃油取暖事故隐患严重的实际情况，对全省燃油生产、经营和使用单位进行一次全面检查。要依法严厉查处、打击和取缔土炼油，关闭小炼油厂，从源头上消除事故隐患。对经营销售燃油的单位要严格执行危险化学品经营许可证制度及成品油批发、零售和仓储批准制度。

(4) 提高对安全生产工作的认识，健全安全生产监督管理机构，增强安全生产监管力度，并切实加强对安全生产工作的领导。不断强化对安全生产工作重要性的认识，切实加强对安全生产工作的领导，坚决遏制重、特大事故的发生。要切实加强基层安全生产监管队伍建设，增强安全生产监管人员和消防安全监督人员依法行政意识、责任意识，强化综合管理职责，增强监管合力，提高监管效果。

(5) 各级地方政府、各部门、各单位要充分利用广播、电视、报刊等新闻媒体和培训教育、知识竞赛等手段，进一步深入贯彻《安全生产法》和《消防法》等有关法律法规。要进一步完善各级安全生产责任制，加强对企事业单位安全生产工作的指导和监督，督促其建立、健全主要负责人负总责的安全生产责任制，帮助企业建立安全生产的自我约束机制，形成良性的安全生产管理责任体系，使安全生产法律法规规定的各项措施落在基层，落到实处。

六、某宾馆电气线路故障引发的特大火灾事故分析

2005 年 6 月 10 日，某宾馆发生特别重大火灾事故，造成 31 人死亡、28 人受伤，直接经济损失 849 万元。

1. 宾馆概况

该宾馆为四层钢筋混凝土结构，占地面积 1 600 m^2，建筑面积 7 350 m^2，一层为大堂、餐厅、棋牌室、桑拿房，二层为卡拉 OK 包厢，三、四层为客房。

宾馆于 1994 年 1 月投资兴建，同年 8 月竣工，当时设计为办公楼。1996 年 9 月，开发公司将其改造、装修为宾馆，法定代表人为陈 YS，经营范围为住宿、餐饮服务、卡拉 OK 歌舞，并分别向市文化局、卫生局、公安局申领了文化经营许可证（后由文化局于 2002 年

1 月 15 日根据有关规定收回）、卫生许可证、特种行业许可证和公共场所安全合格证。2003 年 8 月，开发公司将该宾馆租给林 LZ 经营，林 LZ 又将宾馆转租给林 JZ、林 JL 经营，林 JZ 投资对宾馆的二楼歌舞厅重新进行了改造、装修，并超经营范围增加了桑拿、按摩和棋牌服务，于 2003 年 9 月 14 日开始营业至火灾事故发生。

该宾馆 1996 年和 2003 年两次进行的改造、装修，均未办理装修工程消防审核手续，且大量使用不符合消防安全标准的材料，给火灾事故埋下了隐患。

2. 事故发生及扑救经过

2005 年 6 月 10 日 11 时 45 分左右，宾馆二楼吧台服务员卞 GZ 闻到电线烧焦的味道，同时该宾馆二楼当班服务员苟 Z、吴 YH、收银员邓 FB 等发现二楼金陵包厢门口通道吊顶上向下冒烟，苟 Z 随即拉闸断电并报告了林 JL。林 JL 只让宾馆员工用灭火器灭火，不让员工报警，也未组织疏散人员。由于施救不力，火势迅速向四周蔓延。12 时 15 分，区公安消防大队消防中队副指导员段 JH 接到路人报警后，区公安消防大队立即出动 1 台指挥车、3 台消防车和 18 名消防官兵，于 12 时 20 分赶到火场扑救，同时通过区公安局 110 指挥中心调动 4 个专职消防队、5 台消防车、38 名专职消防员前往增援。市公安消防支队 12 时 24 分接到报告后，立即调派 7 个公安消防中队、16 台消防车、119 人前往增援。市委、市政府和区委、区政府有关领导接到报告后陆续赶到现场组织指挥扑救，并调动 200 多名公安民警和 500 多名干部、民兵以及 11 辆救护车、46 名医务人员参加灭火和抢救工作。经过各方全力奋战，大火于 14 时 35 分被基本扑灭，共救出被困人员 67 人。

3. 事故原因分析

造成事故的直接原因，是宾馆二层包厢门前吊顶上电气线路短路故障引燃周围可燃物，造成该起火灾事故。

造成事故的间接原因：

（1）宾馆在建设和装修时未办理消防审核手续；宾馆二层两次装修均使用大量易燃材料；电气线路安装和敷设不规范；消防安全制度不落实，没有制定事故应急处理预案，只对保安人员进行过简单的消防安全知识培训，消防安全知识培训不到位；消防安全设施和器材不符合要求；发生火灾后，宾馆经营者林 JL 不让报警，也未组织人员疏散。

（2）区公安消防大队对宾馆消防安全监督检查执法不严，发现火灾隐患后督促整改不力。2003 年 10 月，街道办事处将该宾馆申报为消防安全重点单位，未被消防部门批准。2004 年 6 月，区公安消防大队检查发现该宾馆存在未设置消防自动喷水灭火系统等 9 项严重火灾隐患，发出《责令限期整改通知书》，要求在同年 9 月 10 日前整改。同年 12 月 21 日对该宾馆进行复查时，再次发出《责令限期整改通知书》，但只列出原 9 项火灾隐患中的

3 项，并于同年 12 月 30 日发出《复查意见书》，认可这 3 项火灾隐患整改合格，导致其余 6 项严重火灾隐患未予整改。

(3) 区公安分局和派出所以及区工商、文化等有关职能部门，没有认真履行职责，对宾馆存在的消防安全、外来人员管理等问题监管不力，检查及督促落实不到位，对该宾馆长期无文化经营许可证、超范围经营问题失察失管。

(4) 区政府和街道办事处有关负责人对消防安全抓落实不到位，对消防安全工作落实情况监督检查不力。

经调查认定，这起特别重大火灾事故是一起责任事故。

4. 事故教训与防范措施

(1) 地方各级领导和各部门、各单位要牢固树立“安全第一”的思想，进一步提高对消防安全及其他各项安全生产工作重要性的认识，切实加强对消防安全工作的领导，健全和完善消防安全责任制，警钟长鸣，常抓不懈，确保一方平安。

(2) 充分利用各种新闻媒体加强消防安全法律法规和日常消防安全知识的宣传、教育和培训，全面普及防火、灭火及逃生自救知识，提高全民的消防法制意识和应对火灾事故能力。

(3) 各级消防部门要会同有关部门进一步加大人员密集场所消防安全专项整治力度，强化消防安全监督执法，对电气设备安装、使用和管理不规范以及装修材料不合格等造成的重大火灾隐患，要坚决依法责令整改。

(4) 公安、消防、工商和文化等有关部门在涉及消防安全的各项工作中要密切配合，对达不到消防安全要求或者有其他违规经营行为的，要严格依法处理。

七、某市中心医院电缆短路引起的特大火灾事故分析

2005 年 12 月 15 日，某市中心医院发生特别重大火灾事故，造成 37 人死亡、95 人受伤，直接财产损失 821.9 万元。

1. 市中心医院概况

市中心医院占地面积 6.2 万 m^2，建筑面积 4.3 万 m^2，共有职工 735 人，床位 686 张，是一所二级甲等综合医院。

该医院有四个医疗、住院区和一个环廊门诊楼以及一栋综合楼等，由通廊相互连接。起火建筑为该医院用于医疗、住院的一至四区，建筑面积 13 923 m^2，其中，一、二、三区建于 1962 年，系三层三级耐火等级（砖木结构、大闷顶）建筑物，建筑面积10 323 m^2，

设有急诊、CT、ICU、透析、病理、手术等室和预防、康复、手外、妇产、耳鼻喉、普外、胸外、儿科、脑外等科住院病房；四区建于1987年，系四层二级耐火等级（砖混结构）建筑物，建筑面积3 600 m²，设有骨科、循环、血液、神经内科、眼科等科住院病房。

2. 事故发生及扑救经过

12月15日下16时10分左右，市中心医院配电室主电源切换柜跳闸导致全院停电，在配电室值班间当班的电工张DK即到配电室手动将切换柜内切换装置推向备用电源恢复供电，随后又回到值班间。约16时18分，张DK等人听见配电室内发出爆鸣声，发现配电室电缆沟往外冒烟火，即使用干粉灭火器灭火，但未能把火灭掉，张DK随即跑到医院外东侧变压器柜拉闸断电。在场的医院总务科科长赵YG通过电话向医院副院长李MM报告了火情，并问是否报警。李MM到达现场后，认为“火着不起来”，吩咐先不要报警，也没有采取相应的措施。眼看火势迅速扩大，李MM才于16时57分55秒用手机报警，这也是该市公安消防支队指挥中心接到第一个报警电话。市公安消防支队指挥中心迅速调集市公安消防支队的25辆消防车、117名官兵和矿务局专职消防队的1辆消防车、6名专职消防队员相继赶赴现场，开展灭火救援工作。省公安消防总队接报后，立即调集三个公安消防支队的20辆消防车、100余名官兵前往增援。市委、市政府有关领导接到报告后陆续赶到现场组织指挥灭火和抢救工作。经过各方全力奋战，大火于23时许被彻底扑灭，先后抢救疏散人员500余人。

3. 事故原因分析

造成事故的直接原因，是市中心医院配电室电缆沟内电缆短路引燃可燃物，造成该起火灾事故。

造成事故的间接原因：

（1）市中心医院配电室及部分电气设备改造工程存在重大安全隐患。区纺织电气安装队在市中心医院两次电气设备更新改造工程施工中，所敷设的电缆在配电室为同一电缆沟，电缆没有按规程采用固定支架，多根电缆重叠、交叉、扭曲、挤压，存在施工质量不合格等诸多安全隐患问题，特别是购置、敷设了质量不合格的电缆。该医院两次电气设备的更新改造，都没有组织专业技术人员对施工质量进行检测验收，而是直接投入使用，未能及时发现和整改配电室改造中的重大安全隐患。

（2）报警晚，延误了灭火时间。从2005年12月15日16时18分左右配电室电缆沟出现火情，到16时57分市公安消防支队第一次接到报警，延误约39分钟。

（3）市中心医院没有认真落实消防安全责任制和消防安全措施。一是该医院负责人对消防安全工作极不重视，几年来，该医院领导班子未召开过会议研究消防安全工作，与上级签订的消防安全责任书没有向下分发，没有制订保证措施，消防安全责任制未得到真正落实。二是2004年以来，未进行过防火检查，未对全院职工进行过消防安全方面的系统教育与培训。三是灭火和紧急疏散等消防预案未进行实际演练，流于形式。四是在装修过程中未对应急照明灯、应急疏散指示标志等存在的安全隐患进行整改。

（4）区公安消防科对市中心医院消防安全监管不力。2005年该医院未与消防部门签订消防安全工作责任状，区公安消防科未督促其补签，也没有向区政府及有关部门反映。2005年5月9日起，该医院进行装修改造，于5月口头告知、10月书面告知区公安消防科，但区公安消防科并未督促该医院对装修实施报批，也没有对装修中消防安全情况进行监督检查。2005年5月19日、10月21日，区公安消防科两次到该医院进行消防安全抽查，只抽查了综合楼，未检查门诊楼、住院楼，因而对两楼进行装修改造中的安全情况监督不力。另外，有关人员在检查中发现应急照明灯不符合消防技术规范要求，下达了限期整改通知书，但并未对整改情况按期进行复查。

（5）市卫生局对市中心医院消防安全工作监督检查不到位。2005年年初，市卫生局与该医院签订了目标管理责任书，把防火安全工作作为考核目标之一，但督促检查和管理考核不力。在对该医院配电室等有关部位的检查中，没有组织相关专业人员参加，对存在的安全隐患问题失察。

此外，建筑物耐火等级低、建筑结构复杂，以及医院患者、医护人员以及探视、陪护人员多，住院患者中有相当一部分是危重病人，疏散施救难度增大等，导致了这起火灾的迅速蔓延，增加了伤亡人数。

经调查认定，这起特别重大火灾事故是一起责任事故。

4. 防范措施建议

（1）市各级政府要牢固树立“安全第一、预防为主、综合治理”的思想，从全面落实科学发展观和建设社会主义和谐社会的高度，进一步提高对安全生产工作尤其是消防安全工作重要性的认识，切实加强对消防安全工作的领导。要层层落实消防安全责任制，落实控制指标，落实政府的监管主体责任和行政首长负责制，深化对人员密集场所消防安全的专项整治，消除事故隐患，确保一方平安。

（2）市政府有关部门要加强安全监管。消防部门要会同有关部门进一步加大人员密集场所消防安全专项整治力度，强化消防安全监督执法，尤其是对电气设备安装、使用和管理不规范等造成的重大火灾隐患，要坚决依法责令整改。卫生部门要切实落实消防安全责任制，进一步加大对所属单位消防安全工作的监督检查，采取有效措施督促落实各项消防安全规章制度和措施。对所属单位的技改项目要严格审查把关，对电气设备、线路等专业性较强部位的检查应邀请消防部门和有关专业人员参加。安全生产监督管理部门要加强安

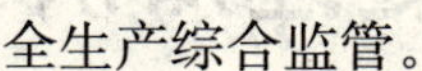

全生产综合监管。

（3）市各有关部门和单位要采取多种形式加强消防安全法律法规和日常消防安全知识的宣传，加强消防安全教育和培训，全面普及防火、灭火、及时报警及逃生自救知识，提高公民的消防法制意识、消防安全意识和应对火灾事故能力。

（4）市中心医院要按国家有关消防安全法律、法规的要求，落实消防安全主体责任，落实法定代表人负责制，采取有力措施，加强对危险源点的监控、管理，及时排查和消除隐患。特别要加强对电气设备设施等的安全管理，严格按照国家和行业有关法规、标准设计和施工；严格抓好日常使用及维护；严格工程招投标和采购管理；严格施工检查、监督和竣工验收程序，确保施工质量和安全运行。要切实完善应急管理机制，加强应急能力建设，提高紧急情况下的应急处置能力。要针对本单位可能发生的安全事故制定切实可行的应急预案和有关岗位的应急措施，并定期组织演练，保证应急处置的灵敏、高效、有力。要加大应急装备投入，保证应急救援工作的需要。

第五章　道路交通事故报告和调查处理知识

随着我国经济的快速发展，机动车辆越来越多，道路交通事故日益成为突出问题。在道路旅客运输和道路货物运输中，安全是运输企业、驾驶人员以及行业管理部门永恒的主题。要做到安全运输，必须牢固树立“安全第一、预防为主、综合治理”的观念，在生产经营活动中，在处理保证安全与生产经营活动的关系上，要始终把安全放在首要位置，优先考虑从业人员和其他人员的人身安全，实行“安全优先”的原则，并且按照系统化、科学化的管理思想，按照事故发生的规律和特点，千方百计地预防事故的发生，做到防患于未然，将事故消灭在萌芽状态。在确保安全的前提下，努力实现生产目标。

第一节　道路交通运输特点与安全要求

近年来，我国交通运输业快速发展，根据交通运输部的统计，2011 年年底，我国拥有公路营运汽车 1 263.75 万辆，公路总里程达 410.64 万千米，高速公路达 8.49 万千米，分别是 2005 年的 1.7 倍和 2.2 倍。2011 年，全国营业性客车完成公路客运量 328.62 亿人、旅客周转量 1.676 万亿人千米，是 2005 年的近 2 倍。

道路交通运输是覆盖领域最广、线路最多、与人民群众生产生活联系最为密切的交通运输方式。道路交通运输属于服务性行业，也属于高风险的行业，据有关资料统计，道路交通运输是死伤人数最多的行业，安全问题日益突出。因此，必须加强道路交通运输安全管理工作，采取齐抓共管、综合治理的方式，提高安全可靠性，降低事故发生率，保障人民生命和财产的安全。

一、道路交通运输特点与事故危险

1. 道路交通运输的特点

道路交通运输业是面向社会的服务性行业，道路交通运输方式与铁路、水路、航空交通运输方式相比，具有十分突出的特点，其主要特点体现在以下几个方面：

(1) 机动灵活、运输方便。道路交通运输在运送时间上，可以随时调度，具有较大机动性；在运送空间上，既可以长途运输，也可以短途运输，可以深入广大的城镇和农村、工厂、车站、码头等地；在批量上，既能满足大宗货物的运输，又能满足零散、小批量的

运输；在班次安排上，班次多、密度大，既可满足旅客随到随走，又能根据客流变化随时增开加班车和包车。

(2) 点多面广、流动分散。与航空运输的点与点之间或铁路运输以线为主的运输形式不同，道路运输是一种地区性的“面”上运输。由于目前公路网密布全国城乡，覆盖区域大，全国所有的县城、98%以上的乡镇和91%以上的行政村通公路，因此道路运输能满足各种需要。

(3) 送达迅捷，可实现“门到门”的直达运输。道路运输可以做到取货（接客）上门，送货（送客）到家，是综合运输体系中唯一可以实现“门到门”直达运输的方式，可减少中转环节和装卸次数，送达速度快。

(4) 可达性与可靠性高，服务能力强。道路运输既可为其他运输方式提供集疏运服务，也可以自成体系，独立地完成运输任务。

(5) 原始投资少，资金周转快，回收期短。道路运输准入成本较低，原始投资回收期短，运输资本周转快。

(6) 运量小，单位运输成本相对较高。这是道路运输的不足之处，尤其与铁路运输相比，在运量和单位运输成本上都不如铁路运输。

2. 道路交通运输的优势

道路交通运输随着城乡经济的发展和人民生活水平的提高，作用越来越明显，从宏观经济角度讲，其作用主要体现在以下几个方面：

(1) 促进农业的发展。道路交通运输是我国广大农村地区最基本的运输方式。道路交通运输的发展为农村地区农副产品的流通、城乡物资交流、商品经济的发展、人员的流动和社会的文明进步创造了物质条件。道路交通运输是我国广大农村地区社会经济发展最重要的基础条件之一。

(2) 促进工业的发展。道路运输是工业企业能源、原材料得以及时输入，销售产品能够及时输出的必要条件。便利的交通为现代企业降低了流通成本，通畅的运输加速了资金周转，为企业创造了利润，高效的物流服务提高了企业的市场竞争能力。我国的乡镇企业已在我国现代化建设中具有重要的地位，其发展更是离不开道路运输。在我国乡镇企业发达的长江三角洲、珠江三角洲地区，各种经济成分的企业竞相沿公路向纵深发展，公路成为企业发展的载体，公路的走向成为企业群体布局的方向，而道路运输则成为确保这些企业生产所需的原材料输入以及产成品输出的首选运输方式。

(3) 促进第三产业的发展。道路交通运输特别是以高速公路为代表的快速客货运输，相对缩短了人员交往和商品流通的时空距离，为人与物的流动创造了有利条件，因而促进了商业、旅游业等第三产业的发展。道路运输使商品流通在更大的空间进行得以实现，扩大了市场的范围；同时公路会带来沿线地区商业的繁荣，促进各类大小集贸中心的形成。道路交通运输也为沿线旅游业提供了便利的条件，促进旅游景点向纵深拓展并提高旅游业的综合服务水平。

二、道路交通事故的危险性

道路交通事故是指人、车在道路上通行时，由于违反交通规则或其他原因发生人员、牲畜或车、物损失的事件。《道路交通事故处理办法》中对道路交通事故定义为：车辆驾驶人员、行人、乘车人以及其他在道路上进行与交通有关活动的人员，因有违反《道路交通管理条例》和其他道路交通管理法规、规章的行为，过失造成人身体或财产损失的事故。

1. 道路交通事故的危害

道路交通在促进经济迅速发展，给人们带来极大的便利的同时，也造成交通事故的大量增加。而且由于我国道路增长和交通设施建设滞后，混合交通在相当长的时期内仍然存在，一些城市交通拥挤和堵塞现象严重等问题将会越来越突出，交通事故多发，人员伤亡、财产损失巨大，已成为影响经济发展和公共安全的一个不可忽视的难题。

据有关资料统计，2004 年，全国发生道路交通事故近百万起，死亡 10.6 万人，死亡人数居世界第一，平均每天死亡近 300 人。在过去的 10 余年，我国的道路交通事故频率总量是上升的，例如，在 1990 年我国当年的交通事故死亡人数是近 5 万人，到 2001 年突破 10 万人，2004 年高达 10.6 万人。但是万车死亡率是下降的，我国 1990 年的万车死亡率是 34 人，到 2004 年下降到 9 人。这表明了我国交通安全的进步和改善，但是与发达国家相比，还具有明显的差距。

2. 道路交通事故的特点

据有关专家分析，道路交通事故主要有这样一些特点：

(1) 交通事故中 80%以上是人为因素造成的。例如，驾驶员道路行车经验或缺乏高速公路行车经验，在高速公路或夜间行车时，驾驶员容易产生麻痹思想，反应迟钝，对于突发的险情判断失误，加之车速很快，不知所措，酿成事故。

(2) 交通安全法规意识淡薄，违章驾车。例如超速、违章超车、超载、逆行、随意停车、不按规定车道行驶，车距过小，驾驶员疲劳开车，酒后驾车等。部分驾驶人员不熟悉或不注意安全行车规则、安全交通标志。

(3) 恶劣气候对行车环境的影响。秋冬季节，时常出现雨、雪、雾天气，特别是大雾、大雪天气，道路能见度低，路面摩擦因数低，制动距离长，抗侧滑力、方向盘控制力较差。

因此，每年因恶劣天气发生的交通事故在交通事故中占较大的比例。

（4）车辆技术状况差，检修不及时。交通安全防范除人的意识、管理制度、道路养护、自然条件外，车辆的技术状况是较为重要的方面。有些单位对应该报废的车辆不报废，该送修的不送修，有些驾驶人员出车前不对车辆进行必要的安全技术状况检查，特别是制动、转向信号灯、轮胎，车辆带病出车，使事故概率增加，从而导致事故的发生。

（5）使用劣质车胎和配件引发的交通事故。由于部分驾驶人员在车辆维修中贪图便宜，或者车辆修理单位追求经济效益，大量使用假冒伪劣产品，这些假冒伪劣产品在车辆行驶中形成事故隐患，遇到适当条件就会爆发出来，导致事故的发生。例如，有的车辆使用劣质轮胎，在高速行驶时，由于轮胎散热不及时，温度达到100℃就可能出现爆胎，发生事故。

（6）路面损坏维修及障碍物清理不及时。随着使用时间的增加，有的国道、省道以及县级公路，因缺乏维修保养，导致路面老化，坑洼不平，造成车辆行驶困难，易于造成事故。

（7）道路设施被盗、被毁造成事故。由于有的道路路段维护保养不善，常有设施被盗、被毁现象，使得安全系数降低，有些事故就因此而发生。

3. 交通事故发生的原因分析

对于交通事故频繁发生的原因，有不同的总结与归纳，集中起来主要有以下几个方面：

（1）违章违规开车。有的驾驶员不遵守交通规则，违章驾驶，违规行车、超速超载、人货混装；有的酒后开车，开“英雄车”，开赌气车。这些违规违章开车者，往往在遇到紧急情况时都束手无策，手忙脚乱，因采取措施不利而导致交通事故发生。

（2）开车技术生疏。很多年轻驾驶员没有经过正规的驾驶技术培训、考试，而是凭关系“领取”的驾驶证开车。他们既不懂机动车辆的构造原理，又不懂交通法规，更不懂车辆维修保养和故障排除的技术知识。有的错将油门当制动器，遇到紧急情况需要制动时，一脚踩下去而造成交通事故。此类交通事故，往往损失惨重。

（3）思想麻痹大意。有些驾驶员缺乏牢固的安全意识，开车时思想不集中，注意力分散，存有侥幸心理。如有的驾驶员边开车边与他人聊天；有的驾驶员开车时东张西望；有的驾驶员在开车时吸烟或吃东西；有的驾驶员甚至用一只手开车，另一只手放在腿上或插在裤袋里；有的驾驶员在冰雪天行车不采取防滑措施等。一旦遇到紧急情况时，对可能发生的情况来不及周密思考和分析，对紧急情况的处理不当而造成交通事故。

（4）无证驾驶车辆。有的驾驶员不守法纪，不讲原则，为了顾及人情面子而将机动车辆交给无驾驶证的亲友、同事、领导等人驾驶。在紧急状态下，因无证开车者的操作失误而造成交通事故。

(5) 疲劳驾驶。有的驾驶员开车跑长途，为了抢时间，争班次、客源、货源而不辞辛劳、不分昼夜地开车；有的驾驶员染上了不良习气，白天辛辛苦苦开车，晚上搓麻将、打牌或看电视、看录像至深夜，第二天清早起床开车，驾车时疲倦不堪，昏昏欲睡，肇事成祸还不知原因何在。

(6) 车辆机械故障。有的车辆因出厂时存在质量问题或使用不当而出现故障，有的驾驶员发现故障后懒得及时维修保养，导致车辆曲轴、连杆、半轴损断或转向盘、制动器失灵，脱胎、飞车等机件故障发生而造成交通事故。

(7) 擅自改装车辆。擅自改装车辆或购买改装车辆营运，由此而引发的交通事故屡见不鲜。有的为了多装降耗，嫌车辆载重量少或座位太少，便擅自加高车厢，增加座位；有的擅自更换主机，加大功率，提高时速；有的擅自牵引拖挂车；有的汽车改装厂家擅自将报废或即将报废的车辆改装成“新型车”等。这些擅自改装车辆的行为，也是造成交通事故的主要原因。

(8) 车辆乱停乱放。有的车在途中抛锚，驾驶员为了及时维修而就地停车，到了夜晚也不亮灯标示；有的将车停在坡道上或渡口处不拉手刹，不塞三角木；有的车抛锚在转弯处也不做标志明示等。这些违章停靠行为，也是引发交通事故的重要原因。

第二节　道路交通事故处理程序与实施要点

近几年，我国的道路交通运输事业有了很大发展，在道路交通运输快速发展的同时，一些影响交通运输安全的问题也凸显出来，例如疲劳驾驶、违章操作、超载运输、车辆失保失修、安全管理失控等，从而造成大量的安全隐患，甚至直接引发重大人员伤亡事故。对此，需要采取积极的应对措施，综合运用科技手段、法律手段、经济手段和必要的行政手段，从发展规划、行业管理、安全投入、科技进步、经济政策、教育培训、安全立法、激励约束、企业管理、监管体制、社会监督以及追究事故责任、查处违法违纪等方面着手，解决影响制约道路交通运输安全的深层次问题，做到思想认识上警钟长鸣，制度保证上严密有效，技术支撑上坚强有力，监督检查上严格细致，事故处理上严肃认真。

一、道路交通事故处理程序的有关规定

2008 年 8 月 17 日，公安部发布《道路交通事故处理程序规定》(公安部令第 104 号)，自 2009 年 1 月 1 日起施行。2004 年 4 月 30 日发布的《交通事故处理程序规定》(公安部令

第70号）同时废止。本规定施行后，与本规定不一致的，以本规定为准。

制定《道路交通事故处理程序规定》的目的，是根据《中华人民共和国道路交通安全法》及其实施条例等有关法律法规，规范道路交通事故处理程序，保障公安机关交通管理部门依法履行职责，保护道路交通事故当事人的合法权益。

《道路交通事故处理程序规定》分为十一章八十七条，各章内容为：第一章总则、第二章管辖、第三章报警和受理、第四章自行协商和简易程序、第五章调查、第六章认定与复核、第七章处罚执行、第八章损害赔偿调解、第九章涉外道路交通事故处理、第十章执法监督、第十一章附则。

1. 有关道路交通事故报警和受理的规定

（1）道路交通事故有下列情形之一的，当事人应当保护现场并立即报警：

①造成人员死亡、受伤的。

②发生财产损失事故，当事人对事实或者成因有争议的，以及虽然对事实或者成因无争议，但协商损害赔偿未达成协议的。

③机动车无号牌、无检验合格标志、无保险标志的。

④载运爆炸物品、易燃易爆化学物品以及毒害性、放射性、腐蚀性、传染病病原体等危险物品车辆的。

⑤碰撞建筑物、公共设施或者其他设施的。

⑥驾驶人无有效机动车驾驶证的。

⑦驾驶人有饮酒、服用国家管制的精神药品或者麻醉药品嫌疑的。

⑧当事人不能自行移动车辆的。

发生财产损失事故，并具有前款第2项至第5项情形之一，车辆可以移动的，当事人可以在报警后，在确保安全的原则下对现场拍照或者标划停车位置，将车辆移至不妨碍交通的地点等候处理。

（2）公路上发生道路交通事故的，驾驶人必须在确保安全的原则下，立即组织车上人员疏散到路外安全地点，避免发生次生事故。驾驶人已因道路交通事故死亡或者受伤无法行动的，车上其他人员应当自行组织疏散。

（3）公安机关及其交通管理部门接到道路交通事故报警，应当记录下列内容：

①报警方式、报警时间、报警人姓名、联系方式，电话报警的，还应当记录报警电话。

②发生道路交通事故时间、地点。

③人员伤亡情况。

④车辆类型、车辆牌号、是否载有危险物品、危险物品的种类等。

⑤涉嫌交通肇事逃逸的，还应当询问并记录肇事车辆的车型、颜色、特征及其逃逸方

向、逃逸驾驶人的体貌特征等有关情况。

报警人不报姓名的，应当记录在案。报警人不愿意公开姓名的，应当为其保密。

(4) 公安机关交通管理部门接到道路交通事故报警或者出警指令后，应当按照规定立即派交通警察赶赴现场。有人员伤亡或者其他紧急情况的，应当及时通知急救、医疗、消防等有关部门。发生一次死亡三人以上事故或者其他有重大影响的道路交通事故，应当立即向上一级公安机关交通管理部门报告，并通过所属公安机关报告当地人民政府；涉及营运车辆的，通知当地人民政府有关行政管理部门；涉及爆炸物品、易燃易爆化学物品以及毒害性、放射性、腐蚀性、传染病病原体等危险物品的，应当立即通过所属公安机关报告当地人民政府，并通报有关部门及时处理；造成道路、供电、通信等设施损毁的，应当通报有关部门及时处理。

(5) 当事人未在道路交通事故现场报警，事后请求公安机关交通管理部门处理的，公安机关交通管理部门应当按照本规定的相关规定予以记录，并在三日内做出是否受理的决定。经核查道路交通事故事实存在的，公安机关交通管理部门应当受理，并告知当事人；经核查无法证明道路交通事故事实存在，或者不属于公安机关交通管理部门管辖的，应当书面告知当事人，并说明理由。

2. 有关道路交通事故自行协商和简易程序的规定

(1) 机动车与机动车、机动车与非机动车发生财产损失事故，当事人对事实及成因无争议的，可以自行协商处理损害赔偿事宜。车辆可以移动的，当事人应当在确保安全的原则下对现场拍照或者标划事故车辆现场位置后，立即撤离现场，将车辆移至不妨碍交通的地点，再进行协商。

非机动车与非机动车或者行人发生财产损失事故，基本事实及成因清楚的，当事人应当先撤离现场，再协商处理损害赔偿事宜。

对应当自行撤离现场而未撤离的，交通警察应当责令当事人撤离现场；造成交通堵塞的，对驾驶人处以200元罚款；驾驶人有其他道路交通安全违法行为的，依法一并处罚。

(2) 事故发生后当事人对事实及成因无争议的，当事人自行协商达成协议的，填写道路交通事故损害赔偿协议书，并共同签名。损害赔偿协议书内容包括事故发生的时间、地点、天气、当事人姓名、机动车驾驶证号、联系方式、机动车种类和号牌、保险凭证号、事故形态、碰撞部位、赔偿责任等内容。

(3) 交通警察适用简易程序处理道路交通事故时，应当在固定现场证据后，责令当事人撤离现场，恢复交通。拒不撤离现场的，予以强制撤离；对当事人不能自行移动车辆的，交通警察应当将车辆移至不妨碍交通的地点。撤离现场后，交通警察应当根据现场固定的证据和当事人、证人叙述等，认定并记录道路交通事故发生的时间、地点、天气、当事人

姓名、机动车驾驶证号、联系方式、机动车种类和号牌、保险凭证号、交通事故形态、碰撞部位等，并根据当事人的行为对发生道路交通事故所起的作用以及过错的严重程度，确定当事人的责任，制作道路交通事故认定书，由当事人签名。

（4）当事人共同请求调解的，交通警察应当当场进行调解，并在道路交通事故认定书上记录调解结果，由当事人签名，交付当事人。

（5）有下列情形之一的，不适用调解，交通警察可以在道路交通事故认定书上载明有关情况后，将道路交通事故认定书交付当事人：

①当事人对道路交通事故认定有异议的。

②当事人拒绝在道路交通事故认定书上签名的。

③当事人不同意调解的。

3. 道路交通事故调查的有关规定

（1）除简易程序外，公安机关交通管理部门对道路交通事故进行调查时，交通警察不得少于两人。交通警察调查时应当向被调查人员出示《人民警察证》，告知被调查人依法享有的权利和义务，向当事人发送联系卡。联系卡载明交通警察姓名、办公地址、联系方式、监督电话等内容。

（2）交通警察调查道路交通事故时，应当客观、全面、及时、合法地收集证据。

（3）交通警察到达事故现场后，应当立即进行下列工作：

①划定警戒区域，在安全距离位置放置发光或者反光锥筒和警告标志，确定专人负责现场交通指挥和疏导，维护良好道路通行秩序。因道路交通事故导致交通中断或者现场处置、勘查需要采取封闭道路等交通管制措施的，还应当在事故现场来车方向提前组织分流，放置绕行提示标志，避免发生交通堵塞。

②组织抢救受伤人员。

③指挥勘查、救护等车辆停放在便于抢救和勘查的位置，开启警灯，夜间还应当开启危险报警闪光灯和示廓灯。

④查找道路交通事故当事人和证人，控制肇事嫌疑人。

（4）道路交通事故造成人员死亡的，应当经急救、医疗人员确认，并由医疗机构出具死亡证明。尸体应当存放在殡葬服务单位或者有停尸条件的医疗机构。

（5）交通警察应当对事故现场进行调查，做好下列工作：

①勘查事故现场，查明事故车辆、当事人、道路及其空间关系和事故发生时的天气情况。

②固定、提取或者保全现场证据材料。

③查找当事人、证人进行询问，并制作询问笔录。

④其他调查工作。

(6) 交通警察勘查道路交通事故现场，应当按照有关法规和标准的规定，拍摄现场照片，绘制现场图，提取痕迹、物证，制作现场勘查笔录。发生一次死亡三人以上道路交通事故的，应当进行现场摄像。

现场图、现场勘查笔录应当由参加勘查的交通警察、当事人或者见证人签名。当事人、见证人拒绝签名或者无法签名以及无见证人的，应当记录在案。

(7) 痕迹或者证据可能因时间、地点、气象等原因导致灭失的，交通警察应当及时固定、提取或者保全。

车辆驾驶人有饮酒或者服用国家管制的精神药品、麻醉药品嫌疑的，公安机关交通管理部门应当按照《道路交通安全违法行为处理程序规定》及时抽血或者提取尿样，送交有检验资格的机构进行检验；车辆驾驶人当场死亡的，应当及时抽血检验。

(8) 交通警察应当检查当事人的身份证件、机动车驾驶证、机动车行驶证、保险标志等；对交通肇事嫌疑人可以依法传唤。

(9) 交通警察勘查事故现场完毕后，应当清点并登记现场遗留物品，迅速组织清理现场，尽快恢复交通。

现场遗留物品能够现场发还的，应当现场发还并做记录；现场无法确定所有人的，应当妥善保管，待所有人确定后，及时发还。

(10) 因收集证据的需要，公安机关交通管理部门可以扣留事故车辆及机动车行驶证，并开具行政强制措施凭证。扣留的车辆及机动车行驶证应当妥善保管。

公安机关交通管理部门不得扣留事故车辆所载货物。对所载货物在核实重量、体积及货物损失后，通知机动车驾驶人或者货物所有人自行处理。无法通知当事人或者当事人不自行处理的，按照《公安机关办理行政案件程序规定》的有关规定办理。

(11) 因收集证据的需要，公安机关交通管理部门可以扣押与事故有关的物品，并开具扣押物品清单，一式两份，一份交给被扣押物品的持有人，一份附卷。扣押的物品应当妥善保管。

扣押期限不得超过三十日，案情重大、复杂的，经本级公安机关负责人或者上一级公安机关交通管理部门负责人批准可以延长三十日；法律法规另有规定的除外。

(12) 公安机关交通管理部门经过现场调查认为不属于道路交通事故的，应当书面通知当事人，并将案件移送有关部门或者告知当事人处理途径。

公安机关交通管理部门在调查过程中，发现当事人有交通肇事犯罪嫌疑的，应当按照《公安机关办理刑事案件程序规定》立案侦查。发现当事人有其他违法犯罪嫌疑的，应当及时移送有关部门，移送不影响事故的调查和处理。

(13) 需要进行检验、鉴定的，公安机关交通管理部门应当自事故现场调查结束之日起三日内委托具备资格的鉴定机构进行检验、鉴定。尸体检验应当在死亡之日起三日内委托。

对现场调查结束之日起三日后需要检验、鉴定的，应当报经上一级公安机关交通管理部门批准。

对精神病的鉴定，应当由省级人民政府指定的医院进行。

(14) 公安机关交通管理部门应当与检验、鉴定机构约定检验、鉴定完成的期限，约定的期限不得超过二十日。超过二十日的，应当报经上一级公安机关交通管理部门批准，但最长不得超过六十日。

(15) 卫生行政主管部门许可的医疗机构具有执业资格的医生为道路交通事故受伤人员出具的诊断证明，公安机关交通管理部门可以作为认定人身伤害程度的依据。

(16) 检验尸体不得在公众场合进行。检验中需要解剖尸体的，应当征得其家属的同意。解剖未知名尸体，应当报经县级以上公安机关或者上一级公安机关交通管理部门负责人批准。

(17) 检验尸体结束后，应当书面通知死者家属在十日内办理丧葬事宜。无正当理由逾期不办理的应记录在案，并经县级以上公安机关负责人批准，由公安机关处理尸体，逾期存放的费用由死者家属承担。

对未知名尸体，由法医提取人身识别检材，并对尸体拍照、采集相关信息后，由公安机关交通管理部门填写未知名尸体信息登记表，并在设区市级以上报纸刊登认尸启事。登报后三十日仍无人认领的，由县级以上公安机关负责人或者上一级公安机关交通管理部门负责人批准处理尸体。

(18) 检验、鉴定机构应当在约定或者规定的期限内完成检验、鉴定，并出具书面检验、鉴定报告，由检验、鉴定人签名并加盖机构印章。检验、鉴定报告应当载明以下事项：

①委托人。

②委托事项。

③提交的相关材料。

④检验、鉴定的时间。

⑤依据和结论性意见，通过分析得出结论性意见的，应当有分析过程的说明。

(19) 公安机关交通管理部门应当在收到检验、鉴定报告之日起两日内，将检验、鉴定报告复印件送达当事人。当事人对检验、鉴定结论有异议的，可以在公安机关交通管理部门送达之日起三日内申请重新检验、鉴定，经县级公安机关交通管理部门负责人批准后，进行重新检验、鉴定。重新检验、鉴定应当另行委托检验、鉴定机构或者由原检验、鉴定机构另行指派鉴定人。公安机关交通管理部门应当在收到重新检验、鉴定报告之日起两日内，将重新检验、鉴定报告复印件送达当事人。重新检验、鉴定以一次为限。

(20) 检验、鉴定结论确定之日起五日内，公安机关交通管理部门应当通知当事人领取扣留的事故车辆、机动车行驶证以及扣押的物品。对驾驶人逃逸的无主车辆或者经通知当事人三十日后仍不领取的车辆，经公告三个月仍不来接受处理的，对扣留的车辆依法处理。

4. 道路交通事故认定与复核的有关规定

（1）道路交通事故认定应当做到程序合法、事实清楚、证据确实充分、适用法律正确、责任划分公正。

（2）公安机关交通管理部门应当根据当事人的行为对发生道路交通事故所起的作用以及过错的严重程度，确定当事人的责任。

①因一方当事人的过错导致道路交通事故的，承担全部责任。

②因两方或者两方以上当事人的过错发生道路交通事故的，根据其行为对事故发生的作用以及过错的严重程度，分别承担主要责任、同等责任和次要责任。

③各方均无导致道路交通事故的过错，属于交通意外事故的，各方均无责任。

④一方当事人故意造成道路交通事故的，他方无责任。

（3）公安机关交通管理部门应当自现场调查之日起十日内制作道路交通事故认定书。交通肇事逃逸案件在查获交通肇事车辆和驾驶人后十日内制作道路交通事故认定书。对需要进行检验、鉴定的，应当在检验、鉴定结论确定之日起五日内制作道路交通事故认定书。

发生死亡事故，公安机关交通管理部门应当在制作道路交通事故认定书前，召集各方当事人到场，公开调查取得证据。证人要求保密或者涉及国家秘密、商业秘密以及个人隐私的证据不得公开。当事人不到场的，公安机关交通管理部门应当予以记录。

（4）道路交通事故认定书应当载明以下内容：

①道路交通事故当事人、车辆、道路和交通环境等基本情况。

②道路交通事故发生经过。

③道路交通事故证据及事故形成原因的分析。

④当事人导致道路交通事故的过错及责任或者意外原因。

⑤做出道路交通事故认定的公安机关交通管理部门名称和日期。

道路交通事故认定书应当由办案民警签名或者盖章，加盖公安机关交通管理部门道路交通事故处理专用章，分别送达当事人，并告知当事人向公安机关交通管理部门申请复核、调解和直接向人民法院提起民事诉讼的权利、期限。

（5）逃逸交通事故尚未侦破，受害一方当事人要求出具道路交通事故认定书的，公安机关交通管理部门应当在接到当事人书面申请后十日内制作道路交通事故认定书，并送达受害一方当事人。道路交通事故认定书应当载明事故发生的时间、地点、受害人情况及调查得到的事实，有证据证明受害人有过错的，确定受害人的责任；无证据证明受害人有过错的，确定受害人无责任。

(6) 道路交通事故成因无法查清的，公安机关交通管理部门应当出具道路交通事故证明，载明道路交通事故发生的时间、地点、当事人情况及调查得到的事实，分别送达当事人。

(7) 当事人对道路交通事故认定有异议的，可以自道路交通事故认定书送达之日起三日内，向上一级公安机关交通管理部门提出书面复核申请。复核申请应当载明复核请求及其理由和主要证据。

(8) 上一级公安机关交通管理部门收到当事人书面复核申请后五日内，应当做出是否受理的决定。有下列情形之一的，复核申请不予受理，并书面通知当事人：

①任何一方当事人向人民法院提起诉讼并经法院受理的。

②人民检察院对交通肇事犯罪嫌疑人批准逮捕的。

③适用简易程序处理的道路交通事故。

④车辆在道路以外通行时发生的事故。

公安机关交通管理部门受理复核申请的，应当书面通知各方当事人。

(9) 上一级公安机关交通管理部门自受理复核申请之日起三十日内，对下列内容进行审查，并做出复核结论：

①道路交通事故事实是否清楚，证据是否确实充分，适用法律是否正确。

②道路交通事故责任划分是否公正。

③道路交通事故调查及认定程序是否合法。

复核原则上采取书面审查的办法，但是当事人提出要求或者公安机关交通管理部门认为有必要时，可以召集各方当事人到场，听取各方当事人的意见。

复核审查期间，任何一方当事人就该事故向人民法院提起诉讼并经法院受理的，公安机关交通管理部门应当终止复核。

(10) 上一级公安机关交通管理部门经审查认为原道路交通事故认定事实不清、证据不确实充分、责任划分不公正，或者调查及认定违反法定程序的，应当做出复核结论，责令原办案单位重新调查、认定。

上一级公安机关交通管理部门经审查认为原道路交通事故认定事实清楚、证据确实充分、适用法律正确、责任划分公正、调查程序合法的，应当做出维持原道路交通事故认定的复核结论。

(11) 上一级公安机关交通管理部门做出复核结论后，应当召集事故各方当事人，当场宣布复核结论。当事人没有到场的，应当采取其他法定形式将复核结论送达当事人。上一级公安机关交通管理部门复核以一次为限。

(12) 上一级公安机关交通管理部门做出责令重新认定的复核结论后，原办案单位应当在十日内依照本规定重新调查，重新制作道路交通事故认定书，撤销原道路交通事故认定书。

重新调查需要检验、鉴定的，原办案单位应当在检验、鉴定结论确定之日起五日内，重新制作道路交通事故认定书，撤销原道路交通事故认定书。

重新制作道路交通事故认定书的，原办案单位应当送达各方当事人，并书面报上一级公安机关交通管理部门备案。

5. 道路交通事故处罚执行的有关规定

（1）公安机关交通管理部门应当在做出道路交通事故认定之日起五日内，对当事人的道路交通安全违法行为依法做出处罚。

（2）对发生道路交通事故构成犯罪，依法应当吊销驾驶人机动车驾驶证的，应当在人民法院做出有罪判决后，由设区市公安机关交通管理部门依法吊销机动车驾驶证；同时具有逃逸情形的，公安机关交通管理部门应当同时依法做出终生不得重新取得机动车驾驶证的决定。

（3）专业运输单位六个月内两次发生一次死亡三人以上道路交通事故，且单位或者车辆驾驶人对事故承担全部责任或者主要责任的，专业运输单位所在地的公安机关交通管理部门应当报经设区市公安机关交通管理部门批准后，做出责令限期消除安全隐患的决定，禁止未消除安全隐患的机动车上路行驶，并通报道路交通事故发生地及运输单位属地的人民政府有关行政管理部门。

6. 道路交通事故损害赔偿调解的有关规定

（1）当事人对道路交通事故损害赔偿有争议，各方当事人一致请求公安机关交通管理部门调解的，应当在收到道路交通事故认定书或者上一级公安机关交通管理部门维持原道路交通事故认定的复核结论之日起十日内，向公安机关交通管理部门提出书面申请。

（2）公安机关交通管理部门应当按照合法、公正、自愿、及时的原则，并采取公开方式进行道路交通事故损害赔偿调解。调解时允许旁听，但是当事人要求不予公开的除外。

（3）公安机关交通管理部门应当与当事人约定调解的时间、地点，并于调解时间三日前通知当事人。口头通知的，应当记入调解记录。调解参加人因故不能按期参加调解的，应当在预定调解时间一日前通知承办的交通警察，请求变更调解时间。

（4）参加损害赔偿调解的人员包括：

①道路交通事故当事人及其代理人。

②道路交通事故车辆所有人或者管理人。

③公安机关交通管理部门认为有必要参加的其他人员。

委托代理人应当出具由委托人签名或者盖章的授权委托书。授权委托书应当载明委托事项和权限。参加调解时当事人一方不得超过三人。

（5）公安机关交通管理部门应当按照下列规定日期开始调解，并于十日内制作道路交通事故损害赔偿调解书或者道路交通事故损害赔偿调解终结书。

①造成人员死亡的，从规定的办理丧葬事宜时间结束之日起。

②造成人员受伤的，从治疗终结之日起。

③因伤致残的，从定残之日起。

④造成财产损失的，从确定损失之日起。

（6）交通警察调解道路交通事故损害赔偿，按照下列程序实施。

①告知道路交通事故各方当事人的权利、义务。

②听取当事人各方的请求。

③根据道路交通事故认定书认定的事实以及《中华人民共和国道路交通安全法》第七十六条的规定，确定当事人承担的损害赔偿责任。

④计算损害赔偿的数额，确定各方当事人各自承担的比例，人身损害赔偿的标准按照最高人民法院《关于审理人身损害赔偿案件适用法律若干问题的解释》规定执行，财产损失的修复费用、折价赔偿费用按照实际价值或者评估机构的评估结论计算。

⑤确定赔偿履行方式及期限。

（7）经调解达成协议的，公安机关交通管理部门应当当场制作道路交通事故损害赔偿调解书，由各方当事人签字，分别送达各方当事人。

调解书应当载明以下内容：

①调解依据。

②道路交通事故认定书认定的基本事实和损失情况。

③损害赔偿的项目和数额。

④各方的损害赔偿责任及比例。

⑤赔偿履行方式和期限。

⑥调解日期。

经调解各方当事人未达成协议的，公安机关交通管理部门应当终止调解，制作道路交通事故损害赔偿调解终结书送达各方当事人。

（8）有下列情形之一的，公安机关交通管理部门应当终止调解，并记录在案：

①在调解期间有一方当事人向人民法院提起民事诉讼的。

②一方当事人无正当理由不参加调解的。

③一方当事人调解过程中退出调解的。

二、道路交通事故处理工作规范要求

2008 年 12 月 24 日，公安部《关于印发〈道路交通事故处理工作规范〉的通知》（公交管［2008］277号，以下简称《通知》）。《通知》指出：为贯彻实施《道路交通事故处理程序规定》（公安部令第104号），进一步规范道路交通事故处理工作，公安部修订了原《交通事故处理工作规范》（公通字［2005］16号），并更名为《道路交通事故处理工作规范》，请认真贯彻执行。

制定《道路交通事故处理工作规范》的目的，是根据《道路交通安全法》《道路交通安全法实施条例》和《道路交通事故处理程序规定》，规范道路交通事故处理工作，保障公安机关交通管理部门及其交通警察依法公正处理道路交通事故，提高办案质量和效率，保护当事人的合法权益。

《道路交通事故处理工作规范》分为十四章九十条，各章内容为：第一章总则，第二章报警的受理与处理，第三章简易程序，第四章现场处置，第五章现场勘查，第六章调查，第七章检验、鉴定，第八章交通肇事逃逸查缉，第九章道路交通事故认定，第十章复核，第十一章处罚执行，第十二章损害赔偿调解，第十三章结案和档案管理，第十四章其他规定。

1. 道路交通事故调查处理的简易程序

（1）交通警察到达现场后，事故车辆可以移动的，交通警察对现场拍照或者采用其他方式固定现场证据后，应当责令当事人立即撤离现场，将车辆移至不妨碍交通的地点。拒不撤离的，予以强制撤离。事故车辆不能移动的，应当立即通知施救车辆。

（2）撤离现场后，交通警察应当按照《道路交通事故处理程序规定》的相关规定予以记录，并根据固定的现场证据和当事人、证人叙述，认定道路交通事故事实，确定当事人的责任，填写《道路交通事故认定书（简易程序）》，由当事人签名。

（3）当事人共同请求调解的，交通警察应当当场进行调解，并在《道路交通事故认定书（简易程序）》上记录调解结果，由当事人签名，交付当事人。

（4）当事人对道路交通事故认定有异议，或者拒绝在《道路交通事故认定书（简易程序）》上签名，或者不同意由交通警察调解的，交通警察应当在《道路交通事故认定书（简易程序）》上予以记录，交付当事人，并告知当事人可以向人民法院提起民事诉讼；当事人拒绝接收的，交通警察应当在《道路交通事故认定书（简易程序）》上予以记录。

2. 道路交通事故的现场处置规定

（1）交通警察到达现场后，应当根据现场情况，划定警戒区域，白天在距离现场来车方向五十米至一百五十米外或者路口处放置发光或者反光锥筒和警告标志，指挥过往车辆、人员绕行，必要时可以封闭道路。夜间或雨、雪、雾、冰、沙尘等特殊气象条件下，应当增加发光或反光锥筒，延长警示距离。

高速公路应当停放警车示警，白天应当在距离现场来车方向二百米外，夜间或雨、雪、雾、冰、沙尘等特殊气象条件下，在距离现场来车方向五百米至一千米外，设置警告标志和减（限）速标志，并向事故现场方向连续放置发光或者反光锥筒。

因道路交通事故导致交通中断或者现场处置、勘查需要采取封闭道路等交通管制措施的，交通警察应当报告指挥中心，由指挥中心通知相关路段执勤民警在事故现场来车方向提前组织分流，并通过电子显示屏、绕行提示标志以及电台广播等方式，及时提醒其他车辆绕行。

(2) 发现有人员受伤的，应当立即组织施救。急救、医疗人员到达现场后，交通警察应当积极协助抢救受伤人员。因抢救伤员需要变动现场的，应当标明或记录受伤人员的位置。受伤人员被送往医院的，应当记录医院名称、地址及受伤人员基本情况。

(3) 道路交通事故涉及爆炸物品、易燃易爆化学物品以及毒害性、放射性、腐蚀性、传染病病原体等危险物品的，公安机关交通管理部门应当协同有关部门划定隔离区，封闭道路、疏散过往车辆、人员，禁止无关人员、车辆进入，待险情消除后方可勘查现场。

(4) 肇事车辆已逃逸且已初步确定逃逸车辆的车型、车号、车身特征或者逃逸路线、方向等信息的，交通警察应当立即报告指挥中心及时布置堵截和追缉。必要时，公安机关交通管理部门可以发布协查通报，请求有关公安机关交通管理部门协助查缉。

(5) 交通警察应当根据现场情况，确认案件性质和管辖。对属于道路交通事故但不属于本单位管辖区域的，报告指挥中心通知有管辖权的公安机关交通管理部门赶赴现场；管辖权有争议的，报告共同的上一级公安机关交通管理部门指定管辖，上一级公安机关交通管理部门应当在接到报告的二十四小时内进行指定。管辖权确定之前，最先到达现场的交通警察不得中止或拖延对该事故的组织施救、现场处置及处理工作；管辖权确定后，移交案件有关材料，由有管辖权的单位继续处理。

不属于道路交通事故的，经请示单位负责人同意后，告知当事人，并报告指挥中心通知相关部门。

3. 道路交通事故现场勘查要求

(1) 交通警察在现场应当查验道路交通事故当事人身份证件、机动车驾驶证及机动车行驶证、保险标志等，并进行登记，依法传唤交通肇事嫌疑人。当事人不在现场的，应当立即查找。

(2) 交通警察在现场勘查过程中，可以使用呼气式酒精测试仪或者唾液试纸，对车辆驾驶人进行酒精含量检测，检测结果应当在现场勘查笔录中载明。

发现车辆驾驶人有饮酒或者服用国家管制的精神药品、麻醉药品嫌疑的，应当按照《道路交通事故处理程序规定》第二十五条的规定及时提取血样或者尿样。提取血样或者尿样应当留有备份。

(3) 交通警察应当按照有关法律、法规和《交通事故痕迹物证勘验》等标准的规定，客观、全面勘查现场，提取痕迹物证，通过照相、摄像、绘图、制作现场勘查笔录等方式固定现场证据。

因调查取证的需要，交通警察可以补充勘查道路交通事故现场或者进行模拟实验。进行模拟实验时，应当禁止一切足以造成危险的行为。

(4) 交通警察应当按照《交通事故勘验照相》等标准，拍摄、制作道路交通事故照片。当场死亡两人以上的，应当对尸体编号，逐一拍照，并记录尸体的位置、特征等。

(5) 交通警察应当按照《道路交通事故现场图绘制》《道路交通事故现场图形符号》等标准，绘制道路交通事故现场图，并根据需要绘制现场断面图、现场立面图。经核对无误后，由勘查现场的交通警察、当事人或者见证人签名；当事人不在现场、无见证人以及当事人、见证人拒绝签名、无法签名的，应当在现场图上注明。

(6) 交通警察应当及时制作道路交通事故现场勘查笔录。现场勘查笔录应当按照与现场图、现场照片相互补充、印证的原则，主要载明下列内容：

①相关部门和人员到达现场时间、现场勘查开始时间、现场勘查结束时间。

②事故现场具体位置、天气、现场道路和周围环境情况。

③现场伤亡人员基本情况（人员位置在现场图中已有标注的，不再记录）及救援简要过程。

④现场事故车辆车型、牌号及车辆挡位、转向、灯光、仪表指针位置等基本情况（车辆位置在现场图中已有标注的，不再记录）。

⑤现场痕迹、物证采集和提取情况。

⑥通过呼气或唾液等方式对车辆驾驶人进行酒精测试的结果以及提取血样、尿样情况。

⑦现场勘查民警认为应当记录的其他情况。

现场勘查笔录经核对无误后，由勘查现场的交通警察、当事人或者见证人签名；当事人不在现场、无见证人以及当事人、见证人拒绝签名、无法签名的，应当在现场勘查笔录上注明。

补充勘查道路交通事故现场的，应当制作道路交通事故现场补充勘查笔录，经核对无误后，由勘查现场的交通警察和当事人签名；当事人拒绝签名的，应当在补充勘查笔录中注明。

(7) 对需要进一步核查、检验、鉴定的车辆、证件、物品等，交通警察应当依法扣留或者扣押，并出具行政强制措施凭证或者扣押物品清单等法律文书，当场送达当事人；当事人已经死亡或者不在现场的，应当在法律文书中注明。

(8) 交通警察在现场勘查过程中，应当注意查找现场证人，记录证人的家庭住址、工作单位、联系方法等。

交通警察可以在现场对道路交通事故当事人、现场证人针对事故现场需要确认的问题分别进行询问，并做记录，交由当事人、证人核对无误后签字确认，或者录音、录像保全。

(9) 现场勘查结束后，交通警察应当组织清理事故现场，清点、登记并按规定处理现场遗留物品。通知殡葬服务单位或者有停尸条件的医疗机构将尸体运走存放。能移动的事故车辆应当立即撤离，无法移动的，将事故车辆拖移至不妨碍交通的地点或停车场内；对暂时无法拖移的，应当开启事故车辆的危险报警灯并按规定在来车方向设置危险警告标志。现场清理完毕并恢复正常交通后，负责维护现场秩序的交通警察方可撤离现场。

(10) 因条件限制或者案情复杂，现场勘查有困难的，经县级公安机关交通管理部门负责人批准，可以保留部分或者全部事故现场，待条件具备后再继续勘查。保留全部现场的，原警戒线不得撤除；保留部分现场的，只对所保留部分进行警戒。

4. 道路交通事故调查的要求

(1) 道路交通事故有人员受伤并已被送往医院的，交通警察应当尽快赶赴医院了解伤情，记录伤者姓名、年龄、性别等基本情况；条件允许时，对伤者体表有特征性的损伤拍照；针对事故发生经过的主要情节对伤者进行简要询问，并做记录，交由伤者核对无误后签字确认或者录音、录像保全，伤者无法签字、拒绝签字的，由见证人签字或者记录在案；伤者因伤情严重无法接受询问的，应当记录在案，并告知其所就医医疗机构的医护人员或者其陪护人员，及时将伤情变化情况通知办案交通警察，伤者伤情好转能够接受询问时，办案交通警察应当及时进行询问。

(2) 交通警察应当按照《全国道路交通事故处理信息系统使用管理规定》的要求，在道路交通事故现场勘查完毕后二十四小时内，将有关信息录入全国道路交通事故处理信息系统。

(3) 公安机关交通管理部门在调查道路交通事故过程中，认为当事人涉嫌交通肇事犯罪的，应当及时将道路交通事故处理程序转为办理刑事案件程序，按照《公安机关办理刑事案件程序规定》立案侦查。

交通肇事犯罪嫌疑人逃逸的，公安机关交通管理部门应当在刑事案件立案之日起一个月内将逃逸嫌疑人信息录入全国在逃人员信息系统，抓获犯罪嫌疑人后，予以撤销。必要时，可以发布协查通报或者通缉令。

公安机关交通管理部门发现当事人有其他违法犯罪嫌疑的，应当及时移送公安机关有关部门。

(4) 交通警察应当尽快核查道路交通事故当事人身份，并告知伤亡人员家属伤者就医的医疗机构或者尸体的存放单位。

道路交通事故造成人员死亡且身份无法确认的，公安机关交通管理部门应当在道路交通事故发生之日起七日后在设区的市级以上报纸刊登认尸启事。登报后三十日仍无人认领的，应当先由法医提取人身识别检材，对尸体按照《尸体辨认照相、录像方法规则》标准拍照，并采集相关信息后，由公安机关交通管理部门填写《未知名尸体信息登记表》，报设区市公安机关刑事侦查部门留存，再由县级以上公安机关负责人或者上一级公安机关交通管理部门负责人批准处理尸体。对未知名尸体的骨灰存放一年，存放证留档备查。一年后，公安机关交通管理部门通知殡葬部门处理骨灰。

（5）交通警察应当在事故现场撤除后二十四小时内，按照《公安机关办理行政案件程序规定》对交通肇事嫌疑人、其他当事人进行询问，及时对证人进行询问，并制作询问笔录。当事人、证人提交自行书写的陈述材料时，交通警察应当查验是否确由本人书写，由他人代笔的，应当注明。

交通警察应当告知当事人、证人在询问中依法享有的权利和承担的义务。当事人、证人要求保密的，在询问笔录和自行书写的陈述材料上注明，公安机关交通管理部门应当为其保密。

（6）交通警察应当及时复制提取接处警登记表等接警记录。

交通警察可以向有关机构调取汽车行驶记录仪、GPS、技术监控设备的记录资料等证据材料。

（7）因调查需要，公安机关交通管理部门组织道路交通事故当事人、证人对肇事嫌疑人或者嫌疑车辆进行辨认时，交通警察不得给辨认人任何暗示。

辨认嫌疑人时，被辨认的人数不得少于七人；对嫌疑人照片进行辨认时，被辨认的照片不得少于十张；辨认嫌疑车辆时，被辨认的车辆不得少于七辆。

组织辨认应当按照有关规定制作辨认笔录。

5. 道路交通事故检验、鉴定的要求

（1）对当事人生理、精神状况、人体损伤、尸体、车辆及其行驶速度、痕迹、物品，以及现场的道路状况等需要检验、鉴定的，公安机关交通管理部门应当按照《道路交通事故处理程序规定》第三十七条规定的时限和要求办理。

对交通事故逃逸的，公安机关交通管理部门应当自查获肇事嫌疑车辆之日起三日内对嫌疑车辆进行检验、鉴定。

（2）尸体检验应当按照《道路交通事故尸体检验》有关标准进行，并出具道路交通事故尸体检验报告。道路交通事故已按刑事案件立案侦查的，尸体检验应当按照《公安机关办理刑事案件程序规定》进行。

（3）尸体检验、鉴定结论确定后，应当制作《尸体处理通知书》，通知死者家属在十日

内办理丧葬事宜。无正当理由逾期不办理的，经县级以上公安机关负责人批准，由公安机关处理尸体，逾期存放尸体的费用由死者家属承担。

（4）卫生行政主管部门许可的医疗机构具有执业资格的医生为道路交通事故受伤人员出具的诊断证明，公安机关交通管理部门可以作为认定道路交通事故受伤人员的人身伤害程度的依据。但当事人涉嫌交通肇事犯罪的，应当委托具有资质的专门机构进行伤情鉴定。

（5）公安机关交通管理部门应当对检验、鉴定报告进行审查。

①鉴定人或者鉴定机构是否具有资格。

②鉴定人及鉴定机构是否签名盖章。

③检验、鉴定报告是否存在其他错误。

对符合规定的可以作为证据使用；对不符合规定的，应当要求鉴定机构重新出具检验、鉴定报告，或者不予采信。

（6）公安机关交通管理部门应当在收到检验、鉴定报告之日起两日内，将检验、鉴定报告复印件送达当事人。当事人涉嫌交通肇事犯罪并已立案侦查的，公安机关交通管理部门应当按照《公安机关办理刑事案件程序规定》，将用作证据的鉴定结论告知犯罪嫌疑人、被害人。

公安机关交通管理部门送达检验、鉴定报告之日起三日内，当事人提出重新检验、鉴定申请，并提供证据证明原鉴定结论存在下列情形之一的，县级公安机关交通管理部门负责人应当批准重新检验、鉴定：

①鉴定机构或者鉴定人不具有相应鉴定资格的。

②鉴定结论明显依据不足的。

③有证据证明鉴定结论存在错误的。

重新检验、鉴定以一次为限，结论以重新检验、鉴定结论为准。

（7）伤残评定、财产损失评估由当事人自行委托有资格的机构进行评定、评估。公安机关交通管理部门可以向当事人介绍符合条件的评定、评估机构，由当事人自行选择。

财产损失数额巨大，涉嫌刑事犯罪的，应当由公安机关交通管理部门委托。

6. 道路交通事故认定的要求

（1）交通警察应当自现场调查之日起七日内，交通肇事逃逸案件在查获交通肇事车辆和驾驶人后七日内，需要进行检验、鉴定的在检验、鉴定结论确定之日起两日内，向道路交通事故处理机构负责人提交道路交通事故调查报告。调查报告应当载明以下内容：

①道路交通事故当事人、车辆、道路和交通环境等基本情况。

②道路交通事故发生经过。

③道路交通事故证据及事故形成原因的分析。

④适用法律、法规及责任划分意见。

⑤道路交通事故暴露出来的事故预防工作中存在的突出问题及预防对策建议。

道路交通事故处理机构负责人应当在接到调查报告之日起两日内对道路交通事故调查报告进行审批。

（2）对造成人员死亡的和其他疑难、复杂案件，道路交通事故处理机构负责人应当召集具有中级以上道路交通事故处理资格的民警对道路交通事故调查报告进行集体研究，并按照少数服从多数的原则，形成集体研究意见，并将不同意见记录在案，提交公安机关交通管理部门负责人进行审批。集体研究和公安机关交通管理部门负责人审批工作须在接到调查报告之日起两日内完成。

必要时，道路交通事故处理机构可以在前款规定的期限内组织专家进行会商。

（3）道路交通事故调查报告经审批后，交通警察应当根据审批意见制作道路交通事故认定书。

（4）发生死亡交通事故，公安机关交通管理部门应当在制作道路交通事故认定书前，召集各方当事人到场，公开调查取得的证据。证据公开的过程及各方当事人的意见应当予以记录。当事人无故不到场的，视为对证据没有异议。证人要求保密或者涉及国家秘密、商业秘密以及个人隐私的证据不得公开。

在证据公开过程中当事人提供新的证据的，交通警察报经公安机关交通管理部门负责人批准后，应当按照本规范有关要求开展补充调查。

（5）逃逸交通事故尚未侦破，受害一方当事人要求出具道路交通事故认定书的，公安机关交通管理部门应当按照《道路交通事故处理程序规定》第四十九条的规定办理。

查获交通肇事逃逸车辆和驾驶人后，公安机关交通管理部门应当重新制作编号不同的道路交通事故认定书，分别送达当事人。重新制作的道路交通事故认定书应当注明对此前做出的道路交通事故认定书的内容进行更正、补充或者撤销。

（6）由于案件主要当事人、关键证人处于抢救状态或者因其他客观原因导致无法及时取证，而现有证据不足以认定案件主要事实的，经上一级公安机关交通管理部门批准，道路交通事故认定的时限可中止计算，并书面告知当事人，但中止的时间最长不得超过六十日；当中止认定的原因消失，或者中止期满受伤人员仍然昏迷或者死亡的，公安机关交通管理部门应当在五日内，根据已经调查取得的证据制作道路交通事故认定书或者出具道路交通事故证明。

（7）当事人及其代理人收到道路交通事故认定书后，要求查阅道路交通事故证据材料的，应当提交书面的查阅申请，明确查阅、复制、摘录的具体内容，除涉及国家秘密、商业秘密或者个人隐私，以及应当事人、证人要求保密的内容外，公安机关交通管理部门应当安排其在指定的地点按规定查阅。

当事人及其代理人可以自费复制证据材料，公安机关交通管理部门应当在当事人复制的材料上注明复制时间，并加盖交通事故处理专用章。

第三节　道路交通事故调查处理相关规定

2012年7月22日，国务院发布《关于加强道路交通安全工作的意见》（以下简称《意见》），《意见》指出，要严厉整治道路交通违法行为，要加强公路巡逻管控，加大对客运、旅游包车、危险品运输车等重点车辆检查力度，严厉打击和整治超速超员超载、疲劳驾驶、酒后驾驶、吸毒后驾驶、货车违法占道行驶、不按规定使用安全带等各类交通违法行为，严禁三轮汽车、低速货车和拖拉机违法载人。要依法加强校车安全管理，保障乘坐校车学生安全。健全和完善治理车辆超限超载工作长效机制。同时，还要研究推动将客货运车辆严重超速、超员、超限超载等行为列入以危险方法危害公共安全行为，追究驾驶人刑事责任。通过采取积极有效的措施，加强对道路运输的安全管理，降低事故发生率，保障人民生命和财产的安全。

一、《道路交通安全法》相关要点

2003年10月28日，第十届全国人大常委会第五次会议通过；2007年12月29日，第十届全国人大常委会第三十一次会议第一次修正。2011年4月22日，第十一届全国人大常委会第二十次会议审议通过《关于修改〈中华人民共和国道路交通安全法〉的决定》，自2011年5月1日起施行。

制定《道路交通安全法》的目的，是维护道路交通秩序，预防和减少交通事故，保护人身安全，保护公民、法人和其他组织的财产安全及其他合法权益，提高通行效率。《道路交通安全法》分为八章一百二十四条，各章内容为：第一章总则、第二章车辆和驾驶人、第三章道路通行条件、第四章道路通行规定、第五章交通事故处理、第六章执法监督、第七章法律责任、第八章附则。

在第五章交通事故处理、第六章执法监督和第七章法律责任中，对事故调查、事故处理等事项做了规定。

第七十条规定：在道路上发生交通事故，车辆驾驶人应当立即停车，保护现场；造成人身伤亡的，车辆驾驶人应当立即抢救受伤人员，并迅速报告执勤的交通警察或者公安机关交通管理部门。因抢救受伤人员变动现场的，应当标明位置。乘车人、过往车辆驾驶人、过往行人应当予以协助。

在道路上发生交通事故，未造成人身伤亡，当事人对事实及成因无争议的，可以立即撤离现场，恢复交通，自行协商处理损害赔偿事宜；不立即撤离现场的，应当迅速报告执勤的交通警察或者公安机关交通管理部门。

在道路上发生交通事故，仅造成轻微财产损失，并且基本事实清楚的，当事人应当先撤离现场再进行协商处理。

第七十一条规定：车辆发生交通事故后逃逸的，事故现场目击人员和其他知情人员应当向公安机关交通管理部门或者交通警察举报。举报属实的，公安机关交通管理部门应当给予奖励。

第七十二条规定：公安机关交通管理部门接到交通事故报警后，应当立即派交通警察赶赴现场，先组织抢救受伤人员，并采取措施，尽快恢复交通。

交通警察应当对交通事故现场进行勘验、检查，收集证据；因收集证据的需要，可以扣留事故车辆，但是应当妥善保管，以备核查。

对当事人的生理、精神状况等专业性较强的检验，公安机关交通管理部门应当委托专门机构进行鉴定。鉴定结论应当由鉴定人签名。

第七十三条规定：公安机关交通管理部门应当根据交通事故现场勘验、检查、调查情况和有关的检验、鉴定结论，及时制作交通事故认定书，作为处理交通事故的证据。交通事故认定书应当载明交通事故的基本事实、成因和当事人的责任，并送达当事人。

第七十四条规定：对交通事故损害赔偿的争议，当事人可以请求公安机关交通管理部门调解，也可以直接向人民法院提起民事诉讼。

经公安机关交通管理部门调解，当事人未达成协议或者调解书生效后不履行的，当事人可以向人民法院提起民事诉讼。

第七十六条规定：机动车发生交通事故造成人身伤亡、财产损失的，由保险公司在机动车第三者责任强制保险责任限额范围内予以赔偿；不足的部分，按照下列规定承担赔偿责任：

（1）机动车之间发生交通事故的，由有过错的一方承担赔偿责任；双方都有过错的，按照各自过错的比例分担责任。

（2）机动车与非机动车驾驶人、行人之间发生交通事故，非机动车驾驶人、行人没有过错的，由机动车一方承担赔偿责任；有证据证明非机动车驾驶人、行人有过错的，根据过错程度适当减轻机动车一方的赔偿责任；机动车一方没有过错的，承担不超过百分之十的赔偿责任。

交通事故的损失是由非机动车驾驶人、行人故意碰撞机动车造成的，机动车一方不承担赔偿责任。

第七十七条规定：车辆在道路以外通行时发生的事故，公安机关交通管理部门接到报案的，参照本法有关规定办理。

第八十条规定：交通警察执行职务时，应当按照规定着装，佩戴人民警察标志，持有人民警察证件，保持警容严整，举止端庄，指挥规范。

第八十三条规定：交通警察调查处理道路交通安全违法行为和交通事故，有下列情形之一的，应当回避：

（1）是本案的当事人或者当事人的近亲属。

（2）本人或者其近亲属与本案有利害关系。

（3）与本案当事人有其他关系，可能影响案件的公正处理。

第一百零一条规定：违反道路交通安全法律、法规的规定，发生重大交通事故，构成犯罪的，依法追究刑事责任，并由公安机关交通管理部门吊销机动车驾驶证。

造成交通事故后逃逸的，由公安机关交通管理部门吊销机动车驾驶证，且终生不得重新取得机动车驾驶证。

第一百零二条规定：对六个月内发生两次以上特大交通事故负有主要责任或者全部责任的专业运输单位，由公安机关交通管理部门责令消除安全隐患，未消除安全隐患的机动车，禁止上道路行驶。

二、《道路交通安全法实施条例》相关要点

2004 年 4 月 30 日，国务院公布《中华人民共和国道路交通安全法实施条例》（国务院令第 405 号），自 2004 年 5 月 1 日起施行。1960 年 2 月 11 日国务院批准、交通部发布的《机动车管理办法》、1988 年 3 月 9 日国务院发布的《中华人民共和国道路交通管理条例》、1991 年 9 月 22 日国务院发布的《道路交通事故处理办法》同时废止。

制定《道路交通安全法实施条例》的目的，是根据《道路交通安全法》的规定，规范行人、非机动车、机动车参与交通行为，并且是交通警察对违法交通行为做出处罚的依据。中华人民共和国境内的车辆驾驶人、行人、乘车人以及与道路交通活动有关的单位和个人，应当遵守道路交通安全法和本条例。

《道路交通安全法实施条例》分为八章一百一十五条，各章内容为：第一章总则、第二章车辆和驾驶人、第三章道路通行条件、第四章道路通行规定、第五章交通事故处理、第六章执法监督、第七章法律责任、第八章附则。

在第五章交通事故处理、第七章法律责任中，对事故调查处理等事项做出规定。

第八十六条规定：机动车与机动车、机动车与非机动车在道路上发生未造成人身伤亡的交通事故，当事人对事实及成因无争议的，在记录交通事故的时间、地点、对方当事人

的姓名和联系方式、机动车牌号、驾驶证号、保险凭证号、碰撞部位，并共同签名后，撤离现场，自行协商损害赔偿事宜。当事人对交通事故事实及成因有争议的，应当迅速报警。

第八十七条规定：非机动车与非机动车或者行人在道路上发生交通事故，未造成人身伤亡，且基本事实及成因清楚的，当事人应当先撤离现场，再自行协商处理损害赔偿事宜。当事人对交通事故事实及成因有争议的，应当迅速报警。

第八十八条规定：机动车发生交通事故，造成道路、供电、通信等设施损毁的，驾驶人应当报警等候处理，不得驶离。机动车可以移动的，应当将机动车移至不妨碍交通的地点。公安机关交通管理部门应当将事故有关情况通知有关部门。

第八十九条规定：公安机关交通管理部门或者交通警察接到交通事故报警，应当及时赶赴现场，对未造成人身伤亡，事实清楚，并且机动车可以移动的，应当在记录事故情况后责令当事人撤离现场，恢复交通。对拒不撤离现场的，予以强制撤离。

对属于前款规定情况的道路交通事故，交通警察可以适用简易程序处理，并当场出具事故认定书。当事人共同请求调解的，交通警察可以当场对损害赔偿争议进行调解。

对道路交通事故造成人员伤亡和财产损失需要勘验、检查现场的，公安机关交通管理部门应当按照勘查现场工作规范进行。现场勘查完毕，应当组织清理现场，恢复交通。

第九十一条规定：公安机关交通管理部门应当根据交通事故当事人的行为对发生交通事故所起的作用以及过错的严重程度，确定当事人的责任。

第九十二条规定：发生交通事故后当事人逃逸的，逃逸的当事人承担全部责任。但是，有证据证明对方当事人也有过错的，可以减轻责任。当事人故意破坏、伪造现场、毁灭证据的，承担全部责任。

第九十三条规定：公安机关交通管理部门对经过勘验、检查现场的交通事故应当在勘查现场之日起10日内制作交通事故认定书。对需要进行检验、鉴定的，应当在检验、鉴定结果确定之日起5日内制作交通事故认定书。

第九十四条规定：当事人对交通事故损害赔偿有争议，各方当事人一致请求公安机关交通管理部门调解的，应当在收到交通事故认定书之日起10日内提出书面调解申请。

对交通事故致死的，调解从办理丧葬事宜结束之日起开始；对交通事故致伤的，调解从治疗终结或者定残之日起开始；对交通事故造成财产损失的，调解从确定损失之日起开始。

第九十五条规定：公安机关交通管理部门调解交通事故损害赔偿争议的期限为10日。调解达成协议的，公安机关交通管理部门应当制作调解书送交各方当事人，调解书经各方当事人共同签字后生效；调解未达成协议的，公安机关交通管理部门应当制作调解终结书送交各方当事人。

交通事故损害赔偿项目和标准依照有关法律的规定执行。

第九十六条规定：对交通事故损害赔偿的争议，当事人向人民法院提起民事诉讼的，公安机关交通管理部门不再受理调解申请。

公安机关交通管理部门调解期间，当事人向人民法院提起民事诉讼的，调解终止。

第九十七条规定：车辆在道路以外发生交通事故，公安机关交通管理部门接到报案的，参照道路交通安全法和本条例的规定处理。

车辆、行人与火车发生的交通事故以及在渡口发生的交通事故，依照国家有关规定处理。

第一百零二条规定：违反本条例规定的行为，依照道路交通安全法和本条例的规定处罚。

三、《国务院关于加强道路交通安全工作的意见》相关要点

2012 年 7 月 22 日，国务院印发《关于加强道路交通安全工作的意见》（国发〔2012〕30 号），《意见》指出：为适应我国道路通车里程、机动车和驾驶人数量、道路交通运量持续大幅度增长的形势，进一步加强道路交通安全工作，保障人民群众生命财产安全。

在强化道路交通安全执法和严格道路交通事故责任追究方面，提出以下意见：

1. 强化道路交通安全执法

（1）严厉整治道路交通违法行为。加强公路巡逻管控，加大客运、旅游包车、危险品运输车等重点车辆检查力度，严厉打击和整治超速超员超载、疲劳驾驶、酒后驾驶、吸毒后驾驶、货车违法占道行驶、不按规定使用安全带等各类交通违法行为，严禁三轮汽车、低速货车和拖拉机违法载人。依法加强校车安全管理，保障乘坐校车学生安全。健全和完善治理车辆超限超载工作长效机制。研究推动将客货运车辆严重超速、超员、超限超载等行为列入以危险方法危害公共安全行为，追究驾驶人刑事责任。制定客货运车辆和驾驶人严重交通违法行为有奖举报办法，并将车辆动态监控系统记录的交通违法信息作为执法依据，定期进行检查，依法严格处罚。大力推进文明交通示范公路创建活动，加强城市道路通行秩序整治，规范机动车通行和停放，严格非机动车、行人交通管理。

（2）切实提升道路交通安全执法效能。推进高速公路全程监控等智能交通管理系统建设，强化科技装备和信息化技术在道路交通执法中的应用，提高道路交通安全管控能力。整合道路交通管理力量和资源，建立部门、区域联勤联动机制，实现监控信息等资源共享。严格落实客货运车辆及驾驶人交通事故、交通违法行为通报制度，全面推进交通违法记录省际转递工作。研究推动将公民交通安全违法记录与个人信用、保险、职业准入等挂钩。

（3）完善道路交通事故应急救援机制。地方各级人民政府要进一步加强道路交通事故

应急救援体系建设，完善应急救援预案，定期组织演练。健全公安消防、卫生等部门联动的省、市、县三级交通事故紧急救援机制，完善交通事故急救通信系统，加强交通事故紧急救援队伍建设，配足救援设备，提高施救水平。地方各级人民政府要依法加快道路交通事故社会救助基金制度建设，制定并完善实施细则，确保事故受伤人员的医疗救治。

2. 严格道路交通事故责任追究

（1）加强重大道路交通事故联合督办。严格执行重大事故挂牌督办制度，健全完善重大道路交通事故“现场联合督导、统筹协调调查、挂牌通报警示、重点约谈检查、跟踪整改落实”的联合督办工作机制，形成各有关部门齐抓共管的监管合力。研究制定道路交通安全奖惩制度，对于成效显著的地方、部门和单位予以表扬和奖励；对发生特别重大道路交通事故的，或者一年内发生三起及以上重大道路交通事故的，省级人民政府要向国务院做出书面检查；对一年内发生两起重大道路交通事故或发生性质严重、造成较大社会影响的重大道路交通事故的，国务院安全生产委员会办公室要会同有关部门及时约谈相关地方政府和部门负责同志。

（2）加大事故责任追究力度。研究制定重特大道路交通事故处置规范，完善跨区域责任追究机制，建立健全重大道路交通事故信息公开制度。对发生重大及以上或者六个月内发生两起较大及以上责任事故的道路运输企业，依法责令停业整顿；停业整顿后符合安全生产条件的，准予恢复运营，但客运企业三年内不得新增客运班线，旅游企业三年内不得新增旅游车辆；停业整顿仍不具备安全生产条件的，取消相应许可或吊销其道路运输经营许可证，并责令其办理变更、注销登记直至依法吊销营业执照。对道路交通事故发生负有责任的单位及其负责人，依法依规予以处罚，构成犯罪的，依法追究刑事责任。发生重特大道路交通事故的，要依法依纪追究地方政府及相关部门的责任。

第四节　道路交通事故调查处理事例分析

公路运输业是一个特殊行业，每一个流动的车辆就是一个流动的危险源，尤其是客运车辆，更是直接关系到人民群众的生命安全。对于道路交通企业来讲，需要落实安全生产责任制，明确驾驶人员、管理人员的安全责任，层层签订安全目标责任书，并通过考核各项安全指标，对安全达标单位的有关人员进行奖励，对未达标单位的相关人员进行处罚。此外，还需要完善安全管理制度，使安全管理制度化、规范化、科学化，提高驾驶人员的安全意识，吸取事故教训，及时排查治理事故隐患，切实保障安全。

一、无证驾驶货物超载导致的车辆相撞特大交通事故分析

2004年5月26日，某县发生一起交通事故，造成8人死亡，1人受伤的特大交通事故。

1. 事故经过

2004年5月6日4时30分许，石某无证驾驶某公司满载煤炭的大货车（该车司机杨某也在车内），沿省道由西向东行驶至镇与国道交叉口处，与沿国道由南向北行驶的农用三轮运输车相撞，农用三轮运输车司机侯某无证驾驶，车无牌照，三轮车无灯光装置且违法乘坐了8人，农用三轮车向右躲避过程中向左侧翻后与大货车右侧相刮擦，造成农用三轮车驾驶人侯某以及乘车人共6人当场死亡、3人受伤，经医院抢救无效又有2人死亡。肇事后，石某、杨某均弃车逃逸，5月27日2人被抓获归案。

2. 事故原因分析

经现场勘查、走访调查取证及综合分析，发生此事故的主要原因如下所述：

(1) 两车均为无证驾驶。

(2) 大货车核定载货16 t，实际载货21.5 t，为超载。

(3) 大货车技术检验，主车前制动、后制动均不合格，挂车前、后制动也不合格。

(4) 侯某无证驾驶的农用三轮运输车，无牌照、无灯光装置，并违法载客。

(5) 经现场勘查发现，农用三轮运输车在与大货车接触前已经向左侧翻车。

(6) 交叉路口中心处向西向南30 m范围为有效视距，超过30 m建筑物遮挡视线，相互看不到来车。

3. 事故责任分析

(1) 大货车行驶到有交通标志的路口时，未减速让行，且肇事后，石某、杨某弃车逃逸，其行为违反了《中华人民共和国道路交通安全法》第十九条“驾驶机动车应当依法取得机动车驾驶证”，第二十一条“驾驶人驾驶机动车上路行驶前，应当对机动车的安全技术性能进行认真检查，不得驾驶安全设施不全或者机件不符合技术标准等具有安全隐患的机动车”，第四十八条“机动车载物应当符合核定的载质量，严禁超载”，第七十条第（一）款“在道路上发生事故，车辆驾驶人应当立即停车，保护现场，造成人身伤亡的车辆驾驶人应当立即抢救受伤人员，并迅速报告执勤的交通警察或者公安机关交通管理部门”，以及《中华人民共和国道路交通安全法实施条例》第五十二条（一）项“有交通标志、标线控制

的，让优先通行的一方先行”。石某的违法行为是导致事故发生的重要原因。

（2）侯某无证驾驶的农用三轮运输车无牌照、无灯光装置，并违法载客，其行为违反了《中华人民共和国道路交通安全法》第八条“国家对机动车实行登记制度。机动车经公安机关交通管理部门登记后，方可上路行驶”，第十九条、第二十一条、第五十条“禁止货运机动车载客”之规定。载客 8 人直接使损害后果加重。侯某安全意识淡薄，操作技术生疏，处理紧急情况措施不得当。

根据《交通事故处理程序规定》第四十五条规定，石某、侯某应负本事故的同等责任。

4. 事故教训与防范措施

（1）加强《道路交通安全法》以及相关法律法规的宣传力度，改变驾驶员安全意识普遍淡薄的现象。

（2）为防止类似事故的发生，加大交通管理力度，杜绝无证驾驶、超载等严重违法违规行为。

（3）加强机动车的检验环节，严禁机动车带病运行。

二、卧铺车超速行驶处置不当坠入河床特大交通事故分析

2001 年 8 月 23 日，发生了一起特大交通事故，32 人死亡，18 人受伤。

1. 事故经过

2001 年 8 月 23 日 17 时，某运输公司第六分公司李某驾驶卧铺车（以下简称肇事车），从甘肃省徽县去往西安市，车上共 50 人。21 时 50 分，行至某国道 2 372 km＋120 m 处，在道路一侧有停靠车辆的情况下，超速行驶，处置不当，车辆驶出路外，坠入 32.5 m 的崖下河床上，死亡 32 人，受伤 18 人。

2. 现场勘查情况

（1）事故现场勘查情况。事故现场路段沿肇事车辆行驶方向左侧为山体，右侧为悬崖，肇事路段为三级柏油路面，路面全宽 5.5 m，肇事点前后两处弯道，有效路面 4.3 m，纵坡为 2%，右侧路肩宽为 0.9～1.1 m。出事地点靠山体一侧停有两辆尾部相对、间距为 3 m 的事故车，其中轻型货车右前轮距路右侧有效路面边沿 3.25 m，农用车左前轮距路右侧有效路面边沿 2.95 m，左后轮距路右侧有效路面边沿 2.75 m。经调查核实，这两辆事故车在 8 月 23 日 19 时左右相撞，凤县交警部门处理了事故现场，将肇事车辆推向靠山崖的一边，设置了警示标志，指挥疏散了堵塞在事发路段两边的车辆，恢复了交通。当日 21 时 50 分，

肇事车通过该地段时，由于车速过快，驾驶员操作不当，坠入公路右侧江中，造成这起特大交通事故。这起特大交通事故发生后，在进一步疏通事发路段再次堵塞的车辆过程中，因遇有一辆超宽车辆，为保证安全，曾经将轻型货车的车头又往靠山崖一侧推了推，不存在事故现场被破坏的问题。

(2) 现场询问情况。共询问驾驶员 2 次，询问乘客 14 人，取证 17 份。驾驶员供述了自己肇事时车速快，疏忽大意，操作不当，超员等违章事实，部分乘客也证明了该车出发后再未上下客的超员违章情况。

(3) 肇事车及驾驶员情况。肇事车是双层卧铺车，1998 年 11 月 10 日，由李某等人合资购置，挂靠在某机动车驾驶员服务中心。1998 年 11 月 11 日，该车在该地区公安处车管所分所（以下简称分所）办理了车辆入户登记手续，2000 年 12 月 20 日在分所办理从某县机动车驾驶员服务中心向某地区汽车运输公司第六分公司的过户手续，并签订挂靠合同，使用该公司提供的客运班线线路牌，从事跨省客运。车辆入户登记时，行驶证核定的载客人数为 29 铺，驾驶室 1 人，事故发生时，肇事车行驶证核定的载客人数为 38 人，驾驶室 2 人（与肇事车车内实际情况有出入）。依据李某等人的供述，肇事车曾经改装，实际载客铺（座）位改装前为 28 铺 1 座，改装后为 38 铺 1 座。李某 1986 年在部队取得 B 型驾驶证，1989 年 3 月 23 日通过考试换发地方 B 型驾驶证。1998 年 11 月 11 日申请增驾 A 型驾驶证，当日取得了学习证和 A 型驾驶证。

(4) 发车站点情况。肇事车的始发站在县城，县城有 1 个汽车站和 4 个街道临时发车点，肇事车停靠城区的临时发车点。4 个临时发车点是该县政府为解决城区存在的脏、乱、差问题于 2000 年 6 月 22 日设立的，其安全监督管理工作明确由该县运管所和交警大队为主承担。

3. 事故原因分析

经现场勘查和调查取证，认定这起事故的直接原因是，驾驶员交通安全意识淡薄，驾驶严重超员车辆在山区道路上五挡超速行驶，遇道路一侧停放车辆时处置不当。

肇事车挂靠单位和政府有关部门监管不力是造成事故的重要原因。

(1) 该地区运输公司第六分公司：未对挂靠车辆进行认真查验就代表地区运输公司与肇事车签订挂靠合同；没有落实《××地区道路客运交通安全管理规定》第十四条“客车车辆白天连续行程 400 km 以上，夜间行程 200 km 以上，必须有持相应准驾车型驾证经审查合格的客运驾驶员换班驾驶”的规定（以下简称双 A 照规定），使肇事车在只有一名持 A 照驾驶员的情况下长期违规运营；对司乘人员的安全教育没有具体的制度和计划；没有针对挂靠车辆点多面广的特点，制定具体的管理规定和采取有效的管理措施。

(2) 该地区运输公司：作为法人单位和第六分公司直接上级单位，对安全生产重视不够，管理不力，对下属单位存在的对挂靠车辆疏于监督、管理问题失察；片面追求发展规模，在挂靠车辆管理上存在“重收费、轻管理”问题。

(3) 该县公路运输管理所：制度不健全，管理不力。在县政府确定四个临时发车点由运管所、交警大队负责管理监督后，没有根据实际情况建立相应的管理制度，对肇事车超载问题失察；未对肇事车驾驶员的资格进行审核、检查，致使肇事车违反双A照规定，长期违规运营。

(4) 该县交警大队：在县政府确定四个临时发车点并由运管所、交警队负责监督管理后，没有根据工作职责、实际需要建立相应制度并落实；对驾驶员安全教育不到位，对客运车辆监管不力，在签订车辆安全教育承包责任书、办理安全查验卡及路查中都未发现肇事车行驶证核定座位数与实际座位数不符的问题，以及肇事车违反双A照规定的问题。

(5) 该县政府：对该县客运安全管理中存在的问题失察，在决定设立四个临时发车点并明确由运管、交通部门进行管理后，对有关职能部门履行职责、落实情况督促检查不够，一些安全生产、方面的工作布置、检查存在流于形式的问题。

(6) 行署公安处车辆管理所分所：规章制度不健全，工作程序不规范，驾驶员考试发证、车辆登记等工作管理混乱。1998年11月11日，李某到该所办理B型驾照转A型驾照手续，该所副所长吴某违反公安部及省公安厅关于B型转A型驾照须经学习期的有关规定，当日发给了李某A型驾照；2000年12月20日，该所工作人员在办理肇事车过户手续时，工作不负责任，将行驶证核定载客人数由29铺改为38铺，为该车非法改装提供了依据。

(7) 地区交警支队：1997年7月，地区交警支队支队长包某、政委高某等支队领导口头商定，擅自委托分所办理驾驶员考试发证业务；对分所在驾驶员考试发证、车辆登记管理中存在的严重问题失察。

综上所述，这起特大交通事故是一起由于车辆严重超员，驾驶员在山区道路五挡超速行驶、遇道路一侧停放车辆时处置不当，有关部门和单位监管不力造成的责任事故。

4. 事故教训

(1) 驾驶员素质不高，交通安全意识和法制观念淡薄。肇事驾驶员不遵守交通法规，在发车点就严重超载；夜间雨后在山路上行车，仍然超速驾驶；遇紧急情况应急措施不当，处置不力；擅自进行车辆改装；与肇事驾驶员同驾一辆车的驾驶员没有A型驾驶证却驾驶客车长达一年多。

(2) 车辆管理制度不严，有关交警工作不负责任，在驾驶员和车辆管理方面存在严重问题。地区交警支队擅作主张委托分所承担驾驶员考试发证业务，扩大分所业务范围；分所管理混乱，工作职责不清，证照章使用没有制度和规定，工作人员没有参加岗位培训取得考试员资格就长期从事驾驶员考试工作，未按规定对增驾驾驶员进行考试即发给A照，埋下了严重的事故隐患；在办理过户手续中验车不负责任，把其他车辆当作审验车辆，随

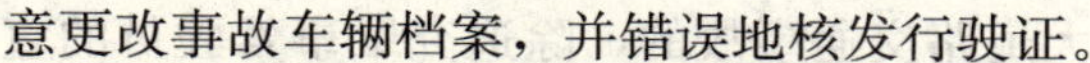

意更改事故车辆档案，并错误地核发行驶证。

（3）运输企业忽视安全，管理混乱。汽车运输公司及其第六分公司没有处理好安全与发展、稳定的关系，随意接受挂靠车辆，盲目发展规模，片面追求经济效益，忽视安全生产；在安全管理力虽十分薄弱的情况下，仍不重视安全，长期以来没有专人管安全工作，职能部门没有安全计划，未认真组织驾驶员的教育培训工作，没有安全管理措施；内部管理混乱，对挂靠车辆只收费不管理，没有发现肇事车辆乱改型问题，明知夜间行车 200 km 以上应配备两个持 A 证的驾驶员，而只配备一个 A 证驾驶员驾驶一年多，对远离本公司从事长途运输的车辆和驾驶员从不进行管理，对驾驶员缺乏最基本的安全教育。

（4）有关地方政府和部门安全检查工作走过场，形式主义和官僚主义作风严重。县交警部门和运管部门没有夜查制度，对夜班车情况不掌握，日常检查例行公事，不求实效，没有发现事故车辆改装问题，没有发现和制止出站车辆超载现象；安全教育流于形式，只收费不管理、不教育，站点监督管理不严。县政府组织过多次安全检查，但对临时停车站点管理不严、秩序混乱的现象视而不见，更未予以纠正；对相关部门工作监督检查不力。地区交警支队对分所和下级交警部门存在的问题，地区运管处对县运管所的问题，省交警总队对下级单位存在的问题，在历次检查中均未发现和纠正。2001 年 5 月该地区行署对之前的一起事故专门发了通报，要求认真吸取教训，举一反三，改进工作，但各有关部门未认真贯彻落实。

5. 防范措施

为了更好地吸取事故教训，防止类似事故发生，确保人民生命财产安全，提出以下建议：

（1）提高认识，切实加强对道路交通安全工作的领导。各级政府和有关部门必须把道路交通安全作为维护社会稳定，确保人身安全的大事来抓。要坚决贯彻落实公安部、交通部和安全监管局《关于加强公路客运交通安全管理的通告》，巩固交通安全专项整治工作成果，常抓不懈，防止安全生产工作中的形式主义和官僚主义作风。

（2）加强车辆和驾驶员管理，做好事故预防工作。事故预防应以人为本，要进一步加强对驾驶员的培训和教育工作，提高驾驶员队伍的整体素质。公安交警部门要严格驾驶员考试、发证工作，把住机动车辆登记入户、转籍过户、改装改型、季检年检和临时检验等关口，严禁营运客车非法改装、改型。

（3）严格落实交通安全责任制。按照国务院令第 302 号精神，本着谁主管，谁审批，谁负责的原则，制定切实有效的措施，把责任制落实到每个岗位、每个人员。有关部门要严格审批、发证程序，进一步规范交通运输秩序，对不符合安全条件的运输企业一律不予批准进入运输市场，严把市场准入关。公安部门要加大路检路查执法力度，对事故多发路段和车流量较大的区间要采取有效的管理控制措施，从严查处超速行驶、违章超车、超载、疲劳和无证驾驶等交通违章行为。交通主管部门要加强对客运车辆停靠站点的检查，严厉查处违反行车管理规定的客运车辆。对发生重大道路交通事故的，除追究肇事驾驶员的直接责任外，要严肃追究行政审批部门和执法机关的责任。

(4) 运输经营者要进一步加强交通安全法规学习，增强安全生产经营意识，强化安全管理。运输经营者要建立、健全与企业发展规模相适应的安全管理机构，完善和落实安全生产责任制，建立安全生产经营机制。客运经营者要切实采取有效措施，督促司乘人员自觉遵守交通安全和行业管理法规，预防和减少交通事故的发生。

三、载客汽车司机行驶不当造成两车相撞重大交通事故分析

2001 年 9 月 2 日 7 时 40 分，320 国道某路段 1 472 km＋100 m 处发生了两辆载客汽车相撞，造成两车驾驶员及乘客 12 人死亡，乘客 40 人受伤（其中重伤 12 人），两车报废的重大交通事故。

1. 肇事车辆情况

(1) 湘 E3××26 是 1998 年 9 月由郑 YH 购买，2001 年 8 月 5 日由郑 YH 转卖给胡 FL，未办理过户手续。该车属 1998 年生产的轻型客车。1998 年 9 月 10 日，市农机局鉴于该车与市车辆管理所委托其上户的 WY 牌农用厢式车均是车厂生产的，便将该车作为农用厢式车办理了入户手续，核载 12 人。事故前该车已年检合格。

(2) 湘 E3××16，轻型客车，2000 年 1 月购买，2000 年 2 月在市交警支队办理上户手续，核载 15 人，2001 年 6 月 1 日，将此车承包给黄 H。事故前该车已年检合格。

2. 驾驶员情况

(1) 湘 E3××26 司机胡 FL，1995 年取得 B 照，驾驶证照年检手续齐全。

(2) 湘 E3××16 司机黄 XG，湘 E3××16 承包主黄 H 的亲戚，2001 年 6 月考取 B 照，未领取公司内部核发的客运准驾证。

3. 乘客情况

(1) 湘 E3××26 车，2001 年 9 月 2 日 7 点 20 分从公司汽车西站发出，出站时乘客 9 人，出站后陆续上人，事故发生时车上乘客加司机共有 21 人，超载 9 人。

(2) 湘 E3××16 车，2001 年 9 月 2 日 7 点 30 分返回，沿途陆续上下客，事故发生时车上乘客加司机共有 33 人，超载 18 人。

4. 事故损失情况

(1) 两辆事故车全部报废，损失共 12 万元。

（2）死亡12人，伤40人（其中重伤12人）。

（3）伤员抢救治疗费用45万元（不含尚须继续住院治疗的7名重伤员的治疗费用）。

（4）死亡人员安葬费6万元。

（5）对死亡人员亲属和伤员的赔偿正在协商处理之中，赔偿费用尚不能确定。

5. 事故原因分析

造成事故的直接原因：

（1）胡FL驾驶湘E3××26农用中巴车，速度较快且超载行驶，在与湘E3××16会车时注意力不集中，为避让右前方4名相向行走的小学生，突然由右向左打方向，侵占对方行车路面，未采取制动措施，这是本次事故最主要的直接原因。

（2）主要肇事车湘E3××26限载12人，实载21人，超载9人，次要肇事车湘E3××16限载15人，实载33人，超载18人，两车的严重超载，增大了驾驶员临危正确处置的难度，增加了事故发生的可能性，导致了事故损失的加重。

（3）黄XG于2001年6月考取B照，单独驾驶湘E3××16车与湘E3××26车会车时未减速慢行，经检验，肇事时该车以5挡行驶，未采取制动等避让措施。

造成事故的间接原因：

（1）农机部门违规办理湘E3××26车上户手续，使得该车得以载客上路行驶，并且客观上增大了公安交警部门路面巡控等管理工作的任务量和难度，影响了正常的公路交通安全管理秩序。

（2）公安交警部门忽视了对正值中小学生秋季开学期间的320国道的路面巡控，未安排警力在此期间在320国道执勤，且平常对超载违章打击不十分严厉。

（3）公安交警、农机、交通客运部门对驾驶员的安全教育和管理尚未完全到位，效果欠佳。

6. 事故教训与防范措施

（1）从2001年9月10日起，严禁农机部门对载客的各类客车办理入户手续，对已办理落户手续的各类客车，须在2001年12月底前移交给交警部门管理。

（2）交警部门要用好和合理分配有限的警力，加大路面巡控和查处交通违章的力度，进一步严格执法。

（3）交警部门要迅速、全面地对危险路段和事故多发路段进行排查认定，及时设置或提请交通管理部门设置符合规定要求的道路交通安全设施。

（4）要切实加强对驾驶员特别是客运驾驶员的培训、考核、教育和管理，促使驾驶员增强安全行车观念，提高安全行车技能，严禁无证和越证驾驶。

(5) 交通客运部门要加强对安全工作的组织、领导和管理，进一步健全制度，强化教育，排查隐患，认真落实责任制。

(6) 公路部门要进一步加强对公路交通安全设施的建设和管理。

四、卧铺大客车司机疲劳驾驶坠入水库特大交通事故分析

2001 年 9 月 21 日凌晨 4 时 30 分，贵州省某汽车运输总公司一辆双层卧铺大客车从广东返回贵州途中，行至广西壮族自治区桂林市龙胜县境内时，冲出路面，坠入勒黄电站水库，造成 36 人死亡的特大道路交通事故。

1. 基本情况

肇事车号为贵 H・0××18，车型为双层卧铺大客车，1997 年 2 月 21 日生产出厂，车属单位为贵州省某汽车运输总公司，由贵州省某县汽车运输分公司负责管理，承包人为欧阳××。2001 年 3 月 19 日，车辆承包人以该车替换的贵 H・0××29 号客车（因等级不够而不能担任东莞线运行），承担贵州天柱至广东东莞线路的客运经营。2001 年 9 月 13 日，肇事车承包人兼售票员欧阳××（持过期 B 类驾驶证）与其聘用的驾驶员谭某（持 A 类驾驶证）轮流驾驶肇事车，由贵州省天柱县开往广东省东莞市。9 月 20 日下午 14 时，又从东莞市新兴车站出发，途经广西，返回天柱县。该车核载 43 人（含驾驶员和售票员 2 人），实载 50 人。9 月 21 日 4 时 30 分，肇事车行至广西桂林龙胜县境内国道 321 线 721 km＋540 m 处，车辆冲出路面，坠入 14 m 深的勒黄电站水库，车上 50 人全部落水，其中 36 人死亡（含驾驶员谭某），2 人轻伤，客车严重损坏。

2. 事故原因分析

经公安机关现场勘查、调查取证，并组织有关专家及专业技术人员对肇事车辆和有关物证进行检验鉴定，认定：驾驶员谭某过度疲劳驾驶和在急弯路违章超速行驶是造成事故的直接原因；承包人兼售票员欧阳××指使他人过度疲劳驾驶是造成事故的主要原因。此外，欧阳××指使驾驶员违章超载，并驾驶不符合安全条件的车辆（安全门内侧手柄用钢丝拴绑并安装铺位），加剧了事故的危害。

造成事故的直接原因：

(1) 谭某从 9 月 20 日 14 时起至 9 月 21 日 4 时 30 分事故发生，实际驾驶时间超过 8 小时，加之睡眠不足，不能及时发现和准确处理路面交通情况，属于过度疲劳驾驶。其行为违反了《中华人民共和国道路交通管理条例》第二十六条第（九）项关于“过度疲劳时，不准驾驶车辆”的规定。

（2）谭某驾车在雨天路滑的情况下，经过转弯半径为 30.6 m 的急弯时，以约 50 km/h 的速度行驶，导致车辆驶出路外，坠入水库。其行为违反了《中华人民共和国道路交通管理条例》第三十六条关于机动车行驶中遇有急弯路情形时，最高时速不准超过 20 km 的规定。

（3）欧阳××经营跨省长途客运只雇请一名驾驶员，并指使其一天内驾驶超过 8 小时，违反了交通部《省际道路旅客运输管理办法》第十五条第三款“营运里程 400 km（含 400 km）以上的班车，在行驶途中必须配备双司机或实行其他行之有效的轮休制度”的规定和《广西实施〈中华人民共和国道路交通管理条例〉办法》第十八条“大型客车连续行驶 350 km 以上，须有驾驶员换班驾驶”的规定。因此欧阳××有指使驾驶员疲劳驾驶的违章行为。

（4）欧阳××使用安全门被铜丝拴绑，且安全门通道处安装卧铺，后挡风玻璃用不锈钢管和铁板焊接成栅栏，不符合《机动车安全运行技术条件》（GB 7258—1997），违反了《中华人民共和国道路交通管理条例》第十九条第一款“机动车必须保持车况良好、车容整洁”的规定，存在指使驾驶员驾驶不符合安全技术标准车辆的行为。

（5）车辆承包人兼售票员欧阳××允许限载 43 人的客车实载 50 人，超载 7 人，违反了《中华人民共和国道路交通管理条例》第三十三条第（一）项“机动车载人，不准超过行驶证上核定的载人数”的规定，加剧了事故的危害。

事故责任认定：欧阳××和谭某负事故全部责任。

3. 造成事故的相关原因

领导小组根据事发当地公安机关的认定，并对事故有关单位进行调查取证，经过综合分析认为，这起事故的相关原因如下所述：

（1）贵州省某汽车运输总公司某县汽车运输分公司在车辆承包人以贵 H·0××18 号车替换因等级不够而不能担任东莞线运行的贵 H·0××29 号车时，在车辆及车辆承包人、驾驶员更换过程中，没有按照《贵州省机动车安全管理条例》的规定及时办理该车辆经营合同和驾驶员安全生产合同的变更手续，致使肇事车长期在外，处于失控运行状态。

（2）汽车运输总公司县汽车运输分公司、县汽车站和县联营汽车站没有按国家有关规定，对跨省长途客车是否配备 2 名以上合格驾驶员进行严格的出站登记检查，管理混乱，致使肇事车多次在只有一名合格驾驶员的情况下出站，进行跨省长途营运。

（3）汽车运输总公司对其下用两个分公司安全生产方面存在的严重问题长期疏于监督管理，对肇事车贵 H·0××18 号车替换等级不够的贵 H·0××29 号车时，未按规定办理报废更新车辆登记手续，一直未下达贵 H·0××18 号车的建制通知书，致使对该车管理失控。同时，贵 H·0××29 号车一直未上交，仍继续进行跨省长途营运。

（4）县运管所对驻站员工作长期不重视，管理不力，致使肇事车从县汽车站和县联营汽车站出站时，派驻两站的 4 名驻站员全部被抽调，驻站员空岗，站内无人对该车和驾驶员进行监督检查。

(5) 县交警大队在办理肇事车驾驶员准驾证时，违反贵州省机动车安全管理的有关规定，在另一名驾驶员没有到场的情况下，签订了驾驶员与交警大队的安全责任书，并为其办理了驾驶员的准驾证，给肇事车承包人拿着那名驾驶员的准驾证多次违规驾驶大客车提供了可乘之机。

根据以上事实，领导小组认定，这起特大道路交通事故是一起责任事故。

4. 事故教训防范措施

(1) 交通运输企业要认真贯彻落实国家有关道路运输和管理的法律法规，做好自查工作，并按“单程在400 km以上（高速公路600 km以上）的客运汽车，必须配备两名以上驾驶员。从事公路客运的驾驶员一次连续驾驶车辆不得超过3小时，24小时内实际驾驶时间累计不得超过8小时”的要求，抓紧制订防范客车疲劳驾驶的具体实施办法，进一步明确运输企业和车站管理人员的职责，加强对客运车辆和驾驶员的管理，严格出站检查，确保车辆安全运行。

(2) 道路运输管理部门要加快建立客运车辆和驾驶员的资质管理体系，对非法和不具备安全生产条件的运输企业和站点要坚决予以关闭，对安全生产达不到标准的运输企业要限期进行整改；整改仍达不到要求的，要降低甚至取消其资质等级。要高度重视和加强对运输企业和汽车站的监督管理，运营管理部门要明确驻站员岗位责任，严格要求，严格管理，把好车辆安全运营源头关。

(3) 公安交通管理部门要进一步加大交通秩序的整治力度，特别是要针对重点路段长途卧铺客车和驾驶员的违章超速、超载、疲劳驾驶问题，研究制订有效的防范措施，加强路面执法，严格对车辆和驾驶员进行监督管理。

(4) 公路管理部门要加强对道路建设的管理，在公路建设或改造中要按照国家有关标准进一步完善道路标志标线，对山区和水网地区的事故多发路段，特别是事故发生地，要尽快完善道路安全设施和安全标志，保障行车安全。

(5) 道路交通安全是一项系统工程，从车辆的设计、制造、注册、使用、维修到车辆改装、更新、报废；从道路安全设施、标志、标线的完善到车站管理、路面巡查、车辆保险；从驾驶员的法规、职业道德、职业技能培训教育到全民道路交通安全意识的提高等方面，地方各级政府、国务院有关部门和客运企业要高度重视，认真吸取事故教训，举一反三，采取切实有效的措施，加大道路交通安全的整治力度，规范管理，防止重大事故的发生。

五、客车驾驶员转弯时速度过快导致的特大交通事故分析

2006年10月1日13时33分，××公路运输（集团）××出租汽车有限公司711路客

车驾驶员吕FH驾驶客车途经嘉陵江石门大桥南引桥时发生坠桥事故，造成30人死亡、20人受伤（其中10人重伤），直接经济损失739万元。

1. 事故单位基本情况

该公司是××市交通运输控股（集团）有限责任公司所属企业××市公路运输（集团）公司下属的独立法人企业，为××市公路运输（集团）公司的子公司。该公司原属民营企业，成立于1994年10月。2001年9月7日和2002年6月28日，该公司先后与××市公路运输（集团）公司签订《合资经营合同》《合资经营合同补充协议》，将公司51%的股份转让给××市公路运输（集团）公司，由××市公路运输（集团）公司控股，更名为××公路运输（集团）××出租汽车有限公司，享受××市公路运输（集团）公司的二级客运资质待遇。该公司法定代表人为张L，注册资金400万元，经营许可范围为：县际班车客运、省际班车客运、主城区班车客运、普通货运、出租客运。公司时有专职管理人员4人（包括董事长、总经理、安检、出纳4个职位）、兼职会计1人。公司时有15条营运线路，拥有营运车辆55台，其中省际班车7台、出租车13台、跨区县班车10台，主城区“7字头”公交客运车辆25台。该公司实行单车承包经营方式，全部车辆以公司名义购置，购车款和客运车辆指标费由车主出资。公司对车主实行“定额上缴、超收自留、歉收自负”的经济责任制，车主按合同约定向公司一次性交纳“责任车辆安全及财产保证金”，按月定额缴纳“经营经济指标费”。

××市公路运输（集团）公司成立于新中国成立初期，原名为××市装卸运输公司，1989年2月更名为××市公路运输总公司，2002年3月更名为××市公路运输（集团）公司，属国有独资企业。2004年12月27日，经市人民政府批准，该公司成为××市交通运输控股（集团）有限责任公司下属企业，拥有客运二级、货运一级资质，注册资金1.1亿元，下辖二级运输单位29个，年营业收入12亿元。公司法定代表人、总经理为汤CM。

××市交通运输控股（集团）有限责任公司是市人民政府2004年批准组建的国有独资企业，下辖包括市公路运输（集团）公司等7家国有企业。公司法定代表人（董事长）为曾XP，总经理为胡GW。

2. 肇事客车基本情况

肇事客车出厂日期为2005年10月14日，型号为CKZ××58TB，由公司于2005年11月购买（购车款由车主吕JG出资）。2005年11月3日经机动车安全技术检验合格，检验有效期至2007年1月31日。初次登记日期为2006年1月15日，发证日期为2006年1月16日，汽车牌照编号为渝B4××67，使用性质为公路客运。该车二级维护保养有效期至2006年10月10日。

2006 年 1 月 19 日市交通委员会道路运输管理局批准该车在主城区 711 公交线路上运营，营运线路为沙坪坝经大石坝至观音桥之间往返。

2005 年 11 月 9 日，公司在某保险股份有限公司为该车投保了商用汽车损失保险和道路客运承运人责任险，有效期至 2006 年 11 月 9 日。

事故发生后，事故调查组邀请某大学汽车学院的专家并委托国家客车质量监督检验中心共同对该车的安全技术状况进行了检验，检验鉴定结果为：该车没有安装 ABS 防抱死装置，但符合当时国家强制性标准《机动车运行安全技术条件》（GB 7258—2004）的要求（目前该标准已修订，现行标准为 GB 7258—2012）；该车转向、制动系统和雨刮器性能有效，也符合当时国家强制性标准《机动车运行安全技术条件》（GB 7258—2004）。

3. 车辆承包和驾驶人基本情况

发生事故的车辆由××市江北区上坪村居民吕 JG 承包经营，吕 JG 将一切经营事务（包括签订《单车经营协议书》）委托其弟吕 J 负责。承包经营人向公司缴纳了 3 万元风险保证金（财产保证金 2 万元，安全保证金 1 万元），并每月向公司缴纳 5 250 元承包经营经济指标费。该车驾驶人为吕 FH、吕 J、曾 FJ。

肇事驾驶人吕 FH，男，31 岁，小学文化程度，初次申领驾驶证的准驾车型为大货车 B，初次领证日期为 1998 年 7 月 8 日；2003 年 3 月 28 日，增驾取得大型客车准驾车型 A，2004 年 8 月 11 日又增驾取得摩托车准驾车型 E，目前准驾车型为 A1、A2、E，驾驶证有效期至 2010 年 7 月 19 日；2005 年 10 月经培训考试合格，取得从事旅客运输（大客）、货物运输从业资格证，从业资格证有效期至 2011 年 10 月 12 日；2006 年 7 月 19 日按照规定向车辆管理所提交了身体检查合格证明。吕 FH 曾于 2006 年 3 月 31 日凌晨驾驶渝 B4××67 客车在××市五桂路水口合药厂路段发生一起重大道路交通事故（以下简称“3·31”重大道路交通事故），造成 1 人死亡，经××市公安局交通警察总队第八支队认定，吕 FH 和死者在此次事故中负同等责任。吕 FH 在本交通违法记分周期内有 2 份违法记录。

4. 事故现场情况

事故发生地点位于嘉陵江石门大桥南引桥上，该桥从大桥北岸连续桥梁加主桥全长 781 m，南引桥长 270 m，桥面（引桥）为水泥路面，双向四车道，引桥车行道中心施画有黄色单实线，同向车道以白色虚线分隔快慢车道，路段限速 40 km/h。事故车车行方向两条车行道共宽 8.9 m，对向两条车行道共宽 8.8 m，车行道两侧为人行道，人行道宽 2.96 m，比车行道高 0.37 m。人行道外侧即引桥两侧都安装有高 1.2 m 的引桥护栏。事故路段为下坡右转弯道（车行方向），弯道半径 150 m，下坡纵坡度 2.5%。事发当天为阴雨天气，路面湿滑。

5. 事故经过及抢救情况

2006年10月1日13时许，吕FH驾驶渝B4××67大客车，由江北区阳光城起点站载客前往沙坪坝区三角碑终点站（全程大约8.5 km）。13时13分，该车行至江北松树桥立交桥时，吕FH打电话给轮班驾驶人曾FJ，称身体不适，要求其前来帮忙开车，曾FJ称自己已饮酒，要晚些时候来。吕FH继续驾车行至大石坝加油加气站（嘉陵江石门大桥北端）时，遇本队杨Y驾驶的渝A2××37大客车天然气用尽，遂将渝A2××37车上20名乘客转运到自己的车上，共载50人（含驾驶人和售票员），继续往沙坪坝方向行驶。13时33分，当车由北向南驶出嘉陵江石门大桥主桥进入南引桥下坡右弯道向右转弯时，车辆后轮向左发生侧滑，吕FH向左急打方向，大客车越过桥面中心黄色单实线和对向两条车道，斜向前行约24 m，冲上引桥左侧距桥面0.37 m高的人行道上（经事故后测量，大客车驶上人行道的角度为32°左右），撞坏引桥护栏后，坠落于距引桥19.30 m高的下层道路右侧人行道上的花台中（车身左侧着地，车头斜指向引桥，车头顶部距引桥边缘在下层公路的正投影8.00 m），造成驾驶人吕FH在内的22人当场死亡，8人经医院抢救无效死亡，共计死亡30人，20人受伤（其中10人重伤），车辆严重损坏。属于特别重大道路交通事故。

6. 事故原因分析

造成事故的直接原因，是驾驶人吕FH在限速40 km/h的路段，雨天驾驶大客车进入嘉陵江石门大桥南引桥右转弯时，未按规定降低行驶速度，导致车辆后轮出现向左侧滑；吕FH因身患感冒，刚输液并吃过药，身体和精神状态不佳，体力、感知力、判断力和操控车辆能力下降，临危反应迟缓，在车头右前角即将撞上右侧人行道路岩石时，向左急打转向盘，并踩踏油门试图控制车辆行进方向。但因踩踏力量过大，导致车辆速度加快，冲上人行道，撞坏护栏，坠落引桥下，造成特别重大道路交通事故。

造成事故的间接原因：

（1）公司安全管理混乱，安全规章制度不落实。没有按照国家有关规定和公司安全生产工作的实际需要配备安全管理人员，没有认真开展路检路查，对运营车辆的安全生产工作一包了之，“以包代管”，对驾驶人员的管理失控；没有及时纠正和处理承包人及驾驶人员的违法违规行为，及时消除事故隐患；明知肇事车辆驾驶员吕FH在3月31日发生一起重大道路交通事故且负同等责任，已不具备继续驾驶运营客车资格，但公司既未向运输主管部门报告，又没有依法予以解聘和做出任何处理；知道肇事车辆2006年以来已有大量违法记录，却未督促有关驾驶人接受交警部门处理。

（2）市公路运输（集团）公司对肇事车辆所在公司管理不力。未履行安全生产管理职责。不重视安全生产工作，未将肇事车辆所在公司纳入集团公司安全管理工作目标考核，未对公司的安全生产工作进行监督检查；对安全管理人员配备、安全制度落实、从业人员安全培训等方面督促指导不力；对公司有关人员不认真履行安全管理职责的问题失察。

(3) 市交通运输控股（集团）有限责任公司对市公路运输（集团）公司的安全生产管理不力。对市公路运输（集团）公司未将肇事车辆所在公司的安全工作纳入集团安全管理工作目标考核，对该公司不履行安全生产管理职责的问题失察。

(4) 市道路运输管理局对主城区客运安全管理工作不到位，对主城区客运线路牌发放后缺乏有效的监督检查，对肇事车辆所在公司及711线路客车长期存在的管理混乱、安全工作“以包代管”、安全制度不落实等问题失察。

经调查认定，这起特别重大道路交通事故是一起责任事故。

7. 事故教训与防范措施

(1) 进一步落实运输企业安全生产主体责任。市人民政府和有关部门要督促指导运输企业认真贯彻“安全第一、预防为主、综合治理”的安全生产工作方针，切实承担起安全生产的主体责任，落实好安全生产责任制，建立健全安全管理机构，按规定配备安全管理人员，加强对客运车辆驾驶人员的安全教育，并利用卫星定位仪（GPS）、汽车行驶记录仪等多种技术手段，加强对驾驶员、车辆的控制和管理。健全企业安全生产考核制度，坚持安全生产情况与业绩考核结果挂钩。

(2) 进一步落实道路运输管理安全责任制。××市人民政府和有关部门要按照《安全生产法》《道路交通安全法》《道路运输条例》等法律和法规的要求，采取有效措施，层层落实道路运输安全责任制，加强道路运输安全管理工作。要严格遵守“谁发证、谁负责，谁审查、谁签字、谁负责”权责统一的原则，各有关部门要明确责任，各司其职，加强协调，密切配合，形成合力，强化对道路运输安全工作尤其是客运安全工作的监督检查。

(3) 加强对公交运营市场秩序整顿，坚决杜绝“以包代管”的经营方式。市人民政府及其有关主管部门应针对此次事故暴露出的问题，推进主城区公共交通汽车客运管理体制改革，加强公共交通运营市场秩序整顿，完善市场进入退出机制，建立健康有序的运营秩序，依法取缔客运行业挂靠经营，逐步取消单车考评或承包制，坚决杜绝各种形式的“以包代管”、只包不管的经营方式。

(4) 完善道路交通、运输相关法律法规。建议有关部门尽快研究制定“驾驶人患有何种疾病、服用何种药物情况下禁止驾驶”的相关规定；建议对“电子警察”记录、非现场执法记录的违法行为的处理时限做出明确规定；建议公安交警、交通部门尽快建立运营车辆事故信息交流制度，及时通报运营车辆事故情况。

第六章　煤矿事故报告和调查处理知识

煤炭是我国重要的基础能源和原料，在国民经济中具有重要的战略地位。在我国一次能源结构中，煤炭是主要能源。煤炭行业又是高危行业，我国高瓦斯和瓦斯突出矿井占一半左右，容易发生瓦斯爆炸、瓦斯窒息事故，因此煤矿安全是整个行业生产的重中之重。安全是煤炭生产的头等大事，安全对煤炭生产起着保证、支撑和推动作用，保证煤矿职工的生命安全，是煤炭工业可持续发展的前提，煤矿安全生产形势的好坏，直接关系到我国国民经济的能源供给，因此需要切实提高对煤炭安全生产重要性的认识，需要采取积极的措施，有效地保障生产安全。

第一节　煤矿生产的特点与事故危害

我国煤矿的特点是95％的矿井是井工矿，平均开采深度超过400 m，地质条件复杂。据统计，33％左右的大中型煤矿地质构造复杂或极其复杂，25％左右的大中型煤矿的水文地质条件属复杂或极其复杂。在这种自然条件下，伴生的灾害多，许多煤矿存在着煤与瓦斯突出、自然发火危险、煤尘爆炸危险等情况，部分矿井还存在冲击地压、热害、水害等多种灾害。因此，煤矿企业要围绕生产中的主要灾害类型，开展灾害事故的预防监控技术，提高事故应急处理能力，构建本质安全型矿井，遏制煤矿重特大事故的发生，从而促进煤矿生产状况的根本好转。

一、我国煤矿生产的特点与危险性

1. 我国煤矿生产的特点

我国煤矿大多属于地下开采的井工煤矿，井工煤矿危险性较高，这主要与井下作业的特殊性有关。

煤矿井下作业工作场所潮湿、阴暗而且狭窄，地质条件、开采技术复杂，生产环节较多，受水、火、瓦斯、煤尘、顶板等多种自然因素的威胁，不安全因素多。并且由于煤层储存不稳定，地质构造复杂多样，伴随产生各种各样的地质灾害，例如具有煤尘爆炸危险的矿井，高瓦斯和煤与瓦斯突出矿井，自然发火危险矿井，具有水害危险的矿井，某些矿井还有冲击地压、岩爆、矿震和高温危害。

此外，我国小煤矿占的比例很大，绝大多数小煤矿基础装备简陋，生产系统不完善，管理落后，采用原始落后的采煤方法，还存在不具备安全生产的基本条件的现象。目前，我国正在加大对不合格小煤矿的关闭工作。小煤矿数量虽然在逐年减少，安全生产也趋于好转，但在安全生产基础管理方面仍存在诸多问题，生产安全事故多发的状况依然未得到有效遏制。小煤矿的产量近几年仅占全国总产量的1/3左右，但是事故起数和死亡人数却占总量的2/3以上。

我国国有重点煤矿机械化程度虽然已达到72%，但国有地方煤矿和乡镇煤矿机械化程度很低，造成我国煤矿整体装备水平与国外煤矿有很大差距。煤矿防灾系统的性能、状况也远不能满足安全生产的需要。

2. 煤矿农民工的特点

最近几年，农村劳动力大量转移，进入矿山、建筑等高风险、重体力劳动行业和领域。全国550万煤矿职工中，农民工约占半数，主要在井下一线工作。小煤矿从业人员几乎全部为农民工。

据统计，在农民工中，文盲与半文盲占7%，小学文化为29%，高中以上文化程度仅占13%。因此，农民工的安全理念、操作技能，抵御各种灾害的能力直接影响着煤矿企业的安全、效益和发展。而且由于许多农民工是农闲进城打工，处于刚放下锄头即下井作业的粗放劳动型，从事某项工作具有很大的随机性和流动性，不能全面掌握某项工作的专业知识，即使参加企业用业余时间为农民工办的安全、技术培训，也是似懂非懂，不知所云，技术水平很难提高，这为其作业安全和人身安全埋下了隐患。正是因为技术水平不高，对技术操作掌握不全面，许多事故的发生，往往是由于农民工自身的“三违”（即违章指挥、违章操作、违反劳动纪律）造成的。所以，一旦发生事故，农民工常常既是事故的受害者，又是事故的肇事者。

由于煤矿井下作业环境的复杂性和特殊性，为了防止职业危害，保护职工的身体健康，需要采取有效的措施进行劳动保护，最大限度地消除劳动过程中危及人身安全和健康的不良因素，防止伤亡事故和职业病，保障煤矿职工身体的安全和健康。

3. 煤矿井下的作业环境

煤矿井下的作业环境十分艰苦，特别是地方小煤矿尤为突出，具体表现为劳动强度大，一般矿井采掘工纯工作8小时，在井下就需10小时左右；没有阳光照射；上下、前后、左右无时无刻不受到安全威胁，还有矿尘、煤尘、炮烟等存在；呼吸新鲜空气需要通风解决；由于地热作用、人体和机电设备散热、水分蒸发等，以及井下的温度、湿度、空气质量等气候条件的限制，使得矿井采掘面环境远不如地面。

另外，井下作业危险系数也较大。一是生产工艺复杂，采煤、掘进、机电、运输、通风、排水等，哪一个工种、哪一道工序、哪一个系统和环节出了问题都可能酿成事故。二是瓦斯、煤尘爆炸，水、火灾害和大冒顶事故破坏性很大，严重的可导致矿毁人亡。三是机电操作、运输环节、施工材料等也时常发生事故，或产生职业危害，如机械设备运转产生的噪声，局部通风机和风动凿岩机等尤为突出，施工中所用材料，例如水泥和锚固剂对人身体的腐蚀和毒害以及井下的泥水环境等，每时每刻都对人产生着伤害。

二、煤矿井下的意外伤害

1. 煤矿瓦斯灾害的伤害

瓦斯，学名甲烷，化学分子式是 CH_4。矿井瓦斯是伴随煤炭生成的一种气体，在煤炭开采时，瓦斯会源源不断地向采掘空间涌出。我国所有煤矿均为瓦斯矿井，大中型煤矿中，高瓦斯矿井占 20.34%，瓦斯突出矿井占 19.77%；小型煤矿中，高瓦斯矿井占 15%左右。随着开采深度的不断增加，机械化程度的不断提高，开采强度的不断增强，瓦斯涌出量还会进一步增大，瓦斯灾害的治理越来越成为煤矿灾害防治的重点。

瓦斯的性质及特点：

(1) 瓦斯是一种无色、无味、无嗅的气体，利用人体感官很难鉴别空气中是否有瓦斯存在，所以，检测瓦斯时必须要使用专门的检测仪器。此外，瓦斯比空气轻，易在高处积存。

(2) 瓦斯难溶于水，如果煤层中有较大的含水裂隙或流通的地下水通过时，经过漫长的地质年代，就能从煤层中带走大量瓦斯，降低煤层中的瓦斯含量。

(3) 瓦斯的扩散能力很强。生产中若有瓦斯从某一地点向外涌出，它就能很快在巷道中扩散。又由于瓦斯分子直径很小，所以，瓦斯的渗透能力又很强，因此，已封闭的采空区内的瓦斯仍能不断地渗透到矿内空气中。

(4) 瓦斯无毒，但不能供人呼吸，当空气中的瓦斯浓度较高时会相对降低空气中氧的含量，从而造成人的窒息。同时，矿井瓦斯中含有的乙烷和丙烷还有轻微的麻醉性，在矿井通风不良或不通风的煤巷中，往往积存大量的瓦斯，人如果进入这些地点，能很快昏迷、窒息，甚至死亡。

(5) 瓦斯具有燃烧性和爆炸性。瓦斯与空气混合达到一定浓度后遇火能燃烧或爆炸。

(6) 瓦斯引燃有延迟性。因瓦斯的热容量较大，当瓦斯与高温火源接触时并不会立刻发生燃烧，而是要经过一定的时间才能发生燃烧，这种现象就叫瓦斯点燃的延迟性，间隔的这段时间就称瓦斯爆炸感应期。感应期的长短与瓦斯浓度、火源温度和火源性质等有关。

在煤层内，吸附的瓦斯量占煤层瓦斯含量的 80%～90%。但是在断层、孔洞和砂岩内，主要为游离瓦斯。如果瓦斯的压力较大，采掘工作接近这些地点时，瓦斯在压力的作用下就能突然大量涌出，造成事故。

防止瓦斯爆炸的技术措施很多，主要有以下三个方面：防止瓦斯积聚，防止瓦斯被引燃，防止瓦斯爆炸事故扩大。根本措施还是防止瓦斯积聚和防止瓦斯被引燃。

加强通风是防止瓦斯积聚的根本措施；及时处理局部积存瓦斯；抽放瓦斯的方法一般是用在矿井瓦斯涌出量很大、用一般的技术措施效果不佳的情况下；对于井下易于积聚瓦斯的地方，要经常检查其浓度，若发现瓦斯超限应及时处理。

防止瓦斯燃烧的措施主要有：禁止携带烟草及点火工具下井。井下禁止使用电炉，井下和井口房内不准从事电焊、气焊和使用喷灯接焊等工作。如果必须使用，则须制定安全措施，并报上级批准。在瓦斯矿井应选用矿用安全型、矿用防爆型或矿用安全火花型电气设备。在使用中应保持良好的防爆、防火花性能。电缆接头不准有“羊尾巴、鸡爪子、明接头”。停电停风时，要通知瓦斯检查人员检查瓦斯，恢复送电时，要经过瓦斯检查人员检查后，才准许恢复送电工作。严格执行“一炮三检”制度。

2. 煤（或岩）与瓦斯（或二氧化碳）突出的伤害

煤（或岩）与瓦斯（或二氧化碳）突出是指在地应力和瓦斯的共同作用下，在极短的时间内破碎的煤（或岩）和瓦斯（或二氧化碳）由煤体内突然喷出到采掘空间的现象，它是一种复杂的动力现象。它是严重威胁煤矿安全生产的主要灾害之一，不仅会破坏井巷，破坏通风系统，同时它还会造成井下人员的窒息和瓦斯爆炸事故。

在我国还有许多煤矿存在煤（或岩）与瓦斯（或二氧化碳）突出的危险，而且随着我国煤矿开采深度的加大，开采强度的不断增强，煤与瓦斯突出的危险性也在增加，突出危险区域也在扩大，部分原来无突出危险的煤矿也开始出现突出现象。我国煤与瓦斯突出危险矿井数目和突出强度、频度将随着开采深度的延深、开采强度的增大而逐渐增多，危险性随煤层厚度的增加而增大。

研究和统计表明，突出煤层中真正具有突出危险的区域只占煤层总面积的20％～30％。尽管时至今日还无法完全弄清发生煤（或岩）与瓦斯（或二氧化碳）突出的原因。但通过长期的生产实践，还是基本掌握了一些突出的机理，特别是发生煤与瓦斯突出的规律和预兆有了较高的认识，这对于预防煤与瓦斯突出事故的发生，防止和减少事故造成的损失，都起到了重大作用。

3. 煤矿火灾的伤害

俗话说水火无情，火灾不仅能造成重大财产损失，同时它也会造成重大人员伤亡。煤矿井下为封闭空间，矿井火灾中产生的有毒有害气体会随风流扩散，使灾害范围扩大，又由于井下空间狭窄，给灭火带来极大困难，因此，矿井火灾是煤矿重大灾害之一。

矿井火灾按照发火原因的不同可分为内因火灾和外因火灾。

(1) 内因火灾。内因火灾是由于煤炭自燃引起的火灾。煤炭之所以能发生自燃，是因为煤炭具有吸收氧气的能力。当煤炭被破碎后或煤层本身裂隙发育时，煤体表面积大大增加。在此情况下，空气中的氧会与之发生氧化反应并产生一定的热量。如果氧化生成的热量不能及时被冷却，它又会加速煤炭的氧化，氧化时又将有大量的热量生成。这样恶性循环下去，一旦煤体温度达到其燃烧点，煤炭就会发生自燃。

内因火灾一般发火地点比较隐蔽，不易发现，灭火困难。从以往经验看，煤炭自燃一般经常发生在有大量遗煤而未及时封闭或封闭不严的采空区内，以及废弃的联络巷和停采线处；巷道两侧和遗留在采空区内受压破坏的煤柱；巷道内堆积的浮煤或煤巷的冒顶、垮帮等处。

(2) 外因火灾。外因火灾是由外来火源引起的火灾。造成外因火灾的主要原因：①由明火引起的矿井火灾，如井下吸烟、井下使用电（气）焊、井下使用电炉和大灯泡取暖等引起易燃物着火。②电气故障引起矿井火灾，如电流短路产生的弧光、电火花、电缆放炮、设备过载运行导致设备发热等引起的火灾。③井下违章爆破引起矿井火灾，如使用变质炸药，井下放糊炮、放明炮和明火放炮，以及井下爆破不使用水炮泥、炮眼封泥量不足等都会引起火灾。④瓦斯煤尘爆炸产生的高温引起矿井火灾。⑤撞击火花、摩擦生热等引起矿井火灾。

外因火灾的特点是发生突然，来势凶猛，且发生的时间与地点往往出乎人们的意料。所以，由于人们没有思想准备，因而会造成人们因惊慌失措而酿成恶性事故。同时，火灾能产生大量的有毒有害气体，造成人员中毒。煤炭燃烧会产生一氧化碳、二氧化碳、二氧化硫、烟尘等。另外，井下坑木、橡胶类物品、聚氯乙烯制品等燃烧时，不仅会产生一氧化碳气体，同时还会产生醇类、醛类以及其他一些复杂的有机化合物等有毒有害气体，这些气体会随风流在井下扩散，有时会波及很大的范围，甚至全矿井，从而造成大量人员中毒伤亡。据国内外资料统计，在矿井火灾事故中95%以上的遇难人员是死于有毒气体中毒。

火灾易引起瓦斯、煤尘的爆炸。火灾引起瓦斯、煤尘的爆炸的原因：一是火灾为瓦斯、煤尘爆炸提供了引爆火源。二是由于火灾的作用，一些燃烧物在干馏的作用下，会释放出一些可燃性和可爆性气体，增加了爆炸的危险性。所以，矿井火灾与瓦斯煤尘爆炸，互为作用，互为转化。

在由明火引起的矿井火灾中，最需要注意的就是井下吸烟。吸烟本来是人们日常生活中极为平常的小事，但是，如果在矿井下吸烟，就有可能是引发事故的大事，如果这时矿井内瓦斯积聚过量，吸烟就会引起瓦斯燃烧爆炸，不仅会伤害自己，也会伤害到他人。类似井下吸烟导致瓦斯爆炸的事故案例很多，教训深刻。

4. 煤矿水害

煤矿生产中可能发生较为频繁的重大水害事故。特别是近几年来，我国煤矿突水事故有增无减，严重威胁着广大矿工的生命安全。

造成矿井突水的主要水源，主要有地表水、地下含水层、老空水、断层导水、岩溶陷落柱水等。矿井发生水灾事故的原因，归纳起来主要有三个方面：一是自然因素，二是技术原因，三是人的行为。

(1) 自然因素。我国大多数煤矿水文地质条件极为复杂，可预见的与不可预见的水文地质构造较多。特别是我国石炭纪地质年代生成的煤田，其煤系地层的底部是奥陶纪充水石灰岩，它厚度大（800 m左右）、含水丰富、压力高，一旦发生突水，必造成恶性事故。另外，我国煤炭开采历史悠久，煤田中古窑、小井星罗棋布，且又无史料记载，现代勘察难以掌握其准确位置，煤矿生产中一旦揭露它们，很可能造成事故。

(2) 技术原因。我国煤矿起源较早，但真正的发展还是新中国成立以后，特别是改革开放以后，我国煤矿得到了迅速发展。时至今日，无论是煤炭产量，还是煤炭数量均居世界第一。经过多年的发展，我国煤矿生产技术有了很大进步，国有煤矿近80%实现了机械化。同时，煤矿防灾抗灾能力也逐渐增强。但是，不得不看到，我国煤矿整体技术水平并不高，甚至还很低。特别是一些乡镇煤矿仍在使用原始落后的开采方法生产，不仅生产落后，安全也无保证。在矿井防治上无技术可言，甚至连基本的防治手段都不具备，不懂什么叫超前预防，只会“兵来将挡，水来土屯”，遇到复杂情况则更难以应对。

(3) 人的行为。人的行为是导致矿井发生水害的重要原因之一。其原因是：人们对水害的认识程度不够；业务人员技术水平不高；经营者只顾眼前利益，乱采乱掘，忽视安全，防治水投资不足；从业人员以及管理人员不懂水害规律，不知透水预兆，有的即便发现了透水预兆，但存有侥幸心理，冒险作业等，这些都是造成矿井水灾事故的原因。

5. 煤矿顶板事故伤害

矿山冒顶事故是指由地压引起巷道和采场的顶板垮落引发的事故。在煤矿井下生产过程中的五大自然灾害中，冒顶事故占的比重最大。世界主要产煤国家的统计资料表明，冒顶事故占井下事故总数的50%以上。煤矿井下冒顶事故频繁，危害十分严重，首先是威胁井下人员生命安全，其次是冒顶能压垮工作面，造成全工作面停产，影响生产作业。

在井下顶板事故中，回采工作面冒顶事故最多（占冒顶总数的75%以上），其次是掘进工作面。然而，有针对性地采取措施，加强顶板的科学管理，绝大多数冒顶事故是可以预防的。按照顶板一次冒落的范围及造成伤亡的严重程度，常见顶板事故可分为两大类：大冒顶事故和局部冒顶事故。

顶板事故是煤矿生产中最常见的一种事故，它不仅发生率高，而且危害性也大，每年我国煤矿因顶板事故造成的伤亡人数十分惊人。因此，矿工在煤矿生产中，一定要坚持执行必要的制度，如敲帮问顶制度、验收支架制度、岗位责任制度、金属支架检查制度、交接班制度、顶板分析制度等，注意做好顶板管理工作，以防止和减少顶板事故的发生。

6. 煤矿爆破事故的伤害

井下爆破是煤矿普遍采用的一种生产工艺，不仅广泛用于采煤工作面，同时它也是巷道掘进的主要手段。每年我国煤矿因爆破引发的生产安全事故持续不断，如爆破崩人，跑烟熏人，爆破引起瓦斯、煤尘爆炸事故，爆破引起矿井火灾等。

井下爆破工艺主要包括打眼、装药、封孔、连线、爆破等工序。由此可见，井下爆破是一个较为复杂的过程，它工序多、时间长、要求高，也易发生事故。所以，它的每一道工序都必须严格按照规定和要求进行操作，来不得半点马虎。

为防止炮烟熏人，爆破后，现场人员不要顶烟进入工作面，否则很容易造成炮烟中毒。这是因为炮烟中含有大量的有毒有害气体，其主要成分是二氧化氮，人吸入后很容易造成中毒。所以，爆破后一定要等炮烟吹净后再进入工作面工作，以确保人身安全。

7. 煤矿井下触电伤害

煤矿井下发生触电事故的主要原因如下所述：

(1) 高压电网事故的原因包括：带电清扫，带电检查，带电搬运，带电作业；没有工作票，没有安全措施，没有执行高压电网作业中停电、验电、放电等规程和要求；误操作，误停、送电，错误辨认开关和电缆，没有执行作业监护制度，没有悬挂“有人工作，禁止送电”作业牌；没有设置高压漏电保护装置。

(2) 低压电网触电事故的原因包括：违章带电安装，带电检修，带电检查；不执行停送电制度，误停、送电；用电安全技术管理有漏洞，如设备及电缆漏电，保护装置失灵而没有及时修理或更换。

(3) 直流触电事故的原因包括：架线高度低，不符合《煤矿安全规程》的要求；带电修理电机车集电弓；工人违章乘坐矿车；矿车掉道后，使用长铁器处理时触及架线；工人在有架线的巷道里扛钎子、管子等触及架线；架线漏电或没有装设保护装置。

8. 煤矿窒息伤害

我国大多数煤矿为地下开采，煤矿井下空气稀薄，氧含量低，不适宜人的生存。同时，在煤矿生产过程中，还会有许多有毒有害气体产生，这些气体不仅会使井下空气中的氧含量降低，易造成人的窒息和中毒，而且这些气体中的大多数气体还具有爆炸性。

(1) 煤矿井下空气的组成。地面新鲜空气进入煤矿井下后，由于受到井下各种自然因素和生产过程的影响，其空气成分和质量都会发生一些变化，如氧含量降低、有毒有害气体浓度增大等。煤矿井下空气中除含有大气中所含有的氧气、氮气和二氧化碳外，还有甲烷、一氧化碳、二氧化碳、二氧化氮、硫化氢、二氧化硫、氢气、氨气等一些气体。这些气体不但无助于人的呼吸，反而对人会产生伤害。同时，它们中的大多数气体还具有爆炸性，使井下环境具有爆炸性。

由于矿井空气质量的好坏对人的身体健康，乃至矿井安全有着重要的影响，所以我国《煤矿安全规程》对矿井空气中的主要气体的浓度都做出了明确的规定，同时要求井下采掘工作面进风流中的氧气浓度不得低于20%，二氧化碳浓度不得超过0.5%。

(2) 煤矿井下空气中有毒有害气体种类较多，但常见的主要有一氧化碳（CO）、硫化氢（H_2S）、二氧化氮（NO_2）、二氧化硫（SO_2）等。

(3) 矿井气候及影响。矿井气候是指矿井空气的温度、湿度和风速的状况。矿井气候条件的好坏对井下作业人员的身体健康和劳动安全有着较大影响。为了保证井下安全生产，就需要采取措施源源不断地为井下输送新鲜空气，所以，矿井通风就是利用矿井通风机来促使井下空气流动。因此，矿井通风的目的：一是为井下人员提供新鲜空气，二是稀释和排除井下有毒有害气体和矿尘，三是为井下创造良好的气候条件，四是提高矿井的抗灾害能力。

9. 煤矿粉尘的产生及危害

矿井粉尘又叫矿尘，它是煤矿在生产过程中所产生的各种细散状的固体颗粒。这些粉尘根据岩性不同一般分为煤尘和岩尘。悬浮于空气中的矿尘称为浮尘，沉落下来的矿尘称为落尘。煤矿生产的多数作业都会不同程度地产生粉尘。如井下爆破、采掘机械截割煤、煤炭提升运输、装载、回柱放顶等生产的各个环节，都会产生大量的粉尘。这其中首先是采掘工作面产尘量最大，可占井下产尘量的70%～80%；其次是运输系统的各转载点。所以，生产中我们要注意做好这些重点部位的防尘工作。

煤矿尘肺有三种：矽肺，即长期吸入游离SO_2含量较高的岩尘，所发生的尘肺，其发病工龄较短，矽肺病变得进展较快，掘进工矽肺的患病率较高；煤肺，即长期在高浓度的煤尘环境里工作，所发生的尘肺，其发病、患病率都很低，发病工龄一般较长，尘肺病变得进展缓慢，发展成为严重三期者为数极少，该病主要发生在采煤工作面的工人中；煤矽肺，即长期接触两种粉尘的工人所患上的尘肺，该病主要发生在既进行掘进，又从事采煤的工人中。

尘肺患病除与粉尘的性质有关，还与粉尘的浓度直接相关。工作面的粉尘浓度越高，吸入并沉积到肺内的粉尘量也越大，掌握工人工作环境的粉尘浓度及工人接尘时间，可以大致估算接尘工人肺内的粉尘沉积量。50 g 煤尘在肺内可能会导致尘肺，12 g 岩尘在肺内足以形成较严重的矽肺病变。

粉尘的主要危害：

(1) 粉尘易使矿工患尘肺病。尘肺病是煤矿职业病中最严重、患病人数最多的一种疾病，一旦患病很难治愈。在我国煤矿中每年因尘肺病造成的死亡人数十分惊人。但尽管如此，由于尘肺病发病比较缓慢，病程又长，所以在煤矿生产建设中往往不被重视。尘肺病主要是以肺部纤维化组织增生为主要特征的肺部病变。由此可见，做好防尘工作是预防尘肺病的关键所在。

(2) 煤尘爆炸。我们知道，块状的煤炭只能燃烧是不会发生爆炸的。为什么当煤炭被粉碎形成煤尘后它就会爆炸呢？这是因为当煤炭被粉碎形成煤尘后其表面积大大增加，其氧化能力也显著增强。煤尘在氧气的氧化作用下，就会迅速释放出大量的可燃可爆性气体，当这些气体达到一定浓度时，遇到火源就会发生燃烧或爆炸，特别是当空气中有瓦斯存在时更容易引起煤尘的爆炸。

第二节　煤矿事故调查实施要点

煤矿分布广，地质条件千差万别，生产条件的复杂性，作业场所的动态性和作业空间的不确定性，导致了事故的频繁发生。历年的事故统计资料表明，瓦斯是煤矿的主要灾害，瓦斯爆炸、瓦斯煤尘爆炸、煤与瓦斯突出等瓦斯灾害是煤矿重特大事故的最主要形式。2001—2005 年，一次死亡 30 人以上的特别重大事故共发生了 28 起，死亡 1 689 人，其中瓦斯事故发生的起数和死亡人数分别占了 83.71％和 92.2％。因此，遏制瓦斯事故以及其他事故，对改善煤矿安全状况具有重要作用。在煤矿事故调查中，事故调查的重点，也经常集中于与瓦斯相关的事故。

一、煤矿事故调查的准备

1. 事故调查的目的

事故调查的目的是查清事故的发生发展过程、事故发生的原因，以便吸取教训，完善规章制度，实现安全生产。为了实现这个目的，事故调查必须确定矿井中引发事故的有关自然因素和人为因素，必须辨别出违章指挥、违章作业和没有采取合理的防治措施的责任人，特别是那些采取的措施违背了相关安全法律法规的个人。总的来说，事故调查的目的主要包括以下四个方面：

（1）收集事故现场的痕迹、物证和有关资料，通过研究分析，较为准确地判断发生事故的主要过程。

（2）在了解各种人证和物证的基础上，通过科学的综合分析，找出事故发生的主观、客观原因，分析事故的直接原因、间接原因和基本原因，基本原因的推断可根据具体情况而定。

（3）分析并确认事故责任者，依据有关规定，提出处理建议。

（4）提出相关的防范措施。

事故调查组织及事故调查等级应根据《生产安全事故报告和调查处理条例》以及其他相关的法律、法规和有关规定。

由于事故发生地和事故伤亡人数不同，按照事故分级管理的原则，各种事故由不同级别的煤矿安全监察机构负责组织调查，所以在进行具体的事故调查时，其组织规模、方式、程序等可能因事故大小和地区的不同有所差别，但其基本的调查程序和内容应一致。

2. 事故现场的保护

在事故抢救过程中，抢险救灾指挥部在制定抢救方案的同时，必须对事故现场进行隔离和证据的保护。救护队在进行抢救过程中，应根据实际情况，尽量不破坏事故现场，并劝导与现场勘查和抢救事故无关的人员退出事故现场，以确保事故证据的完备，为事故调查工作打好基础。

事故抢救工作结束后，发生事故的单位必须配合事故调查组，并组织当地公安部门保护好现场，不经事故调查组允许任何人不得进入事故区域。

3. 事故调查所需物品的准备

进行事故调查必须配备有关的仪器和设备。用于事故调查的装备，依赖于事故的性质、类别和发生的地点。在多数情况下使用的仪器、设备有以下几种：

（1）合适的衣服和保护装置，包括用于井下现场勘查的工作用具、救生衣、安全帽、安全眼镜、长筒靴、矿灯、自救器等。

（2）用于记录的记录簿、笔记本电脑、图纸、绘图笔、记录纸等。

（3）录音机、磁带，摄像机、录像带、照相机和胶卷。

（4）用于测量各种参数的气压计、风速计、卷尺或刻度尺、各种有害气体分析测定仪。

（5）采样瓶（袋）、标签和胶带。

（6）铅笔、粉笔和绳子。

（7）急救包和搬运袋等。

二、事故调查组的组成与任务

1. 事故调查组的组成

事故调查组的组成、职责及调查组成员，应根据 2008 年 12 月 11 日，国家安全生产监督管理总局、国家煤矿安全监察局发布《煤矿生产安全事故报告和调查处理规定》（安监总政法［2008］212 号）执行。

由于事故调查是一项复杂的工作，涉及的人员较多，为了便于在事故调查过程中统一领导、统一协调，调查组一般设立一个领导小组和三个工作组。三个工作组即技术（鉴定）组、管理（调查）组和综合（分析）组。

2. 事故调查组的工作职责

（1）对事故调查工作的要求。事故调查是一项严肃认真的工作，要以对人民对企业高度负责的态度，坚持实事求是和严谨细致的工作作风，深入现场调查研究，掌握第一手资料和重要证据，查明事故原因，分清责任。

（2）调查组的主要职责。调查组的主要职责是查明事故的原因、性质及直接经济损失，分清责任，提出对事故责任人的处理建议和防范措施，写出事故调查报告。

（3）各工作小组的工作职责。技术组的工作职责是查明发生事故的直接原因、性质及直接经济损失，提交事故原因的技术鉴定报告。管理组的工作职责是在技术组查明事故原因的基础上，查清造成事故管理方面的原因和有关人员在管理方面的责任，并提出人员处理建议，提出事故防范措施，提交事故管理原因的报告。综合分析组的工作职责是在技术组事故原因技术鉴定报告和管理组事故管理原因报告的基础上，收集资料撰写总的事故调查报告，提交事故调查处理报告。

3. 事故调查组的工作计划

一次事故调查的结果依赖于事故调查的计划周密、分工合理、职责明确、纪律严明、通力协作。调查组组长有责任组织和指导调查组的各种活动，以保证调查的准确性和公正性。

调查计划必须系统、连续，以保证整个调查从勘查事故地点开始，一直到事故调查报告完成的所有行动具有连续性。在计划调查过程中，调查组组长应在到达时及时召开一次调查组的工作会议，应使调查组中的每个成员都了解事故概况，准备相关资料，知道自己负责的调查范围、需要完成的初始任务和需要收集的证据。

在开始调查前，调查组成员应该从有关机构尽可能多地获得与事故有关的信息，并结合煤矿实际情况，对这些信息予以证实、修改和细化，以便全面了解事故的状况。

所有与事故调查有关的团体，包括职工代表和矿领导等，应该召开一次会议，介绍事故概况和基本情况，作为事故预查会议。这个会议应该在调查组到达煤矿之后立即召开。

4. 事故调查组的组成与任务

(1) 领导小组的组成与任务。不同级别的事故，由不同的人员组成。对于一般事故，领导小组通常由煤矿安全监察局、工会、公安部门、监察系统领导及当地政府领导组成，主要任务是领导、协调各个工作组调查人员的工作；处理对外事件；负责组织协调工作。

(2) 技术（鉴定）组的组成与任务。技术（鉴定）组一般由3～8个具有丰富专业知识的人员组成，选派1名技术过硬的人员担任组长。根据实际情况，可以聘请专家组协助工作。主要任务是了解事故矿井的生产概况、事故发生经过；给事故类别准确定性；查明事故发生的直接原因；计算出事故的直接经济损失；提交事故原因的技术鉴定报告。技术（鉴定）组的工作方式，是进行事故现场实地勘查，查阅资料和询问相关人员，从技术上调查清楚事故的原因。

(3) 管理（调查）组的组成与任务。管理（调查）组的一般由5～7名有丰富煤矿管理经验的人员组成，主要任务是在技术组查清直接原因的基础上，检查事故单位因管理不善、有“三违”（违章操作、违章指挥、违反劳动纪律）现象和违反有关规定等的间接原因；分清有关人员对事故应负的责任；依法提出处理意见。

管理（调查）组通过对事故的当事人员、在场人员和其他有关人员进行调查，用笔记和录音等方法收集当事人和有关人员的陈述及证词。调查组负责人应决定参加调查的人员和单位、是否单独对当事人或证人进行调查、调查方式和地点以及保证相关人员接受调查的措施。

(4) 综合（分析）组的组成与任务。综合（分析）组一般由3～5人，具有综合分析能力，且文字写作能力较强的人员组成，主要任务是全面了解事故矿井的自然情况，企业性质，经营情况；事故造成的直接、间接经济损失，死亡人数、名单等综合情况。最后根据技术组和管理组调查结果，综合形成正式事故调查报告。

在事故调查组的组成上，如果调查人员较多，还需要根据情况设置不同的工作组，以及后勤保障组。

三、事故现场勘查

1. 事故现场勘查的目的和任务

事故现场是指事故发生后保持原始状态的地点，包括事故波及的范围及与事故有关的场所。

事故现场勘查是获取证据最重要的一步。现场勘查的目的和任务是帮助事故调查人员了解事故的原因，事故的发生、发展过程和破坏、影响的范围，以及事故造成的损失，从而判断事故预防处理计划、救灾决策的正确性和实施效果，以便分清事故责任，吸取事故教训。另外事故现场勘查还有一个人们容易忽视的任务，即验证现有矿井事故（如火灾、瓦斯爆炸、瓦斯突出、顶板事故、水灾等）防治相关理论、技术和实践经验的正确性，以便逐步修改、完善事故防治技术及防治理论。

技术（鉴定）组成员赶赴事故现场后，首先要检查事故现场保护情况，并对与事故有关的各种条件、位置和装备、整个操作程序、事故发生及波及区域环境进行全面、细致的勘查，从中发现和提取确定事故原因、事故源（包括可燃物、电气、机械系统等可能的事故源）、事故传播和破坏规律的痕迹和物证，以便为进一步开展调查工作提供线索。

现场勘查所遵循的基本原则是：在勘查过程中，做到先静观后动手，先拍照、录像后提取，先外表后内部，先目视后镜观，先下面后上面，先重点后一般。

2. 事故现场勘查的准备工作

（1）由煤矿救护队入井检查，查清事故区冒顶及支护情况，各点位置的气体组分情况。如未发现异常，由煤矿救护队排放事故区有害气体和恢复通风，并且由矿方组织人员对个别局部支护严重欠缺的地点进行修复，其他地点的支护一律不准动，尽量保持事故原状。

（2）检查入井需要用的提升绞车、巷道等涉及安全的事项。

（3）由矿方人员带领并配合技术鉴定组等成员入井现场勘查。

3. 现场勘查工作的内容

主要是根据灾区巷道和设备设施破坏情况寻找事故源，具体内容包括以下四项：

（1）了解全矿井、采区、采掘系统、通风设施及通风系统的状况及破坏情况。

（2）了解供电设施及供电系统的状况及破坏情况。

（3）了解生产系统，如运输、提升、照明等系统的状况及破坏情况。

（4）了解排水系统的状况及破坏情况。

4. 现场勘查时的典型证据

在事故现场勘查时，要注意典型证据，主要有：

（1）事故源各种气体的浓度。

（2）各种可燃物的数量、分布和消耗。

（3）巷道、各种设备设施的破坏痕迹、位移。

(4) 井下可燃物的泄漏和飞溅痕迹。

(5) 明火、电力、机械热、化学火源。

(6) 火灾、爆炸等灾害的发生条件、传播及破坏。

(7) 物质和系统的破坏状况。

5. 对现场勘查人员的要求

所有参加现场勘查的人员都应各负其责，主动配合，只有这样才能尽快地、圆满地完成现场勘查任务。因此，现场勘查人员必须具有以下素质：

(1) 要有高度的责任感和实事求是的精神。无论在什么样的现场环境中，都应保持旺盛的情绪，不受外界条件的影响，冷静、沉着地搞好勘查工作。

(2) 要有严谨的科学态度。善于从现场所表现的各种现象，判断出事物的发生、发展情况，寻找潜在的痕迹，能够周密地掌握现场上各种事物与事故的关系，分析事故的本质及其形成原因，把与事故有关事物的与无关的事物区别开来，从中找出可靠的证据。

(3) 要有严密的工作方法。在事故勘查中，要认真、细致地观察，能够看出局外人所不能注意的东西，做到不忽略任何细微的痕迹、物品和情节，并能从这些微小的痕迹和情节中，提出对事故发生、发展可能的一切推断，并寻求每一种推断的证据，从中得出正确的结论。

(4) 要有吃苦耐劳的精神。不管在什么样的现场环境条件下，都能坚持实地勘查。不怕脏、不怕苦、不怕累、不畏艰险，忠于职守，尽职尽责。

(5) 要有高度的组织纪律性。在事故勘查时，要服从统一指挥，按照现场分工，坚守职责岗位。不随意触摸现场痕迹和搬动物证。

6. 现场勘查的具体要求及注意事项

现场勘查必须按一定的顺序进行，即先在事故现场外围进行查询、观察，然后再进入现场，对物体的原始位置进行静态勘查。若发现现场有人为破坏的迹象，则应查清现场破坏的情况，包括谁在什么时候、什么原因破坏现场等情况。

现场勘查每进行一步，都必须做好详细记录或拍下照片，在条件许可的情况下进行摄像，并绘制事故现场图，对现场破坏情况进行素描，这是现场勘查工作的关键。由于重大灾害事故可能造成火灾与爆炸事故的相互转换或多次爆炸、多火源存在等复杂情况，可能使事故初发阶段的状态受到破坏，所以现场勘查应注意仔细分析。绘制现场示意图时，要将现场情况客观、如实地绘制下来，以作为分析事故的重要依据。

现场勘查具体要求如下所述：

(1) 测量现场各种物体之间的距离，若事故分析需要，应精确测量相关部分。

（2）如果现场变动后未做标记，应征求当事人和有关证明人的意见，确认原来现场位置，补绘现场图。

（3）在必要时，可绘制现场局部示意图，以表示物体、痕迹及彼此之间的相互关系，说明事故情况。

（4）现场图绘制后，要认真核对，防止遗漏和出差错。

（5）尽可能不要破坏事故现场。

（6）注意收集、标记和保存事故的物证和相关资料。每件物证应分别保存并标注取证者的姓名、取证日期和地点。

（7）对现场证物，在现场难以判断其真假时，可运到地面专门进行仔细分析鉴定。对现场提取物可在指定科研院校得出分析化验结果。

7. 地面资料查询和人员询问

地面资料查询和人员询问的目的，是查清事故发生前，事故矿井生产、机电、通风系统的运行及安全管理情况，灾害预防处理计划及落实状况，从中找到与事故发生的有机联系，结合井下现场勘查的信息，综合分析并确定事故的直接原因。

资料查询和人员询问要关注以下内容：

（1）在地面应查询下列资料：一是与矿井生产相关的各种作业规程、技术措施，所在省、矿务局（公司）的内部管理规定。二是各种检查记录和调度记录等。

（2）各岗位责任制及领导分工，有关个人资料等。

（3）人员询问对象包括：事故矿井的技术人员、各级管理人员、有关领导、救护队员及现场脱险人员等。

8. 形成事故原因的技术鉴定报告

根据现场实地勘查所得证据及资料查询、询问证人获取的信息，技术组全体成员在认真讨论、分析、计算和推断的基础上，对事故的发生时间、具体地点、直接原因、性质以及直接损失提出鉴定意见。特别注意，技术鉴定报告要求科学准确，实事求是，经得起时间的检验。

（1）技术鉴定报告的格式和内容

①技术鉴定报告的名称，具体形式为：《省名＋单位名＋事故地点＋日期＋事故名称＋技术鉴定报告》。

②事故单位的概述（包括所在地、事故单位名称、生产状况等内容），事故的发生时间、性质和伤亡情况。

③阐述事故的原因（直接原因），并提供相关证据和结论，阐述对其他可能原因否定的

依据，根据事故直接原因提出存在的主要问题。

④对事故定性（责任事故、非责任事故）。

⑤初步提出事故的间接原因和防范措施。

（2）技术鉴定报告的附件

①事故直接损失的统计和计算报告。

②事故现场勘查图、事故地点示意图（放大）、全矿井技术图纸、事故现场破坏情况素描图。包括：伤亡人员的位置、倒向；冒顶的位置、长度；设备位移情况；其他情况等。

③与事故有关的科学实验结果，鉴定分析报告，如失爆电器鉴定报告、笔迹鉴定、物证分析化验结果等。

④救护报告。

⑤询问人员的证言及取证资料。

⑥经公安部门法医对死亡人员做的尸检报告，包括死亡人员名单、致死原因、位置、照片等。

⑦技术组工作人员名单及签名。

技术组工作人员在工作中，要注意与其他工作组的沟通。在现场事故勘查时，注意考虑证据的充分性和准确性。

四、事故调查内容

1. 事故调查对象

对于调查对象，管理组全体成员应事先拟定调查方案和目标，并明确事故调查重点、调查对象、调查次序、询问的问题和询问方式等。

调查对象一般包括：矿法人代表，主管生产、通风副矿长，主管采区生产、通风的负责人，与事故有关的上下班工人；主管生产、安全的上级部门负责人等；对于公安部门、工商部门、供电部门等有关人员，根据是否涉及事故而定。总之，所有与事故有关的人员都必须询问。

2. 事故调查内容

事故调查的内容涉及面比较广泛，主要有：

（1）调查事故单位的发展历史，包括开矿时间，更名次数、法人变更次数，组织机构，干部姓名及分工，岗位责任制，人事部门的任职文件等。

（2）调查事故单位的“两证一照”（即开采许可证、生产许可证和营业执照）、火药使用证、供电合同等证件是否符合有关规定。

(3) 调查事故单位的生产、掘进、通风、机电、运输等系统是否合理、可靠、稳定；是否有超层越界、乱采乱掘等违法行为。

(4) 调查事故单位的各种规章制度、岗位责任制（包括各工种技术人员、管理人员的职责及分工)、作业规程、操作规程等是否齐全，贯彻是否到位及执行情况。

(5) 调查事故单位的安全投入是否按规定拨款，各系统安全保护是否齐全，必要的安全设施和安全个人保护是否具备。

(6) 调查事故单位对职工是否进行安全培训，重要岗位如绞车司机、放炮员、瓦检员等是否持证上岗。

(7) 调查事故单位存在哪些“三违”行为。

(8) 调查事故单位导致事故间接发生的其他方面的内容。

(9) 调查有关政府管理部门检查不到位、滥用职权等情况，如地矿部门发放的开采许可证是否合理，煤炭许可证是否合法，公安部门发放的火药使用许可证是否合法，供电部门是否合理供电，煤炭主管部门对事故矿井检查、管理等是否按规定进行等。

3. 对事故当事人的询问与调查

在对事故进行调查，需要询问当事人，询问时要注意做到：

(1) 严禁逼供、诱供，要重证据、重调查研究，不轻信口供。

(2) 注意观察被询问人的形、色、动，以此作为分析供词真假的参考。

(3) 态度要严肃认真。

(4) 让被询问人把话说完，不要随意打断。

(5) 事故涉及几个当事人时，应分别询问，防止串供。

(6) 尊重被询问人的权利，被询问人有权对其供词要求改正或补充，有权提出查阅笔录等权利。

(7) 询问结束后，被询问人要在笔录上签字并盖指印。询问人也要签名。

由于事故当事人害怕追究事故责任或记忆差错等心理因素的影响，不能说没有歪曲真实情况的问题。为此，调查时不要采取追究责任的态度，而是要立足了解事实真相，晓之以大义，强调防止类似事故再发生的重要性，使被调查人能够理解，从而反映真实情况。询问人也要签名。

4. 对证人的询问与调查

事故调查询问证人是十分正常的事情，在询问时，要注意做到：

(1) 弄清证人的身份及与当事人的关系，便于了解证词可靠的程度。

(2) 调查时必须态度严肃、不恐吓，宣传政策，解释调查的目的，打消证人的顾虑，使其懂得每个公民有出证的义务，从而尽量使证词切实可靠地反映实际情况。

（3）不得威逼利诱证人证实某一问题，但可提出事故疑问事项请证人证实，也可听取证人对事故的看法、原因、责任划分等意见，作为全面分析事故的经过、原因和鉴定责任的参考。

（4）问话应使证人容易听懂，在需要时可用图表帮助证人理解。

（5）尽可能记录证人的原话，对证人出证材料要保密，应保证证人的安全。

（6）取证后，应将文字记录交给证人亲自过目或读给证人听，证人认为自述符合后，签字加盖指印。询问人也要签名。

调查询问工作中，被调查人员的心理状态及所提供材料的真实性，要设法通过多种渠道进行相互印证。人证材料的准确性受多种因素的影响，证人的证言可能出现矛盾，这既可能由于证人所在的位置、观察、判断和心理、生理因素的差异所造成，也可能是人为因素所造成。一些证人可能在与其他证人谈论之后改变了自己的证词；受到严重伤害的证人可能难以回忆事故过程的细节，而与调查责任有关的证人可能做伪证，等等。因此，要注意他人证词和用物证去证实人证。

5. 提出处理意见

根据调查的资料，找出形成事故的管理（间接）原因，分清有关人员对事故应负的责任，并依法提出对责任人的处理意见。

6. 形成事故原因报告

事故原因报告包括以下三项内容：

（1）规章制度、作业规程的贯彻情况，并对矿井的安全状况进行评价。

（2）按照事故性质（责任），提出各部门及相关人员的责任及处理意见。

（3）提出相应的事故防范措施。

7. 调查取证材料的格式

调查取证材料要用统一格式。

8. 询问笔录注意事项

（1）管理组人员要经常与技术组人员沟通信息，互相补充。对于两个组都要询问的对象，可一起询问，避免重复。

（2）调查中注意保密，防止责任人互通信息，隐瞒事故真相，干扰事故调查。

（3）对于询问对象，必须做好笔录。笔录格式要固定，如询问对象的姓名、年龄、工作情况、在事故中的责任等都要记录清楚；对于负有责任的证言，必须出具两人以上的证明。

（4）对在事故中负有责任的询问对象，其本人口述的内容须与事实和其他人的出证相吻合。每份笔录本人要签名。

（5）对负有领导责任的部门领导，必须根据实情谈话，使其接受教育。

9. 附件内容

（1）事故矿井相关规章制度、作业制度、内部管理制度。

（2）岗位责任制。

（3）管理组工作人员名单及签字。

（4）全矿的相关图纸、技术资料等。

五、事故的综合分析

需要在全面了解事故矿井的自然情况，企业性质，经营情况，事故造成的直接、间接经济损失，死亡人数，名单等综合情况后，根据技术组和管理组调查结果，综合形成正式事故调查报告。

1. 事故调查报告的内容

（1）事故发生的时间、企业名称、地点、事故类别、事故性质、伤亡情况、经济损失等。

（2）事故矿井发生事故前的生产、开拓、通风系统情况及前一个班的生产安排等情况。

（3）事故的发生经过。

（4）事故发生后的抢救经过。

（5）导致事故发生的直接原因和间接原因，根据事故的直接原因和间接原因分析事故的重要或主要原因（即基本原因）。

（6）对事故的直接、间接责任者分清责任并提出处理建议。处理建议的确定应根据相应的法律法规，且在提出处理意见后，应预先找责任人谈话，根据政策解释其在事故中应负的责任。

（7）提出应吸取的教训和安全防范措施。根据事故防治理论，在事故技术鉴定报告中，提出的事故防范措施，可从三个层次提出，即从直接原因、间接原因、基本原因提出防范措施。

（8）根据事故调查情况，提出矿井安全生产的建议。

（9）事故调查组全体人员签字名单。

2. 事故调查报告的附件

（1）事故技术鉴定报告。

（2）事故管理（间接）原因报告。

（3）事故死亡人员明细表。

（4）事故矿井井上、井下对照图及其他相关资料。

（5）事故调查组全体人员名单及签名。

3. 事故调查报告的格式

事故调查报告应采用统一的标准格式。

4. 注意事项

（1）让事故调查组全体成员充分发表意见，集思广益，民主协商，力争写出全面、完整、符合事实的调查报告。

（2）力求语言简练、逻辑性强，情况清楚，定性准确。

（3）体现公开、公平、公正的原则。

（4）对责任人的处理，以事实为依据，以法律为准绳，不写模糊语句，以责任定处分。

（5）对责任人的处理意见，要先经领导小组讨论，确实认为定性准确，处理合理后，再提交调查组全体讨论。

第三节　煤矿事故调查处理相关规定

党中央、国务院对煤矿安全生产高度重视，近年来出台了一系列加强煤矿安全工作的重大决策和部署，经过认真治理，煤矿安全生产状况总体稳定，趋于好转。但煤矿安全形势依然严峻，一些煤矿重特大事故还时有发生，重大事故隐患依然存在，一些重大技术难题仍没有得到有效解决，必须采取有效措施，确保煤矿生产安全。在煤矿生产过程中，必须始终把安全放在首位，坚持生产必须安全，坚决做到不安全不生产；坚持抓基层、打基础，强基固本，把安全工作的着力点放在现场、区队和班组；坚持标本兼治、重在治本，既要下大力气解决当前影响安全的突出问题，又要研究影响煤矿安全的深层次问题，治理整改安全隐患，建立长效机制，实现长治久安。

一、《中华人民共和国煤炭法》相关要点

《中华人民共和国煤炭法》（以下简称《煤炭法》）自1996年12月1日起施行，2009年8月27日第十一届全国人大常务委员会第十次会议《关于修改部分法律的决定》第一次修正，2011年4月22日第十一届全国人大常务委员会第二十次会议《关于修改〈中华人民共和国煤炭法〉的决定》第二次修正。2013年《全国人民代表大会常务委员会关于修改〈中华人民共和国文物保护法〉等十二部法律的决定》（主席令第五号）进行修正。

制定《煤炭法》的目的，是合理开发利用和保护煤炭资源，规范煤炭生产、经营活动，促进和保障煤炭行业的发展。本法分为八章六十九条，各章内容为：第一章总则、第二章煤炭生产开发规划与煤矿建设、第三章煤炭生产与煤矿安全、第四章煤炭经营、第五章煤矿矿区保护、第六章监督检查、第七章法律责任、第八章附则。

1. 总则中的有关规定

在第一章总则中，对相关事项做了规定。

◆在中华人民共和国领域和中华人民共和国管辖的其他海域从事煤炭生产、经营活动，适用本法。

◆煤炭资源属于国家所有。地表或者地下的煤炭资源的国家所有权，不因其依附的土地的所有权或者使用权的不同而改变。

◆国家对煤炭开发实行统一规划、合理布局、综合利用的方针。

◆国家依法保护煤炭资源，禁止任何乱采、滥挖破坏煤炭资源的行为。

◆国家保护依法投资开发煤炭资源的投资者的合法权益。国家保障国有煤矿的健康发展。国家对乡镇煤矿采取扶持、改造、整顿、联合、提高的方针，实行正规合理开发和有序发展。

◆煤矿企业必须坚持安全第一、预防为主、综合治理的安全生产方针，建立、健全安全生产的责任制度和群防群治制度。

◆各级人民政府及其有关部门和煤矿企业必须采取措施加强劳动保护，保障煤矿职工的安全和健康。国家对煤矿井下作业的职工采取特殊保护措施。

◆国家鼓励和支持在开发利用煤炭资源过程中采用先进的科学技术和管理方法。煤矿企业应当加强和改善经营管理方法，提高劳动生产率和经济效益。

◆国家维护煤矿矿区的生产秩序、工作秩序，保护煤矿企业设施。

2. 有关煤炭生产与煤矿安全的规定

在第三章煤炭生产与煤矿安全中，对相关事项做了规定。

◆煤矿投入生产前，煤矿企业应当依照有关安全生产的法律、行政法规的规定取得安全生产许可证。未取得安全生产许可证的，不得从事煤炭生产。

◆开采煤炭资源必须符合煤矿开采规程，遵守合理的开采顺序，达到规定的煤炭资源回采率。

◆煤炭生产应当依法在批准的开采范围内进行，不得超越批准的开采范围越界、越层开采。采矿作业不得擅自开采保安煤柱，不得采用可能危及相邻煤矿生产安全的决水、爆破、贯通巷道等危险方法。

◆县级以上各级人民政府及其煤炭管理部门和其他有关部门，应当加强对煤矿安全生产工作的监督管理。

◆煤矿企业的安全生产管理，实行矿务局长、矿长负责制。

◆矿务局长、矿长及煤矿企业的其他主要负责人必须遵守有关矿山安全的法律、法规和煤炭行业安全规章、规程，加强对煤矿安全生产工作的管理，执行安全生产责任制度，采取有效措施，防止伤亡和其他安全生产事故的发生。

◆煤矿企业应当对职工进行安全生产教育、培训；未经安全生产教育、培训的，不得上岗作业。

煤矿企业职工必须遵守有关安全生产的法律、法规，煤炭行业规章、规程和企业规章制度。

◆在煤矿井下作业中，出现危及职工生命安全并无法排除的紧急情况时，作业现场负责人或者安全管理人员应当立即组织职工撤离危险现场，并及时报告有关方面负责人。

◆煤矿企业工会发现企业行政方面违章指挥、强令职工冒险作业或者生产过程中发现明显重大事故隐患，可能危及职工生命安全的情况，有权提出解决问题的建议，煤矿企业行政方面必须及时做出处理决定。企业行政方面拒不处理的，工会有权提出批评、检举和控告。

◆煤矿企业必须为职工提供保障安全生产所需的劳动保护用品。

◆煤矿企业应当依法组织职工参加工伤保险，缴纳工伤保险费。鼓励企业为井下作业职工办理意外伤害保险，支付保险费。

◆煤矿企业使用的设备、器材、化工产品和安全仪器，必须符合国家标准或者行业标准。

3. 有关煤矿矿区保护的规定

在第五章煤矿矿区保护中，对相关事项做了规定。

◆任何单位或者个人不得危害煤矿矿区的电力、通信、水源、交通及其他生产设施。禁止任何单位和个人扰乱煤矿矿区的生产秩序和工作秩序。

◆对盗窃或者破坏煤矿矿区设施、器材及其他危及煤矿矿区安全的行为，一切单位和个人都有权检举、控告。

◆未经煤矿企业同意，任何单位或者个人不得在煤矿企业依法取得土地使用权的有效期间内在该土地上种植、养殖、取土或者修建建筑物、构筑物。

◆未经煤矿企业同意，任何单位或者个人不得占用煤矿企业的铁路专用线、专用道路、专用航道、专用码头、电力专用线、专用供水管路。

◆任何单位或者个人需要在煤矿采区范围内进行可能危及煤矿安全的作业时，应当经煤矿企业同意，报煤炭管理部门批准，并采取安全措施后，方可进行作业。

在煤矿矿区范围内需要建设公用工程或者其他工程的，有关单位应当事先与煤矿企业协商并达成协议后，方可施工。

4. 有关法律责任的规定

在第七章法律责任中，对相关事项做了规定。

◆有下列行为之一的，由公安机关依照治安管理处罚条例的有关规定处罚；构成犯罪的，由司法机关依法追究刑事责任。

(1) 阻碍煤矿建设，致使煤矿建设不能正常进行的。

(2) 故意损坏煤矿矿区的电力、通信、水源、交通及其他生产设施的。

(3) 扰乱煤矿矿区秩序，致使生产、工作不能正常进行的。

(4) 拒绝、阻碍监督检查人员依法执行职务的。

◆煤矿企业的管理人员违章指挥、强令职工冒险作业，发生重大伤亡事故的，依照刑法有关规定追究刑事责任。

◆煤矿企业的管理人员对煤矿事故隐患不采取措施予以消除，发生重大伤亡事故的，依照刑法有关规定追究刑事责任。

二、《煤矿安全监察条例》相关要点

2000 年 11 月 7 日，国务院公布《煤矿安全监察条例》（国务院令第 296 号），自 2000 年 12 月 1 日起开始施行。制定本条例的目的，是根据煤炭法、矿山安全法、第九届全国人民代表大会第一次会议通过的国务院机构改革方案和国务院关于煤矿安全监察体制的决定，保障煤矿安全，规范煤矿安全监察工作，保护煤矿职工人身安全和身体健康。

《煤矿安全监察条例》分为五章五十条，各章内容为：第一章总则、第二章煤矿安全监察机构及其职责、第三章煤矿安全监察内容、第四章罚则、第五章附则。

1. 总则中的有关规定

在第一章总则中，对相关事项做了规定。

◆国家对煤矿安全实行监察制度。国务院决定设立的煤矿安全监察机构按照国务院规定的职责，依照本条例的规定对煤矿实施安全监察。

◆煤矿安全监察机构依法行使职权，不受任何组织和个人的非法干涉。煤矿及其有关人员必须接受并配合煤矿安全监察机构依法实施的安全监察，不得拒绝、阻挠。

◆煤矿安全监察应当以预防为主，及时发现和消除事故隐患，有效纠正影响煤矿安全的违法行为，实行安全监察与促进安全管理相结合、教育与惩处相结合。

◆煤矿安全监察应当依靠煤矿职工和工会组织。煤矿职工对事故隐患或者影响煤矿安全的违法行为有权向煤矿安全监察机构报告或者举报。煤矿安全监察机构对报告或者举报有功人员给予奖励。

2. 煤矿安全监察机构及其职责的有关规定

在第二章煤矿安全监察机构及其职责中，对相关事项做了规定。

◆本条例所称煤矿安全监察机构，是指国家煤矿安全监察机构和在省、自治区、直辖市设立的煤矿安全监察机构（以下简称地区煤矿安全监察机构）及其在大中型矿区设立的煤矿安全监察办事处。

◆煤矿安全监察人员履行安全监察职责，有权随时进入煤矿作业场所进行检查，调阅有关资料，参加煤矿安全生产会议，向有关单位或者人员了解情况。

◆煤矿安全监察人员在检查中发现影响煤矿安全的违法行为，有权当场予以纠正或者要求限期改正；对依法应当给予行政处罚的行为，由煤矿安全监察机构依照行政处罚法和本条例规定的程序做出决定。

◆煤矿安全监察人员进行现场检查时，发现存在事故隐患的，有权要求煤矿立即消除或者限期解决；发现威胁职工生命安全的紧急情况时，有权要求立即停止作业，下达立即从危险区内撤出作业人员的命令，并立即将紧急情况和处理措施报告煤矿安全监察机构。

◆煤矿安全监察机构在实施安全监察过程中，发现煤矿存在的安全问题涉及有关地方人民政府或其有关部门的，应当向有关地方人民政府或其有关部门提出建议，并向上级人民政府或其有关部门报告。

◆煤矿发生伤亡事故的，由煤矿安全监察机构负责组织调查处理。

煤矿安全监察机构组织调查处理事故，应当依照国家规定的事故调查程序和处理办法进行。

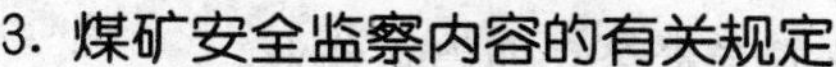

3. 煤矿安全监察内容的有关规定

在第三章煤矿安全监察内容中，对相关事项做了规定。

◆煤矿安全监察机构对煤矿执行《煤炭法》《矿山安全法》和其他有关煤矿安全的法律、法规以及国家安全标准、行业安全标准、煤矿安全规程和行业技术规范的情况实施监察。

◆煤矿安全监察机构应当监督煤矿制订事故预防和应急计划，并检查煤矿制订的发现和消除事故隐患的措施及其落实情况。

◆煤矿安全监察机构发现煤矿矿井通风、防火、防水、防瓦斯、防毒、防尘等安全设施和条件不符合国家安全标准、行业安全标准、煤矿安全规程和行业技术规范要求的，应当责令立即停止作业或者责令限期达到要求。

◆煤矿安全监察机构发现煤矿进行独眼井开采的，应当责令关闭。

◆煤矿安全监察机构发现煤矿作业场所有下列情形之一的，应当责令立即停止作业，限期改正；有关煤矿或其作业场所经复查合格的，方可恢复作业。

（1）未使用专用防爆电器设备的。

（2）未使用专用放炮器的。

（3）未使用人员专用升降容器的。

（4）使用明火明电照明的。

◆煤矿安全监察机构对煤矿安全技术措施专项费用的提取和使用情况进行监督，对未依法提取或者使用的，应当责令限期改正。

◆煤矿安全监察机构发现煤矿矿井使用的设备、器材、仪器、仪表、防护用品不符合国家安全标准或者行业安全标准的，应当责令立即停止使用。

◆煤矿安全监察机构发现煤矿有下列情形之一的，应当责令限期改正。

（1）未依法建立安全生产责任制的。

（2）未设置安全生产机构或者配备安全生产人员的。

（3）矿长不具备安全专业知识的。

（4）特种作业人员未取得资格证书上岗作业的。

（5）分配职工上岗作业前，未进行安全教育、培训的。

（6）未向职工发放保障安全生产所需的劳动防护用品的。

◆煤矿安全监察人员发现煤矿作业场所的瓦斯、粉尘或者其他有毒有害气体的浓度超过国家安全标准或者行业安全标准的，煤矿擅自开采保安煤柱的，或者采用危及相邻煤矿生产安全的决水、爆破、贯通巷道等危险方法进行采矿作业的，应当责令立即停止作业，并将有关情况报告煤矿安全监察机构。

◆煤矿安全监察人员发现煤矿矿长或者其他主管人员违章指挥工人或者强令工人违章、冒险作业，或者发现工人违章作业的，应当立即纠正或者责令立即停止作业。

◆煤矿安全监察机构及其煤矿安全监察人员履行安全监察职责，向煤矿有关人员了解情况时，有关人员应当如实反映情况，不得提供虚假情况，不得隐瞒本煤矿存在的事故隐患以及其他安全问题。

4. 罚则中的有关规定

在第四章罚则中，对相关事项做了规定。

◆分配职工上岗作业前未进行安全教育、培训，经煤矿安全监察机构责令限期改正，逾期不改正的，由煤矿安全监察机构处 4 万元以下的罚款；情节严重的，由煤矿安全监察机构责令停产整顿；对直接负责的主管人员和其他直接责任人员，依法给予纪律处分。

◆煤矿作业场所的瓦斯、粉尘或者其他有毒有害气体的浓度超过国家安全标准或者行业安全标准，经煤矿安全监察人员责令立即停止作业，拒不停止作业的，由煤矿安全监察机构责令停产整顿，可以处 10 万元以下的罚款。

◆擅自开采保安煤柱，或者采用危及相邻煤矿生产安全的决水、爆破、贯通巷道等危险方法进行采矿作业，经煤矿安全监察人员责令立即停止作业，拒不停止作业的，由煤矿安全监察机构决定吊销煤炭生产许可证，并移送地质矿产主管部门依法吊销采矿许可证；构成犯罪的，依法追究刑事责任；造成损失的，依法承担赔偿责任。

◆煤矿矿长或者其他主管人员有下列行为之一的，由煤矿安全监察机构给予警告；造成严重后果，构成犯罪的，依法追究刑事责任。

(1) 违章指挥工人或者强令工人违章、冒险作业的。

(2) 对工人屡次违章作业熟视无睹，不加制止的。

(3) 对重大事故预兆或者已发现的事故隐患不及时采取措施的。

(4) 拒不执行煤矿安全监察机构及其煤矿安全监察人员的安全监察指令的。

◆煤矿有关人员拒绝、阻碍煤矿安全监察机构及其煤矿安全监察人员现场检查，或者提供虚假情况，或者隐瞒存在的事故隐患以及其他安全问题的，由煤矿安全监察机构给予警告，可以并处 5 万元以上 10 万元以下的罚款；情节严重的，由煤矿安全监察机构责令停产整顿；对直接负责的主管人员和其他直接责任人员，依法给予撤职直至开除的纪律处分。

◆煤矿发生事故，有下列情形之一的，由煤矿安全监察机构给予警告，可以并处 3 万元以上 15 万元以下的罚款；情节严重的，由煤矿安全监察机构责令停产整顿；对直接负责的主管人员和其他直接责任人员，依法给予降级直至开除的纪律处分；构成犯罪的，依法追究刑事责任。

(1) 不按照规定及时、如实报告煤矿事故的。

（2）伪造、故意破坏煤矿事故现场的。

（3）阻碍、干涉煤矿事故调查工作，拒绝接受调查取证、提供有关情况和资料的。

三、《煤矿生产安全事故报告和调查处理规定》相关要点

2008年12月11日，国家安全生产监督管理总局、国家煤矿安全监察局发布《煤矿生产安全事故报告和调查处理规定》（安监总政法［2008］212号），自发布之日（2008年12月11日）起施行。

《煤矿生产安全事故报告和调查处理规定》分为六章三十八条，各章内容为：第一章总则、第二章事故分级、第三章事故报告、第四章事故现场处置和保护、第五章事故调查、第六章事故处理。制定本规定的目的，是依照《生产安全事故报告和调查处理条例》《煤矿安全监察条例》和国务院有关规定，规范煤矿生产安全事故报告和调查处理，落实事故责任追究，防止和减少煤矿生产安全事故。

1. 总则中的有关规定

在第一章总则中，对相关事项做了规定。

◆本规定所称煤矿生产安全事故（以下简称事故），是指各类煤矿（包括与煤炭生产直接相关的煤矿地面生产系统、附属场所）发生的生产安全事故。

◆特别重大事故由国务院或者根据国务院授权，由国家安全生产监督管理总局组织调查处理。

特别重大事故以下等级的事故按照事故等级划分，分别由相应的煤矿安全监察机构负责组织调查处理。

未设立煤矿安全监察分局的省级煤矿安全监察机构，由省级煤矿安全监察机构履行煤矿安全监察分局的职责。

2. 事故分级的有关规定

在第二章事故分级中，对相关事项做了规定。

◆根据事故造成的人员伤亡或者直接经济损失，煤矿事故分为以下等级。

（1）特别重大事故，是指造成30人以上死亡，或者100人以上重伤（包括急性工业中毒，下同），或者1亿元以上直接经济损失的事故。

（2）重大事故，是指造成10人以上30人以下死亡，或者50人以上100人以下重伤，或者5 000万元以上1亿元以下直接经济损失的事故。

（3）较大事故，是指造成3人以上10人以下死亡，或者10人以上50人以下重伤，或

者 1 000 万元以上 5 000 万元以下直接经济损失的事故。

(4) 一般事故，是指造成 3 人以下死亡，或者 10 人以下重伤，或者 1 000 万元以下直接经济损失的事故。

本条所称的“以上”包括本数，所称的“以下”不包括本数。

◆事故中的死亡人员依据公安机关或者具有资质的医疗机构出具的证明材料进行确定，重伤人员依据具有资质的医疗机构出具的证明材料进行确定。

◆事故造成的直接经济损失包括：

(1) 人身伤亡后所支出的费用，含医疗费用（含护理费用）、丧葬及抚恤费用、补助及救济费用、歇工工资。

(2) 善后处理费用，含处理事故的事务性费用，现场抢救费用，清理现场费用，事故赔偿费用。

(3) 财产损失价值，含固定资产损失价值，流动资产损失价值。

◆事故发生单位应当按照规定及时统计直接经济损失。发生特别重大事故以下等级的事故，事故发生单位为省属以下煤矿企业的，其直接经济损失经企业上级政府主管部门（单位）审核后书面报组织事故调查的煤矿安全监察机构；事故发生单位为省属以上（含省属）煤矿企业的，其直接经济损失经企业集团公司或者企业上级政府主管部门审核后书面报组织事故调查的煤矿安全监察机构。特别重大事故的直接经济损失报国家安全生产监督管理总局。

◆自事故发生之日起 30 日内，事故造成的伤亡人数发生变化的，应当按照变化后的伤亡人数重新确定事故等级。

◆事故抢险救援时间超过 30 日的，应当在抢险救援结束后重新核定事故伤亡人数或者直接经济损失。重新核定的事故伤亡人数或者直接经济损失与原报告不一致的，按照重新核定的事故伤亡人数或者直接经济损失确定事故等级。

3. 事故报告的有关规定

在第三章事故报告中，对相关事项做了规定。

◆煤矿发生事故后，事故现场有关人员应当立即报告煤矿负责人；煤矿负责人接到报告后，应当于 1 小时内报告事故发生地县级以上人民政府安全生产监督管理部门、负责煤矿安全生产监督管理的部门和驻地煤矿安全监察机构。

情况紧急时，事故现场有关人员可以直接向事故发生地县级以上人民政府安全生产监督管理部门、负责煤矿安全生产监督管理的部门和煤矿安全监察机构报告。

◆煤矿安全监察分局接到事故报告后，应当在 2 小时内上报省级煤矿安全监察机构。

省级煤矿安全监察机构接到较大事故以上等级事故报告后，应当在 2 小时内上报国家安全生产监督管理总局、国家煤矿安全监察局。

国家安全生产监督管理总局、国家煤矿安全监察局接到特别重大事故、重大事故报告后，应当在2小时内上报国务院。

◆地方人民政府安全生产监督管理部门和负责煤矿安全生产监督管理的部门接到煤矿事故报告后，应当在2小时内报告本级人民政府、上级人民政府安全生产监督管理部门、负责煤矿安全生产监督管理的部门和驻地煤矿安全监察机构，同时通知公安机关、劳动保障行政部门、工会和人民检察院。

◆报告事故应当包括下列内容：

（1）事故发生单位概况（单位全称、所有制形式和隶属关系、生产能力、证照情况等）。

（2）事故发生的时间、地点以及事故现场情况。

（3）事故类别（顶板、瓦斯、机电、运输、放炮、水害、火灾、其他）。

（4）事故的简要经过，入井人数、生还人数和生产状态等。

（5）事故已经造成伤亡人数、下落不明的人数和初步估计的直接经济损失。

（6）已经采取的措施。

（7）其他应当报告的情况。

以上报告内容，初次报告由于情况不明没有报告的，应在查清后及时续报。

◆事故报告后出现新情况的，应当及时补报或者续报。

事故伤亡人数发生变化的，有关单位应当在发生的当日内及时补报或者续报。

◆事故报告应当及时、准确、完整，任何单位和个人不得迟报、漏报、谎报或者瞒报事故。

4. 事故现场处置和保护的有关规定

在第四章事故现场处置和保护中，对相关事项做了规定。

◆煤矿安全监察机构接到事故报告后，按照规定，有关负责人应当立即赶赴事故现场，协助事故发生地有关人民政府做好应急救援工作。

◆事故发生后，有关单位和人员应当妥善保护事故现场以及相关证据。任何单位和个人不得破坏事故现场、毁灭证据。

◆因事故抢险救援必须改变事故现场状况的，应当绘制现场简图并做出书面记录，妥善保存现场重要痕迹、物证。抢险救灾结束后，现场抢险救援指挥部应当及时向事故调查组提交抢险救援报告及有关图纸、记录等资料。

5. 事故调查的有关规定

在第五章事故调查中，对相关事项做了规定。

◆特别重大事故由国务院组织事故调查组进行调查，或者根据国务院授权，由国家安全生产监督管理总局组织国务院事故调查组进行调查。

重大事故由省级煤矿安全监察机构组织事故调查组进行调查。

较大事故由煤矿安全监察分局组织事故调查组进行调查。

一般事故中造成人员死亡的，由煤矿安全监察分局组织事故调查组进行调查；没有造成人员死亡的，煤矿安全监察分局可以委托地方人民政府负责煤矿安全生产监督管理的部门或者事故发生单位组织事故调查组进行调查。

◆上级煤矿安全监察机构认为必要时，可以调查由下级煤矿安全监察机构负责调查的煤矿事故。

◆因伤亡人数变化导致事故等级发生变化的事故，依照本规定应当由上级煤矿安全监察机构调查的，上级煤矿安全监察机构可以另行组织事故调查组进行调查。

◆事故调查组的组成应当遵循精简、效能的原则。

特别重大事故由国务院或者经国务院授权由国家安全生产监督管理总局、国家煤矿安全监察局、监察部等有关部门、全国总工会和事故发生地省级人民政府派员组成国务院事故调查组，并邀请最高人民检察院派员参加。

特别重大事故以下等级的事故，根据事故的具体情况，由煤矿安全监察机构、有关地方人民政府及其安全生产监督管理部门、负责煤矿安全生产监督管理的部门、行业主管部门、监察机关、公安机关以及工会派人组成事故调查组，并应当邀请人民检察院派人参加。

事故调查组可以聘请有关专家参与调查。

◆事故调查组成员应当具有事故调查所需要的知识和专长，并与事故发生单位和所调查的事故没有直接利害关系。

◆事故调查组应当坚持实事求是、依法依规、注重实效的三项基本要求和“四不放过”的原则，做到诚信公正、恪尽职守、廉洁自律，遵守事故调查组的纪律，保守事故调查的秘密，不得包庇、袒护负有事故责任的人员或者借机打击报复。

◆重大、较大和一般事故的事故调查组组长由负责煤矿事故调查的煤矿安全监察机构负责人担任。委托调查的一般事故，事故调查组组长由煤矿安全监察机构商事故发生地人民政府确定。

事故调查组组长履行下列职责：

(1) 主持事故调查组开展工作。

(2) 明确事故调查组各小组的职责，确定事故调查组成员的分工。

(3) 协调决定事故调查工作中的重要问题。

(4) 批准发布事故有关信息。

(5) 审核事故涉嫌犯罪事实证据材料，批准将有关材料或者复印件移交司法机关处理。

◆事故调查组坚持统一领导、协作办案、公平公正、精简高效的原则。

事故调查组履行下列主要职责：

(1) 查明事故单位的基本情况。

(2) 查明事故发生的经过、原因、类别、人员伤亡情况及直接经济损失。隐瞒事故的，应当查明隐瞒过程和事故真相。

(3) 认定事故的性质和事故责任。

(4) 提出对事故责任人员和责任单位的处理建议。

(5) 总结事故教训，提出防范和整改措施。

(6) 在规定时限内提交事故调查报告。

◆事故调查中需要对重大技术问题、重要物证进行技术鉴定的，事故调查组可以委托具有国家规定资质的单位或直接组织专家进行技术鉴定。进行技术鉴定的单位、专家应当出具书面技术鉴定结论，并对鉴定结论负责。技术鉴定所需时间不计入事故调查期限。

◆事故调查组应当自事故发生之日起 60 日内提交事故调查报告。

特殊情况下，经上级煤矿安全监察机构批准，提交事故调查报告的期限可以适当延长，但延长的期限最长不超过 60 日。

◆事故抢险救灾超过 60 日，无法进行事故现场勘查的，事故调查时限从具备现场勘查条件之日起计算。

瞒报事故的调查时限从查实之日起计算。

◆事故调查报告应当包括下列内容：

(1) 事故发生单位基本情况。

(2) 事故发生经过、事故救援情况和事故类别。

(3) 事故造成的人员伤亡和直接经济损失。

(4) 事故发生的直接原因、间接原因和事故性质。

(5) 事故责任的认定以及对事故责任人员和责任单位的处理建议。

(6) 事故防范和整改措施。

事故调查组成员应当在事故调查报告上签名。

◆事故调查报告报送至负责事故调查的国家安全生产监督管理总局或者煤矿安全监察机构后，事故调查工作即告结束。

◆事故调查的有关资料应当由组织事故调查的煤矿安全监察机构归档保存。归档保存的材料包括技术鉴定报告、重大技术问题鉴定结论和检测检验报告、尸检报告、物证和证人证言、直接经济损失文件、相关图纸、视听资料、批复文件等。

6. 事故处理的有关规定

在第六章事故处理中，对相关事项做了规定。

◆特别重大事故调查报告报经国务院同意后，由国家安全生产监督管理总局批复结案。

重大事故调查报告经征求省级人民政府意见后，报国家煤矿安全监察局批复结案。

较大事故调查报告经征求设区的市级人民政府意见后，报省级煤矿安全监察机构批复结案。

一般事故由煤矿安全监察分局批复结案。

◆重大事故、较大事故、一般事故，煤矿安全监察机构应当自收到事故调查报告之日起 15 日内做出批复。特别重大事故的批复时限依照《生产安全事故报告和调查处理条例》的规定执行。

◆事故批复应当主送落实责任追究的有关地方人民政府及其有关部门或者单位。

有关地方人民政府及其有关部门或者单位应当依照法律、行政法规规定的权限和程序，对事故责任单位和责任人员按照事故批复的规定落实责任追究工作，并及时将落实情况以书面形式反馈给批复单位。

◆煤矿安全监察机构依法对煤矿事故责任单位和责任人员实施行政处罚。

◆事故发生单位应当落实事故防范和整改措施。防范和整改措施的落实情况应当接受工会和职工的监督。

负责煤矿安全生产监督管理的部门应当对事故责任单位落实防范和整改措施的情况进行监督检查。

煤矿安全监察机构应当对事故责任单位落实防范和整改措施的情况进行监察。

◆特别重大事故的调查处理情况由国务院或者国务院授权组织事故调查的国家安全生产监督管理总局和其他部门向社会公布，特别重大事故以下等级的事故的调查处理情况由组织事故调查的煤矿安全监察机构向社会公布，依法应当保密的除外。

第四节　煤矿事故调查处理事例分析

由于我国正处于经济和社会的转型期，生产力发展水平不均衡，安全生产基础工作薄弱，与经济高速发展的矛盾越来越突出。煤炭工业这一矛盾更为突出，主要表现为生产事故总量居高不下，重特大事故频繁发生，造成重大损失和不良的社会影响。与先进产煤国相比，我国煤产量占世界总量的 31%，但事故死亡人数却占了 79%，安全生产水平存在很大差距。因此，煤矿企业需要认真学习贯彻国家有关煤矿安全生产的法律法规，加大宣传教育力度，普及安全生产法律知识，提高全员的安全素质，吸取事故教训，积极采取防范措施，把煤矿安全生产建立在牢固的基础之上，实现安全生产。

一、某煤矿存在隐患导致顶板重大伤亡事故分析

2003 年 6 月 14 日 16 时 35 分，某煤矿 515 水平一平巷掘进工作面发生一起顶板重大责任事故，死亡 4 人，直接经济损失 31 万元。

1. 矿井概况

该煤矿 1989 年建井，1997 年由张 T 出资经营至今；1998 年，张 T 在本矿井田范围内新建现在的主副井。2002 年通过了省、市煤矿安全专项整顿验收，2002 年分别领取了采矿许可证、煤炭生产许可证、矿长资格证及营业执照，采矿许可证、煤炭生产许可证的有效期是到 2003 年的 4 月，事故发生时正在办理延续手续。矿长张 T，无有效矿长资格证。崔 HJ 持有该煤矿矿长资格证书，不是该矿职工，2002 年 7 月替张 T 参加培训并领取了矿长资格证书。另外该矿主管安全、生产、技术的副矿长杜 L，未经培训。全矿 25 人，其中管理人员 8 人，职工 17 人。

2. 事故经过及抢救过程

该矿因副斜井 60 m 处和主斜井 515 水平进风巷距井底车场 20 m 处塌冒严重，造成无法行人、通风困难。2003 年 2 月，该矿先从副井 45 m 处封闭了塌冒的井筒，并在 35 m 处用一联络巷与主井连通。随后计划从主井井底车场落平点向前 4 m 处掘一平巷绕开塌冒区，与副井沟通后再修复副井。

6 月 9 日开始安排 515 水平一平巷掘进，到 6 月 13 日早班共掘进了 1.5 m 岩巷。

6 月 13 日上午，该市煤矿安全监察办事处监察站在对该矿井下监察时，发现正在施工的一平巷口处温度高达 30℃，且该掘进工作面没有作业规程，当场下达了停止作业、撤出作业人员的指令，同时责令编制作业规程，对存在的隐患进行排除，经监察站验收后方可施工。

6 月 13 日夜班，在没有经监察站检查同意的情况下，矿长张 T 继续安排作业，掘进约 1 m，并且进入老空区。14 日 6 时 30 分又向前掘进一段距离，此时已进入老空区约 2 m，张 T 与杜 L 商量决定 14 时 30 分对这两米巷道砌碹。14 日 14 时 10 分，杜 L、郑 G、曹 YB、谷 YH 4 人下井作业。16 时 35 分，张 T 看到副井口喷出一股灰尘，就组织人员从主井下井，查看井下发生了什么事情，下井人员走到主副井联络巷发现下边温度高、尘雾大，就上井汇报。

张 T 得知情况后，马上找附近国有地方某救护队（辅助救护队）抢救，约 17 时 20 分，救护队下井查看，发现井下温度高，什么也看不见。矿长张 T 向区煤炭公司、市煤矿安全

监察办事处报告事故，市区有关部门接到报告后，先后赶到事故矿井，救护队 19 时下井侦查情况。事故抢救小组依据救护队提供的情况，制定了抢救方案，于 15 日 2 时 25 分，在井下找到 4 人，经区医院诊断全部窒息死亡。

3. 事故原因分析

（1）事故直接原因：该矿 515 水平一平巷掘进进入老空区的巷道揭露旧火区后，温度迅速升高，使本来稳定性极差的巷道顶板更加松散，作业人员在清渣时碰撞巷道支架造成漏垮型冒顶，上部高温灰粉倾泻而下，导致现场 4 名作业人员被堵而窒息死亡。

（2）事故间接原因：一是矿井技术管理存在重大漏洞，没有技术人员，对井田范围内的老空区和火区情况不清，未按《煤矿安全规程》规定管理火区，无系统改造设计，未编制作业规程。二是未对职工进行安全培训，职工安全技术素质差、自主保安能力低；主管安全、生产、技术兼代班长的副矿长没有经过培训，技术素质差。三是矿井安全管理机构不健全，管理力量薄弱，安全生产责任制和安全规章制度不健全，无矿井防灭火制度和措施。四是区煤炭工业公司对该矿存在的问题监督管理不力。

4. 事故教训与防范措施

（1）区政府、煤炭工业公司要吸取事故教训，认真查找在煤矿安全生产管理中存在的问题。要按照国务院国办发［2003］58、60 号文件精神和省有关深化煤矿安全专项整治的要求，认真深化煤矿安全整治，严格落实各级安全生产责任制，严格管理，进一步加强对煤矿安全生产工作的领导和管理，采取有效措施，切实解决煤矿安全生产中存在的重大事故隐患，防止和杜绝煤矿生产安全事故。

（2）该区要对全区所有煤矿进行彻底排查。对矿井生产系统、管理机构等方面达不到《煤矿安全生产基本条件规定》和省有关深化煤矿安全专项整治要求的矿井一律停产整顿，限期达标，逾期未能达标的，应列入关闭范围，立即予以关闭，并确保关闭到位。

（3）煤矿安全专项整治工作要把“一通三防”作为重点，进一步完善、提高矿井“一通三防”的管理工作，健全组织机构，认真落实《煤矿安全规程》有关规定，保证矿井通风系统合理、通风设施可靠。进一步建立、健全煤矿安全生产责任制，完善安全管理制度；加强对煤矿职工安全教育培训工作，提高职工安全技术素质，增强职工自我保护意识，杜绝违章指挥、违章作业。

二、某煤矿职工违反操作规程导致顶板事故分析

2004 年 5 月 2 日 8 时 20 分左右，某煤矿井下 1521 工作面发生一起死亡 3 人的责任事

故，直接经济损失 26.1 万元。

1. 事故经过

2004 年 5 月 2 日，矿掘进二队早班在 1521 面从煤帮侧向老塘侧移动，安装溜槽。8 时 20 分左右，工人刘 PC、王 KJ、郝 BL 在老塘侧从下向上安装溜槽至 21 m 时，感到脚下的煤向下滑动，刘 PC 向下滑动 4～5 m 伸手抓住了顶板的锚索梁，王 KJ、侯 QS 分别抓住帮网后，发现工人郝 BL、王 XM、高 JF 被下滑的煤埋住。刘 PC、侯 QS、王 KJ 立即抢救被埋人员，当班的扒斗机司机张 TH 召集附近区域的工人赶到事故地点救人，同时向上级汇报。三名被埋工人很快被挖出，但经抢救无效于 5 月 2 日 11 时 50 分死亡。

2. 事故原因分析

（1）事故直接原因：1521 工作面切眼坡度 36°，底板光滑，施工时违反操作规程规定，在底板留有 0.3 m 左右厚的煤（矸），下巷与切眼交叉口破底 0.5 m 以上，使切眼下部的煤（矸）失去支撑；由于靠煤帮底板的煤（矸）已清理，老塘侧底板煤（矸）失去侧向支撑；移溜槽在老塘侧底板挖沟作业时产生扰动，使老塘侧煤（矸）稳定性被破坏，导致切眼 46 m 以下所留煤（矸）突然滑落，将正在移溜槽作业的三名工人埋住而窒息死亡。

（2）事故间接原因：清理切眼时未执行《1521 工作面扩切眼安全技术措施》中“清理切眼时，由上向下依次进行……该段巷道全部清好后，再往下进行”的规定，而是先清一帮再清另一帮，且未采取任何防止煤（矸）下滑的措施；作业规程和安全技术措施中，对倾角为 30°～51°的倾斜煤层巷道开掘，防止煤（矸）下滑的技术措施规定不明确、不具体；矿、区（科）领导对大倾角巷道施工中的安全问题认识不到位，重视不够，没有研究制订针对性的技术和管理措施；对职工安全教育不够，职工安全意识淡薄，自救能力差，违章指挥，违规作业。

3. 事故教训与防范措施

（1）全矿上下对此次事故进行反思，强化责任意识、安全生产意识，克服麻痹侥幸思想，对重点地区、重点部位要采取针对性措施，确保安全生产。

（2）强化矿井技术管理，针对大倾角掘进开采问题，要在技术上、安全上认真研究，反复论证，制订有针对性的安全技术措施。对措施审批要严格把关，堵塞安全措施的漏洞。

（3）举一反三，认真吸取这起事故的深刻教训，切实加强煤矿的安全管理工作，加强对特殊情况的研究分析，有针对性地制订有效的安全措施，严防重大事故再次发生。要深入开展安全质量标准化建设，全面提高煤矿安全管理水平，为实现安全生产打下牢固的基础。

三、某煤矿煤柱溃破导致特大透水伤亡事故分析

2003年7月21日4时30分，某煤矿南二下山二平巷迎头发生一起特大水害责任事故，死亡12人，直接经济损失165万元。

1. 矿井概况

该煤矿设计生产能力0.8万吨/年，煤层自燃倾向为不易自燃，煤尘无爆炸性，属低瓦斯矿井。矿井四证齐全、有效。

2. 事故经过及抢救过程

2003年7月20日，夜班共有29人在井下作业，约21日4时10分，南二下山二平巷联络眼放第三茬炮，炮烟散净后，工人陆续进去作业。约4时30分，邹JP在南二下山二平巷迎头攉煤，发现顶板有裂缝，水从裂缝涌出，水量急剧增大，将邹JP从迎头冲出来，不到10分钟，涌水将南二下山二平巷、北二下山一平巷回采工作面、二平巷掘进工作面淹没。井下作业的29人中，有17人逃生，12人被淹。

事故发生后，由于事故前矿井没有直通地面的排水系统，抢险时采用三级排水，先后共安装排水泵31台，排水环节复杂，并有180 m^3/h 的动水补给量，救灾工作十分艰难。经过奋力抢救，到8月23日12时50分，共排出水量25万立方米，水位降至北二下山二平巷以下，12名遇难矿工尸体全部找到。

3. 事故原因分析

造成事故的直接原因：该矿南二下山二平巷掘进头接近老空积水区，在水压和开采活动等因素的作用下，残留仅1.5 m的煤柱被溃破，造成透水事故。

造成事故的间接原因：

(1) 该矿违法越界开采，南二下山、北二下山越界巷道约1 000 m，由于越界开采，南二下山二平巷进入老巷积水区。

(2) 2003年6月底，南二下山二平巷开口时发现淋水较大，且知道前面是老空区可能有水；该矿违反《煤矿安全规程》第285、286、292条的规定，没有采用钻机进行探放水，而只是要求工人用煤电钻探水掘进，后因5 m钻杆扭弯不能使用，就没有再探，而且继续掘进，掘至距老巷只剩下1.5 m时，老空积水突然溃出，12人被淹。

(3) 该矿技术管理混乱，未按要求配备专职煤矿技术人员，图纸与现场实际不符，越界巷道未测量填图，南二下山二平巷没有制定掘进作业规程和安全措施。

(4) 南二下山二平巷掘进由包工队施工，矿方无人跟班检查安全，未能及时发现透水预兆。

(5) 县、乡人民政府及有关部门，对恢复生产矿井越层越界和安全生产监管力度不够，未能及时发现和制止该矿的越界开采行为，未能及时发现和解决该矿防探水存在的隐患。

4. 事故教训与防范措施

(1) 县、乡政府及有关部门要加强煤矿依法开采和安全生产的监督管理，理顺关系，明确职责，加强责任制的落实。在加强对非法开采和停产整顿矿井监控的同时，严厉查处辖区内煤矿越层越界开采违法行为，认真做好深化煤矿安全专项整治工作，改善矿井安全条件，提高技术装备水平，落实灾害防治措施。

(2) 必须加强辖区内煤矿的技术管理工作，及时、如实填绘矿井采掘工程平面图等图纸，及时掌握矿井的采掘动态，对所有采掘工程都要编制符合实际的作业规程和安全措施，并认真贯彻执行。

(3) 要把防探水工作作为煤矿管理的重点，查明矿井及其周围的水文地质情况，按规程要求将积水区范围、防水煤柱线、探水线标在采掘平面图上；严格按照“有疑必探、先探后掘”的原则进行探放水，按规程要求，探放老空水必须使用钻机探水，必须保证 20 m 以上的超前距，不得使用煤电钻探水。

(4) 进一步加强法律法规和安全生产知识的教育培训，提高煤矿经营者的法律意识和从业人员的安全技术素质及自我保护能力，完善安全管理制度和安全管理机构，严禁非法开采和越层越界开采，严禁违章指挥、违章作业。督促煤矿为职工办理劳动保险，签订劳动合同。

四、某煤矿未制定安全措施导致重大水害事故分析

2003 年 6 月 7 日 16 时 30 分，某煤矿 6 层煤平巷发生一起重大水害责任事故，死亡 5 人，直接经济损失 50 万元。

1. 矿井概况

该矿原为 20 世纪 80 年代末废弃的老井。煤矿安全生产专项整顿中核发了四证，并于 2002 年 6 月 7 日取得了《××省乡镇煤矿复工通知书》。

2. 事故发生及抢救经过

6 月 7 日下午，负责安排井下生产任务的郭 JQ 到现场安排工作，下井比较晚的工人李

LC沿6层煤平巷向迎头走，突然一股气浪差点将李LC推倒，李LC跑到前面一看，发现污泥堵满了巷道，将郭JQ等五人堵在里面，李LC立即上井报告。矿长郭YX马上带人下井查看情况，发现污泥堵到了距下山口向外11 m的位置，无法施救，后上井向有关部门报告。

事故发生后，市政府领导、省安监局局长、省煤矿安全监察局事故调查处副处长先后赶赴事故现场。制定了抢救方案，实施营救。6月11日5时50分，将一名被困人员救出。至6月12日7时48分，5名被困矿工全部被救出，但经抢救无效全部死亡。

3. 事故原因分析

造成事故的直接原因，是该矿在旧井范围内开采，没有按照“有疑必探、先探后掘”的原则进行探放水，没有制定探查老空的安全措施；在揭露古小窑井筒后，在没有检查古小窑井筒是否有溃泥溃水危险的情况下，未把人员撤至安全地点，古小窑井筒积存的大量淤泥突然溃入，导致人员伤亡。

4. 事故教训与防范措施

(1) 县人民政府和乡人民政府应吸取这次事故教训，强化政府监管职能，建立、健全安全生产责任制，明确安全管理责任。立即对煤矿停产整顿，按照对乡镇煤矿安全整顿的要求，逐项进行整改，认真验收，达不到安全生产基本条件的，有关部门依法吊销有关证照，实施关闭。

(2) 县煤矿主管部门加强对煤矿的安全监管，实施经常性的煤矿安全检查，深化煤矿安全专项整治工作，对煤矿安全工作提出具体要求并落实到位，确保安全生产。

(3) 该煤矿要采取各种技术措施摸清开采范围内的老空采空区、老巷分布情况，在图纸上标明。坚持“有疑必探、先探后掘”的原则，揭露老空前和揭露老空时必须按《煤矿安全规程》第45条规定，制定探查老空的安全措施，否则不能盲目进行生产。

五、某煤矿维修作业电火花引起瓦斯爆炸事故分析

2003年8月15日17时30分，某煤矿12水平上山发生一起瓦斯爆炸重大责任事故，死亡5人，重伤1人，直接经济损失70万元。

1. 矿井概况

该煤矿四证齐全，有三个井口、两个提升井（一个主井、一个副井）、一个风井。贾WQ承包经营主井生产系统，张BX投资经营副井生产系统，双方共用一个风井。

2. 事故经过及抢救过程

8月13日8点多，县煤炭管理局和镇煤炭管理站到县煤矿进行安全检查，发现副井生产系统12水平上山掘进工作面支护失修，责令该工作面停止前掘，进行维修。当日16时开始，12水平上山工作面由槽口15 m处由上往下进行维修。为了维修方便，职工们逐步把风筒断开，到8月15日8时30分下班时，12水平上山轨道变坡点以上的风筒已经全部断开。

8月15日16时，煤矿副井生产系统职工陆续下井，生产矿长刘SQ与技术负责人石QC 16时30分左右下井，到了井下，石QC去了32水平上山，刘SQ首先来到12水平上山。刘SQ看见该面局扇运转正常，但轨道变坡点以上的风筒全部断开，上山还有3架棚子未修理，就布置该面职工先维修这3架棚子，并往上接一节风筒。刘SQ在水平上山告诉跟班井长兼瓦斯检查员李M，注意检查瓦斯。17时30分，传来一声巨响，刘SQ发现巷道里全是黑烟。刘SQ和石QC领着职工从回风上山到副井，派潘SS和费DJ上井报告并取一台瓦斯检查器。费DJ取回瓦斯检查器和潘SS、电工刘HH来到井下。大家一起走到副井下部车场，发现12水平上山局扇的风筒没了，巷道中有风筒碎片。刘HH先把12水平上山工作面的供电断开，局扇重新接好线，打电话通知井上送电。矿长贾WQ带抢救人员赶到。12水平上山局扇启动后，大家边接风筒边检查瓦斯边向上山搜寻，在副井下车场里部距12水平上山调度绞车4 m处发现项L，已经死亡。调度绞车上部13 m处发现许LG、房DJ受伤。把三人用矿车运到井上，许LG、房DJ随即被送往医院，许LG经抢救无效死亡。县煤炭管理局和镇煤管站人员赶到现场参加抢救，抢救人员在调度绞车上部24 m处发现巷道向上塌冒了8 m，李M、于AC、徐DY在塌冒处遇难，三人均头朝下趴着。8月16日2点，李M、于AC、徐DY被矿车运到井上，抢救工作结束。

3. 事故原因分析

造成事故的直接原因，是维修期间工作面风筒断开导致瓦斯积聚，工作面信号电缆破损露出芯线，产生电火花引起瓦斯爆炸。

造成事故的间接原因：

(1) 通风、瓦斯管理不善。12水平上山自维修以来，风筒由上到下被逐步断开后始终未接，致使上山上部处于无风状态，造成瓦斯积聚并处于爆炸界限内。在未对无风区进行瓦斯检查也未进行瓦斯排放并切断工作面电源的情况下，作业人员盲目进入无风区，造成重大伤亡事故。

(2) 井下电气管理不到位，隐患处理不及时。井下信号装置未按《煤矿安全规程》规定安装信号综合保护装置；8月15日8时30分，12水平上山作业人员发现信号电缆折断露出芯线后未立即通知电工处理，下班升井后才向有关领导汇报，矿领导得知这一情况后，也未立即安排电工进行处理，导致隐患未能及时排除。

(3) 无章作业，违章指挥。12 水平上山维修作业未制定安全措施，未执行《煤矿安全规程》中“独头巷道维修支架必须由外向里逐架进行”的规定。职工无章可循，领导违章指挥，引发重大事故。

(4) 安全生产的各种规章制度没有落到实处。现场检查发现无安全检查、隐患排查制度，无矿灯发放、机电设备定期检查维修记录，未编制矿井灾害预防和处理计划。由于管理上的漏洞，导致事故隐患未能及时发现和处理，最终酿成事故。

(5) 对职工安全培训教育不够，职工安全意识淡薄，缺乏必要的安全知识和自我保护能力，导致事故前对隐患不能鉴别，对违章指挥盲目听从。

(6) 县政府、镇政府以及县煤管局对煤矿安全生产工作重视不够，监督检查不到位，安全生产责任制流于形式，对规章制度的落实失察；对煤矿职工的安全教育不到位，致使该矿职工技能低下，安全意识差，对无章作业和违章指挥所造成的后果估计不足，从而酿成重大伤亡事故。

4. 事故教训与防范措施

(1) 该煤矿要按照《××省小煤矿安全评价标准》认真停产整顿，经有关部门验收合格后方可恢复生产。

(2) 强化“一通三防”管理，杜绝无风、微风、循环风、超次数串联通风作业，建立停风区管理制度，严格落实瓦斯检查、瓦斯排放制度。

(3) 加强生产技术管理，井下巷道维修必须制定安全措施，并及时向职工进行传达贯彻，杜绝无章作业和违章指挥、违章作业行为。

(4) 加强信号电缆、动力电缆、通信电缆管理和设备管理，认真、及时处理事故隐患，严格落实定期检查、维修制度，保证使用安全。

(5) 联改矿井必须统一配备管理机构，统一发展规划，统一规章制度，统一安全管理，防止相互影响，相互扯皮而酿成事故。

(6) 县、乡两级政府和行业管理部门要认真吸取事故教训，举一反三，加强对全体煤矿职工的安全教育与培训，提高其安全素质与自我保护能力。

六、某煤矿局扇循环风导致重大瓦斯爆炸事故分析

2004 年 7 月 8 日 9 时 50 分，某煤矿＋473 水平掘进平巷发生一起重大瓦斯爆炸责任事故，死亡 5 人，直接经济损失 50 万元。

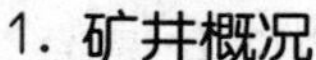

1. 矿井概况

该煤矿始建于1975年10月，自1988年起由现任矿长崔HQ承包，矿井四证齐全，安全评价结果为B类。

2. 事故经过及抢救过程

2004年7月8日9时50分左右，班长屈JG发现掘进面迎头瓦斯变化异常，浓度达到1%～2%，向矿长汇报，矿长崔HQ同意职工撤出。刚放下电话就感到有震动的感觉。绞车司机杨LC也感到顺着主斜井井筒上来一股风带着粉尘打到脸上，并听到爆炸声。赶紧将自己遇到的情况向矿长崔HQ汇报，崔HQ分析是井下发生瓦斯爆炸，换衣服下井，并向县煤炭工业管理办公室报告了情况。下到＋557 m水平时看到平巷外口的风门已损坏，到＋520 m水平时发现下面有浓烟，且烟雾时上时下，担心发生二次爆炸，就沿着主斜井往上撤。县煤炭工业管理办公室主任金TL等人在去邻矿检查的途中接到了该煤矿出事故的报告后也赶到了该矿井口，了解到现场情况后派人通知崔HQ赶紧撤离，同时向市、县政府及有关部门汇报了该矿发生事故的情况，并调动救护队A参加抢险救灾。10时20分崔HQ等两人撤到平峒外口处时，井下又发生了两次爆炸，并将二人头戴的安全帽吹落。市安全生产监督管理局领导接到报告后，立即带领救护队B赶赴现场投入抢险工作。

市安监局领导到达现场后会同县政府主要领导组成立了临时抢险指挥部，此时井下已连续发生了4次爆炸，为避免事故扩大，临时抢险指挥部根据井下连续发生爆炸的情况做出决定：派救护队在主、副井口警戒，禁止人员下井，并监测回风井口气体数据变化情况。

7月8日下午市政府领导、各有关部门人员相继赶赴现场。由于井下自7月8日9时50分到22时5分发生了9次爆炸，没有规律可循，救护队员无法进入灾区。7月9日抢险指挥部按照尊重科学、安全稳妥的原则，报省、市政府及有关部门同意，决定继续监测回风井口有害气体变化情况，并聘请某（集团）公司及某矿务局的通风专家，协助制定抢险方案。7月10日，四名专家相继赶到事故现场。专家组通过对情况及监测数据等资料的综合分析论证，同时考虑到7月8日井下已发生9次爆炸，井下5名遇险人员已无生还可能，7月14日专家组提交报告，建议对该煤矿瓦斯爆炸灾区采取注水或封闭矿井的方案，指挥部经分析论证后做出决定，对该煤矿实施封闭矿井灭火，待火区熄灭后再寻找遇险人员。7月15日6时开始由救护队在该煤矿的主副井按灾区封闭的安全技术措施同时进行了封闭，至8时40分施工完毕。

3. 事故原因分析

（1）事故直接原因：＋473掘进工作面遇地质构造瓦斯涌出异常，回风巷道失修严重，过风量不稳定，造成局扇拉循环风，风流中瓦斯浓度达到爆炸界限，流经火区引起第一次瓦斯爆炸。由于矿井通风系统遭到破坏，同时掘进面不断涌出瓦斯，出现了连续爆炸。

（2）事故间接原因：一是矿主安全意识淡薄，改变通风系统，利用只能过风不能行人、失修严重的自燃烧毁巷道回风，造成局扇拉循环风，并且未按规定安装瓦斯断电仪、风电闭锁装置。二是矿安全管理机构不健全，聘用的技术负责人未到岗，瓦检员离职后未及时补充。三是当班班长兼瓦斯员在发现瓦斯涌出异常的情况下，未立即撤出现场人员。四是县煤炭主管部门职责落实不到位，在该矿井下存在火区、通风系统不健全的情况下对该矿井下施工设计无明确要求，对查出问题未能按期复查、跟踪落实。五是乡政府煤矿安全管理机构设置不健全，主管人员不懂专业知识，未能尽到管理职责。六是县政府领导对煤矿安全有针对性的检查督导不够。

4. 事故教训与防范措施

（1）严格按《安全生产法》《煤矿安全规程》等有关法律法规的要求，强化对矿长、特种作业人员的安全、法律知识培训，提高安全业务技能，增强安全法律知识。

（2）对全县所辖煤矿进行一次安全检查，重点是对瓦斯、通风、火区的检查，发现隐患后坚决停产进行整改。

（3）健全各级煤矿安全管理机构，充实专业人员，完善各级管理部门责任制，明确所辖煤矿的施工设计、系统变化等审查报批制度。

（4）各级管理人员要学习煤矿专业知识，提高安全管理技能。

（5）加大对全县煤矿的监督检查力度，对存在重大隐患的矿井，要采取果断措施，实施停产、关闭。

（6）火区未熄灭之前不得启封，启封火区前必须制定专项安全技术措施。

七、某集团公司三矿重大瓦斯人员窒息事故分析

2003 年 7 月 4 日 14 时许，某集团公司三矿原管子道绕道下山（原管子道为巷道名、绕道平巷道和斜巷道接头部位、下山为斜巷道统称），发生一起重大瓦斯窒息责任事故，死亡 3 人，直接经济损失 21 万元。

1. 矿井概况

该矿务局三矿于 1992 年 5 月 8 日由原统配煤矿总公司××公司以“中煤冀计字（1992）××号”文件注销其生产能力。2001 年换发采矿许可证和煤炭生产许可证，有效期至 2011 年 3 月；煤矿矿长资格证书编号 000119××，营业执照正在换发之中。

2. 事故经过及抢救过程

2003年7月4日早班，采掘区304队队长李JP安排班长许QX带领工人任YQ、王JG、武FS到工业广场野青第三块采面下运输巷铺道，当班任务是铺设4节长约30m的轨道，至13时30分完成任务，四人在工作地点等待中班人员接班。许、任、三三人收拾工具，武FS到外面联络巷处取上衣，武FS取衣服回来，在工作地点只看到许QX、王JG两人，就寻问小任去向，许、王回答任往里边去了。三人等了一会儿，任仍未回来，许QX安排王JG去寻找任YQ。王向里面走了20多米拐向下帮。10多分钟后，任、王均未回来，许安排武看工具，自己去寻找。武又等了一会儿，不见三个人回来，也进去察看，见到运输巷下帮有一个宽约0.4 m、高约0.3 m，能钻进人的洞。武爬进去2 m多，空间逐渐变大，在巷道岔口处看到下山巷道内有灯光，喊了几声，没有回声。武顺着下山走了一段，看到许QX头朝上山趴在巷道底板上，武打算接近抢救，这时感到胸部憋闷，便跑到野青第三块采面下运输巷的局部通风机附近电话处，向采掘区值班人李JP和矿调度室报告井下情况。李JP向矿调度室汇报，通知采掘区技术员崔XL入井抢救。武与采掘区技术员崔XL和早班的工人来到事故巷道口。生产服务区通风班长李LG闻讯也赶到此地。崔看到洞口小行人不便，安排工人挖大了洞口。李LG检查瓦斯浓度，在洞口以里交叉点以下6 m、15 m处，空气中的瓦斯混合气体体积分数分别为3%、7%，往下距许QX 2～3 m处的瓦斯混合气体体积分数大于10%。现场抢救人员感觉憋闷，崔安排部分人员接局部通风机电源和风筒，李指挥现场人员将位于下山上部的许QX拖出。

矿调度室值班人员接到井下报告，立即通知矿领导并组织抢救，同时报告矿务局和煤矿安全监察办事处。矿副总工程师牛YF、调度室主任闫X带领医生迅速赶到事故现场，对先行救出的许QX进行抢救，局部通风机运转排放瓦斯后，三矿医院医生到井下实施抢救无效，任YQ、王JG、许QX 3名人员死亡，15时井下现场抢救结束，将死者的尸体升井送往矿务局总医院，经矿务局总医院诊断，3人均因窒息死亡。

3. 事故原因分析

（1）事故直接原因：工人违章进入废弃无风巷道，造成缺氧窒息死亡。

（2）事故间接原因：一是矿井技术管理、“一通三防”管理不到位，对施工地区内废旧巷道底数不清，未制定预防性措施。二是掘进巷道与废弃巷道相透后，对废弃无风巷道没有按《煤矿安全规程》的规定及时正确封闭，未设置栅栏、警标。三是现场安全管理混乱。四是对入井人员培训教育不够，职工安全意识淡薄，自我保护能力差。

4. 事故教训与防范措施

（1）矿务局三矿必须认真吸取这次事故的教训，针对矿井客观状况，认真查找思想上、管理上、教育上的漏洞，牢固树立安全第一的思想，做到举一反三，在全矿进行全方位、多层次安全检查和隐患排查工作，及时发现和消除安全隐患及管理漏洞，杜绝类似事故的发生，确保安全生产。

（2）加强矿井技术管理，建立、健全各职能部门岗位责任制，强化落实各级领导、各职能部门责任制，规范技术资料管理，强化技术管理服务于安全生产的意识。

（3）合理布置完善的通风系统，对矿井废弃巷道进行一次普查分析，及时按要求封闭报废的巷道，建立完善的矿井瓦斯检查、通风设施检查等“一通三防”管理制度，并认真落实；严格按照《煤矿安全规程》、矿务局制定的《一通三防管理规定》等的要求，强化“一通三防”现场安全管理，及时发现和消除安全隐患。

（4）采取有效措施，加强职工安全教育培训工作，强化三大规程、安全生产责任制和岗位责任制的学习，特别是要加强特殊工种、零散作业人员的“一通三防”安全教育培训，切实提高职工的安全技术素质和自我保护意识。

（5）矿务局要加强对资源枯竭濒临破产矿井安全工作的监督管理。

八、某煤矿供风严重不足引发特大瓦斯爆炸事故分析

2003 年 12 月 7 日 11 时，某煤矿立井北翼第三工作面发生一起特大瓦斯爆炸责任事故，死亡 20 人，直接经济损失 170.15 万元。

1. 矿井概况

该矿井属于乡镇煤矿，四证齐全，但持有矿长资格证的是总经理赵 J，实际履行矿长职责的是张 WZ，没有矿长证。

矿井 1997 年开工建设，1999 年建成投产，2000 年 4 月 19 日，原县煤炭工业管理局批准新建一立井，新建立井 2002 年 6 月开工，2003 年 8 月投入使用，属低瓦斯矿井，煤尘有爆炸危险性。

该矿武 C 任董事长，参与重大问题决策，从 10 月以来因病未到过矿；赵 J 任总经理、法人代表，负责全矿经营管理；2002 年 10 月，聘请张 WZ 负责该矿生产技术管理工作，2003 年 5 月，被聘为矿长，同时将该矿安全员兼瓦斯员岳 XF 聘为安全副矿长。该矿未专设安全管理机构和“一通三防”管理机构。事故前全矿有约 100 名职工，井下分三班生产。

2. 事故经过及抢救过程

2003 年 12 月 7 日 10 时左右，煤矿安全副矿长岳 XF、瓦斯员赵 Y、矿聘技术员余 DZ、电工郭 JH 下井进行测量、安装局部通风机等工作，事故前井下共有 29 人。带班长王 S 下

井后，在各工作面看了后，在离立井井底车场约 20 m 处（骡子圈）休息，11 时左右，听到轰的一声，被一股热气冲倒，意识到井下发生了瓦斯爆炸。王 SJ、阎 ZF、王 Y 和吕 GR 11 时 30 分左右安全升井。王 S 看见刘 GG、白 Y 两人从南翼工作面拉煤出来，就让他们赶快通知里面人升井。截至 12 时 20 分左右，井下共有 8 名工人从立井先后升井，安全脱险。

得知井下出事的矿长张 WZ 一方面组织抢救，一方面向乡煤炭调度中心报告。县矿山救护队接到报告后，于 11 时 40 分赶到现场，初步了解情况后，立即下井救人。在通往第二工作面，距立井车场 80 m 处发现 2 人，其中有 1 人被严重烧伤，1 人已经遇难，救护队员立即把受伤人员从立井送出，地面人员立即送往某煤矿医院救治。截至 16 时 40 分，救护队共找到 16 具矿工尸体，仍有 4 名矿工未找到。救灾指挥部根据北翼第四工作面有害气体浓度高（CH_4 浓度为 7.0%，CO 浓度为 0.3%）、巷道摧毁严重的情况，确认另外 4 名矿工无生还希望，为确保抢救人员安全，制定了先送风排放有害气体，再实施抢救的方案。19 时 10 分安装风机，开始往灾区通风，排除有害气体。8 日 1 时 10 分左右，测得井下有害气体符合《煤矿安全规程》规定后，14 名救护队员进入井下侦查。2 时 50 分，救护队找到遇难的 3 名矿工，到 14 时 25 分，找到最后一名遇难矿工。抢救工作结束。

3. 事故原因分析

造成事故的直接原因，是该矿立井北翼区域内供风严重不足，局部通风机存在串联风、循环风，造成瓦斯积聚达到爆炸浓度；井下人员擅自打开矿灯灯头罩，矿灯灯头产生火花引起瓦斯爆炸事故。

造成事故的间接原因：

（1）矿井通风系统不完善。原矿井通风设计为抽出式通风，该矿擅自改变通风方式为压入式通风，且事故当班主要通风机未开。在进风井井口只有一道风门，只用木板挡着，在进风井井口风道上方有一个 0.5 m×0.4 m 的洞口，用铁板封盖不严，漏风严重；立井井底只有一道风门，进回风巷之间没有风门，仅用风帘遮挡，跑漏风严重，致使立井北翼区域严重供风不足。

（2）该矿生产布局不合理，在北翼大巷以里长不足 200 m、宽不足 100 m 范围内布置 9 个掘进头，当班有 5 个工作面同时作业，严重超能力突击生产。

（3）该矿只有两名兼职瓦斯员，经常空班漏检，放炮不能做到“一炮三检”，当班两个兼职瓦斯员 10 点下井配合技术人员测量巷道，未检查瓦斯，工作地点无瓦斯记录牌板；工作面未实现风电闭锁，未设置甲烷传感器，不能实现瓦斯超限自动报警、自动断电。

（4）该矿安全生产管理混乱。安全管理机构和“一通三防”管理机构不健全，工作面没有作业规程，各项管理制度和各工种操作规程未向工人贯彻，也不落实，形同虚设。安全生产责任制不健全，总经理安全思想淡薄，很少过问煤矿的安全生产，矿长没有认真履行职责。安全投入不足，对煤矿的安全生产存在侥幸心理，重生产、轻安全，对县、乡提出的安全整改意见不落实。

(5) 电气设备管理混乱，井下多台电气设备失爆，电缆线有多处“鸡爪子”“羊尾巴”接头，有多盏矿灯未上锁。

(6) 职工安全培训不到位，工人未进行培训上岗，安全意识差、素质低，没有自我保护和相互保护的能力，下井未带自救器，违章作业现象严重。

(7) 监管不到位。县矿区煤矿均为低瓦斯矿，许多煤矿企业及有关部门的监管人员认为不会发生瓦斯事故，对煤矿存在的“一通三防”、瓦斯管理方面的隐患未引起足够重视，县、乡政府及其安全监管部门虽多次查出该矿通风瓦斯管理上的重大隐患，只是下发整改通知单，措施不得力，没有认真督促落实。

4. 事故教训与防范措施

(1) 县政府要按照××省人民政府《关于切实加强煤矿安全生产工作坚决遏制重特大事故发生的紧急通知》的规定，立即对煤矿实施关闭，辖区小煤矿一律停产整顿。同时，要加强停产整顿期间的监控，防止受利益驱动，偷着生产，酿成事故。

(2) 各级政府和有关部门及煤矿企业要克服低瓦斯矿井不易发生瓦斯事故的麻痹思想，切实加强矿井“一通三防”管理工作。要督促完善矿井通风系统，保证通风设施的设置和使用符合规程要求，严禁擅自改变通风系统；严禁随意停开主扇或自然通风；严禁工作面无风、微风作业；严禁不合理地扩散通风和大串联通风；严禁使用编织袋风筒；严禁局扇循环风；严禁乱掘乱采；严禁超能力突击生产。要完善安全监测监控装备，工作面必须装备风电闭锁、瓦斯电闭锁装置，确保齐全、可靠、正常使用，实现瓦斯超限自动报警、自动断电；推广应用瓦斯、一氧化碳自动集中监控系统。建立健全安全生产、“一通三防”管理机构和管理制度，严格执行通风瓦斯管理的各项措施，切实提高矿井防止重大瓦斯事故的能力。

(3) 各级政府及其有关部门、各煤矿企业要认真吸取事故教训，举一反三，进一步强化对煤矿安全生产的领导，认真抓好深化小煤矿安全专项整治工作，坚决取缔不符合安全生产基本条件的小煤矿，存在重大事故隐患的必须停产整顿，达不到要求不准生产。要加强煤矿从业人员安全技术教育培训工作，尤其是要加大对瓦斯员等特种作业人员的培训力度，并督促煤矿按规定足额配备合格的瓦斯员，防止空班漏检现象的发生。

(4) 加强电气设备的管理，各煤矿都必须使用有煤安标志的机电设备，同时对在用设备要严格检查管理，落实设备管理制度。消灭设备失爆现象，消灭“鸡爪子”“羊尾巴”现象。严防因电气失爆而导致瓦斯爆炸事故的发生。按规定足额配备自救器，入井携带自救器。

（5）要加强煤矿建设工程项目的管理，严格行政审批，严格执行新建、改建、扩建工程项目“三同时”规定，建设工程项目完成后，要严格按有关法律法规，依法申请对安全设施和条件的验收，未经验收或验收不合格，一律不准投入生产。

（6）县、乡政府要进一步加强监管队伍建设，提高监管人员素质和责任意识，层层落实责任制，切实解决严不起来、落实不下去的问题。

九、某煤矿破损电缆电火花导致重大瓦斯爆炸事故分析

2003年6月28日17时30分，河北省某煤矿九平上山回采工作面发生一起瓦斯爆炸重大责任事故，死亡5人，重伤2人，直接经济损失70万元。

1. 事故经过及抢救过程

6月28日4点半，某煤矿井下出勤14人，分别为安全矿长兼三班瓦斯检查员佟CY，带班井长李JX，二级绞车司机李ZY，二级下山上车场把钩工于G，西顺槽平巷掘进工作面的王JM、李JY、刘YG，西八平上山掘进工作面的常WG、吴WH、侯ZG、马SC，西九平上山回采工作面的曹LJ、盛BX、马JR。

在班前会上李JX按照生产矿长张J的安排，布置西八平工作面的职工开东八平顺槽巷，西九平工作面的职工继续回采。约15时40分，西顺槽工作面职工首先下井。16时15分，西八平和西九平工作面职工以及于G、李ZY、李JX、佟CY相继下井。

大约17时30分，西九平上山回采工作面传来一声巨大的闷响，爆炸冲击波将常WG、佟CY、侯ZG和在西八平副上山装浮煤的马SC吹倒。马SC被吹晕后苏醒过来，知道已经发生事故了，便急忙跑去告诉吴WH、李ZY。吴WH安排李ZY打电话向井上报告，并去通知西顺槽工作面职工下来抢救，自己和马SC下去救人。二人走到七平巷发现李XG、李BZ和侯ZG，把李XG、李BZ扶到六平上部，马SC与吴WH抬侯ZG，走到六平以下，马SC因窒息晕倒，吴WH搀扶着马SC上井。

矿长接到事故报告后，立即组织人员下井抢救九平工作面人员，并报告了有关部门。该县煤炭管理局和镇煤管站工作人员先后赶到，下井参加抢救，先把侯ZG抬到井上，经检查已死亡。

各级领导带领有关部门和煤矿安全监察办事处成立救灾指挥部，通过慎重分析，根据井下救援人员的报告和对灾情的分析，采取措施，立即切断井下灾区电源，防止二次爆炸事故和一氧化碳中毒事故，井下所有救援人员应及时撤离灾区，同时请求某矿务局救护大队支援。6月29日2时30分，矿务局救护大队派出两个小队赶到矿上，经下井侦查，发现西九平回采工作面3名作业人员、侯ZG及井长李JX遇难。9时30分，救护队员与其他抢

救人员一起将遇难者抬到井上后送往县殡仪馆。救灾工作结束。

2. 事故原因分析

造成事故的直接原因，是九平工作面回采时与采空区采透，致使大量高浓度瓦斯涌出，同时工作面局扇拉循环风，造成九平上山回采工作面瓦斯积聚；引爆火源系破损电缆产生的电火花，将处在爆炸界限内的瓦斯引爆。

造成事故的间接原因：

(1) 通风、瓦斯管理混乱。经现场检查，该矿无测风台账，无6月份以后的瓦斯报表、手册；二级回风上山的风门已坏，不能有效的控制风流；全矿只有一名兼职瓦斯检查员，负责三个点班、三个工作面的瓦斯检测工作。由于瓦检员配备不足，致使瓦斯检查制度未落到实处，西九平工作面的瓦斯涌出后未被及时发现，加之供风局扇安装位置不合理，产生循环风，造成瓦斯积聚并处于爆炸界限内，工作人员未停止工作撤离工作面，未切断工作面电源，造成重大伤亡事故。

(2) 电气设备管理不到位。井下多台电气设备失爆，九平回采工作面煤电钻未使用综保且电缆多处破损，露出芯线，且没有执行机电设备定期检查、维修保养制度，致使引爆火源这一重大事故隐患没有得到及时排除，并由此引发了瓦斯爆炸事故。

(3) 技术管理薄弱。该矿无技术人员，也无专人负责技术管理工作。井下各工作面均无作业规程，因无序开采导致西九平采面与老空区做透后高浓度瓦斯涌出。

(4) 安全生产的各种规章制度没有落到实处。现场勘查发现无安全检查、隐患排查、班前会制度，无矿灯发放、交接班记录，未编制矿井灾害预防和处理计划。由于管理上的漏洞，导致事故隐患未能及时发现和处理，最终酿成事故。

(5) 矿方对安全设备、设施投入不足。以干式变压器代替煤电钻综保，无风电闭锁装置，自救器数量不足且入井人员没有配带，从而降低了抗灾能力。

(6) 未对职工进行全面的安全培训教育，由于职工安全意识淡薄，缺乏必要的安全知识和自我保护能力，导致事故前对隐患不能鉴别，事故后盲目抢救。

(7) 政府及有关管理部门对煤矿安全生产工作重视不够，监督检查不到位，安全生产责任制流于形式，对规章制度的落实失察。县、镇煤炭管理部门在5、6月份对该矿安全检查时已发现瓦斯检查人员不足、风机拉循环风和西九平回采工作面煤电钻电缆破损、露出芯线等问题，未要求其停止作业，立即处理，事故隐患未能及时消除；日常检查中没有发现该矿井下一直以干式变压器代替煤电钻综保，有关人员下井没有按要求携带便携式光学甲烷检测仪等问题；部分煤炭管理人员安全意识差，责任心不强，在2003年该县煤矿多次停产后的验收过程中弄虚作假，使验收工作流于形式，收不到实效。

3. 事故教训与防范措施

（1）煤矿要按照《河北省小煤矿安全评价标准》和《小煤矿安全生产基本条件》进行全面的停产整顿，经地方煤炭管理部门验收合格后方可恢复生产。

（2）要强化“一通三防”管理，完善通风系统，加强局部通风和通风设施管理，杜绝无风、微风、循环风、超次数串联通风作业；配齐瓦斯检查人员，严格落实瓦斯检查制度。

（3）保证安全投入，完善风电闭锁、瓦斯电闭锁等安全装备。

（4）聘请有技术资质的工程技术人员专门从事技术管理工作，并制定切实可行的各工作面作业规程，及时向职工传达贯彻，同时对矿井工程布局统一规划，认真抓好规划落实，杜绝乱采乱挖。

（5）加强机电设备及其防护装备的管理，严格落实定期检查、维修制度，保证使用安全，杜绝井下使用不符合标准的电气设备。

（6）县、乡政府及煤炭管理部门要认真接受事故教训，开展反事故活动，加强各级管理人员责任心教育，敦促其尽职尽责，切实把《河北省矿山重大事故隐患处理责任追究规定》落到实处。

（7）加强对所有煤矿从业人员的安全教育与培训，提高其安全素质与自我保护能力。

十、某煤矿矿车插销脱落导致重大运输事故分析

2003 年 10 月 20 日 15 时 30 分，河北省某煤矿主斜井井底车场发生一起运输重大责任事故，死亡 7 人，重伤 2 人，轻伤 5 人，直接经济损失 65 万元。

1. 矿井概况

该煤矿 1992 年建井，1995 年建成投产。设计生产能力 30 万吨/年，实际生产能力 9 万吨/年。矿井采用两斜井一立井开拓，其中主立井用于提煤、运料；主斜井用于提煤和运料，副斜井通风。

2. 事故经过及抢救过程

2003 年 10 月 20 日 15 时 30 分，正值交接班时间，当时主斜井井底车场约有 20 多人在等待停止提煤后升井。提升最后一串原煤时，下行的六辆空车在行至距离井底变坡点 90 多米处，矿车受到颠簸，最前面的两节空车与后面的四节空车脱钩，造成两节空车跑车。失控后的两节空车下滑到井底车场后将正在等候升井的人员撞伤致死。

接到事故报告后，副矿长张 WB 立即组织人员进行抢救，技术员申 JJ 到达事故现场

后，张JL、陈Q、王CZ、王DG已经死亡，有10人受伤。抢救人员将受伤人员用矿车提升到地面，矿医罗HD进行急救，后用两辆汽车将伤员送往县医院，其余4名死亡人员升井后由副矿长李DQ用翻斗车运往县火化厂。贾PL、范ZK、李JP经抢救无效死亡。至此，这次事故造成7人死亡，2人重伤，5人轻伤。

3. 事故原因分析

（1）事故的直接原因：主斜井串车提升时，主斜井左侧轨道接缝质量差，矿车之间未使用不能自行脱落的连接装置，矿车与钢丝绳之间的连接未加装保险绳，下放空串车在运行中受到颠簸，矿车插销自行脱落，两辆矿车脱钩后，自由滑行至井底车场撞入人群。

（2）事故的间接原因：一是主斜井防跑车装置和跑车防护装置不全。二是主斜井运输使用的轨道多处接头间隙远远大于煤矿安全规程规定，从而造成矿车落道跑车。三是矿井各级安全生产责任制度不健全，安全管理混乱。四是县煤炭管理部门对检查出的事故隐患没有及时督促落实整改情况。五是事故当天接近换班时间，人员准备升井，集中在没有躲避空间的井底车场。六是县、乡各级政府对煤矿的安全生产工作没有引起足够重视，对煤矿的安全生产工作监督不力等。

4. 事故教训与防范措施

（1）斜井使用串车提升，矿车与矿车之间的连接，必须使用不能自行脱落的连接装置，矿车与钢丝绳之间的连接，必须加装保险绳，并及时检查完好情况。

（2）严格按照《煤矿安全规程》规定整修主斜井轨道，保证符合要求。同时，对主斜井防跑车装置和跑车防护装置必须安装齐全，并保证灵敏可靠。

（3）加强矿井安全管理，建立、健全各级安全生产责任制以及各工种岗位责任制，并严格贯彻落实。

（4）加强全员培训工作，保证从业人员具备必要的安全生产知识，熟悉有关的安全生产规章制度和安全操作规程，掌握本岗位安全操作技能，重点讲解职工下井应该掌握的基本安全生产知识，并严格组织考试考核，对考试考核不合格的人员一律不得上岗，以切实提高职工素质。

（5）重新明确各级领导的责任分工，矿长、安全副矿长、生产副矿长、技术负责人按照规定参加安全技术资格培训，取得安全技术资格证后方准上岗。

（6）县乡政府及有关监督管理部门要切实加强辖区煤矿的安全生产工作，严格执行安全生产监督管理职责，保证辖区煤矿的安全生产。